普通高等教育"十二五"系列教材

普通高等教育"十一五"国家级规划教材

能源动力类专业

U0643328

单元机组运行

（第三版）

主　编　牛卫东

副主编　刘文林　焦海锋

编　写　崔长春　李　琳

主　审　谭欣星　丁立新

中国电力出版社

CHINA ELECTRIC POWER PRESS

内 容 提 要

本书根据火力发电厂300MW及以上机组的设备、系统和技术特点编写，是一本立足于火力发电厂运行岗位，侧重培养学生操作技能，以火力发电厂机组运行和控制为研究对象的综合性、系统性、实用性较强的专业教材。

本书注重基本理论，紧密联系生产实际，突出大机组的运行特点；强调单元机组运行的原则。主要内容包括单元机组的启动和停运、单元机组运行调节、单元机组调峰及寿命分析、单元机组的控制和保护、辅机运行与顺序控制、单元机组事故处理等。为了加深学生对所学知识的理解，每章后均附有复习思考题。

本书可作为本科热能与动力工程专业的教材，也可作为高职高专电力技术类火电厂集控运行和电厂热能动力装置专业的教材，同时可供从事火电厂工作的运行技术人员使用。

图书在版编目（CIP）数据

单元机组运行/牛卫东主编. —3版. —北京：中国电力出版社，2013.8（2024.6重印）

普通高等教育"十二五"规划教材　普通高等教育"十一五"国家级规划教材

ISBN 978-7-5123-3937-8

Ⅰ.①单⋯　Ⅱ.①牛⋯　Ⅲ.①火电厂—单元机组—电力系统运行—高等学校—教材　Ⅳ.①TM621.3

中国版本图书馆 CIP 数据核字（2012）第 315318 号

中国电力出版社出版、发行

（北京市东城区北京站西街 19 号　100005　http://www.cepp.sgcc.com.cn）

三河市百盛印装有限公司印刷

各地新华书店经售

*

2006 年 8 月第一版

2013 年 8 月第三版　2024 年 6 月北京第十九次印刷

787 毫米×1092 毫米　16 开本　18.25 印张　444 千字

定价 **45.00** 元

前　言

　　本书此次修订坚持新编与修订相结合，在取材上尽量反映目前国内机组技术水平，立足于发电运行岗位，侧重培养操作技能，强调基本知识、紧密联系生产实践、突出大机组及发电发展方向，在融入超临界和超超临界压力机组启动、循环流化床锅炉运行调节等内容的基础上，增加了燃气轮机组运行的相关内容，是一本综合性、系统性、实用性较强的专业教材。

　　本书由国网技术学院牛卫东担任主编，沈阳工程学院刘文林和太原电力高等专科学校焦海锋担任副主编，沈阳工程学院崔长春和国网技术学院李琳参编。其中牛卫东编写了第一章、第二章，崔长春编写第三章，焦海锋编写第四章，刘文林编写第五章，李琳编写第六章，牛卫东对全书进行统稿。

　　全书由长沙理工大学的谭欣星和山东电力科学研究院的丁立新担任主审，主审老师和专家对书稿进行了认真仔细地审阅，并提出很多宝贵意见。本书在编写过程中得到了有关单位的大力支持，在此表示衷心的感谢。

　　由于编者水平有限，书中难免存在疏漏和不足之处，恳请广大读者批评指正。

编　者

2013 年 6 月

第一版前言

　　本书立足于火力发电厂运行岗位，侧重培养操作技能，是以火力发电厂机组运行和控制为研究对象的综合性、系统性、实用性较强的专业教材；在取材上尽量反映目前国内单元机组运行的技术水平；本着强调基本理论、紧密联系生产实践、突出大型火力发电机组的基本特征，编写时力求文字精练、通顺流畅。

　　本书由山东电力研究院牛卫东担任主编，沈阳工程学院刘文林和太原电力高等专科学校焦海锋担任副主编，沈阳工程学院崔长春和山东电力研究院李琳参编。其中牛卫东编写第一章、第二章，崔长春编写第三章，焦海锋编写第四章，刘文林编写第五章，李琳编写第六章，牛卫东对全书进行统稿。

　　长沙理工大学谭欣星副教授担任本书的主审，对书稿进行了认真仔细的审阅，并提出了很多宝贵意见。本书在编写过程中得到了有关单位的大力支持，在此表示衷心的感谢。

　　由于编者水平有限，书中难免存在疏漏和不足之处，恳请广大读者批评指正。

编　者

2006 年 3 月

第二版前言

　　本书为修订教材。在修订过程中坚持新编与修订相结合，在取材上尽量反映目前国内机组技术水平，立足于火力发电厂运行岗位，侧重培养操作技能，是以火力发电厂机组运行和控制为研究对象的综合性、系统性、实用性较强的专业教材。本书强调基本知识、紧密联系生产实践、突出大型火力发电机组发展方向，融入了超临界和超超临界参数机组启动和循环流化床锅炉运行调节等内容。

　　全书由长沙理工大学谭欣星和山东电力研究院丁立新主审，主审老师对书稿进行了认真仔细的审阅，并提出很多宝贵意见。

　　在本书编写过程中，得到了山东电力研究院郝卫东、王学同等同志的大力支持和帮助，在此向他们表示衷心的感谢。

　　由于编者水平所限，书中难免存在疏漏和不足之处，恳请广大读者批评指正。

编　者
2009 年 4 月

目　　录

前言

第一版前言

第二版前言

第一章　单元机组的启动和停运 ··· 1

第一节　单元机组启停的概念和启动方式 ································· 2

第二节　配汽包锅炉单元机组冷态（滑参数）启动 ················· 4

第三节　配汽包锅炉单元机组热态（滑参数）启动 ················· 19

第四节　配其他锅炉单元机组启动 ··· 22

第五节　单元机组的停运 ··· 30

第六节　燃气轮机组启停 ··· 37

复习思考题 ··· 49

第二章　单元机组运行调节 ··· 51

第一节　锅炉的运行调节 ··· 51

第二节　汽轮发电机组运行维护 ·· 76

复习思考题 ··· 84

第三章　单元机组调峰及寿命分析 ·· 86

第一节　单元机组调峰运行 ·· 86

第二节　单元机组启停及变负荷时的热状态 ···························· 92

第三节　单元机组寿命分析 ·· 104

第四节　单元机组经济运行 ·· 107

复习思考题 ·· 113

第四章　单元机组的控制和保护 ·· 114

第一节　单元机组负荷控制系统 ·· 114

第二节　炉膛安全监控系统 ·· 122

第三节　汽轮机数字电液调节控制系统 ··································· 142

第四节　单元机组连锁保护 ·· 161

复习思考题 ·· 174

第五章　辅机运行与顺序控制 ··· 176

第一节　概述 ··· 176

第二节　锅炉辅助系统运行 ·· 177

第三节　汽轮机辅助系统运行 ··· 211

第四节　管道及阀门的运行 ·· 235

　　复习思考题 ……………………………………………………………………… 238

第六章　单元机组事故处理 …………………………………………………… 240

　第一节　概述 ……………………………………………………………………… 240

　第二节　锅炉事故诊断与处理 …………………………………………………… 240

　第三节　汽轮机事故诊断与处理 ………………………………………………… 254

　第四节　电气方面的事故处理 …………………………………………………… 268

　　复习思考题 ……………………………………………………………………… 272

附录　机组运行常用缩写及术语英汉对照（按字母先后顺序） ……………… 273

参考文献 ………………………………………………………………………… 282

第一章　单元机组的启动和停运

热力发电厂中，存在着母管制和单元制两种不同的原则性热力系统。在母管制系统中，每台锅炉的出口蒸汽管道都用蒸汽母管互相联通，汽轮机与锅炉之间无一一对应的关系。汽轮机所需要的蒸汽是来自一组锅炉所产生的蒸汽，每台锅炉只承担一台汽轮机所需蒸汽的一部分，负荷变化对每台锅炉的影响较小。而且，母管制锅炉的容量较小，蓄热能力比较大，负荷适应能力强。因此，在母管制热力系统中，汽轮机和锅炉的负荷控制系统是各自独立的。汽轮机的调节系统按负荷要求改变调节阀的开度，锅炉的汽压控制系统按汽压改变燃料量。

随着电力工业的发展，高参数、大容量的火力发电机组在电网中所占的比例越来越大。机组容量增大以后，对其可靠性提出了更高的要求，于是出现了单元机组。每台锅炉直接向所配合的一台汽轮机供汽，汽轮机驱动发电机，发电机所发的电功率直接经一台升压变压器送往电力系统，这样组成了锅炉—汽轮机—发电机纵向联系的独立单元。各独立单元之间无横向联系，并且各单元自身所需新蒸汽的辅助设备均用支管与各单元的蒸汽总管相连，各单元自身所需厂用电取自本单元发电机电压母线，这种系统称为单元系统。锅炉直接向与其联系的汽轮机供汽，发电机与变压器直接联系，这种独立单元系统的机组称单元机组。典型的单元机组系统如图 1-1 所示。

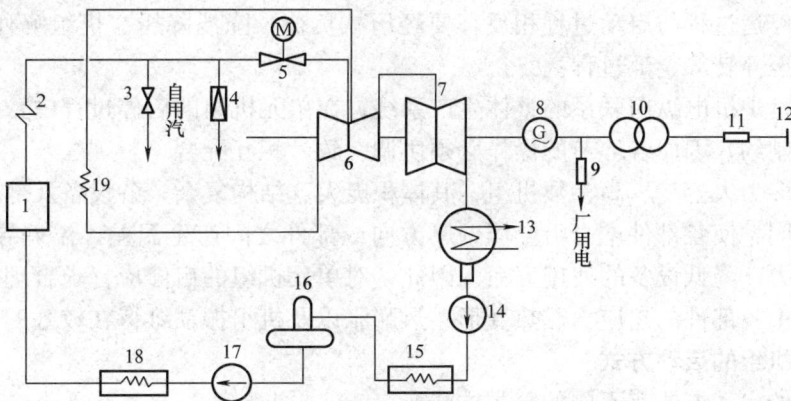

图 1-1　单元机组系统图

1—锅炉；2—过热器；3—阀门；4—减压阀；5—电动主汽阀；6—汽轮机高、中压缸；
7—汽轮机低压缸；8—发电机；9—厂用电开关设备；10—升压变压器；
11—发电机开关设备；12—母线；13—凝汽器；14—凝结水泵；
15—低压加热器；16—除氧器；17—给水泵；
18—高压加热器；19—再热器

大型机组通常都是以锅炉—汽轮机—发电机组成单元制运行方式。在这种运行方式中，锅炉和汽轮发电机共同维持外部负荷需要，也共同保证内部运行参数稳定。单元机组的输出电功率与负荷要求是否一致反映了机组与外部电网之间能量供求的平衡关系；主蒸汽压力反映了机组内部锅炉与汽轮发电机之间能量供求的平衡关系。就负荷控制而言，锅炉和汽轮机是一个不可分割的整体，是一个联合的被控对象。

单元制系统与非单元制系统（母管制系统）相比，系统中任一主要设备发生故障时，整个单元机组都要被迫停止运行，而相邻单元之间不能互相支援；锅炉、汽轮机、发电机之间不能切换运行，运行的灵活性较差；当机组负荷发生变化时，汽轮机调节阀开度随之改变，单元机组没有母管的蒸汽容积可以利用，而锅炉的调节迟缓较大，必然引起汽轮机入口汽压的波动，使得单元机组对负荷变化的适应性较差。单元机组系统简单（管道短、发电机电压母线短、管道附件少），发电机电压回路的开关电器较少，系统本身的事故可能性减少，操作方便，便于滑参数启停，适合锅炉—汽轮机—发电机集中控制。

单元机组运行的原则是在保证安全的前提下，尽可能提高机组运行的经济性。因此，单元机组在启停过程中，首先应保证机组的安全，尽量减少启停过程中的各项损失，实现最优化启停。

机组最优化启停是指在保证机组零部件应力、胀差、轴向位移等指标不超限的前提下，机组以最高的经济性，在最短时间内启动、停运。

第一节　单元机组启停的概念和启动方式

一、单元机组启停的概念

单元机组启动是指从锅炉点火开始，经历升温升压、暖管，当锅炉出口蒸汽参数达到要求值时，对汽轮机冲转，将汽轮机转子由静止状态升速到额定转速，发电机并网并接带负荷的全部过程。停运过程与启动过程相反，要经历减负荷、降温降压、机组解列、锅炉熄火、汽轮机降速直至停转等全部过程。

单元机组是炉机电纵向联系的整体生产系统。在单元机组的启停过程中，机炉电之间相互联系、相互制约，因而各环节的操作必须协调一致、相互配合。

单元机组多为大容量、高参数机组，其体积庞大、结构复杂，各设备及部件在启停过程中所处条件不同，使各部件本身沿金属壁厚方向或部件之间产生温差，温差导致膨胀不均，从而产生热应力，降低设备的使用寿命。因此，对单元机组的启停应寻求合理的方式，使机组在启停过程中各部件的热应力、热变形、热膨胀以及机组振动维持在较好的水平。

二、单元机组的启动方式

单元机组的启动方式有不同的分类方法。

1. 按冲转时进汽方式分类

对于中间再热式汽轮机，按冲动转子时的进汽方式分为高中压缸启动和中压缸启动两种方式。

（1）高中压缸启动。启动时，蒸汽同时进入高中压缸冲动转子，对高中压缸合缸的机组，可使分缸处加热均匀，减小热应力，缩短启动时间。

（2）中压缸启动。汽轮机冲转时，高压缸不进汽而用中压缸进汽冲转，待汽轮机转速升至规定值时，才逐渐向高压缸送汽。采用中压缸启动时，中压缸为全周进汽方式，中压缸和中压转子加热均匀；随再热蒸汽压力的升高，对高压缸进行暖缸，高压缸和高压转子受热也比较均匀，从而减小了启动过程中汽缸和转子的热应力。采用中压缸启动，在中速暖机结束后高、中压转子的温度一般都升到 150℃以上，使高、中压转子温度高于其脆性转变温度，提高了机组在高速下的安全性。采用中压缸进汽，流经低压缸的蒸汽流量较大，能更有效地带走低压缸后几级鼓风产生的热量，保持低压缸排汽部分在较低的温度水平。在启动初期，启动速度不受高压缸热应力和胀差的限制，缩短了启动时间。但是，采用中压缸启动，控制方法比较复杂。

2. 按控制进汽量的阀门分类

汽轮机冲转时，为控制进入汽轮机的蒸汽流量，可以使用调节阀、自动主汽阀或电动主闸阀以及自动主汽阀或电动主闸阀的旁路阀。根据阀门的不同启动分为：

(1) 用调节阀启动。启动时，电动主闸阀和自动主汽阀全开，进入汽轮机的蒸汽流量由调节阀门控制。

(2) 用自动主汽阀或电动主闸阀的启动。启动前，调节阀全开，由自动主汽阀或电动主闸阀来控制进入汽轮机的蒸汽量。这种启动方式，可以使汽轮机全周进汽，汽轮机加热比较均匀，但容易使自动主汽阀或电动主闸阀磨损，造成关闭不严的后果。

(3) 用自动主汽阀或电动主闸阀的旁路阀启动。在启动前，调节阀全开，由自动主汽阀或电动主闸阀的旁路阀来控制进入汽轮机的蒸汽量。在启动升速过程中，汽轮机全周进汽，受热比较均匀，这对汽缸壁较厚的机组是有利的。

3. 按启动前金属温度或停运时间分类

高中压缸启动时按调节级金属温度划分，中压缸启动时按中压缸第一压力级处金属温度划分。

(1) 冷态启动。金属温度低于 200℃时的启动为冷态启动。

(2) 温态启动。金属温度在 200～350℃时的启动为温态启动。

(3) 热态启动。金属温度在 350℃以上时的启动称为热态启动，有的又将金属温度在 450℃以上的启动称为极热态启动。

也有按机组停运后至再次启动的时间来划分的，停运一周时间为冷态启动，停运 48h 为温态启动，停运 8h 为热态启动，停运 2h 为极热态启动。

4. 按蒸汽参数分类

单元机组的启动方式按新蒸汽参数分类，可以分为额定参数启动和滑参数启动。

(1) 额定参数启动。从汽轮机冲转直至机组带上额定负荷的整个过程中，自动主汽阀前的蒸汽参数始终为额定值的启动。这种启动方式存在下列缺点：①开始冲转时由于蒸汽量小，只有部分调节阀开启，蒸汽节流损失大，汽轮机进汽室加热不均匀；②锅炉在升温升压过程中，由于蒸汽负荷小，水循环差；③用高温高压的蒸汽加热管道和汽轮机，使金属内产生较大的温度梯度；④锅炉在升温升压过程中不断地排汽，损失工质和热量，影响机组启动的经济性。

由于额定参数启动具有上述缺点，目前单元机组已基本不再采用这种启动方式。

(2) 滑参数启动。滑参数启动是在锅炉点火、升温升压过程中，利用低温低压的蒸汽进行暖管，当锅炉参数达到一定值时汽轮机冲转、暖机，机组并网接带负荷，随着蒸汽温度和蒸汽压力的升高，机组负荷逐步增加，当蒸汽参数达到额定值时，机组达到额定出力。滑参数启动的主要优点是：①滑参数启动时，采用容积流量大的低参数蒸汽加热设备部件，金属温差小，对锅炉汽包、汽轮机转子和汽缸等加热比较均匀，温升平稳、热应力小，机组启动的可靠性好；②滑参数启动的经济性好，在滑参数启动过程中，主蒸汽管道上的阀门全开，减少了节流损失；锅炉不必大量对空排汽，减少了工质和热量损失，从而减少燃料消耗；自锅炉点火至机组并网带负荷时间短，辅机用电量减少；③滑参数启动时间短，这样就提高了设备的利用率，增加了机组运行调度的灵活性；④在滑参数启动过程中，汽轮机可以采用全周进汽，调节阀门处于全开位置，操作调节简化；⑤滑参数启动过程中减少了蒸汽排放所产生的噪声，改善了环境。

滑参数启动应具备的必要条件：非再热机组的凝汽器疏水管必须有足够大的直径，以满足锅炉从点火到汽轮机冲转前所产生的蒸汽能直接排入凝汽器；采用滑参数启动的机组，其轴封系统供汽、除氧器加热蒸汽等须装设辅助汽源；汽缸和法兰螺栓加热系统有关的管道直径应适当加大，以满足法兰螺栓及汽缸加热需要。

由于滑参数启动与额定参数启动相比具有很多优点，因此单元机组大都采用滑参数启动方式。滑参数启动又可分为真空法和压力法两种方式。

1) 真空法滑参数启动。锅炉点火前，全开主蒸汽管道上的电动主闸阀、自动主汽阀、调节阀，用盘车装置转动汽轮机转子，抽气器投入工作，真空区一直扩展到锅炉汽包。锅炉点火后，锅水在真空状态下汽化，由于汽轮机已用盘车装置转动，蒸汽压力在 0.1MPa 以下就可冲动汽轮机转子并升速。此后，锅炉按照要求升温升压，直至机组正常运行。采用真空法滑参数启动时，全部启动过程由锅炉控制，比较困难；这种启动方式真空系统庞大，抽真空也比较困难；在启动初期蒸汽的过热度低，汽轮机容易发生水冲击事故；另外，对具有中间再热的单元机组，采用真空法启动是困难的，因为真空法进入汽轮机的蒸汽汽温低，高压缸排汽温度也低，再热器一般在低温区使再热汽温无法提高，低压缸也因为蒸汽温度低而使最后几级叶片水分过大。目前，单元机组很少采用真空法滑参数启动，而采用压力法滑参数启动。

2) 压力法滑参数启动。锅炉点火前，关闭自动主汽阀和调节阀，只对汽轮机抽真空。锅炉点火后，自动主汽阀前的蒸汽参数达到要求时，开冲转阀进行冲转、升速。机组并网后，全开调节阀门，机组滑压运行，由锅炉控制主蒸汽参数，随主蒸汽参数的提高，机组负荷增加。压力法滑参数启动克服了真空法的缺点，目前大容量机组几乎都采用压力法滑参数启动。

机组启动时尽量选用合理的启动方式。合理的启动方式也就是合理的加热方式，在启动过程中，使机组各部分热应力、热变形、胀差及转动部分的振动均维持在允许范围内，尽快将机组金属温度均匀升至额定负荷下的工作温度。

第二节　配汽包锅炉单元机组冷态（滑参数）启动

单元机组的冷态启动，一般均采用滑参数启动，其启动的过程大致相同，即启动前的准备和辅助设备及系统投运、锅炉点火升温升压和暖管、汽轮机冲转和升速、机组并网和接带负荷至负荷升至额定值。本节首先以配自然循环汽包锅炉单元机组为例，阐述高中压缸冷态滑参数的启动过程，然后对中压缸启动及配控制循环汽包锅炉机组的启动特点做进一步说明。

一、启动前的准备工作

启动前准备工作的任务是使设备和系统处于准备启动的状态，达到随时可以启动的条件。实践中往往由于忽视准备工作，对某些设备缺陷未能及时发现，以致启动时发生故障，迫使启动时间延长甚至启动终止。因此，在准备工作中对所有设备和系统进行认真详细的检查或局部试运是非常重要的。

（一）启动前的检查

单元机组启动前的检查工作基本上是炉、机、电分别进行的，检查的范围包括炉、机、电主辅机的一次设备及监控系统。锅炉的检查工作包括炉内检查、炉外检查、汽水系统检查、转动机械检查与试验、操作盘的检查等。汽轮机的检查工作除检查本体设备是否完好外，按各管道系统，如主蒸汽系统、凝结水系统、给水系统、循环水系统、油系统等进行检查，有关阀门开关状态应符合规程的要求，电动阀、调节阀和各主要辅机都要经过试验，确保其性能良好。

发电机的检查包括发电机本体、励磁系统和高压一次回路的检查，冷却系统和辅机的检查，控制、信号和保安系统的检查。在发电机设备检查完毕后，用绝缘电阻表检查发电机定子绕组、全部励磁回路以及变压器的绝缘电阻，并将绝缘电阻值与以前相应阻值（同样温度和空气湿度条件下）比较，如绝缘不良，必须找出原因并采取措施。

单元机组在安装或大修后的第一次启动前，应该检查所有曾经进行检修过的部位，肯定检修工作已经结束；详细了解检修时改动过的设备和系统，掌握改进后设备的性能和操作方法。检查轴承内油位正常，油质合格，冷却水畅通，无漏油漏水现象。对转动机械进行一定时间的试运转，在试转前应进行盘车，检查是否有卡涩现象；试转中注意电动机电流是否正常，转动方向是否正确，有无明显的机械振动和摩擦，轴承和电动机温度是否正常等。

机组启动前应进行相关的试验工作，并符合要求。试验项目主要包括锅炉水压试验、炉膛严密性试验、连锁试验、汽轮机控制系统的静态试验、阀门试验、转动机械试验以及电气设备绝缘试验等。

单元机组均设有一系列保证安全的保护装置，如超速保护、窜轴保护、低油压保护、低真空保护、低汽温保护等。除因启动过程的特殊条件（如汽轮机的低汽温保护和低真空保护，由于启动过程中汽温低，真空系统不稳定）不能投入外，其他各项保护应尽量投入。

（二）辅助设备及系统的投运

为确保机组顺利启动，在主机启动前，炉、机、电的一些辅助设备及系统必须首先启动。这些设备和系统依据机组启动的需要及时投运。这些设备和系统是工业水系统、空气压缩机及压缩空气系统、辅助蒸汽系统、大机润滑油系统、EH油系统、密封油系统、循环水系统、凝结水系统、给水系统、锅炉燃油系统、风烟系统、汽轮机盘车、抽真空系统、轴封供汽系统以及发电机冷却系统等。

单元机组容量较大，启动准备工作也比较复杂，根据实践经验，应特别重视以下各点。

1. 润滑油温度

由于大容量汽轮机转子临界转速较低，在润滑油温调节不当且油温偏低时容易发生油膜振荡。提高和调节润滑油温度一般采用油流循环加热的方法，所以要根据季节不同、气温不同而适当提前启动润滑油泵来提升润滑油温。机组启动时润滑油温度不得低于35℃，随转速的升高润滑油温度逐渐升高，在转子通过第一阶临界转速后，润滑油温应在40℃以上。

机组正常运行时，润滑油温一般控制在 40～45℃ 之间。

2. 锅炉水压试验

锅炉水压试验可分为工作压力试验和超压试验。锅炉大、小修或承压部件临时检修后，必须进行常规的水压试验（再热器除外），其试验压力应等于汽包工作压力。承压部件严重损坏或大面积更换受热面后，锅炉要进行超压水压试验（包括再热器），其试验压力为汽包工作压力的 1.25 倍，再热器试验压力为工作压力的 1.5 倍。水位计只参加工作压力下的水压试验，不参加超压试验。安全阀不参加水压试验。

对于锅炉出口不设主汽阀的单元机组，锅炉进行水压试验时，压力水一直打到汽轮机电动主汽阀前，水压试验完毕，主蒸汽管内放水应在锅炉点火前完成，否则可能引起主蒸汽管道的水冲击。

3. 锅炉上水

确认除氧器水质合格即可进行锅炉上水的操作。锅炉上水可用电动给水泵、凝结水输送泵或汽动给水泵前置泵上水，根据系统特点确定上水方式。若上水时锅炉内有水，应通知化学人员检查水质是否合格，若水质合格，将汽包水位调到要求水位，若水质不合格放掉重上。

锅炉上水时通过调节省煤器入口给水电动阀旁路阀，控制给水流量 30～60t/h，在汽包水位计出现水位时，应关小给水调节旁路阀，使水位缓慢上升到要求水位，进水全部时间夏季大于 2h，冬季大于 4h；锅炉上水温度低于 104℃，实际到汽包时不超过 90℃。上水时省煤器再循环门关闭，点火后打开。

对于强制循环锅炉在上水时，应确认锅炉水循环泵已投入连续冲洗水。

4. 抽真空系统和轴封供汽

采用射水抽气器的系统，射水泵启动前应将射水箱补水至正常水位，然后逐台检查和试验射水泵的低水压自启动和相互自启动。真空打到冲转所要求的数值之前，轴封供汽管路暖管、疏水。

在连续盘车后才可向轴封供汽，以免转子产生热弯曲。所用轴封汽源来自辅助蒸汽系统。轴封送汽后，应检查轴封抽气器、轴封冷却器水位和内部压力是否正常，防止轴封蒸汽压力过高而沿轴泄出，造成蒸汽顺轴承油挡间隙漏入油中，恶化油质。

5. 盘车预暖汽轮机

在冷态启动的初始阶段，蒸汽对汽缸内壁的放热属于膜状凝结放热，其放热系数高达 $4652～17445W/(m^2 \cdot K)$；蒸汽对转子表面的放热属于珠状凝结放热，其放热系数又可达膜状凝结的 15～20 倍，由此引起的热冲击是相当剧烈的。为此，近年来国内外先进机组都用盘车预热汽轮机的方式，即在盘车状态下用阀门控制小流量加热汽轮机，可避免金属温升率过大，直到汽轮机转子温度高于金属材料的脆性转变温度（150℃）。

盘车预暖汽轮机除了能减小启动时的热冲击外，还有以下几个优点：

（1）可避免转子材料的脆性断裂。金属材料随着温度的降低，其冲击韧性将有所下降，当冲击韧性显著下降时的温度称为脆性转变温度（FATT），用它可估计转子在较低温度下的脆性断裂性能。脆性转变温度值与材料成分、冶炼方法、热处理方法、运行时间有关，CrMoV 钢的 FATT 为 80～130℃。通过盘车预暖汽轮机，可将转子温度提高到 FATT 以上，增加了转子在启动过程中承受较大离心力和热应力的能力。

（2）可以缩短或取消中速暖机。

（3）盘车预暖汽轮机可在锅炉点火前用辅助汽源进行，缩短机组启动时间，节约能源。

盘车投入之前应先投入顶轴油泵，顶轴油泵和盘车装置之间的连锁关系是润滑油压低，顶轴油泵不能启动；润滑油压低或顶轴油泵未启动，盘车电机不能启动；盘车手柄未推进，盘车也不能启动。

在大修后第一次启动一般应就地先手动盘车，检查汽轮机转子转向正确，如无卡涩现象，则就地控制盘将汽轮机盘车投入运行。

6. 发电机—变压器组恢复备用，发电机冷却系统投入

发电机—变压器组恢复备用，一定要在汽轮机冲转前完成。汽轮机一经冲转，整个发电机—变压器组回路即认为已经带电。

采用水冷的汽轮发电机组，应先将发电机进行外部循环反复冲洗，直至水质化验合格。进水到回水箱水位的 2/3 处，打开发电机的水冷却系统。在发电机冷却水回水箱已经投入的情况下，对水冷泵逐台检查，校验低水压自启动和相互自启动符合要求。

氢气冷却的汽轮发电机组，在发电机转子处于静止时，首先将发电机氢气冷却系统投入运行，然后逐步将发电机密封油系统投入运行，逐步升压至发电机额定氢压运行。充氢时应保持密封油压力，以免漏氢。充氢后，如果发电机内的氢纯度合格，定子内冷凝水水质、水温、压力以及密封油压等符合规程要求，气体冷却器通水正常，方可启动转子。

二、锅炉点火和升温升压

锅炉点火是单元机组启动操作的正式开始，启动的主要操作在控制室。锅炉点火一般首先点燃油燃烧器（点火油嘴），炉温提升后点燃煤粉燃烧器。油枪的点燃从最下排开始，点火前须将燃油和蒸汽的压力、温度调至规定值。点火后注意风量的调节和油枪的雾化情况。逐渐投入更多油枪，建立初投燃料量（汽轮机冲转前所投燃料量）。点火后即开启各级受热面的疏放水阀，用于暖管和放尽积水，待积水疏尽后应及时关闭，以免蒸汽短路影响受热面的冷却。过热器出口疏水兼有排放锅炉工质、抑制升压速度的作用，可推迟关闭。过热器出口疏水门关闭后即投入汽轮机旁路，其开启方式和开度视锅炉升压升温控制的需要而定。点火后的一定时期内，过热器和再热器内无蒸汽流量或流量很少，以监视和控制炉膛出口烟温的方法来保护受热面和控制燃烧率。若为一级大旁路，则这一控制必须保持到汽轮机进汽之前。点火过程中要注意循环回路的水循环，监视汽包水位和汽包上下、内外壁温差，一旦汽包壁温差超过限值，应立即降低升压速度。锅炉停止给水时应开启省煤器再循环阀，保护省煤器。初投燃料量应保证汽轮机冲转、升速、初负荷所需要的蒸汽量。通过控制燃烧率和投用受热面旁路、汽轮机旁路等手段来控制锅炉出口过热蒸汽的升压、升温速度并匹配冲转参数。

1. 点火前的吹扫

点火前应打开所有烟道挡板及阀门，先启动回转式空气预热器，然后顺序启动引风机和送风机各一台，以排除烟道及炉内残存的可能引起爆燃的气体和沉淀物，满足炉膛、烟道和空气预热器的吹扫要求，并防止回转式空气预热器点火后受热不均匀而变形。

对炉膛和烟道进行吹扫时，先启动引风机，后启动送风机，以保证炉内有一定的负压，防止出现正压。通风容积流量大于 25%MCR 风量（通常风量维持在 25%～30%MCR），吹扫不少于 5min。

另外，对煤粉炉的一次风管道应吹扫 3～5min；对燃油管及油喷嘴也应进行吹扫，以保

证点火时油路通畅，防止点火时爆燃。

2. 锅炉点火

吹扫完毕，锅炉主燃料跳闸装置自动复位，进行燃油系统漏油试验，检查快关阀及炉前油系统漏油是否合格；然后将燃油系统从燃油再循环回路切换至燃油工作回路。轻重油漏油试验检查，需要确认轻重油的快关阀和回油阀之间的管路是严密的。试验方法是在保持快关阀前后压力相等的情况下，将快关阀关闭，要求其保持压差为零达 5min；开启回油阀，检查油压能否降低到脱扣动作，并能保持 5min，然后关闭回油阀。

现在，不少机组采用重油作为锅炉点火到机组带 20%～30% 额定负荷的主要燃料。其点火方式是：用轻油点火器分别点燃重油及煤粉燃烧器，或用轻油点火器点燃重油燃烧器，再用重油燃烧器点燃煤粉燃烧器。一般用油燃烧器控制锅炉热风温度达规定数值，再投煤粉燃烧器。

轻油点火器的轻油是靠高能发火器引燃的。轻油容易燃烧，对锅炉受热面的玷污也小，但价格较贵。点火时，点火油嘴一般同时使用对角的两只（四角布置），然后定期调换使用另外两只，以使锅炉各部分均匀受热。为防止未燃油滴和油气在烟道内积聚，此时通风量较大，以减少爆燃的可能。

在冷态点火时，炉膛温度比较低，对燃烧重油的锅炉应注意未燃尽的重油易使受热面玷污，影响传热，会造成局部温度偏差。为保证燃烧的稳定，投主燃烧器也按对角投用的原则，并且应先投入油嘴上的主燃烧器。主燃料投入后，一旦发生熄火，或投入燃料 5s 后在炉膛内还未点燃，应立即切断燃料供应。按点火前的要求对炉膛和烟道进行通风吹扫，再重新点火。点火时主燃烧器出口的一、二次风应小，否则不利于煤粉的点燃；煤粉着火后，根据燃烧情况调整二次风。当炉膛温度较低时，投用煤粉燃烧器，对直吹式制粉系统可先关小热风门，让磨煤机内积聚一些煤粉后再适当开大热风门，这样可以增大点燃时的煤粉浓度，有利于煤粉着火。

3. 锅炉升温升压

从锅炉点火到汽压升至工作压力的过程即升压过程。因为在饱和状态下，压力和温度是一一对应的，升压也即升温，所以以控制升压速度来控制升温速度。为避免温升过快而引起过大的热应力，汽包内水的平均温升速度限制在 $1.5\sim2℃/min$。

锅炉升温升压过程，各金属部件处于热不稳定状态，如果控制不当，会对某些部件的安全造成不利影响。为此，升压过程对以下要格外重视。

（1）升压速度和汽包金属壁热应力。升压速度快，汽包上下壁温差大，热应力大，严重时汽包会发生拱背变形，产生裂缝。

在升压初期，汽包内压力较低，汽包金属主要承受由温差引起的热应力，而此时各种温差往往比较大，故升压率应控制小一些。另外，在低压阶段升高单位压力相应的饱和温度上升值大，因此升压初期的升压速度应特别缓慢，并应采取措施加强汽包内水的流动，从而减小汽包上下壁温差。一般采用汽包内设置临时锅炉蒸汽加热装置和加强下联箱放水，以尽早建立水循环，控制汽包热应力。当水循环正常后，为不使汽包内外壁、上下壁温差过大，仍应限制升温升压的速度。当压力升至额定值的最后阶段，汽包金属的机械应力亦接近于设计预定值，这时如果再有较大的热应力是危险的，故升压速度仍受限制。一般规定汽包上下壁温差小于 $50℃$，为此在大型锅炉汽包上均装设上下部壁温测点若干对，以便在启动时监视。

若发现壁温差过大，就应降低升压的速度。

控制升压速度的手段是控制好燃料量，此外，还可加大向空排汽量；对于中间再热单元机组，可以用旁路系统调整阀进行升压速度控制。

在锅炉的升压阶段，升压速度过快将影响安全运行，但如果升压速度过慢，则将延长机组的启动时间，这是不经济的。

(2) 水冷壁保护。升压初始阶段，水冷壁管内含汽量少，水循环不正常，燃烧器少，各水冷壁金属温度不同，会引起下联箱变形或管子损坏。对膜式水冷壁，更应注意其受热的不均匀性。

水冷壁的受热情况，可通过装在下联箱上的膨胀指示器加以监视。在检查中若发现异常情况，应暂缓升压，查明原因进行处理后，方可继续升压。在升压过程中，必须采取一定措施，促使水冷壁受热均匀。如均匀、对称地投入燃烧器，各燃烧器定期轮换运行，加强水冷壁下联箱放水，下联箱采用蒸汽加热以加强水循环等。

(3) 过热器、再热器保护。过热器、再热器是锅炉的主要部件，其中的工质温度和管壁金属温度都是锅炉中最高的。在启动过程中，过热器、再热器的安全十分重要，应满足两个要求：①过热汽温、再热汽温应符合汽轮机冲转、升速、并网升负荷等要求；②过热器、再热器管壁温度不超过金属材料的许用温度，其联箱、管子等不产生过大的热应力。

单元机组的锅炉在启动过程中靠自身蒸汽冷却过热器。在锅炉点火后未产生蒸汽以前，过热器处于无蒸汽冷却状态，而这时烟气却在对过热器加热，因此为防止管壁金属超温破坏，通常在启动初期控制炉膛出口烟温不大于 540℃，为此，点火时一般先投下排油枪（油嘴），而且投入的燃料量不能太多，燃料量增长的速度不能太快。

在点火一段时间后，逐渐有蒸汽产生，但蒸汽量很小，容易发生过热器各管中的蒸汽流量不均。同时，点火升压初期炉温低，燃烧不稳定，火焰充满度差，也容易使流经过热器的烟气分配不均匀。这样对于蒸汽流量少而受烟气加热强的管子，便可能发生超温。因此，在点火升压初期，还应尽量保持稳定的燃烧工况，控制炉膛出口烟温偏差。

随着升压过程的进行，过热器要依靠锅炉产生的蒸汽来进行冷却。流经过热器的蒸汽，对于中间再热单元机组，则通过旁路系统排入凝汽器，以减少工质损失。

升压过程中，流经过热器的蒸汽流量对过热器的安全有影响。蒸汽流量小时，过热器可能得不到足够的冷却；蒸汽流量大时，锅炉的升压速度减慢，启动时间延长，启动费用增加。所以在启动时要在保证安全的前提下，尽量缩短启动时间，即制定最佳的升压曲线。

再热器的保护。启动过程中再热器的安全监护除点火初期控制炉膛出口烟温外，在以后的升温、升压过程中的保护主要是通过高低压旁路实现。

(4) 省煤器保护。启动初期间断给水，使局部水汽化，该处壁温升高。汽包锅炉均设再循环管，在锅炉启动初期，开启再循环管上的阀门，使汽包与省煤器形成自然循环回路，汽包内的水经再循环管下降进入省煤器入口，在省煤器中受热上升，又进入汽包。重新上水时，应关闭再循环门，防止给水直接进入汽包。

(5) 空气预热器的保护。对于空气预热器，首先要防止二次燃烧，其次是不正常的热变形。二次燃烧主要是在启动初期燃烧不完全的燃料带到尾部受热面积存下来，随烟温逐渐升高，燃料逐步氧化升温达到自燃温度后出现的；因此，启动时应密切监视空气预热器出口烟温，当发现排烟温度突然不正常地升高时，应立即停炉或停止启动，进行灭火处理；为了防止回转式空气预热器的异常变形，锅炉点火前，空气预热器必须启动。

三、暖管

机组冷态启动前，主蒸汽管道、再热蒸汽管道、自动主汽阀至调节阀间的导汽管、电动主闸阀、自动主汽阀、调节阀的温度接近于室温。锅炉点火后，利用所产生的低温蒸汽对主蒸汽管道、再热蒸汽管道及管道上的阀门进行预热的过程，称为暖管。暖管的目的是减小启动时温差产生的热应力；避免启动中蒸汽凝结成水引起管道冲击和汽轮机水冲击；启动时，如果不预先暖管并充分排放疏水，由于较长的管道要吸热，就不能保证冲转参数的要求。汽轮机的法兰螺栓加热装置、轴封供汽系统、汽动油泵和蒸汽抽气器的供汽管道同时进行暖管。

对于单元机组，锅炉点火升压和暖管是同时进行的。锅炉汽包至汽轮机电动主闸阀之间的主蒸汽管道上的阀门在全开位置，电动主闸阀及其旁路阀处在全关位置。再热机组通过汽轮机旁路系统对再热蒸汽管道进行暖管。同时，也可通入少量蒸汽，在盘车状态下对高、中压缸进行暖缸。对高参数、大容量机组，暖管时温升速度一般不超过 3～5℃/min。

在进行暖管操作时应注意管道疏水。当蒸汽进入冷的管道时，会发生凝结而生成凝结水。如果这些凝结水不能及时排出，当高速汽流从管道中通过时便会发生水冲击，引起管道振动。如果这些水被蒸汽带入汽轮机，将发生汽轮机的水冲击事故。疏水合理，还可以提高蒸汽温度，加快暖管速度。

在暖管过程中，主蒸汽管道和再热蒸汽管道中的疏水，一般经过疏水扩容器排至凝汽器，此时凝汽器已经接带热负荷，所以循环水泵、凝结水泵和抽气器在暖管前应投入运行。如果这些设备故障影响真空时，应立即关闭导向凝汽器的所有疏水阀，开启所有排大气疏水阀。在疏水过程中，要定期打开疏水管的检查门，以观察是否还有积水。

应注意暖管速度，防止主汽阀、调节阀热应力过大而产生裂缝。大容量机组的自动主汽阀和调节阀的体积大、形状复杂、壁厚不均，往往因热应力而发生裂纹，所以在暖管时应注意暖管速度，或对自动主汽阀和调节阀进行预热。

在暖管过程中，汽轮机旁路系统投入后，排汽缸温度逐渐上升，这时要开启排汽缸减温水阀，将排汽室温度控制在 67～70℃，不允许超过 100℃。

四、汽轮机冲转升速

（一）冲转方式

汽轮机如果采用高压缸进汽冲转时，可以采用调节阀冲转、自动主汽阀冲转或电动主闸阀旁路阀冲转。

调节阀冲转是在自动主汽阀和电动主闸阀全开情况下，通过操作调节阀冲转。该方式可以减少对蒸汽的节流，但汽缸进汽部分周向温度分布不均。启动过程均由调节阀控制，操作方便灵活。

用自动主汽阀冲转时，调节阀全开，汽轮机进汽部分周向受热均匀。但自动主汽阀处于节流和被冲刷的状态，易造成关闭不严，降低了自动主汽阀的保护作用。当在转速升至 2900r/min 左右时，要进行阀切换。

用电动主闸阀旁路阀（或启动阀）冲转时，自动主汽阀和调节阀全开，电动主闸阀全关，缓慢开启旁路阀冲转。这种冲转方式可以使汽轮机进汽部分周向受热均匀，也可以避免自动主汽阀的冲刷，但需要进行阀切换。

（二）冲转前的准备

1. 冲转参数的选择

冲转时主蒸汽压力的选择应综合考虑锅炉、汽轮机以及旁路系统，要从便于维持启动参数稳定出发，同时考虑除氧器用汽情况，锅炉所产生的蒸汽流量能满足冲转、升速，并能顺利通过临界转速，且有一定的裕度。由此要求主蒸汽压力高一些。当采用调节阀冲转时，为使进汽部分金属加热均匀，需要增大蒸汽的容积流量，冲转蒸汽压力应尽量选择低一些。因此，不同的冲转方式，主蒸汽压力的取值范围不同。

机组冷态启动前，汽轮机各零部件的温度比较低，为了减小热冲击，在选择冲转参数时，主蒸汽温度的选择要保证与调节级处高压内缸内壁温度合理匹配。一般规定主汽阀前蒸汽温度比调节级处金属温度高 50～100℃。同时，对冲转时主蒸汽的过热度也有一定要求。这是为了防止汽轮机前几级蒸汽落入湿蒸汽区，也为了防止启动时因锅炉操作不当，使蒸汽进入饱和区，引起凝结放热而使放热系数增大造成对汽轮机的热冲击，甚至使蒸汽带水而造成汽轮机水冲击。主蒸汽过热度一般要求不小于 50℃。

再热蒸汽温度应与中压缸进汽室的温度相匹配。为了防止蒸汽带水，再热蒸汽也应有一定的过热度，一般规定应大于 50℃。有些再热机组冷态启动时，对再热蒸汽温度没有明确要求，这主要是考虑由于启动时再热蒸汽压力一般为负压，过热度容易保证。但是，有的机组为了避免再热系统有漏空气的现象，往往使再热系统建立正压，由于压力较高，蒸汽可能因过热度减小而带水，故对再热蒸汽的过热度应有严格规定。

汽轮机冲转时，除了要合理选择主蒸汽和再热蒸汽参数外，还对凝汽器的真空有一定的要求。在冲转的瞬间，大量的蒸汽进入汽轮机内，而蒸汽的凝结需要一个过程，所以会出现真空过低现象，还会使排汽温度大幅升高，使凝汽器冷却水管胀口松弛而漏水，还会引起机组中心偏斜而振动。但冲转时的真空要求也不必太高，因为到达高真空需要较长的时间；并且真空高时在相同转速下进汽量减少，对暖机不利。实践表明，真空在 60～67kPa 即能满足冲转要求。

2. 其他冲转条件

汽轮机在盘车状态，盘车电流正常；蒸汽品质必须合格；汽轮机所有疏水阀开启；低压缸喷水阀在"自动"，凝结水压力正常；检查汽轮机润滑油温、油压正常；检查转子偏心度小于 0.076mm；检查汽轮机差胀正常；检查汽轮机上、下缸温差正常；检查密封油系统运行正常；检查发电机冷却水系统运行正常；全部有关电气设备检查完毕后，发电机启动前定子及励磁回路绝缘良好等。

（三）冲动转子和低速检查

当冲转条件具备、调节保护系统整定完毕并已经投入时，即可开始冲转。冲转是指汽轮机的转子由静止（或从盘车状态）变化到高速转动的状态，汽轮机的金属由冷态变化到热态，此阶段的矛盾是金属温度升高的速度与转子转速升高的速度。

转子一经转动，应立即关闭冲转阀，在低速下对机组进行听音，检查汽缸内部有无动静摩擦，确无异常后，再打开冲转阀，重新冲动汽轮机。一般转速升至 500～600r/min 时，便关闭冲转阀，用听音棒听汽轮机内部有无摩擦声。因为冲转阀关闭后，排除了汽流声，便于分辨异常声音。此时需特别注意，不能使转子静止。确信无异常情况，重新开启冲转阀，维持转速在 500～600r/min，作全面检查。检查盘车是否脱开，停止盘车电机；转子转动后对各轴瓦的回油情况、油温等进行检查。

转子冲动后，检查机组各轴瓦的振动。如轴承箱有明显的晃动，说明转子可能弯曲或机组动静部分之间发生摩擦，此时应立即手动危急保安器，停止启动。测量转子轴颈晃度，找出振动大的原因，解决后方可重新启动。冲动转子后，注意凝汽器真空变化情况，并注意调整凝汽器的水位，防止发生凝汽器热井满水或因调整不当引起热井水位过低，使凝结水泵打水中断。轴封冷却器需要保持足够的冷却水量，否则将引起其工作失常，使凝汽器真空下降。对水冷发电机组要调整转子进水压力；氢冷发电机组要调整密封油压。低速检查时，要投入法兰螺栓加热装置。确认低压缸喷水阀已打开，控制开关在"自动"，检查低压缸排汽温度正常；就地检查确认转子偏心度、转子振动、转子轴向位移不超过允许值，汽缸绝对膨胀指示正常，汽缸上下金属温差、主蒸汽过热度为允许值。

（四）升速和暖机

确认各项指标正常后，可按一定的升速率进行升速操作。因为汽轮机在冷态启动时蒸汽和汽缸之间的温差很大，为防止汽轮机各金属部件受热不均产生过大的热应力和热变形，在转速升至额定转速前，需要有一定时间的暖机过程。暖机的目的是防止金属材料脆性破坏和避免过大的热应力。

升速暖机过程是汽轮机转速和各部件的金属温度逐步升高的过程。在此过程中，要控制金属的温升率，就要控制升速速度。升速速度快，蒸汽对金属的放热系数大，金属容易出现不稳定的热状态；升速速度慢，放热系数小，加热慢，但启动时间延长。对中参数汽轮机，可按每分钟 5%～10% 额定转速升速；对高参数汽轮机，按每分钟 2%～3% 额定转速进行升速。不同的机组在不同的升速阶段，金属温度升高的速度也不同。应该了解机组从冲转至额定转速各阶段汽轮机金属温度的变化情况，在金属温升率大的阶段，按规程正确控制升速速度。一般以启动过程中金属温度变化比较剧烈的调节级汽室汽缸内壁温度，作为监视汽轮机金属温度变化情况的监视指标。

升速过程的暖机转速，一般选为 1000～1400r/min 和 2200～2400r/min。如果暖机转速为 1000～1400r/min，称为中速暖机；暖机转速为 2200～2400r/min 时为高速暖机。不管是中速暖机还是高速暖机，都应避开转子的临界转速。大型汽轮发电机组轴系长、转子多，临界转速比较分散。另外，在启动过程中，主蒸汽参数、真空会有波动，如果不避开临界转速一定范围，将引起机组转速落入临界转速而发生振动。暖机时转速一般在离临界转速 150～200r/min 范围内进行。

中速暖机时间根据缸温确定，中速暖机必须充分。因为中速暖机后，将要通过机组临界转速，并要高速暖机。如果中速暖机不充分，高速暖机时金属温度升高速度会过快。

转速升至 2200～2400r/min 时进行高速暖机，暖机时间大约 30min，使汽缸或法兰内壁温度到达规程要求的数值。在高速暖机阶段，由于蒸汽量大，汽缸膨胀比较显著。随着汽轮机转速的升高，润滑油温和发电机温度都要升高，根据需要投入润滑油冷油器和发电机冷却器，以保证润滑油温和发电机风温。

当转速升至 2800r/min 左右，主油泵已能正常工作，可逐渐关小启动油泵出口阀，当油压正常，且转速升至额定值时，停止启动油泵运行。如冲转阀不是调节阀，需要完成从冲转阀向调节阀的切换（有的机组是在带上负荷以后再进行阀切换），倒换为用调节阀控制进汽。

在升速暖机过程中，应严格控制汽轮机各部件的金属温差，从而把金属的热应力和热变形控制在允许范围内。中速暖机后，法兰内外壁温差及法兰和螺栓温差显著增加，应适时投入法兰螺栓加热装置。法兰螺栓加热装置投入后，要严格控制法兰内外壁温差、法兰和螺栓温差、左右两侧法兰温差。使用法兰螺栓加热装置时，从外部不同部位分别进行加热，应特别注意汽缸左右两侧加热的对称情况。避免两侧加热不均，使机组中心变动，引起机组振动。通常要求左右法兰中心温差不得大于10℃。注意法兰螺栓加热装置不能使用过度，避免引起汽缸法兰变形。

在汽轮机升速期间，汽轮机转速需要保持时，可在DEH操作盘上按下"保持"按钮，但必须遵循转速保持范围（即避开临界转速，若汽轮机停留在共振转速范围内，应将转速快速降至共振范围以下，再保持）。在暖机过程中，检查TSI、DEH-CRT、DCS-CRT，汽轮机蒸汽、胀差、振动、润滑油、EH油、密封油及金属温度各监视参数正常，无报警；检查凝汽器、除氧器水位正常；注意倾听各转动部分声音正常，各系统、辅机运行正常，并进行全面检查，作好进一步升速的准备工作。进行给水泵汽轮机系统启动前的检查准备工作。

允许做超速试验的机组，当汽轮机转速至3000r/min，可在控制室按下汽轮机脱扣按钮，或在就地手动扳动脱扣手柄脱扣汽轮机，确认超速跳闸机构和阀门动作功能正常。

五、机组并列和接带负荷

（一）机组并列

单元机组并列是指将汽轮发电机组并入电网的操作过程。转速达额定值后，经检查确认设备正常，完成规定项目，即可进行发电机的并网操作。汽轮发电机并网操作采用准同期法，要严格防止非同期并网。

为了避免发电机与电力系统并列时产生较大的冲击电流使发电机烧坏，要求机组并网时必须满足三个条件，即发电机与电力系统电压相等、电压相位一致、频率相等。如果电压不相等，其后果是并列后发电机与系统间有无功性质的冲击电流出现；如果电压相位不一致，则可以产生很大的冲击电流，使发电机烧毁或使发电机端部受到巨大电动力作用而损坏；如频率不等，则会产生拍振电压和拍振电流，将在发电机轴上产生力矩，从而发生机械振动，甚至使发电机并入电网时不能同步。准同期并网的优点是发电机没有冲击电流，对电力系统没有影响。

准同期法分为自动准同期、半自动准同期和手动准同期三种，依据调节汽轮发电机组转速（调频率）、调节电压、合主开关各项操作方式区别。大容量机组一般都采用自动准同期法。它能够根据系统的频率检查待并发电机的转速，并发出调节脉冲来调节待并发电机的转速，使它达到比系统高出一个预先整定的数值。然后检查同期回路便开始工作，这些工作是由发电机自动准同期装置（ASS）来完成的，当待并发电机以一定的转速向同期点接近，由电压自动调节装置（AVR）通过调节转子励磁回路的励磁电流改变发电机电压，当待并发电机电压与系统电压相差±10%以内时，它就在一个预先整定好的提前时间上发出合闸脉冲，合上主断路器，使发电机与系统并列。

（二）带负荷及初负荷暖机

汽轮发电机组并列后，为了使机组不致产生逆功率，强迫带上一初始负荷（5%～10%）额定负荷。此时，蒸汽流量增大，转子与汽缸之间温差增大，容易出现较大的金属温差和胀差。所以机组并列后，还需带一段时间的初负荷，进一步进行暖机，这就叫初负荷暖机。它的作用是为了防止转子、汽缸热应力过大。

初负荷暖机的负荷值根据蒸汽和金属温度的匹配情况来决定，两者相差越大，暖机负荷越小。负荷越低，蒸汽流量越小，暖机效果越差；并且负荷太低容易造成汽轮机排汽温度升高。因此，一般要规定并网初期的最低负荷。但负荷也不能过高，负荷越大，汽轮机进汽量增加越多，金属又要进行一个剧烈加热过程，会产生过大的热应力，甚至胀差超限，造成严重后果。暖机时间根据蒸汽和金属温差情况确定，温差越大，暖机时间越长。

初负荷暖机，一般要求稳定运行至少 30min，在稳定运行期间，主汽阀前蒸汽温升控制在 $1\sim2℃/min$。除严格控制蒸汽温度变化率和金属温差外，还需监视胀差变化，如发现胀差过大时，应延长暖机时间。同时可以采用调整真空和增大法兰加热装置进汽量等方法进行调整。如果发现振动值过大时，也应延长暖机时间。另外，还要检查汽轮机缸胀、轴向位移及各轴承金属温度和回油温度正常，润滑油压、EH 油压正常，汽缸上、下壁温差正常。初负荷暖机结束，检查汽轮机缸胀正常无卡涩现象。

初负荷暖机后，选定目标值和升负荷率进行升负荷的操作。机组升负荷，实质上就是增加汽轮机的进汽量，主要靠加强锅炉燃烧增大锅炉蒸发量。随着蒸发量的增加，主蒸汽压力也相应提高。在低负荷阶段，要求主蒸汽压力变化率控制在 $20\sim30kPa/min$ 范围内。这样可以确保稳定的升负荷，也可以防止通流部分蒸汽流量增加过快，造成高压外汽缸及其法兰跟不上转子的加热，引起正胀差超过允许值。

由于蒸汽压力和温度随着负荷的增加而提高，汽轮机金属温度也随着升高。通常汽轮机金属温度的升高速度与负荷增加的速度成正比。因此，在升负荷过程中，控制金属的温升率即控制汽轮机升负荷的速度。允许升负荷的速度取决于最危险区域（一般在调节级附近）金属的允许升温速度。

在升负荷过程中，有关系统和附属设备按运行要求投入运行。抽汽管道的止回阀保护应投入工作；低压加热器疏水量增大后，应启动疏水泵；法兰或汽缸金属温度达到一定值时关闭汽缸疏水阀和调节阀疏水阀。升负荷过程中，应确认调节系统动作正常，调节阀无卡涩；应监视发电机冷却用氢温度、定子冷却水温度、铁芯温度、绕组温度、绕组出口风温。

当负荷达要求值时，将厂用电由启动/备用变压器供电倒为由高压厂用变压器供电，检查主蒸汽压力、主蒸汽温度、再热蒸汽温度达要求值，启动汽动给水泵，检查给水系统运行正常；待燃烧稳定后，应进行一次全面吹灰；并及时切换除氧器加热汽源。

通常低压加热器随汽轮机启动，高压加热器则是在负荷带至一定值或者抽汽压力为正压后投入。低压加热器投入过晚，可能影响汽缸上下温差；高压加热器投入过晚，会影响给水温度，从而给锅炉燃烧造成困难。

随着负荷的增加，应注意汽轮机振动情况、轴向位移、推力瓦温度及胀差变化情况；注意调节凝汽器热井水位、除氧器水位、发电机冷却水温及风温；注意调节系统动作是否正常，调节阀门有无卡涩、跳动现象；高压轴端漏汽增加，要随时调整轴封供汽阀以保持轴封供汽压力正常，防止油中大量进水；汽缸法兰螺栓的温差接近零或不大时，可停止法兰螺栓加热装置。

当负荷到达 80% 额定负荷左右时，主蒸汽温度和压力达到额定值，而后机组定压运行至机组带上额定负荷。机组额定负荷运行后应进行一次全面检查，并且尽可能把自动调节系统全部投用。图 1-2 为 300MW 机组冷态滑参数启动曲线。

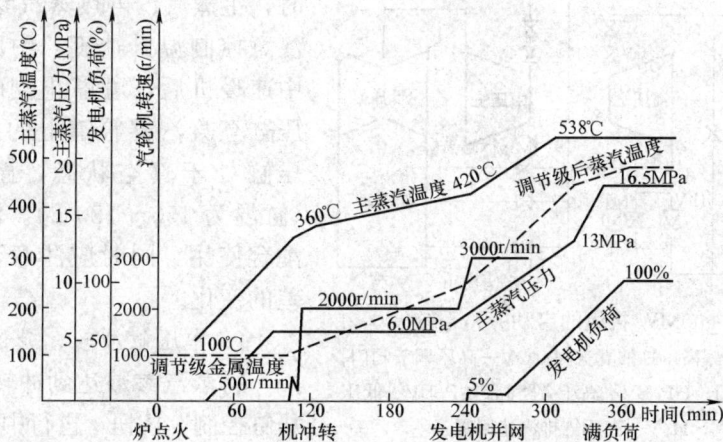

图 1-2　300MW 机组冷态滑参数启动曲线

六、关于中压缸启动

大容量中间再热机组广泛采用高中压缸同时进汽冲转的滑参数压力法启动。但是由于锅炉再热器均布置在尾部烟道，处在烟气温度较低的对流区域，机组的旁路容量通常较小，再热蒸汽压力低于主蒸汽压力。主蒸汽管道和再热管道的截面相差很大，在暖管初期，再热蒸汽管道产生的疏水比主蒸汽管道多得多，而再热管道的疏水条件又差，因此，冲转前再热蒸汽温度远低于主蒸汽温度。因此，机组冲转后中压缸温升速度慢，中压缸膨胀迟缓。同时，中压转子温度较低，为保证其温度高于材料的低温脆性转变温度，应延长暖机时间，故冷态启动时间较长。

为了缩短启动时间，节约启动用油，实现机组的安全经济运行，如何使再热蒸汽温度跟上主蒸汽温度，并且使中压缸在启动过程中尽早膨胀，已成为冷态启动中的关键问题。机组若采用中压缸启动，这个问题就可得到较好的解决。

中压缸启动是指在冲转时，高压缸不进汽而中压缸进汽冲动转子，待转速至 2900r/min 左右或机组并网后，才开始逐步向高压缸进汽。

要实现中压缸启动，机组的系统必须具备如下配置：具有高、低压串联的旁路系统，用来控制中压缸冲转时的蒸汽参数；调节系统具有对中压调节阀门单独控制的功能，能保证在中压缸冲转时，高压缸不进汽；具有相应的高压缸抽真空系统及可以反流预暖高压缸的可控高压缸排汽止回阀或其旁路系统，可以利用邻机抽汽对高压缸预暖，减少高中压缸之间的温差。

（一）中压缸启动的主要操作

采用中压缸启动汽轮机冲转时，汽轮机转速和负荷由中压调节阀门（ⅣⅤ）控制，中压调节阀门缓慢开启，控制进入中压缸的蒸汽流量使汽轮机升速、并网、带负荷至并网后的初负荷，然后汽轮机开始由中压调节阀门控制转向高压调节阀门（GV）控制。采用中压缸启动方式冷态启动的主要操作如图 1-3 所示。

1. 高压缸预暖

锅炉点火后投入旁路系统开始升参数，当再热器冷段蒸汽温度比高压缸温度高出 50℃ 时，即可打开高压缸排汽止回阀进行倒暖（缸温上升率为 1.5℃/min 左右）；在倒暖的同

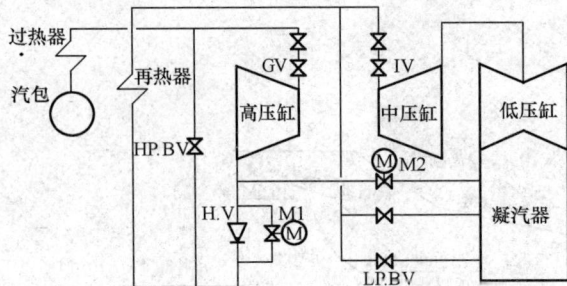

图 1-3　600MW 机组的启动旁路系统

M1—暖缸阀；M2—高压缸抽真空阀；GV—高压调节阀门；
IV—中压调节阀门；HP.BV—高压旁路阀；LP.BV—低压
旁路阀；H.V—高压缸排汽止回阀

时，主蒸汽、再热蒸汽参数按规定升高，注意控制温升速度。中压缸冲转升速至中速暖机后，可停止倒暖，同时开大高压缸至凝汽器管道上的抽真空阀，使高压缸处于真空状态，控制其温度水平（缸温为 150～180℃）。法兰加热装置应配合使用，同时应注意汽缸热膨胀和胀差的变化。

2. 中压缸冲转、升速

待蒸汽参数达到冲转要求时，"按中压缸控制"按钮，进行中压缸冲转、升速，并在暖机转速下进行暖机。暖机结束后，继续升速到额定转速。此时，中压缸内壁温度应达 150℃。

3. 机组并列及切换

当机组具备并网条件后，即可并网接带初始负荷，然后按规定的升负荷速度继续升负荷。机组并列后，当主蒸汽温度与高压缸内上壁温度相匹配，主汽门壳体内壁温度高于高压内缸上壁温度 50℃时，关闭抽真空阀进行进汽方式的切换，将中压缸进汽方式切换成高中压缸联合进汽方式。高压缸进汽后，应关小高压旁路至全关，完成切换过程，按照常规启动方式完成带负荷。图 1-4 为某 600MW 机组冷态中压缸启动曲线。

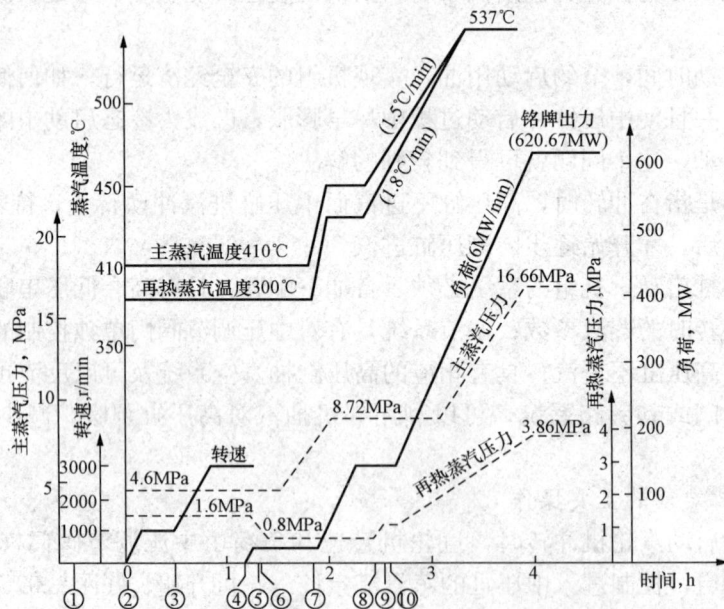

图 1-4　某 600MW 机组冷态中压缸启动曲线

①—锅炉点火；②—汽轮机启动；③—高压缸；④—并网；⑤—低压旁路阀关闭；
⑥—高压旁路阀关闭；⑦—增大蒸汽流量，高压/低压旁路阀再次打开；⑧—中压
调节阀全开；⑨—低压旁路阀再次关闭；⑩—高压旁路阀再次关闭

（二）中压缸启动特点

中压缸启动为全周进汽，对中压缸和中压转子加热均匀，同时，随再热器压力的升高对高压缸进行暖缸，使高压缸及其转子的受热也较均匀，这就减少了启动过程中汽缸和转子的热应力；在中速暖机后，高中压转子的温度一般都升至150℃以上，这就使高中压转子提前渡过脆性转变温度，提高了机组在高速下的安全性，缩短了启动时间，提高了经济性。如日立制造的600MW机组设计冷态启动时，从汽轮机冲转至带满负荷，中压缸冲转比高压缸冲转快接近2h。但是，在中压缸启动时，如果忽略了某些细节，可能造成中压缸启动十分被动，甚至花费比高压缸启动更多的时间。

采用中压缸启动，使金属的热状态得到了改善。因此，每次启动机组的寿命损耗减小，对机组寿命有利。

（三）中压缸启动应注意的主要问题

冷态启动汽轮机冲转前，凝汽器真空建立正常后即进行高压缸倒暖，以确保汽缸加热均匀。中压缸启动时，由于高压缸不进汽或进少量的汽，汽缸得不到充分加热，再加上高压缸体积比中压缸大且缸壁厚，所以高压缸加热滞后于中压缸，若启动前不充分暖缸至150℃以上，在汽轮机冲转后会因高压缸加热滞后而影响机组启动。再就是为了配合锅炉的燃烧调整，选择合适的冲转参数，高压缸必须倒暖。另外，还可以使高压调节阀门有一小开度，使蒸汽缓慢进入高压缸暖缸。如日立600MW机组设计汽轮机升速阶段，高压调节阀门有一相当于400r/min的开度，保证升速阶段高压缸得到充分加热，为启动赢得时间。

启动旁路用于中压缸启动，不考虑带厂用电运行，此时旁路系统的好坏直接影响中压缸启动的快慢及成功与否。因此，提前投用旁路很有必要，一是能尽早发现问题，及时处理；二是旁路投入，启动锅炉制粉系统后，加强燃烧调整，可以提高升温、升压的速度，使得参数匹配适当，满足汽轮机冲转的需要。

汽轮机疏水应充分。锅炉点火后，应及时开启主蒸汽管道、再热蒸汽管道的所有疏水门，以及主汽门、中压联合汽门的阀座疏水，以利于锅炉起压后暖管。如汽缸未设疏水接口，缸体疏水全部通过抽汽管道疏出至抽汽电动门前的疏水口。对抽汽管道疏水，在汽轮机冲转前一定确认开启，防止缸体疏水不畅，使得上下缸温差增大。

合理选择启动制粉系统的时机，满足提升参数的需要，为启动赢得时间。高压缸倒暖、高压调节阀门室预暖结束、旁路系统投入正常后若此时冲转参数满足要求，汽轮机即可冲转。如果锅炉油燃烧器出力小，就难以满足冲转参数的要求，因此，何时启动制粉系统尤为重要。启动过早，参数不易控制，导致冲转参数过高；启动过晚，等待提升参数，影响机组启动。一般调节阀门室预暖与启动磨煤机同时进行。磨煤机启动加负荷后，及时调整旁路，配合升温升压，使得在调节阀门室预暖结束时基本达到冲转参数。

选择合适的冲转参数。为减小启动时金属的热应力，汽轮机冲转参数不宜过高，这样也有利于节约启动能耗。主、再热蒸汽压力一般按厂家给定的参数设定，主、再热蒸汽温度由厂家提供的曲线按汽缸壁温查得。如冷态启动，高压缸温度150℃时，主、再热蒸汽温度为330℃左右。真空值的选择必须保证长叶片的安全，因为长叶片在低真空下会发生颤振。旁路流量对中压缸启动也是一个很重要的参数，冲转前若旁路流量过低，冲转后蒸汽流量降低，旁路系统为了保证汽轮机升速的蒸汽流量，会自动关小直至全关，有可能旁路退出，中压缸启动失败；若旁路流量过高，发电机并网阀切换后，负荷突升，造成蒸汽参数扰动，汽包水位大幅波动。

中速暖机阶段，防止高压缸末几级叶片过热跳机。机组冷态启动，由于高压缸进汽量少，加热滞后于中压缸。高压缸排汽止回阀一直关闭，高压缸排汽通过通风阀至凝汽器，通风阀流量低，如果高压缸温度加热不到中速暖机结束条件，暖机时间过长时，造成高压缸末几级叶片鼓风热增加，使高压缸排汽部分内壁温度高保护动作跳闸。所以，中速暖机时，应注意监视高压缸排汽部分的内壁温度，暖机时间不宜过长，判断汽缸已胀出后即可升速。

发电机并列、机组带负荷后，锅炉燃烧加强，蒸汽量、汽温、汽压上升，如旁路系统仅为启动旁路时，允许参数较低，燃烧加强后，旁路容量超限。为保证旁路系统的安全，应及早进行转换区操作，退出旁路系统运行。

七、控制循环汽包锅炉单元机组冷态启动的特点

配控制循环汽包锅炉的单元机组启动顺序与自然循环汽包锅炉机组类似，但控制循环锅炉下降管上装有控制循环泵以及过热蒸汽系统配有 5% 启动旁路（有些控制循环锅炉未配），使机组启动的时间大大缩短，安全性和经济性提高。

一般自然循环锅炉在升温升压初期，水循环弱，汽包壁受热不均匀，汽包上壁温度高于下壁温度，内壁温度高于外壁温度，汽包金属产生热应力，限制了升压速度；而控制循环锅炉的汽包结构不同于自然循环锅炉，汽包容量较小，在结构上内有弧形衬板，上升管来的汽水混合物从汽包顶部引入，沿弧形衬板与汽包金属内壁之间的通道自上而下流动，然后进入汽水分离装置。这样整个汽包内壁与汽水混合物相接触，其上下内壁温度基本相同。点火前，循环泵已经启动，建立了水循环，汽包的受热比较均匀，有利于升温升压速度的提高。

在自然循环锅炉升温升压初期，为保证水循环的安全，往往采用加强水循环的措施，如用临炉蒸汽加热装置、均匀对称投用燃烧器、下联箱放水等。控制循环锅炉由于依靠循环泵进行强制循环，即使点火时炉膛内热负荷不均匀也不会影响水冷壁的安全。因为启动初期循环倍率较大，水冷壁管内有足够的水量流动，而且给水和锅水经汽包、循环泵混合后进入水冷壁，温度比较均匀，所以控制循环锅炉在点火启动中不需采用特殊措施来改善水冷壁的受热情况。

自然循环汽包锅炉通过再循环管在点火初期保护锅炉省煤器，这种保护方法操作复杂，在锅炉进水时，再循环阀应关闭，否则给水将再循环管短路进入汽包，使省煤器得不到应有冷却保护。而控制循环锅炉在 25%～30% 额定负荷之前，依靠循环泵对省煤器进行强迫循环，其循环水量大，保护可靠。而且再循环阀不需要频繁开关操作，可保持全开状态。在额定负荷的 25%～30% 之后，再循环阀关闭。

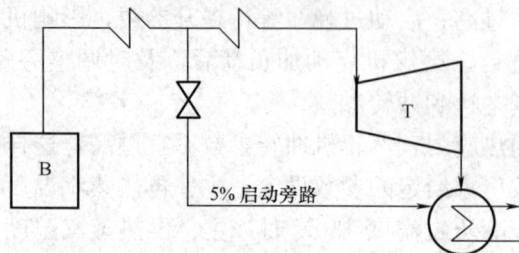

图 1-5　控制循环锅炉 5% 启动旁路

过热器旁路系统作为锅炉的旁路，启动时通过改变过热器出口的流量来控制汽压、汽温，满足提高运行灵活性、缩短启动时间的要求。过热器旁路系统是在垂直烟道包覆过热器下环形联箱接出一根管路至凝汽器，并在管路上装设控制阀构成（如图 1-5 中的过热器旁路所示）。其设计流量通常为锅炉最大连续负荷的 5%，亦称 5% 旁路。5% 启动旁路对汽压、汽温的控制：开大 5% 旁路，可以降低汽压，提高汽温；关小 5% 旁路，可以提高汽压，降低汽温。

强制循环锅炉循环泵启动前，应充水排出泵内空气。循环泵投运后，要确保其冷却水畅通。循环泵启停时要特别注意监视汽包水位的变化。第一台循环泵在锅炉点火前启动，第二台循环泵一般在锅炉起压后、汽轮机冲转前启动，第三台循环泵备用。图 1-6 为 350MW 控制循环锅炉单元机组冷态滑参数启动曲线。

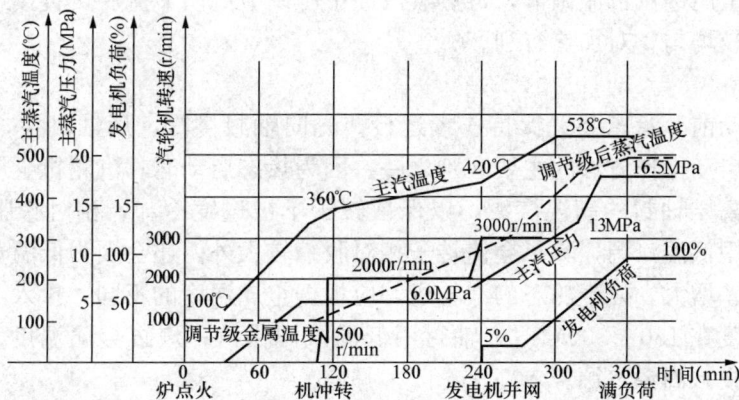

图 1-6　350MW 控制循环锅炉单元机组冷态滑参数启动曲线

第三节　配汽包锅炉单元机组热态（滑参数）启动

机组停运时间不长，金属温度还处于较高温度水平时，机组再次进行启动，一般为热态启动。热态启动时，机组金属温度水平较高，冲转、升速、并网、带负荷速度快，但如果操作不当，锅炉、汽轮机配合不好，也会发生重大的设备损坏事故。

机组热态滑参数启动的特点是启动前金属温度水平高，冲转参数高，启动时间短。

一、冲转参数的选择及主要操作

1. 冲转参数的选择

热态启动前，机组金属部件具有较高的温度，只有选择较高的蒸汽参数，才能使蒸汽温度与金属温度匹配，即它们的温差应符合汽轮机的热应力、热变形和胀差要求，一般采用正温差启动（蒸汽温度高于金属温度）。

对于没有启动曲线的机组，一般规定热态启动时，主蒸汽温度高于高压缸调节级上缸内壁金属温度 50～100℃，但最高不能超过汽温额定值。此外，蒸汽过热度不应低于 50℃，这样可以保证主蒸汽经冲转阀节流和调节级膨胀后，调节级后汽室蒸汽温度不低于该处的金属温度。

如果采用正温差启动有困难，如调节级处汽缸和转子金属温度在 450℃ 以上时不得不用负温差启动（蒸汽温度低于金属温度）。负温差启动过程中，转子和汽缸先受蒸汽冷却，而后又随蒸汽参数的升高而被加热，转子和汽缸经受一次交变热应力循环，增加了寿命损耗。若汽温过低冲转，则在转子表面和汽缸内壁引起过大的热应力，严重时产生裂缝和过大变形，导致动静间隙变化，发生摩擦故障。在负温差启动过程中，要严密监视主蒸汽温度，并尽快提升进汽温度；密切监视机组胀差、振动等，尽快升速、并网及带负荷。

冲转时主蒸汽压力应采用较高的数值，以使冲转温度满足要求，并且能使汽轮机迅速升速、接带负荷至初始工况点，中途不需调整汽压。

热态启动时，再热蒸汽温度应与中压缸金属温度匹配。对于高中压合缸的汽轮机，应保持再热蒸汽温度与主蒸汽温度接近，这样既减小汽缸的轴向温差，又保证中压缸不至于受到低温蒸汽的冲击。但是，由于再热蒸汽管道容积比主蒸汽管道大，疏水多，而再热蒸汽压力低，疏水能力差，所以当主蒸汽温度达到冲转要求时，再热蒸汽温度往往还没有达到要求。如果中压缸采用全周进汽节流调节，再热蒸汽经中压调节阀门节流后，直接进入中压缸，温降不大，进汽比较均匀，对加热有利。

2. 主要操作

机组热态启动前，盘车装置保持连续运行，先向轴封供汽，后抽真空，再通知锅炉点火，这是与冷态启动操作方法的主要区别之一。因为热态启动时，汽轮机金属温度较高，抽真空前应该投入高压轴封的高温汽源，以保证转子不被过度冷却，相对膨胀值不致减少过多。如果这时使用低温汽源，除了会使转子相对收缩较大外，还会因为低温蒸汽沿轴封漏入汽缸使上下缸温差增大。处于热态的汽轮机，应根据金属温度的不同，投入不同参数的轴封汽。汽缸金属温度在 150～300℃时，轴封用低温汽源供汽；汽缸金属温度水平高于 300℃时，轴封供汽应投入高温汽源。

机组热态启动时，锅炉开始供出的蒸汽温度往往过低，故应先将机炉之间隔绝开来，点火后锅炉产生的蒸汽可经旁路系统送入凝汽器或对空排汽，直到蒸汽参数满足要求时才能冲转。在这个过程中，锅炉出口汽温应在保证安全的前提下较快升高，而压力则相对上升得慢一些。

法兰螺栓加热装置的使用，应根据汽缸温度水平灵活掌握。当汽缸金属温度水平在 300℃以内时，为防止胀差正值过大，需投入法兰螺栓加热装置，以便适当提高汽缸温度，控制胀差正值的增长；当汽缸金属温度高于 300℃时，就不需要投入法兰螺栓加热装置。

机组的热态启动过程与冷态启动过程基本相同，但热态启动时锅炉内存有锅水，只需少量进水调整水位。蒸汽管道与锅内都有余压与余温，升压升温与暖管等在现有的压力温度水平上进行，因而可更快些。锅炉点火后要很快启动旁路系统，以较快的速度调整燃烧，避免因锅炉通风吹扫等原因使汽包压力有较大幅度降低。冲转时的进汽参数要适应汽轮机的金属温度水平；冲转前须先投入制粉系统运行，以满足汽轮机较高冲转参数的要求。冲转时锅炉应达到较高的燃烧率，以保证能使汽轮机负荷及时带至与汽轮机缸温相匹配的水平上，避免因燃烧原因使热态启动的机组在冲转、并网、低负荷运行等工况下运行时间拖延，从而造成汽缸温度的下降。机组极热态启动时必须谨慎，启动过程的关键在于协调好锅炉蒸汽温度和汽轮机的金属温度，尽可能避免负偏差，减少汽轮机寿命损耗。

汽轮机启动前后，要采取一切措施防止疏水进入汽轮机。过热器与再热器的出口联箱，后屏下联箱及蒸汽管道上的疏水阀一直保持开启，再热器紧急喷水门则关闭。上述保持开启的阀门有的在冲转以后关闭，有的则在带负荷以后才能关闭。在此之前，视情况可以关小。并网后，当负荷增加到冷态滑参数启动时汽轮机汽缸壁温所对应的负荷工况时，可按冷态滑参数启动曲线进行，直到带满负荷。图 1-7 为 300MW 机组热态滑参数启动曲线。

二、机组热态启动应注意的问题

1. 转子热弯曲

在热态冲转前消除转子热弯曲是机组热态启动的关键条件。转子的弯曲一般用与之相对应的转子轴颈晃度作指标。有的机组装有电磁感应式的大轴挠度指示表，给监视转子的弯曲带来方便。启动前转子的挠度超过规定值时，应先消除转子的热弯曲，一般是延长连续盘车

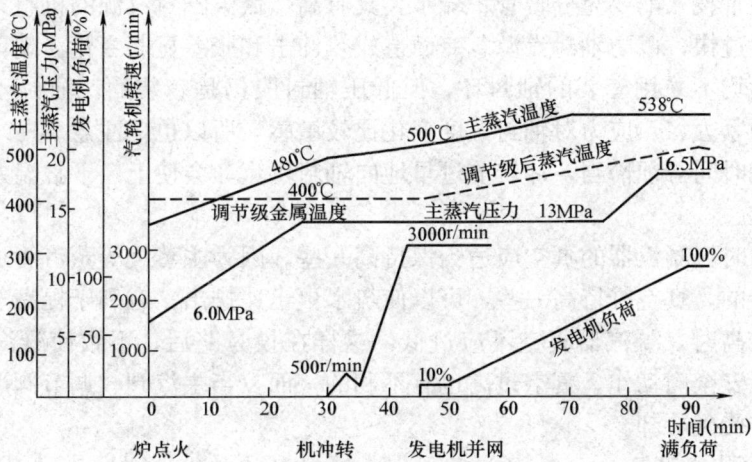

图 1-7　300MW 机组热态滑参数启动曲线

的时间。如果大轴晃度有增大趋势，并有金属摩擦声，应采取手动盘车 180° 调直。具体方法是：首先手动盘车 360°，测量大轴的晃度值，记下晃度值最大的方位，然后将转子停放在晃度表指示为最小的位置。即转子温度较高一侧处于下汽缸，温度较低的一侧处于上汽缸。在上下汽缸温差和空气对流的影响下，原来转子两侧径向温差逐渐缩小，使转子暂时性的弯曲得以消除。当晃度表的指示变化到最大晃度值的一半时，马上投入连续盘车，检查晃度是否达到所要求的数值。如果晃度仍大于规定值，则可重复上述操作，直到符合启动要求为止。如果转子和静止部件严重卡涩，机组暂时动不起来，则不要强行盘车，待冷却后再作检查。

要求热态冲转前连续盘车不应少于 4h，以消除转子临时产生的热弯曲。连续盘车期间应尽量避免盘车中断，如有中断，则应按规定延长盘车时间。在整个盘车期间不可停止供油。在盘车时要仔细听音，检查轴封处有无金属摩擦声，如有摩擦，应采取措施消除后再启动。

2. 上下缸温差

上下汽缸温差是汽轮机热态启动时常见的问题，也是必须正确处理的问题。汽轮机金属温度在从高温状态逐渐冷却的过程中，由于下汽缸比上汽缸冷却快，上下汽缸将出现较大的温差，汽缸产生拱背变形，使下部动静部分径向间隙减小，甚至消失；另外，高压汽轮机的轴封段比较长，汽缸变形引起轴封处汽缸从缸内向缸外向下倾斜，使轴向间隙减小或消失。上下汽缸温差的最大值通常在调节级处。所以热态启动时上下汽缸温差应作出明确规定，为了防止汽缸有过大的变形，一般规定调节级处上下汽缸温差不得超过 50℃。如果采用双层汽缸，要求内缸上下缸温差不得超过 35℃。

3. 轴封供汽与真空

热态启动时，轴封段转子温度很高，一般只比调节级处汽缸温度低 30~50℃，如果轴封供汽温度与金属温度不匹配，或使大量低温蒸汽、冷空气经轴封进入汽缸，则会使轴封段转子冷却而收缩，这不仅使转子产生较大的热应力，还会引起前几级的轴向间隙减小，甚至会导致动静部件的摩擦。

启动过程中，轴封是受热冲击最严重的部件之一。对盘动中的转子（必须在连续盘车状态下向轴封供汽）提前供轴封蒸汽，不会导致转子因受热不均而挠曲。同时先向轴封供汽后抽真空，真空可迅速建立，这样向轴封供汽的时间也不会太长。

　　轴封供汽装置投入前要充分暖管、疏水，具有高、低温轴封汽源的机组，汽源切换时要谨慎，避免切换过快，以防轴封汽源急变而造成热冲击和胀差显著变化。现代大型汽轮机高中压转子轴封段均不采用套装的轴封环，但低压轴封段仍是套装的，轴封环对轴有保护作用，其本身的预紧力、热应力对轴封温度变化比较敏感，所以也应注意。

　　向轴封供汽时间必须恰当，冲转前过早地向轴封供汽，会使上、下缸温差增大，或使胀差增大。

　　在热态启动时，凝汽器的真空应适当保持高一些。因为主蒸汽等蒸汽管道疏水都是经扩容器排至凝汽器的，真空维持高一些，可以使疏水更迅速排出，有利于提高蒸汽温度。特别是锅炉内余压较高时，凝汽器真空不应过低，这样在投旁路后，不致使凝汽器真空下降过多，防止排大气安全门动作。真空过高也有不利的一面，当主汽阀、调节阀严密性差时，可能因漏汽使汽缸受到冷却。

　　4. 应注意的其他问题

　　（1）转子振动。热态启动在升速过程中，要特别注意汽轮机的振动情况。在中速以下，轴承发生异常振动，振动超过允许值，并伴随着前轴承箱横向晃动，则说明转子已有明显弯曲。任何盲目的升速或降速都将使事故扩大，甚至造成动静部分磨损、大轴永久弯曲等事故。

　　热态启动时间短，应严格监视振动，如振动超过限制值，应果断及时打闸停机，待查明原因并消除后，才允许重新启动。

　　（2）润滑油温度。由于热态启动时机组升速快，要注意冷油器出口油温不得过低，以免造成油膜不稳而引起振动。

　　（3）炉、机、电协调配合。热态启动升速和接带负荷速度较快，且不允许在初负荷点之前作长时间停留，所以锅炉和电气部分必须在冲转之前做好相应的准备工作，以免延误时间。

第四节　配其他锅炉单元机组启动

　　单元机组锅炉除采用汽包锅炉外，还可以采用直流锅炉或循环流化床锅炉。本节就讨论有关直流锅炉机组和循环流化床锅炉机组的启动。

一、直流锅炉机组的启动

（一）直流锅炉机组启动的特点

　　直流锅炉没有厚壁元件汽包，启动时间可大大缩短。配直流锅炉的单元机组，都采用压力法滑参数启动，启动时间主要受汽轮机启动加热条件的限制。

　　直流锅炉的启动与自然循环锅炉的启动相比，有如下特点：

　　（1）汽水系统各部件的冷却、加热方法不同。自然循环锅炉水冷壁的冷却、加热靠工质的自然循环完成，过热器的冷却、加热靠锅炉本身产生的蒸汽来完成。而直流锅炉在启动过程中必须维持一定的给水流量，为回收锅炉中排出的水和热量，大容量直流锅炉都设有专门的启动旁路系统。

　　（2）启动速度。汽包锅炉有体积大而壁厚的汽包，为防止产生过大的热应力，必须限制启动速度。直流锅炉无汽包，各部件厚度较为一致，启动速度可大大提高。

　　（3）启动过程中的压力。自然循环汽包锅炉在点火前无压力，点火后工质被加热产生蒸汽，压力逐渐提高。直流锅炉由于要保证水动力稳定性等要求，一般在点火前就要建立一定的压力。

（4）启动过程中的工质脉动。自然循环锅炉在启动过程中工质很少发生脉动，有时发生脉动现象，但能很快被汽包空间吸收。直流锅炉在启动过程中，启动压力往往比工作压力低，故很可能发生脉动，为防止脉动，启动压力不宜过低。

（5）上升管屏启动过程中的工质停滞和倒流。自然循环汽包锅炉一般只在炉膛四角受热较弱处可能发生停滞和倒流现象。而直流锅炉的垂直管屏在启动过程中，由于工质质量流速低，传热偏差大，管屏中的部分管子的工质流动可能发生停滞、倒流现象，因此在启动过程中必须保持一定的给水流量（一般为额定蒸发量的 30%），四角燃烧器的投运应力求对称。

（6）点火前对受热面的冲洗。由于汽包锅炉可以用定期排污的方法去除锅水中的杂质，所以受热面一般不用清洗。而直流锅炉由于水一次蒸发完毕，在点火前必须建立一定流量，对受热面进行清洗。

（7）启动过程中有汽水膨胀现象。汽水膨胀现象是指直流锅炉在启动过程中，直流锅炉水冷壁内工质温度逐渐升高而达到饱和温度，水变成蒸汽时比体积急剧增大，使锅炉排出的汽水混合物的量在一段时间内大大超过给水量，并使局部压力升高的现象。影响汽水膨胀的因素有压力、给水温度、燃烧率和分离器位置等。

（二）直流锅炉机组启动过程

1. 启动前清洗

与汽包锅炉不同，直流锅炉给水中的杂质不能通过排污加以排除，其去向有两个：一少部分溶解于过热蒸汽带出锅炉，其余部分则都沉积在锅炉的受热面上。因此直流锅炉除了对给水品质要求严格以外，启动阶段还要进行冷水和热水的清洗，以便确保受热面内部的清洁和传热安全。

在锅炉点火前，隔绝汽轮机本体，机组进行低压系统清洗（通称小循环）和高压系统清洗（通称大循环）。如图 1-8 所示，小循环流程为：凝汽器→凝结水泵→低压加热器→除氧器→凝汽器。大循环流程为：凝汽器→凝结水泵→低压加热器→除氧器→给水泵→高压加热器→锅炉省煤器→水冷壁、顶部过热器、包覆管过热器→启动分离器→凝汽器。分离器出口水质含铁量大于 $500\mu g/L$ 时进行排放，小于 $500\mu g/L$ 时进行回收利用，含铁量小于 $100\mu g/L$ 时结束清洗。

2. 建立启动流量和启动压力

直流锅炉启动时的最低给水量称为启动流量，它由水冷壁安全质量流速决定。启动流量一般为额定蒸发量的 25%～30%。

直流锅炉启动时的压力称为启动压力。不同的直流锅炉对启动压力的要求不同，如图 1-8所示的直流锅炉通过给水泵以及启动调节门等控制启动压力；图 1-9所示的直流锅炉，允许零压力点火。

3. 锅炉点火、升温升压

维持启动流量，锅炉可点火。在锅炉点火前，应将引风机和送风机投入，维持炉膛负压。点火前总风量通常为 35% 额定风量，吹扫炉膛时间不少于 5min。在点火初期，过热器和再热器内尚无蒸汽通过，根据钢材限制这两个受热面前的烟温，同时还需控制管系的升温速度，因此，要低燃烧率维持一段时间。

启动分离器内最初无压，随着燃料量的增加，当启动分离器中有蒸汽时，即开始升压。随着继续增加燃料量，分离器内的压力逐渐升高，由启动分离器和高温过热器出口联箱的内

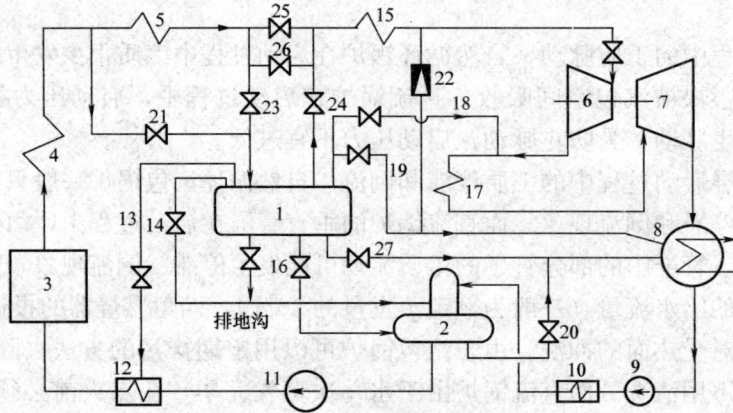

图 1-8　1000t/h 亚临界压力直流锅炉外置式启动旁路系统

1—启动分离器；2—除氧器；3—锅炉；4—水冷壁、顶部过热器、包覆过热器；
5—低温过热器；6—汽轮机高压缸；7—汽轮机中低压缸；8—凝汽器；9—凝
结水泵；10—低压加热器；11—给水泵；12—高压加热器；13—分离器至
高压加热器的汽管路；14—分离器至除氧器的汽管路；15—高温过热器；
16—分离器至除氧器的水管路；17—再热器；18—分离器至再热
器的汽管路；19—分离器至凝汽器的汽管路；20—除氧器至凝汽
器的放水门；21—启动调节门；22—大旁路；23—低温过热器
出口入分离器调节门；24—分离器出口入高温过热器的
通汽门；25—低温过热器出口门；26—低温过热器
出口门的旁路门；27—分离器至凝汽器的水管路

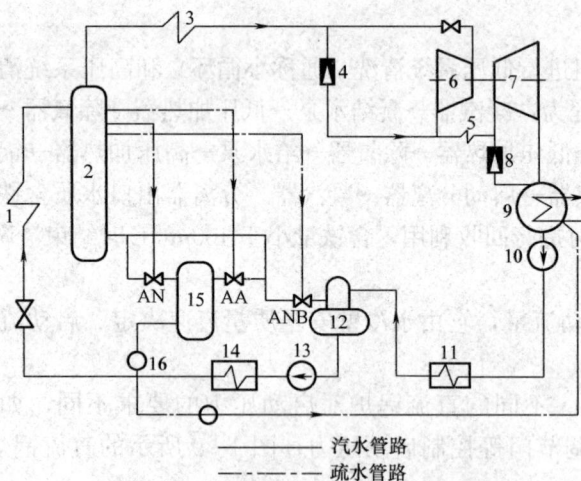

图 1-9　1900t/h 超临界压力直流锅炉内置式
启动旁路系统

1—水冷壁；2—启动分离器；3—过热器；4—高压旁路减温
减压阀；5—再热器；6—汽轮机高压缸；7—汽轮机中低
压缸；8—低压旁路减温减压阀；9—凝汽器；10—凝结
水泵；11—低压加热器；12—除氧器；13—给水泵；
14—高压加热器；15—疏水扩容器；16—疏水箱
AN、AA、ANB—控制阀

外壁温差控制直流锅炉的升压速度。

4. 热态清洗

随着工质温度上升，工质中的含铁量增加，如果含铁量超过 100μg/L（酸洗后或试运期间很有可能），则必须进行回路中管系的热态清洗，热态清洗结束时，省煤器进口水的含铁量应小于 50μg/L。

热态清洗温度可选在 260～290℃。

5. 启动中的工质膨胀

锅炉点火后，随着燃烧的进行，工质温度上升，当水冷壁内某位置的工质温度升至相应压力下的饱和温度时，工质开始膨胀。工质膨胀过程中分离器水位升高，疏水量增大。此时必须控制燃料投入速度不宜过快、过大，调节分离器各排放通道的排放量，以防止水冷壁超压和启动分离器水位失控。

进入启动分离器前的受热面出口温

度达到其压力下的饱和温度时，膨胀高峰已过，当工质开始过热时，膨胀结束。

6. 汽轮机冲转、暖机带初负荷

调节燃料量，锅炉继续升温升压。当蒸汽温度、压力均达到冲转参数时便可冲转汽轮机，并在规定转速下暖机。

随着汽轮机升速，需要的进汽量增多，转速升高的过程也是汽轮机各部分金属温度升高的过程，所以要保证转速均匀升高。转速升至 3000r/min，机组并网，并接带初负荷。

7. 启动分离器切除

切除启动分离器是直流锅炉启动过程中的一项关键性操作。在机组并网并接带初负荷后，应及时而平稳地切除启动分离器，进入纯直流运行。

切除启动分离器应遵循"等焓切分"原则，即保持低温过热器出口的工质焓与分离器出口饱和蒸汽焓在数值上相等，以保证主蒸汽温度的稳定和前屏过热器安全。启动分离器退出运行，锅炉继续升温升压、升负荷至额定值。

8. 升负荷至额定值

启动分离器切除后，可以使汽轮机调节阀门全开，用锅炉控制升压来升负荷，升压速度控制在 0.2MPa/min。主蒸汽升温速度决定于燃料的投入速度，过热器出口联箱是升温速度限制的元件。由于联箱结构简单、尺寸小、壁厚薄，允许的升温速度较大，约为 2.5℃/min。

锅炉根据汽轮机的升负荷曲线，按比例增加燃料和给水，直至额定负荷，启动过程结束。图 1-10 为 300MW 外置分离器直流锅炉机组冷态启动曲线。

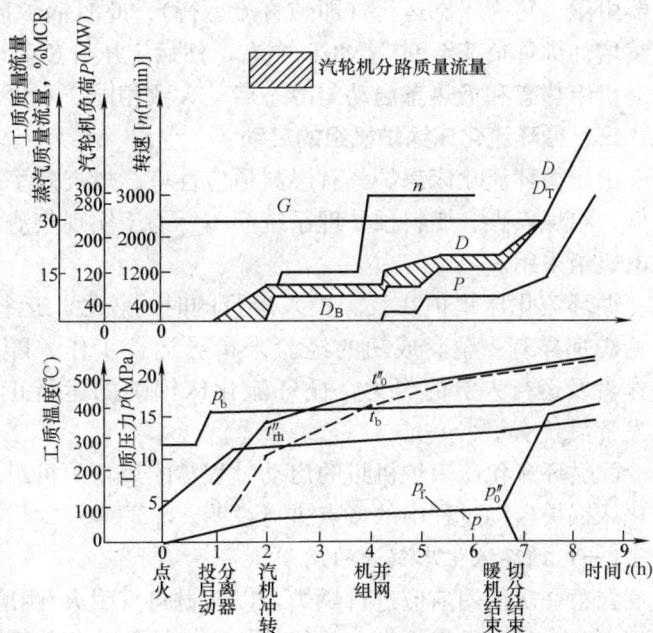

图 1-10　300MW 外置分离器直流锅炉机组冷态启动曲线
p_b—锅炉本体压力；p_f—启动分离器压力；p_0''—主蒸汽压力；
t_b—锅炉本体温度；t_0''—主蒸汽温度；t_{rh}''—再热蒸汽温度；
D_B—锅炉蒸汽质量流量；D_T—汽轮机进汽蒸汽质量流量

二、超临界和超超临界压力机组的启动

近年，大容量、高参数的超临界及超超临界压力机组，以其高效、变负荷运行适应性强的特点，已成为我国火力发电发展的方向。超临界和超超临界压力机组不能采用汽包锅炉，直流锅炉成为唯一的形式。直流锅炉在启动前必须建立一定的启动流量和启动压力，强迫工质流经受热面，使其得到冷却。为保证锅炉启停和低负荷运行期间水冷壁的安全和正常供汽，直流锅炉必须配套特有的启动系统。

根据超临界压力直流锅炉启动分离器的运行方式，启动系统可分为内置式和外置式两种。外置式启动分离器系统只在机组启动和停运过程中投入运行，而在正常运行时被解列。外置式启动分离器系统，解列或投运前后操作复杂，汽温波动大，难以控制，对汽轮机运行

不利。因此，超临界和超超临界压力锅炉一般不采用外置式启动分离器系统。

内置式启动分离器系统在锅炉启停及正常运行过程中，汽水分离器均投入运行，所不同的是在锅炉启停及低负荷运行期间，汽水分离器湿态运行，起汽水分离作用；而在锅炉正常运行期间，汽水分离器只作为蒸汽通道（干态运行）。内置式启动分离器设在蒸发区段和过热区段之间，汽水分离器与蒸发段和过热器间没有任何阀门，系统简单，操作方便；没有外置式启动系统中分离器解列和投运的操作，从根本上消除了汽温波动的问题。

图 1-9 为 1900t/h 超临界压力直流锅炉内置式启动旁路系统，该机组冷态启动的基本程序是：锅炉启动准备；锅炉进水前给水系统循环清洗；锅炉点火、升温升压；汽轮机冲转、暖机、升速至 3000r/min，发电机并网带初负荷；当负荷增至 35％～40％MCR 时，锅炉分离器由湿态转为干态运行（即纯直流运行），此时锅炉启动旁路系统退出运行，按滑压方式继续增加锅炉负荷至 90％MCR 左右，然后定压升负荷，直至满负荷运行。

机组热态和极热态启动与冷态启动大致相同，不再详细叙述。

三、循环流化床锅炉机组的启动

由于循环流化床锅炉具有燃料适应性广、燃烧效率高、高效脱硫、氮氧化物（NO_x）排放低、给煤点少、燃料预处理系统简单、易于实现灰渣综合利用等优点，已被不少大型火力发电机组采用。

循环流化床锅炉在我国投入运行的时间较短，运行方面的经验积累还不完善，没有像煤粉炉那样有一整套成功的经验来指导运行工作。随着科学技术的不断发展和广大科技工作者及运行人员的努力，循环流化床锅炉的运行正走向成熟，使循环流化床锅炉更好地发挥其优势。

配循环流化床锅炉机组的启动过程与配煤粉炉机组的启动过程大致相同，这里只对循环流化床锅炉启动过程中的特点进行说明。

（一）循环流化床锅炉的烘炉

在第一次使用前应进行烘炉，以使材料（耐火/耐磨材料或耐火/耐磨浇注料）中所含的物理水和结晶水逐步析出，并使其体积、性能达到使用时的稳定状态，确保锅炉运行中耐火材料不裂纹、不剥落。烘炉范围包括炉膛和水冷风室、预燃室、旋风分离器与料腿、返料器、冷渣器等。由于循环流化床锅炉的耐火/耐磨材料中含有物理水和结晶水两种水分，它们的析出温度不同，一般前者在 100～150℃ 的温度下大量排出，后者在 300～400℃ 时析出，因此，烘炉需要采用一定的升温速率并在不同的温度下保温一定时间。

1. 烘炉方法

烘炉有采用燃料烘炉、热风烘炉或蒸汽烘炉三种方法。燃料烘炉时一般采用木柴作燃料，有时也采用前期烧木柴、后期烧块煤或其他燃料的方法，燃料烘炉适用于各种类型的炉墙；热风烘炉适用于轻型炉墙；蒸汽烘炉适用于具有水冷壁的锅炉。对中小型循环流化床锅炉一般采用燃料烘炉方法，对大型循环流化床锅炉经常采用两种或三种方法烘炉。

采用燃料烘炉，开始时可采用自然通风，炉膛负压保持在 20～30Pa 之间，此时不得用烈火烘烤；以后可加强燃烧，提高炉膛负压，以烘干锅炉后部炉墙，必要时启动引风机。当采用辅助蒸汽烘炉时，邻炉产生的辅助蒸汽可分两路引至锅炉，一路通过给水旁路引至省煤器等处，另一路通过水冷壁联箱的排污门引至水冷壁管、水冷风室水管等处，通汽初期应注意管道疏水。对辅助蒸汽不能通过的冷渣器、水冷风室、预燃室、旋风筒、返料器等处，一般也应通过人孔门投木柴进行烘炉；在不便投木柴的地方，可用槽钢做一长度合适的导流槽把木柴引至燃烧点，或通过小型燃烧器、预燃室等把合适温度的其他气体直接引入具体烘炉部位。当采用热风烘炉时，烘炉初期稍开出灰门及锅炉上部炉门，保持炉膛为 10～20Pa 的正压，后期开启烟道挡板，保持炉膛负压为 20～30Pa，以烘干后部炉墙，烘炉温度可根据过热器后热风温度进行控制，烘炉末期应使该处热风温度达到 100℃。

第一阶段烘炉可采用燃料法或蒸汽法，第二阶段烘炉常采用燃料法，如在第一阶段采用蒸汽法烘炉时，该阶段完成后，可向水冷风室、冷渣器、返料器人孔门及预燃室投木柴，开大引风机挡板提升风温至 350℃，进行第二阶段恒温烘炉。

第二阶段烘炉结束后，可用烧火棍拨动木柴尽量使其燃尽，全开各处人孔进行锅炉自然降温，等温度降至常温时，清理炉灰和铁块、铁钉等杂物，并派人检查各处炉墙，如出现耐火或耐磨浇注料开裂或脱落，应采取补救措施，并分析原因，防止问题再次出现。

第三阶段烘炉在炉膛、冷渣器、返料器流化试验完成后进行，一般是和吹管同时进行的。第三阶段烘炉可以点燃启动燃烧器油枪进行升温、恒温，根据油枪雾化试验结果，先采用可行的较小油量进行低负荷点火升温，比如在 150℃ 前控制升温速度在 10～20℃/h，以后控制升温速度在 15～25℃/h；注意监视燃烧器出口烟气温度不要高于 600℃；当床温升至 450℃ 左右时，最好由给煤机低转速陆续往炉膛内投入 0～8mm 的烟煤，加入适量风量，维持炉膛中部温度在 700℃ 左右，上部控制在 450～500℃ 之间，尾部水平烟道在 300～400℃ 之间，如果床温不容易控制，也可投入床上油枪辅助维持烘炉温度。

烘炉期间，为保证双层衬里耐火材料的水分正常排出，需在外部开排汽孔以保证内衬中水分正常排出；另应注意观察有关排汽孔的水蒸气排出情况，当第一阶段烘炉 30h 后，可在各排汽孔处取样进行水分化验，若水分含量低于 3%，可进入第二阶段烘炉。第二阶段烘炉结束时，耐火混凝土水分含量应低于 1%，产生的裂纹应小于 3mm。

2. 烘炉注意事项

（1）控制升温速率和恒温温度。烘炉时应特别注意控制升温速率和恒温温度，温度偏差应符合要求，一般应保持在 ±20℃ 以内。

（2）控制燃烧器出口温度。烘炉投油时应按规程进行操作，注意控制燃烧器出口温度不高于规定值（如 600℃）。

（3）相关参数的监视。烘炉应连续进行，每 1～2h 分别记录炉膛温度、燃烧器温度、旋风分离器出口烟气温度、冷渣器等处烟气温度，注意观察锅炉膨胀情况，并记录锅炉各部位的膨胀值，不得有裂纹或凹凸等缺陷，如发现异常应及时采取补救措施。应严格控制烘炉温度，如发现温度偏离要求值，应及时通过增减木材、调整风量或调节油压来进行调整。

（4）其他。烘炉过程中应经常检查炉墙情况，防止出现异常；第三阶段烘炉中可根据炉温情况适当投煤控制温度；利用蒸汽烘炉时，应连续均匀供汽，不得间断；重型炉墙烘炉时，应在锅炉上部耐火砖与红砖的间隙处开设临时湿气排出孔。

（二）循环流化床锅炉点火及压火

1. 点火方式

循环流化床锅炉的点火就是指通过某种方式使床层温度提高到并保持在投煤运行所需的最低水平以上，从而实现投煤后的正常稳定燃烧。目前，循环流化床锅炉的点火方式可简单地归为两种，固定床点火和流态化点火，即按点火初期时床层的状态划分。点火热源可以是床上或床层中的油枪、气枪等以及床下预燃装置产生的热烟气。

（1）固定床点火。所谓固定床点火，就是在床料处于静止状态时点火，使燃料着火燃烧的方法。在床料上铺放一些木炭或不太大的木柴，为了引燃方便，可在铺放前浇上柴油等易燃物质，然后用刨花、木屑或火把直接点燃。木柴燃烧后，在床料上堆积一层约 100～150mm 厚的暗红色木炭，在木炭上撒上一层易着火燃烧的烟煤细粒，启动一次风机送风。

送风量大小的控制与调整是固定床点火的关键。一次风机启动后，应密切注意炉床情况，送风量要缓慢增大，开始少量送风，木炭层有小火苗跳动，木炭层上燃煤逐渐燃烧，这时不要增大风量，要维持住这层炭火。随着木炭层的燃烧，少量撒入细煤粒，风量也要随着慢慢增大，但要始终保持木炭层上的煤粒在小火苗状态下燃烧。这样维持一段时间后，随着床料温度的升高逐渐加大风量，同时增加烟煤细粒的给入量。

当床料呈暗红色时，此时温度已达到 600℃ 左右，可以启动给煤机给煤（如果锅炉燃用难燃的无烟煤、煤矸石等，启动时应预先备好易燃的烟煤细粒），同时增大风量。这时床料温度上升很快，当床料呈紫红色并逐渐发亮时，风量要迅速加大到使床料全部流化起来，防止局部结焦。

固定床点火启动的另一个重要环节，是如何调整引风机的挡板开度。引风机可以在点火前启动，也可在木炭层微燃时启动。但主要是控制好炉膛负压，在床料温度较低、木炭层燃烧较弱时，负压不应过大，否则就会把木炭层上的细煤粒抽走，火苗熄灭，造成锅炉点火失败。

带有副床的锅炉，副床可与主床同时点火，点火方法同主床一样，也可随主床点火。所谓随主床点火，就是在主床完全流化时，高温飞灰落到副床上，副床利用冷灰管放掉下面的低温冷灰，当冷灰出现暗红色时停止放灰，开启挡板送风，使副床温度继续上升，料层沸腾。由于主床上燃料燃烧产生的飞灰不断落到副床上，因此点火前副床床料要薄一些。

布置有多个炉床的锅炉要逐个点火或分批点火，不可同时点火，以防止炉内升温过快，避免炉墙和受热面热应力太大。

启动过程中，注意升温不要太快。对于无耐火材料内衬的锅炉，升温速度一般控制在 50℃/h 左右，对于有耐火材料内衬的锅炉，要严格按照升温曲线来启动。

（2）流态化点火。流态化点火，就是在床料沸腾状态下，用液体或气体燃料加热床料的一种方法。根据点火位置的不同，流态化点火可分为床上点火和床下点火两种方式。

1）床上点火。床上点火方式和煤粉炉点火差不多，在炉床上部装设油枪（或通入天然气等）。当床料沸腾后，液体燃料经过油枪雾化后喷入炉内，经明火点燃直接加热床料。

2）床下点火。床下点火是指通过设置在布风板下的一种称为烟气发生器的装置，液体或气体燃料在其内部燃烧，烟气和一次风在发生器尾部混合，通过布风板、风帽进入炉床加热床料。烟气发生器内的烟气温度可达 700～850℃。

点火启动时要控制烟气温度，防止发生器内喷嘴烧坏和布风板、风帽高温变形。

流态化点火简单方便，易于掌握，床料加热速度快。一般在床料加热到 600℃ 时就可给煤。给煤开始要少量；当煤粒着火较好时，应控制点火用燃料直至停止。

流态化点火前，必须启动引风机，防止炉膛爆燃。由于流态化点火具有许多优点，较大容量的流化床锅炉一般都采用这种点火方式，特别是床下点火方式。

流态化点火的启动速度或者说升温速度的控制与固定床点火相同。

不论是固定床点火还是流态化点火，都需注意和处理床内结焦问题。

2. 分床启动技术

分床启动是大型化的需要。对大容量的循环流化床锅炉，由于床面很大，因而在启动时直接加热整个床层较为困难，而分床启动则是先将部分床面加热至着火温度，再利用着火的分床提供热源来加热其余的床面。无论从启动速度和成功性上来看，还是从对点火装置容量的要求而言，分床启动都是必要的。在采用这种启动方法时，床面被设计成由几个相互间可以有物料交换的分床组成，其中某个分床作为启动区，在实际启动过程中将首先被加热至煤的着火温度。

整个床层的启动则依赖几种关键的启动技术：床移动技术、翻滚技术和热床传递技术。

床移动技术是将冷床的风量调节到稍高于临界流化所需的风量水平上，点火分床由油枪加热，热床料缓缓移动到冷床，并使冷床空气膨胀而较充分地流化冷床，形成流化区移动扩张的情形。当冷床全部流化后，则开始给煤，并将各床温度调整到正常运行工况。这种床移动技术的优点是热料与冷料间的混合速度应较慢，因而启动区可以更小，而不至于使启动床受到急速降温并导致熄火。

翻滚技术，即利用流化床的强烈物料混合，在启动区数次进行短时流化而使床温均匀。这种方法可用来较快地提高整个床温，并可避免局部超温结焦。因为床上油枪加热床料十分困难，因此在床料中往往混入优质煤，使其平均的含碳量满足要求，加热时的静止床高约为 400mm。

热床传递技术是使启动床和冷床的静止床高不同，一般启动床的静止床高取为 1000mm 左右，而冷床静止床高约为 200mm，从而建立一个较大的高度差。首先将启动床温度在流化状态下提高至 850℃ 左右，并使冷床也处于临界流化状态，接着将冷热床之间的料闸（如滑动门）打开，使热床床料流向冷床。注意冷床的风量不要太大，以免热料过来时被吹灭。

3. 点火时的注意事项

（1）设计方面。要有均匀的布风装置，灵活的风量调节手段，可靠的给煤机构，适当的受热面和边角结构设计，以及可靠的温度和压力监测手段。流化床锅炉的启动区的设计影响到锅炉的大小、床的流化性能、邻近各床的启动和并列运行所需的时间，油枪高度一般为距布风板 1.5m 左右，并向下倾斜，以使火焰能接触料层表面。

（2）料的配置。底料的粒度及引燃物的比例、静止料层高度是几个重要的指标。一般底料颗粒要求在 8mm 以下，如有条件达到 6mm 以下则更好。底料中大小颗粒的分配要适当，既要有小颗粒（小于 1mm）作为初期的点火源，又要有大颗粒作为后期维持床温之用。但大颗粒（大于 5mm）的比例超过 10% 时不利于点火，容易出现床内结焦。引燃物（如优质煤）的比例一般为 10%～20%，视其发热量而定，配好的底料发热量一般在 3000～5000kJ/kg 之间，过多时易结焦，过少则不易点燃，易熄火。点火时，底料高度一般要求在 350～500mm。

（3）配风、给煤和停油。配风对点火十分重要。底料加热和开始着火时，风量应较小，只要保证微流化即可。床温达到 600～700℃ 时可再加少量优质煤，理论上也可开始少量投煤，但床温达到 800℃ 时，可改成正常给煤，关闭油枪，同时要灵活调节风量以防超温。在给煤达一定速率时，如不关闭油枪，就很容易出现油与煤争氧，反而产生床温下降的现象。在点火过程中炉膛出口的氧浓度监视是极为重要的，氧浓度比床温更能及时、准确地反映点火过程后期床内的实际情况。

（4）保持床层流化质量和适当床高。除配风适当外，无论是全床还是分床点火方式，加热过程中有时应以短暂流化或钩火方法使床层加热均匀，防止低温结焦。短暂流化又叫松动或翻滚，一般需多次重复，如床温由常温提高至 500℃需翻滚 4~10 次。平均床温达到这一水平后，煤就可能迅速开始燃烧，并把整个床层加热起来。在开始投煤后，应及时放渣。

（5）返料的启动。锅炉点火稳定一段时间后，即可以打开返料机构，逐步增大返料量，并投入二次风。由于风量调节对操作要求高，影响的因素也多，故适时投入返料往往能更好地控制床温，但返料不能投入太快，点火时突然大量加入冷的返料容易熄火。

4. 压火备用及停炉

当流化床锅炉由于某种原因，需要暂时停止运行时，常采用压火备用的办法。

压火的操作方法是：首先停止给煤机，当炉内温度降至 800℃时，再停止引、送风机，关闭风机挡板，使物料很快达到静止状态。锅炉压火后要监视料层温度。如果料层温度下降过快，应查明原因，以避免料层温度太低，使压火时间缩短。为延长压火备用时间，应使压火时物料温度高些，物料浓度大些，这样静止料层就较厚，蓄热多，备用时间长。料层静止后，在上面撒一层细煤粒效果会更好。

压火后再启动，分为温态启动和热态启动两种。温态启动是指虽然料层温度较高（一般750℃左右），但料层以上的温度较低（450~500℃）。在这种情况下启动一次风机，料层沸腾后达不到给煤着火燃烧温度。因此需要点火后再加热沸腾床料，提高物料温度，以达到给煤着火燃烧温度。热态启动，是指启动一次风机后，燃烧室温度在 650℃以上，可直接向炉内加煤，就可以启动锅炉。

如压火时间较长（一般不超过 48h），料层温度难以维持，可以在料层温度降至 600~700℃时点火进行中间启动，炉内温度提高后再压火。中间启动的方法和温态启动一样。

流化床锅炉的停炉操作与其他锅炉的停炉操作相似。停止给煤后，当炉内燃料完全燃尽，或者不能维持正常燃烧时，再停送、引风机。

5. 影响启动速度的因素

限制循环流化床锅炉的启动时间和速度的因素主要有床层的升温速度、汽包等受压部件金属壁温的上升速度以及炉膛和分离器耐火材料的升温速度。缓慢而逐步地加热才能使汽包的金属壁和炉内耐火层中避免出现过大的热应力。其中汽包金属壁温的上升速度最为关键，过高的升温速度导致应力急增，是影响安全性的主要原因。

温态启动限制启动时间的主要因素是过热汽温和床温的上升速度。

在温态或热态启动时，如果在几次（一般 3 次）脉冲给煤后仍未能使床温升高，则应停止给煤，然后要对炉膛进行吹扫，以便按正常启动程序重新启动；而当床温降至 600℃以下，不允许给煤进入炉内，同时应启动点火预燃使床温上升到 600℃以上。

第五节　单元机组的停运

单元机组停运是指从带负荷运行状态到卸去全部负荷，锅炉灭火、发电机解列、切断机炉之间的联系、转子惰走、停转及盘车、锅炉降压、机炉冷却等全过程。可见，单元机组停运是炉、机、电整套系统停运，是启动的逆过程，对机炉也是个冷却的过程。

单元机组停运分正常停运和故障停运两大类。正常停运是指由于电网需要，有计划地停运；故障停运是指由于单元机组发生异常情况，保护装置自动动作或人为地切断汽轮机的进汽而停运。

故障停运又可分为紧急故障停运和一般故障停运。当发生的故障对设备、系统构成严重威胁时，必须立即打闸解列并破坏汽轮机真空进行紧急故障停运。一般故障停运可按规定机组稳妥地停下来，不必破坏真空。

正常停运分为停机备用和停机检修，按停运过程中蒸汽参数是否变化，又可分为额定参数停运和滑参数停运两种方式。根据停运目的的不同，可以选择不同的停运方式。

一、额定参数停运

如果设备和系统有一些小缺陷需要停运处理，只需机组短时间停运，缺陷处理后就立即恢复运行，这时要求机组停运后机炉金属温度保持较高水平，以便重新启动缩短启动时间。对于这种情况，一般采用额定参数停运。通过关小调节阀逐渐减负荷停机，而主蒸汽参数保持不变。由于关小调节阀仅使流量减小，不会使汽轮机金属温度大幅度下降，因此能以较快速度减负荷。

1. 停机前准备

停机前运行人员要根据机组设备和系统的特点及运行的具体情况，预想停机过程中可能发生的问题，制定解决问题的措施。

根据停运性质与时间长短，妥当处理原煤斗煤量与各制粉系统的调配，以便燃尽各煤斗的煤；尽量在燃烧稳定的时候，对各受热面进行全面彻底的吹灰；试验油枪是否做好减负荷时稳定燃烧的准备；停炉前，应对锅炉设备进行全面检查，记录所有缺陷。

检查汽轮机交流润滑油泵、发电机密封油备用泵、汽轮机直流润滑油泵启动试验运行正常，汽轮机顶轴油泵启动试验运转正常，汽轮机盘车电机启动试验运转正常；检查各自动调节状态正常、阀门灵活无卡涩。

2. 减负荷

合理选择减负荷的方式，使机组所带的有功负荷减少，在有功负荷下降过程中注意用调节励磁变阻器来调整无功负荷，维持发电机端电压不变。减负荷后发电机定子和转子电流相应减少，线圈和铁芯温度降低，运行人员应及时减少通入气体冷却器的冷却水量；氢冷发电机组的发电机轴端密封油压可能因发电机温度降低改变了轴密封结构而发生波动，运行人员应及时调整，同时对氢压也作相应调整。

在减负荷过程中，要注意调整汽轮机轴封供汽，以控制胀差和保持真空；减负荷速度应满足汽轮机金属温度下降速度不超过 $1\sim1.5\,℃/min$ 的要求；为使汽缸和转子的热应力、热膨胀及胀差都在运行范围内，每减去一定负荷后，要停留一段时间，使转子和汽缸的温度均匀下降，减小各部件间的温差。对于汽缸和法兰厚度、宽度较大的机组，在减负荷过程中，转子收缩快，汽缸收缩滞后，因而造成负胀差增大，应特别注意。

随着机组负荷的降低，锅炉需要进行燃烧调整，逐渐减少燃料量，根据负荷情况由上到下，逐台停止制粉或送粉系统，保证燃烧稳定；减负荷时要注意监视锅炉汽温、汽压和水位；及时停用减温水，以维持汽温；根据锅炉燃烧调整的要求及时投入汽轮机旁路系统；所有主燃烧器停运后，即可准备停油枪灭火。

在减负荷的各阶段应进行必要的系统切换和有关附属设备的停运，如负荷降一定值，启动电动给水泵运行，停止一台汽动给水泵运行，若电动给水泵运行正常，停止另一台汽动给水泵；将厂用电由高厂变切至启/备变供电；高压加热器从高压至低压依次停止，并注意给水温度变化；除氧器抽汽压力降至一定值，确认辅汽供除氧器的调节阀自动打开，进行除氧器汽源切换；减负荷过程中，监视机组振动、胀差、轴向位移、轴承金属温度、汽缸膨胀、汽缸上下壁温差、蒸汽柜内外壁温差、低压缸排汽温度、除氧器、凝汽器、高低压加热器水位等正常。

3. 发电机解列后转子惰走和盘车

当有功负荷降至接近零时，拉开发电机断路器，发电机解列。同时应将励磁电流减至零，断开励磁开关。机组解列后，抽汽管道止回阀应自动关闭，此时密切注意汽轮机的转速变化，防止超速。

机组停运过程中如负荷不能降到零，一般是由于调节阀不严或卡涩，或是抽汽止回阀失灵，关闭不严，有蒸汽进入汽缸引起。这时如将发电机解列，将要发生超速事故。因此，必须设法消除故障，采用关闭自动主汽阀、电动主汽阀等办法，将负荷减到零，再进行发电机解列。

按下汽轮机的脱扣按钮，或在机头把汽轮机脱扣手柄置于"脱扣"位置，锅炉 MFT。锅炉 MFT 后，停止全部油枪，关闭燃油跳闸阀，开启燃油再循环阀，对油枪吹扫 5min 后退出，关闭炉前油进油手动总阀，关闭油枪油角阀前隔离阀。锅炉保持 30% 的风量，对炉膛吹扫 5min，手动减少送风机风量至 10% 左右，停止一侧引、送风机，保持另一侧引、送风机运行稳定。

汽轮机脱扣（打闸）前，启动汽轮机交流润滑油泵、发电机密封油备用泵；就地检查润滑油压力不低于要求值；如果润滑油压力过低，启动汽轮机直流润滑油泵。

汽轮机脱扣断汽后，转子惰走，转速逐渐降到零。随着转速下降，汽轮机的高压部分出现负胀差，其原因是高压部分转子比汽缸冷却快。而中压部分出现正胀差，主要原因是转子受泊桑效应和鼓风摩擦的影响。所谓泊桑效应是转子高速旋转时，叶片、叶轮所产生巨大的离心力作用在转子上，该离心力与转速的平方成正比。当转速下降时，离心力减小，作用在转子上的径向力减小，从而使转子直径变小，而沿转子轴向增长，在相对膨胀指示上正胀差增大。鼓风摩擦是因为停止进汽后，积聚在汽轮机内部的蒸汽使摩擦热量增大，这些热量也会使转子轴向增长。因此，在脱扣前要检查各部分的胀差，并把降速过程中胀差可能变化量考虑进去。如果脱扣前胀差较大，则应采取一定的措施，以免在惰走过程中出现动静间隙消失，导致摩擦事故。

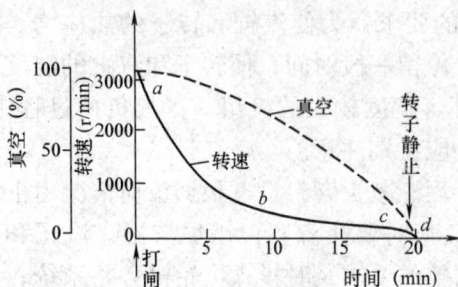

图 1-11 转子惰走曲线

转子惰走时间是指从汽轮机打闸关闭自动主汽阀切断进汽，到转子完全静止的时间。根据转速随时间降落关系绘成的曲线叫惰走曲线。新机组投入运行一段时间，待各部件工作正常后即可在停机时测绘转速与时间的关系曲线，此曲线即该机组的标准惰走曲线。如图 1-11 所示，惰走曲线可分为三段：第一阶段转速下降速度较快；第二阶段曲线较平坦；第三阶段转速急剧下降。每次停机都应记录转子惰走时间，并尽量检查转子的惰走情况，通过把惰走时间、惰走情况与该机组的标准惰走曲线相比较，可以发现机组惰走时的问题。如果转子惰走时间急剧缩短，可能是轴承摩擦或机组动静部件摩擦；如果惰走时间显著增长，则说明可能主蒸汽管道上阀门不严，或抽汽管道止回阀不严，致使有压力的蒸汽从不严密处进入汽轮机。

转速到零，破坏真空，同时停止轴封供汽。轴封供汽不能停用过早，否则冷空气将从轴端吸入汽缸内，使轴封段转子急剧冷却，造成转子变形，甚至发生动静摩擦。但是，如果转子静止后仍不停用轴封供汽，又会使上下缸温差增大，并造成转子热弯曲。

在转子惰走阶段使凝汽器保持一定的真空，尽可能做到转子静止，真空到零。这是因为：停机惰走时间与真空维持时间有关，每次停机以一定的速度降低真空，便于对惰走曲线进行比较；有利于限制停机过程中排汽缸温度的升高，也有利于汽缸内部积水的排出，减少停机后汽缸金属的腐蚀；惰走过程中真空降得过慢，机组降速至临界转速时停留时间长，对机组安全不利；惰走阶段真空降得太快，尚有一定转速时真空已经降至零，汽轮机末几级的鼓风摩擦损失产生的热量多，易使排汽温度升高，也不利于汽缸内部积水的排出；如果转子已经静止，还有较高的真空，这时轴封供汽又不能停止，会造成上下缸温差增大和转子热弯曲。

转子惰走时要及时调整双水内冷发电机的水压，调整氢冷发电机的密封油压。因为在转速降低过程中，氢冷发电机轴端的密封油压升高，如不及时调整，会损坏密封结构部件，并使密封油漏入发电机内。

转子静止后，立即投入连续盘车，汽缸金属温度降到规定值时，可转为定期盘车。在连续盘车过程中如盘车故障停止，或特殊情况需中途停止，重新投入盘车时，应先使转子转动180°，停留一段时间，到转子偏心率指示为 0，方可投入连续盘车。盘车过程中，汽缸内有明显的摩擦声，应停止连续盘车，改为每隔 15~20min 转动转子 180°，不允许强行盘车；如转子卡住，隔 1h 之后试着盘车，要是不成功，再隔 1h 之后，重复尝试，不允许强行盘车。盘车期间监视润滑油温和油压、各轴承金属温度、盘车电流、汽轮机缸温、上下缸温差正常。

转子惰走结束，如果盘车因故不能投运，由于汽缸上下温差或其他原因，转子将逐渐发生弯曲，最大弯曲部位一般在调节级附近，最大弯曲值约出现在停运后 2~10h 之间，因此在这段时间内启动是危险的。

汽轮机在盘车状态时，必须投入辅助油泵的连锁开关，防止润滑油压过低时，盘车未跳闸，以保护机组各轴瓦。同时，油泵连锁投入后，若交流油泵发生故障可联动直流油泵开启，避免轴瓦损坏事故。盘车结束，润滑油泵连续运行一段时间，以冷却轴颈和轴瓦。

停机后要检查高压缸排汽止回阀关闭是否严密。如果停机后高压缸排汽止回阀没有关严或卡死，将发生再热器及再热蒸汽管道中的余汽或再热器事故减温水倒入汽缸，而使汽缸下部急剧冷却，造成汽缸变形、大轴弯曲等不利设备的影响。

锅炉停止上水后，停电动给水泵，停止凝结水泵；送、引风机停止后，预热器入口烟温降至规定值以下时，停止预热器。转子静止后，要立即测量定子线圈、转子回路的绝缘电阻，检查励磁回路变阻器和灭磁开关上的各触点，检查发电机冷却通风系统等。

4. 锅炉降压和冷却

锅炉停止燃烧后，即进入降压和冷却阶段。在此阶段中，必须防止汽包等部件因冷却速度太快而产生过大的热应力。一般在最初 4~8h 内，应关闭锅炉各处门、孔、挡板（抢修时加强冷却除外），以避免冷空气进入。此后如有必要，可逐渐打开烟道挡板及炉膛各门、孔，进行自然通风冷却；同时进行一次进水和放水，促使内部水的流动，使各部分冷却均匀。

在降压冷却时，要注意汽包上下壁温差不应超过 50℃，以限制其热应力。

二、滑参数停运

如果机组停运后要进行检修，希望机组各金属温度尽快冷却下来，可选用滑参数停运。在停运过程中，调节阀保持全开，依靠主蒸汽和再热蒸汽参数逐渐降低减小负荷、降低转速，直至完全停运。

1. 停运过程

（1）准备工作。在机组停运前，除做好与额定参数停运相似的准备工作外，还应将除氧器、轴封供汽汽源切换到备用汽源上，对法兰螺栓加热装置的管道送汽暖管。

（2）机组滑停。在额定蒸汽参数下，使机组负荷降到额定负荷的 15%~20%。随后减弱燃烧，使蒸汽参数滑降，逐渐开大调节阀，并使机组在此条件下运行一段时间。具体做法是先保持主蒸汽温度不变，降低主蒸汽压力，使调节阀全开，然后按规定的滑降速度降低汽温，因为再热蒸汽温度下降滞后于主蒸汽温度，所以应待再热蒸汽温度下降后，再进行下一阶段的降压降温。伴随着每阶段的降压降温，机组负荷逐渐降低，金属温度也逐渐下降。当蒸汽参数较低时，机组也降到了较低负荷。一般金属温度下降的速度不要超过 1.5℃/min。

当负荷、蒸汽参数滑降到足够低时，可采用两种方式停机。滑参数停运过程中，当降到较低负荷后，汽轮机打闸停机，锅炉同时熄火，发电机解列。采用这种方法停机，汽缸金属温度一般都在 250℃ 以上，停转后必须投入盘车装置。如果锅炉维持最低负荷燃烧后熄火，此时汽轮机调节阀全开，可利用锅炉余热继续发电，待负荷到零时发电机解列。随着余汽量的减少，转速逐渐降低，快到临界转速时，可用降低凝汽器真空的办法，使机组

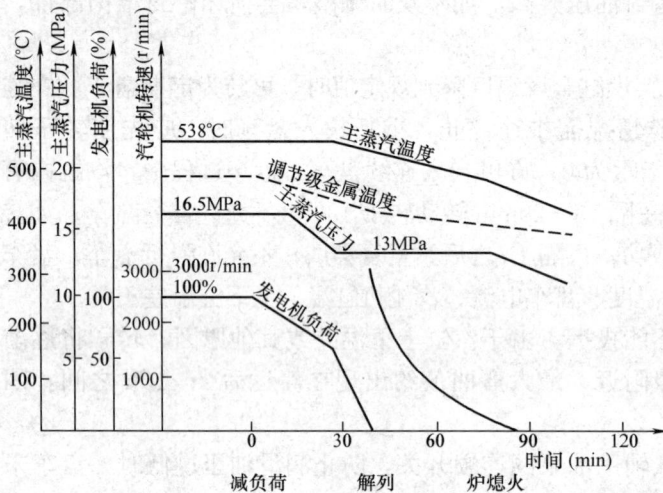

图 1-12　300MW 机组滑参数停运曲线

迅速通过临界转速。采用这种方法停机，可使汽缸金属温度在 150℃ 左右，停机后即可开缸检修。图 1-12 为 300MW 机组滑参数停运曲线。

2. 滑参数停运的特点

（1）机炉联合停运。滑参数停运是通过锅炉燃烧的调整，使蒸汽参数滑降，而使机组实现减负荷和停运，整个停运过程炉机密切配合。

（2）机炉金属冷却均匀。滑参数停运时，汽轮机调节阀全开，其进汽比较均匀。随着负荷的降低，蒸汽参数也降低，蒸汽容积流量可维持不变，使机炉金属得到均匀冷却。

（3）缩短汽轮机开缸时间。由于汽轮机冷却均匀，热应力、热变形较小，可以加快金属的降温速度，有利于尽快开缸检修。

（4）低负荷时锅炉稳定性差。蒸汽滑降调整手段主要是燃烧调整，在低负荷时应注意燃烧的稳定性，否则适时投油助燃。

（5）可以充分利用锅炉余热发电，减少了热量和工质损失。在滑参数停运过程中，蒸汽参

数逐步降低，锅炉几乎不需要向空排汽，因此可以减少机组停运过程中的热量和工质损失。随着蒸汽参数的滑降，锅炉各部件和主再热蒸汽管道金属的蓄热量释放，加热工质用于发电。

（6）对通流部分沉积的盐垢有清洗作用。

3. 滑参数停运应注意的问题

（1）滑参数停运过程中，主蒸汽温度应保持50℃的过热度。保证蒸汽的过热度，以免引起汽轮机水冲击事故。

（2）当汽温低于法兰内壁温度时，应投法兰螺栓加热装置，冷却汽缸法兰。在机组减负荷过程中，当汽温低于法兰内壁温度时，应投法兰螺栓加热装置，冷却汽缸法兰，以防出现过大的负胀差值。在投入法兰螺栓加热装置时，应控制法兰内外壁温差在允许范围内。汽源可以是滑降的主蒸汽，也可以同时使用低温汽源，使加热联箱的汽温低于金属温度20～50℃较为适宜。

（3）滑参数停运过程中，不允许进行超速试验，防止蒸汽带水引起水冲击。当滑停到发电机解列时，蒸汽参数已经很低，如果做超速试验，需关小调节阀升压，蒸汽的干度降低，再开大调节阀做超速试验，就可能使汽轮机发生水冲击事故。

（4）停运过程中的不同阶段，蒸汽参数下降速度不同。滑参数停运时平均降压速度为0.02～0.03MPa、温降率控制在1～1.5℃/min。开始阶段汽压汽温下降速度可快一些；负荷较低时，汽压汽温的下降速度应缓慢，以保证金属温度平稳变化。

（5）采取有效手段，控制蒸汽参数的滑降。蒸汽参数滑降的主要手段是进行燃烧调整，并相应减少给水量。在减弱燃烧时，应适时投入油枪以防灭火过早，要注意温差燃烧的稳定性。在锅炉灭火时，要及时停用减温水，以防汽温骤降。汽包炉还应注意保持汽包水位。

（6）合理使用旁路系统，回热设备随机滑停。中间再热机组要合理使用汽轮机旁路系统，将多余蒸汽排入凝汽器，注意保证高中压缸进汽均匀，防止汽轮机无汽运行。在条件许可的情况下，高低压加热器和除氧器可随主机进行滑降停运，这样对提高机组热效率、减小损失、加强汽缸疏水和降低温差有利。

（7）进水或轴瓦磨损事故停运后不能盘车（一般紧急停机）。

三、配直流锅炉机组的停运

直流锅炉机组的正常停运，也经历停运前准备、减负荷、停止燃烧和降压冷却等几个阶段。与汽包锅炉相比，主要的不同是，当锅炉燃烧率降低到30%左右时，由于水冷壁流量仍必须维持启动流量而不能再减，因此在进一步减少燃料、降负荷过程中，包覆管出口工质由微过热蒸汽变成汽水混合物。为了避免前屏过热器进水，锅炉必须投入启动分离器运行，使进入前屏过热器的仍是干饱和蒸汽，多余的水则疏掉，保证前屏过热器的安全。

1. 配外置分离器直流锅炉机组停运

配外置分离器直流锅炉停运方法有投用启动分离器和不投用启动分离器两种，前者用于检修停运，后者用于热备用停运。

投用启动分离器停运基本程序是：锅炉降压，汽轮机开调节阀，机组降负荷，负荷降至与启动分离器容量相适应时投入启动分离器，保持锅炉本体压力不变，降低启动分离器压力，降负荷，直至锅炉熄火、汽轮发电机解列。

不投用启动分离器停运时，关闭调节阀，机组降负荷，直至锅炉熄火，汽轮发电机组解列。

2. 配内置分离器直流锅炉机组停运

与通常的滑参数停运有所不同，在主蒸汽温度与再热蒸汽温度基本不变时，机组降压降负荷，负荷降至 35％MCR 左右，汽轮发电机快速减负荷停机，锅炉熄火。熄火后的过程分为短期停机和长期停机两种情况。停机时间小于 8h 称为短期停机，大于 8h 称为长期停机。对于短期停机，熄火后维持给水流量 10％MCR 使分离器水位升至 AN 阀（见图 1-9）打开位置，再停止给水泵。长期停机应在熄火后即停止给水泵。停机后可采用一些冷却措施，如国外有些机组采用强迫通风等。

四、停运后的保养

1. 锅炉的保养

锅炉在冷备用期间会受到腐蚀危害，为防腐应不使空气进入停用锅炉的汽水系统；保持金属内表面干燥；在金属表面形成具有防腐蚀作用的薄膜（钝化膜）；使金属浸泡在含有除氧剂或其他保护剂的水溶液中。锅炉停运后具体的保养方法如下：

（1）湿法保养。用湿法保养时，在机组停用后向汽水系统充满除氧水。依靠其他汽源、水泵等维持系统正压，以防止氧气侵入，同时可添加联氨等除氧剂。为此，系统内的水应不断循环，以保证水内这些化学药品良好混合。在无除氧水可用时，可以添加诸如氢氧化钠或氨等防蚀剂，在这种情况下，建议定期监测 pH 值并定时进行水的循环。

（2）干法保养。用干法保养时，在设备停用后应在热态和尚有压力的条件下，将水、汽系统放空，为此，应首先打开疏水阀和空气阀，接着根据需要投入凝汽器抽真空装置，锅炉可以采用带压放水，利用余热烘干的办法进行干法保护。

采用干法保护时，只有将汽水系统中的空气湿度始终保持在 50％以下才有防腐效果，因而需监视水、汽系统出口湿度来确定其干燥状况。此外，也可以单独使用具有吸潮性能的干燥剂（如硅胶）或以此作为干法保护的补充。

（3）惰性保养。惰性保养一般使用含氧量少于 0.01％的氮气。氮气注入充水系统或注入全部放空的系统内，并维持系统正压，以防止氧气侵入。

锅炉停用保养方法较多，为了便于选择，以下列出了有关原则：

1）对大型超高压汽包锅炉和直流锅炉，由于过热器系统较为复杂，水汽系统内的水不易放尽，故大都采用充氮法和加热蒸汽压力法。

2）停用时间的长短。对短期停运的锅炉，应采用压力防腐法；对长期停用和封存的锅炉设备应用干燥剂法、联氨法和氨液法。

3）环境温度。采用湿法保养时，应注意冬季不使炉内温度低于 0℃，以防止冻坏设备。

2. 汽轮发电机组的保养

停机后需做好的工作：确认已切断与汽缸连接的汽水来源，防止汽水倒入汽缸，引起上下缸温差增大，甚至损坏设备；严密监视低压缸排汽温度及凝汽器、加热器水位，严禁满水；停运循环水系统前，应检查无蒸汽排向凝汽器；除氧器无水时，切断加热汽源；锅炉卸压后，应打开机组的所有疏水阀和排大气阀，冬天应做好防冻工作，所有设备及管道不应有积水；做好汽轮机房通风、防冻工作。

随着机组容量的增大、蒸汽参数的不断提高，保温条件改善，使得停机后自然冷却时间越来越长，额定参数停机倒允许停止盘车一般需要 7d，滑参数停机需要 4d 左右时间。在这段时间内汽轮机处于连续盘车状态，无法对汽轮机本体和轴承等设备进行检修工作。自然冷却大量占用了消缺检修时间，降低了机组的可利用率。在事故抢修情况下尤为突出。投入强制冷却系统使机组快速冷却，由停机到停盘车的时间缩短 2～5d，有明显的经济效益，与滑参数停机相比还有节约厂用电和节油的效益。

汽轮机强制冷却采用压缩空气或蒸汽作为冷却介质，冷却方式有蒸汽顺流冷却、蒸汽逆流冷却、空气顺流冷却和空气逆流冷却四种方式。

蒸汽顺流冷却是利用停炉后锅炉的余热、邻机或炉的蒸汽，对锅炉底部加热产生少量蒸汽，通过加热器等受热面后蒸汽具有一定的过热度，进入汽轮机内，在低速下带走汽轮机内部的热量，达到冷却金属部件的目的。

蒸汽逆流冷却方式是在汽轮机低速（500r/min 左右）状态下进行的，冷却汽源由邻机抽汽和除氧器的汽平衡管供给，采用高压缸逆流、中压缸顺流的冷却方式。两种汽源根据冷却各阶段的汽缸金属温度进行混合调节。混合的蒸汽一路从高压缸排汽止回阀前进入高压缸，部分逆流经通流部分到高压导管、调节阀和防腐汽阀等排出，部分经高压内缸夹层，外缸调节级处疏水及高压轴封第一段溢汽管到抽汽疏水管排出；第二路引入法兰螺栓加热系统；第三路从高压缸排汽止回阀后经锅炉再热器、中压联合汽门顺流进入中压缸，部分蒸汽经中压通流部分后，从中压缸后部及抽汽疏水管排出，部分蒸汽经低压缸进入凝汽器。

压缩空气顺流冷却是压缩空气经过滤和加热后，空气导入温度与金属匹配，分别导入高压缸、中压缸、法兰螺栓和夹层进行冷却。

空气逆流冷却采用纯净的压缩空气，按与蒸汽逆流冷却相同的流程对汽轮机进行冷却。

停机后，还要对低压缸进行防腐处理。防止腐蚀的方法可以用化学吸附和通风干燥两种，电厂通常采用通风干燥。金属温度降到一定值后向低压缸送入经过加热的热风，热风在低压缸吸收水分后由真空破坏门排出。一般经 2～3h，排汽缸湿度降至 15% 左右，即达到了防止腐蚀的目的。汽轮机在快速冷却时，空气在高压缸和中压缸吸热，空气中的蒸汽过热度增大，在低压缸吸收水分后排出，也可以起到防腐的作用。

发电机组保养应根据自身特点、环境、系统等制定保养措施。对于氢冷发电机，在发电机组停用期间，须考虑排氢或采用较低的氢压。对于用水冷却的发电机组，在冬季停用期间，应保证机房内温度不得低于 5℃，否则应启动一台定子冷却水泵，用通水循环的方法防冻；或将水排干净，并用压缩空气吹干。

第六节　燃气轮机组启停

燃气轮机和火电机组相比具有结构简单、重量轻、污染小、效率高及安装建设周期短等特点，近些年大批量的燃机电厂陆续投产发电。

一、燃气轮机设备结构简介

燃气轮机是以气体为工质、内燃连续旋转、叶轮式旋转机械，主要由压气机、燃烧室和燃气透平三大主要部件组成，还包括进气过滤系统、附件齿轮箱等辅助设备。燃气轮机整体结构如图 1-13 所示。

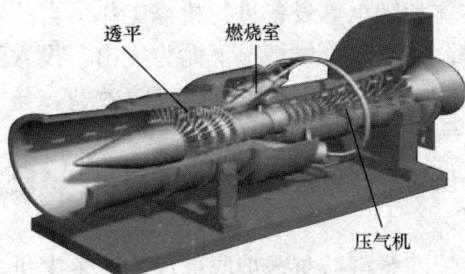

图 1-13 燃气轮机整体结构示意图

1. 压气机

压气机由转子和气缸构成，17～18 级叶片镶嵌在轮毂型转子上，大容量的燃气轮机压气机转子 18 级，小容量的燃气轮机压气机转子 17 级。气缸分为上气缸和下气缸。

从空气的流向可以把压气机分为进气缸、压气缸和排气缸。进气缸和进气过滤装置（采用特殊材质制造，对空气进行净化，空气较脏，需要定期对过滤装置清洗）连接（大气端），排气缸和燃烧室相连（透平端），为燃气的燃烧提供充足的空气量。压气机入口导叶调整压气机的进气量。

2. 燃烧室

燃烧室是燃气轮机能量转化的部件，燃料的化学能转变为热能进入透平空间膨胀做功，最终热能转变为机械能带动发电机转子旋转。燃烧室和透平承担着 1000℃ 以上的高温。机组容量不同，燃烧器的数量也不同。不同的机组燃烧室的结构也不同，基本包括火焰筒、联焰管过渡段、燃料喷嘴。

3. 透平

透平是将压气机和燃烧器产生的高温高压燃气热能转变为机械能的设备。透平由转子和气缸组成。透平转子一般是 3～5 级，容量越大的机组转子的级数越多。气缸分为上气缸和下气缸，气缸的内部圆周上安装静止叶片，气缸上的静叶片组分别和转子的动叶组构成一级。

二、燃气轮机的系统

1. 附件传动系统

附件传动系统主要由附件齿轮箱及其驱动的设备组成。启动时，附件齿轮箱将启动设备及变扭器组件输出的扭矩传递给燃气轮机轴。启动完成以后，又可逆向将燃气轮机轴输出扭矩经过相应的齿轮驱动各类泵或压缩机。

（1）燃油泵。燃料为油的系统中存在此设备，主要向燃烧器提供高压的、连续不断的燃料油。

（2）主润滑油泵，为主机提供润滑油。

（3）主液压泵，提供液压油。

（4）主雾化空气压缩机，为燃料油提供雾化动力，燃料是油和液化天然气的机组存在此设备。

2. 启动和盘车系统

启动系统是区别于火电机组的重要特征之一，为燃气轮机机组启动提供动力。一般都采用启动机启动的方式（电动机启动、压缩空气或者柴油机启动、发电机变频启动）。在燃机点火达到自持转速时，启动系统自动脱开。此外，启动装置还可以"冷拖"机组，对机组进行高速盘车。

盘车装置是机组在启动前或停机后使转子转动，防止转子的弯曲变形。

3. 润滑油系统

该系统是任何一台燃气轮机中必备的一个重要的工作系统。它保证在机组的启动、正常运行以及停机过程中，向正在运行中的燃气轮发电机组的各个轴承、传动装置及其附属设备，供应数量充足的、温度和压力合适的干净的润滑油，以确保机组安全可靠地运行，防止发生轴承烧毁、转子轴颈过热弯曲、高速齿轮法兰变形等事故。

润滑油系统的主要设备与火电机组类同。

4. 液压油系统

液压油系统为燃料系统和进口可转导叶系统的控制执行元件提供所需要的高压油。液压油取自机组的润滑油系统。

液压油系统的主要部件有主液压泵（主轴驱动，机组正常运行时投运）、辅助液压泵（电机驱动，机组启动或停机及盘车过程中投运）、液压油滤油器及其间的一个切换阀（为系统提供合格的液压油）、液压油岐管组合（分别连接在两个液压油泵上）。

5. 控制油系统

控制油系亦称遮断油系统，为燃气轮机实现基本的控制和保护，它连接于燃气轮机控制盘和燃气轮机部件之间，用来控制供给和切断机组的燃料。来自机组润滑油系统的遮断油起着遮断的作用（燃机非正常停机和危急停机），同时使液压信号传递给燃料截止阀，实行正常的启动和停机。当遮断油管路里的油被切断（泄油）时，液体燃料截止阀或气体燃料速比截止阀通过弹簧的返回力关阀。

6. 燃料系统

燃气轮机既可以使用气体作燃料，也可以使用液体作燃料。不同的机组有不同的要求。液体燃料包括轻柴油、重油。若采用气体燃料，由用户提供的气体燃料进入机组气体燃料系统时，首先经过气体燃料滤清器。其作用是用来滤除气体燃料中夹带的大块的杂质。滤清器可以水平安装，也可垂直安装，但排污口必须向下。滤清器必须定期排污，并取出滤芯进行清洗。

7. 危险气体检测系统

为防止气体燃料室和轮机间出现过量的气体燃料泄漏，设置了危险气体检测系统。该系统分探头和检测仪两部分，其中探头安装在轮机间和气体燃料室内，检测仪安装在控制室内。当轮机间或气体燃料室的危险气体的浓度达到规定的设定值时，检测仪的报警继电器触发发出报警信息，提醒操作人员采取措施。

8. 雾化空气系统

雾化空气主要用于燃烧液体燃料时将燃料雾化。在机组燃用液体燃料时，为使燃烧地更完全，燃料需雾化得好。为此，通入一股高压旋转的空气，进一步打碎液体燃料的微小颗粒，使其充分雾化。

从压气机排气引来的空气，首先进入雾化空气前冷器，将雾化空气压缩机前的空气降温，达到适合雾化空气压缩机的入口所要求的温度。从前冷器出来的空气进入雾化空气压缩机，使空气得以压缩；然后由雾化空气总管至各支管，最终进入燃料喷嘴。

9. 冷却和密封系统

燃气轮机组有许多高温部件，这些零件在高温下长期工作，其寿命受到不利影响。为延长使用寿命，改善工作条件，减少热应力、热变形，使燃气轮机组能长期稳定工作，对机组采取冷却措施是非常必要的。机组的冷却密封便是对主要的高温零部件进行空气冷却，对轴承采取空气密封。

为保证高温部件连续的工作，从压气机某级抽气对透平喷嘴和其他高温部件进行冷却。

在机组正常运行时，从压气机某级抽气槽道中抽出的空气，经管道引至机组的 1 号轴承和 2 号轴承的油封处，用以封住润滑油而不致外漏，空气可通过排油管道随排油进入油箱，最后可从排气管排入大气。

10. 闭式循环冷却水系统

冷却水系统是向透平支撑、润滑油冷油器及雾化空气冷却器提供冷却水，使透平支撑、润滑油及雾化空气的温度分别保持在规定范围之内，保证机组正常运行。

闭式循环冷却水站一般有两套水泵装置，一套用于运行，另一套处于备用状态。

机组的所有冷却水，包括进入透平支撑、冷油器、雾化空气冷却器以及从旁路流出的冷却水，都从排水总管流出机组，最后进入闭式循环冷却水站。冷却水在冷却水站中被外循环冷却水系统冷却后，再进入机组，循环不断地实施冷却任务。

11. 消防系统

消防系统是燃气轮机机组的一个重要保护装置。一旦机仓室内发生火灾，该装置立即自动灭火。

灭火方式有自动灭火、应急电动灭火、应急手动灭火。

12. 通风和照明系统

在轮机间罩顶上装有通风机，机组启动点火后，此风机自动投入，将轮机间的热空气抽到罩壳外使轮机间形成负压，这样外界的新鲜空气通过辅机间和轮机间的通风窗进入轮机间，加速轮机间内空气对流，从而降低轮机间正常运行时的空间温度，并使可燃性气体混合物不易形成。

气体燃料室采用强制通风，外部空气由罩壳门的底部百叶窗吸入，然后由顶部抽风机排出小室，这样可尽量降低小室内可燃气体的浓度。

对于负荷齿轮箱装有罩壳的机组，齿轮箱罩壳顶部装有 1 台通风机，将室内的热空气抽出，达到通风散热的目的。

辅机间、负荷齿轮箱间及发电机间均装有交、直流照明灯。正常运行或维修时交流照明灯工作，直流照明灯备用。当机组用交流电源发生故障时，直流照明灯自动投入。

13. 压气机清洗系统

清洗系统能有效地去除压气机透平叶片上的各种水溶性物质以及各种油、烟沉积物，从而恢复压气机的压比和流量，提高机组的出力。

压气机水清洗系统包括装于压气机进气口处固定式水洗喷嘴、水洗站及相应的连接管道。

当烧重油类劣质燃料时，由于燃料中所含灰分、微量金属等各类杂质较多，黏度较大，会在透平叶片上形成污垢沉积物，产生高温腐蚀，影响机组性能，降低机组寿命，在这种情况下，对透平的清洗（透平清洗系统）就尤为重要。

机组的清洗可在线清洗也可离线清洗，离线清洗过程中转子保持冷却状态，一般采用离线清洗。

14. 压气机抽气处理系统

压气机抽气处理系统是一个带有独立底盘的空气处理站，用于将抽自燃气轮机压气机排气的高压高温气体做降温、降压、除湿处理后，供进气过滤器反吹系统。

从燃气轮机压气机抽取压缩气体作为进气过滤器的吹扫主气源，是为了方便地获取经过过滤处理的洁净气体，并可靠地保证吹扫气体的压力，同时提高系统的可靠性。但由于压气机排气为高温、高压气体，故需要降压、降温，使气体的参数满足进气过滤器扫吹控制系统的要求。在降温过程中，气体会产生冷凝现象，有凝结水析出，这是进气过滤元件所不允许的，故需进行干燥除湿处理。为此，空气处理站中采用翅片管，通过与大气的对流换热使气体降温，采用压力调节阀对压力进行调整，并配有一套双联可自动切换的空气干燥器进行干燥除湿处理。

空气处理站有一就地控制箱，将电源分为两路，一路直接送至空气干燥器的控制器，一路控制排放电磁阀。空气干燥器自身配有控制器，可完成双联干燥元件的自动切换及其他功能。排放电磁阀的控制由装在就地控制箱内的一只时间继电器控制开断时间，该时间断电器可调，用户可根据排放阀的实际排放情况对开、断时间进行调整。

15. 油气分离系统

该系统主要作用是将发电机、负荷齿轮箱及机组滑油箱冒出的含油气体分离。分离出的油排入油箱。

油气分离系统主要由油气分离器、油气分离器支架、管路及阀等组成。

16. 注水系统

注水系统控制氮氧化合物的生成，使透平的排气符合环保要求，增加燃机出力，以满足燃机调峰要求。

该系统包括注水泵、阀门、管理及一些辅助设备。

水必须经过处理，水质严格控制钾、钠标准；否则，会导致燃机热通道部件的腐蚀。

17. 抑钒剂系统

该系统抑制钒对燃机设备的腐蚀。

燃机采用重油燃烧时，燃油中加入适量的镁的化合物抑制燃料中的钒，通过形成硫酸镁、氧化镁和钒酸镁等高熔点灰来抑制钒的腐蚀特性。

抑钒剂系统包括抑钒剂泵、抑钒剂储罐、管道阀门及一些辅助设备。

三、燃气轮机启动

燃气轮机的整个启动过程是指转子由静止状态（或盘车）逐步加速至额定转速、负荷由零逐渐增至额定值或某一预定值的过程。

在启动过程中，机内流动工质的参数逐渐升高，零部件被加热，其金属温度将由启动前的温度水平被加热而升高至额定功率所对应的温度水平。

（一）燃气轮机启动方式

1. 按燃气轮机启动时的热状态

燃气轮机启动状态可分为冷态、温态和热态三种。

（1）冷态启动。停机在 72h 以上。

（2）温态启动。停机在 10～72h 之间。

（3）热态启动。停机不到 10h。

　　不论哪种启动状态，燃气轮机并网后不能立即加载至满负荷，只能加载至满负荷的10％～20％或更小，并在此负荷下运行一段时间，目的是逐步提升燃气轮机的排烟温度，对燃气轮机进行暖机。特别是联合循环机组，暖机时间将更长一些，因为还要使锅炉升温升压，直至锅炉内蒸汽压力和温度稳定。

　　2. 按启动时间的长短

　　按启动时间的长短，燃气轮机的启动操作方式分为三种。

　　（1）正常启动。正常启动是按设定程序进行的一种启动，启动过程中需要暖机，严格控制机组加速率和加载率，避免在机体内产过大的热应力，保证机组启动过程中的热应力在一个安全水平内。因此，这种启动方式所需时间较长。如 9E 机组需 20～22min。

　　（2）快速启动。适应简单循环燃气轮机发电装置调峰的需要，一些机组设置了快速启动功能。这也是按设定程序进行的一种启动，但提高了加速率和加载率，减少了暖机时间，启动时间缩短。启动过程中热应力的水平提高，但必须保证在可以接受的水平之内。如 9E 机组快速启动时间为 9～10min。

　　（3）紧急启动。这是一种强制性启动，即在很短时间内超越正常程序强行将机组从静止带至满负荷。这种启动对机组的损害很大，除非万不得已，是不能进行这种操作的。如 9E 机组紧急启动时间为 5～7min。

　　（二）禁止启动的几种情况

　　（1）盘车时机组转动部分有摩擦声，或大轴不转动。

　　（2）润滑油箱油温过低，低于规定的油温下限，润滑油箱油质化验不合格，油箱液位不在规定范围内。

　　（3）主要仪表、控制元件缺少或失灵。

　　（4）保护装置失灵。

　　（5）任意一台油泵或风机、盘车装置失灵。

　　（6）燃油截止阀关不严或关不到底。

　　（7）进口导叶动作失灵。

　　（8）进气室滤网破损、堵塞或除雾器严重破损。

　　（9）主要管道系统严重泄漏。

　　（三）燃气轮机启动过程

　　机组启动之前，需要有一系列准备工作，并要求各种辅助设备预先处于正常工作状态。燃气轮机的启动需要靠外部的动力实现，通常启动机的功率大约是主机功率的（1～3）％。

　　1. 启动前的检查和准备

　　启动前的准备是一项内容繁多而又细致的工作。启动前，必须按操作规程对设备系统进行详细全面的检查，确认设备具备启动条件和确定应该采取的措施。当一切设备均处于预启状态时，方可开始启动操作。

　　无论是新安装的机组还是大修检查后的首次运行，都要对机组进行全面的检查。

　　首先应确认安装或大修工程已全部竣工并验收，施工设施已全部拆除。仔细检查机组现场周围的杂物及易燃品，有则彻底清除；检查并清除进气系统内的杂物；按系统（管路）示意图检查各管路系统是否与示意图一致；管路中的阀门、窥窗、仪表、孔板是否正确齐全；按电气接线图检查各种接线是否正确，接线的线头足否包扎牢靠，各种接线盒盖是否按要求装好。

检查时应结合各系统的特点，对下列事项予以特别注意。

（1）润滑油系统、液压油系统和控制油系统。所有泵的进口滤网都应冲洗干净。润滑油滤、液压油滤和控制油滤都应该干净，必要时更换滤芯。

按要求调整好润滑油箱的液位指示器，确保油箱的各个油位正确，如"空"、"满"、"低位报警"和"高位报警"等油位。向油箱灌润滑油至"满"位，手启动应急油泵对系统充油，观察管路泄漏和各窥窗油流情况。

停止应急油泵，待系统各处油流回到油箱后，再次加油至满位。

（2）燃料系统。如若机组配有燃料分配器，检查分配器转子是否可以用手自由转动，分配器上转速传感器的间隙是否合适；检查燃料截止阀的开关功能；检查气体燃料系统的泄漏情况，建议在气体燃料系统的进口处接入压缩空气（压力大于 600kPa），然后在管路法兰连接处、管接头连接处和焊缝处涂上肥皂水，查看是否有气泡冒出，无气泡冒出则可以认为不泄漏。

（3）其他系统。检查冷却和密封空气系统是否和管路示意图相符，各孔板直径是否正确，管道是否可以自由膨胀。检查润滑油冷却水系统的温度调节阀（通过改变冷却水流量调节油温的阀门）是否处于自动位置。

检查机组各系统应具备启动的条件；完成机组启动前的各项试验；联合循环机组投用辅助蒸汽系统、轴封系统、真空系统等；确认阀门状态正确，自动、连锁、保护正常。

2. 冷态加速阶段

在这个阶段中，由外界动力带动燃气轮机冷加速，直到允许向燃烧室中喷入燃料的点火转速为止；这时需要的能量主要是用来加速机组的转子，并克服轴承的摩擦耗功。通常，单轴机组的点火转速大约等于（15～20）%额定转速。该阶段的具体操作：

（1）启动盘车。如果主机转子在静止状态，首先需要利用启动装置用比较大的扭矩克服转子的惯性和静摩擦把转子缓慢转动起来，并检查机组动静部分有无摩擦和异声。通常规定燃气轮机冷启动前盘车系统必须至少连续运行 1h。

（2）冷拖、清吹。盘车运行后，启动机带动转子升速至（20～25）%额定转速，并在此转速下稳定一段时间。此时利用压气机出口空气对机组进行一定时间的吹扫，吹掉可能漏进机组热通道中的燃料气或因积油产生的油雾，此操作简称为清吹。清吹的时间要根据排气道的容积来选择，至少能将整个排气道体积三倍的空气吹除掉，这样可避免爆燃。如果余热锅炉无旁通烟囱，则每次点火前都应进行清吹，而且清吹时间要相对延长。清吹完成后，减小启动机的输出，使机组转速降至点火转速，一般为（15～20）%额定转速。

3. 热态加速阶段

从燃烧室开始喷入燃料并点火燃烧的瞬间起，一直到启动机把机组转子增速到脱扣转速时止。单轴燃气轮机的脱扣转速大约为（50～60）%额定转速。当机组达到脱扣转速时，透平发出的功率将大于压气机、辅助设备和摩擦耗功，就可以不需要启动机的帮助而使转子继续加速。

（1）投燃料，点火装置点火、暖机。为了保证点火成功，点火时给出的燃料行程基准比较大，即相应的燃料量比较多，使燃烧室富油点火燃烧，而且点火装置连续点火（30～60）s。如果火焰探测器探测到燃烧室中的火焰，说明点火成功。

点火成功后控制系统便发出暖机信号，使机组进入暖机阶段。暖机的目的是让机组的高温燃气通道中的受热部件、气缸与转子有一个均匀受热膨胀的时间，减少它们的热应力以及保证机组在启动过程中有良好的热对中，并且防止转子与静子之间出现过大的相对膨胀而发生动静碰擦。在大约（1～2）min 的暖机期间，燃料行程基准从点火值降到暖机值，供入机组。

（2）升速阶段。暖机阶段结束时，由暖机计时器发出信号，使机组进入升速阶段。

在该阶段中，燃料行程基准由控制系统按控制规范的规定上升。这时启动机的功率和透平发出的功率会使机组转速迅速上升。

随着机组转速的上升，通过压气机的空气流量增加，压气机出口压力也增加，供入机组的燃料量也增加，因此透平的输出功率也增大。

机组在启动机和自身透平做功的帮助下转速上升到 50%～60% 额定转速的范围，且透平已有足够的剩余功率使机组升速时，启动机可以脱开而停止工作，称为脱扣。

从启动机脱扣到燃气轮机自己加速到准备加载工况转速（95%～96% 额定转速）为止，在这个阶段，启动机停止工作，机组将全靠燃气透平发出的剩余功率使转子继续升速。

4. 并网加载阶段

并网加载阶段中也有两项基本操作。

（1）同期。当机组进入全速空载状态后，启动控制系统退出控制，机组进入同期控制。所谓同期，就是发电机发出交流电，其频率、电压和相位与电网的这三个参数相匹配。当同期条件满足时，发电机断路器自动闭合，完成并网。

（2）带负荷。当机组完成同期并网后，机组由同期控制转为转速控制。

机组带负荷方式有：①如果运行人员没有下达带负荷指令，并网后，则机组自动加载到旋转备用负荷，一般为（5～10）% 额定负荷。②如果选择自动带基本负荷运行指令，则机组按规定的加载率自动加载。如某燃气轮机加载至满负荷时间为 12min，加载过程机组为转速控制，当机组带满基本负荷，机组则由转速控制进入温度控制状态。③如果选择中间某一负载值进行加载，则首先要向控制盘输入负载指令值，然后再按预选值进行加载，燃料行程基准逐渐增大，机组以规定的速率进行加载。④当操作者选择手动加负载时，则通过发电机控制盘上调节速度控制整定点升/降按钮来进行。通常，手动加减负载的速率是自动加减负载速率的两倍。手动加载时，其加载数值只能加到基本负载以内。

燃气轮机的启动时间因机组功率、负载和结构形式而异，对于大型发电机组，启动时间约为 10～22min。

联合循环发电装置的启动过程也可认为四个阶段，前三个阶段为燃气轮机从静止启动至满转速及并网的独立过程，基本与余热锅炉和汽轮机无关。

联合循环装置从全速空载到满载的加载过程更为复杂，必须充分考虑余热锅炉和汽轮机加载的需要，按一定的程序控制整个加载过程。因此，其总的启动过程要比前者慢得多。图 1-14 为联合循环机组冷态启动曲线，图 1-15 为热态启动曲线。

（四）快速启动

对于担任应急或尖峰负载的燃气轮机，在某些情况要求机组尽快投入运行，甚至牺牲一些燃气轮机的寿命。为了实现快速启动，应该改变以下几个参数：

（1）重新调整点火转速信号的触发值，使其在（10～12）% 额定转速提前动作，进行点火。

（2）减少或取消暖机时间。

（3）提高升速时燃料行程基准的上升速率。

（4）提高排气温度上升速率，一般由 2.8℃/s 改为 4℃/s。

（5）提高机组加速率限制，一般从 1%额定转速/s 改为 2%额定转速/s。

快速启动对机组寿命不利，一般不采用。

另一种快速启动的方法是仅仅在加载时的加载速率与手动加载相同，而启动过程和正常启动是一样的。为了区别于前者，通常称之为快速加载启动。

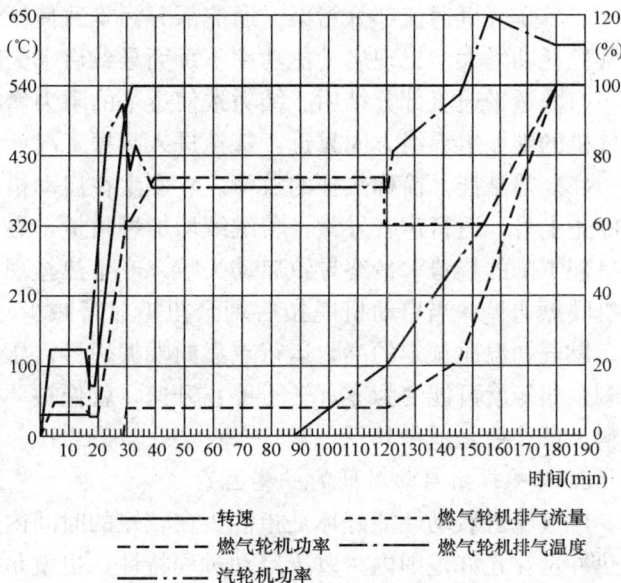

图 1-14　某联合循环机组冷态启动曲线

（五）启动过程中的问题与影响因素

在启动过程中，燃气轮机由冷态变为热态，热应力问题严重，会对高温部件形成热冲击，影响机组寿命；压气机还可能发生喘振问题，高压比机组的喘振问题将更为突出，需要采取放气等防喘振措施。提高启动成功率对保证机组运行的可靠性和可用率是重要的。在机组启动过程中，防止发生超温故障，不仅是机组安全运行所必需的，而且也是保证机组能够顺利启动的关键。

缩短启动时间对机组经济性和及时满足外界负荷需求都是必要的，也是衡量机组启动性能的重要指标。

1. 启动过程中可能出现的故障

（1）没有控制好启动过程中燃气温度的增升规律。如果燃料供入量控制不当，常使机组的启动加速过程线接近于或是进入了喘振区。此时，透平进口温度太高，而转速却无法顺利地上升。

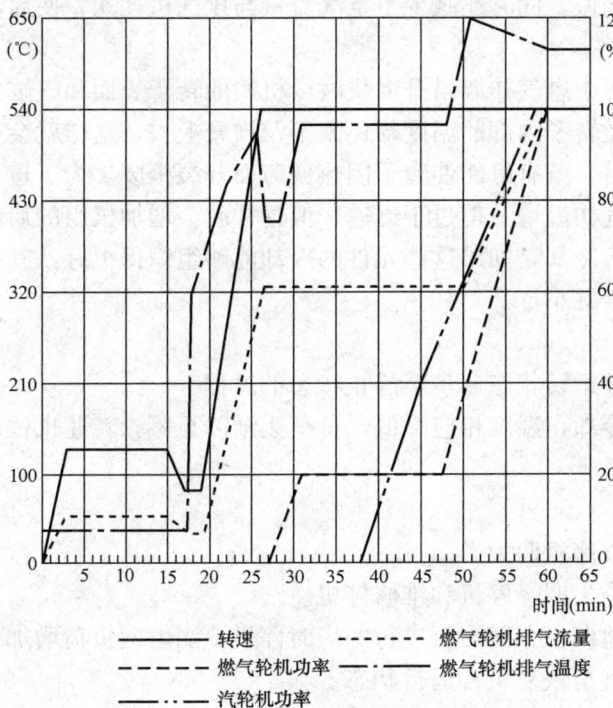

图 1-15　某联合循环机组热态启动曲线

（2）燃料系统和点火系统发生故障。如喷嘴被磨损或是由于点火器积炭，不能正常形成点火火炬等现象，都会导致启动失败。

（3）压气机通流部分污染。通流部分污染致使压气机效率降低，特性曲线变陡，启动时压气机耗功增大，出现启动机功率不足而导致启动失败。

（4）透平通流部分结垢。结垢致使透平的阻力增加，在启动过程中机组的运行线就会向压气机的喘振边界线方向靠近，甚至进入喘振工况而使机组启动失败等。

（5）热悬挂，简称热挂的故障。它发生在启动机脱扣之后，即在启动机脱扣后，机组转速停止上升，运行声音异常，若继续增加燃料量，燃气初温随之升高，但转速却不上去，反而呈现下降的趋势，最终导致启动失败。产生热挂现象的主要原因是启动过程线比较靠近压气机喘振边界，当启动机脱扣后剩余扭矩显著减少。如果在脱扣前操作不当，燃料增加较快，燃气初温比预定的高，运行点靠向喘振边界，压气机中可能发生失速现象。启动机脱扣后剩余扭矩就可能变为零，转子停止升速，就像被"挂"住似的，故称热挂。如果这时增加燃料，就往往是适得其反。

2. 影响机组启动时间的一些因素

燃气轮机启动性能好坏是指能否在较短的时间内启动并投入运行，且在启动过程中产生的热冲击在允许范围内。改善启动过程特性，也就是指设法缩短启动时间，而热冲击现象仍在允许的范围。

（1）压气机特性线的影响。向燃烧室猛喷燃料以加快启动速度通常是不允许的，因为在低转速情况下透平前的燃气温度过高，就会使机组的平衡运行点超越压气机的喘振边界线进入喘振工况。为此，常在压气机的进口处安装可调导叶，启动时可调导叶处于关的位置，不仅扩大了压气机的运行区，避免了发生喘振，同时还减少了空气流量与压气机耗功，使启动过程加快或能选用功率较小的启动机。

（2）机体热应力的影响。在启动过程中燃气初温增升太快时，机组的转子表面和气缸内壁就会迅速地受热膨胀。而气缸外壁以及转子内部的温度却还来不及增升上去，这样就会产生热应力。机组在这种情况下多次启动后，就有可能使转子因热疲劳而开裂报废。为了避免发生这类事故，在启动时就不允许使燃气初温增升得过于迅速，但这样就会增加机组的启动时间。可对透平的叶片、气缸和转子进行冷却，如果这些元件的冷却能够组织得很好，其外面温度就低，内外温差就小，热应力就会减小。

四、燃气轮机的停运

燃气轮机的停机过程是指转子由正常运转状态逐步至静止状态的过程。

在停机过程中，其金属零部件将被冷却，温度相应降低，负荷逐渐降至零，转速也逐渐降至零。

（一）停机方式

停机的方式通常分为正常停机和事故停机两大类。

正常停机根据实际运行的情况，又分为调峰停机和维修停机。

调峰停机是指机组调峰运行或接受地调指令而需要进行的短时停机，当电网负荷增加或缺陷消除后，机组很快再启动带负荷，直至恢复正常运行状态。

维修停机是机组为了进行大修、小修或维修而进行的停机，为了满足检修工期的要求，在停机过程中应尽量降低燃气轮机的金属温度，使机组尽快冷却，以便缩短检修的时间。

事故停机是指机组监视参数超限，保护装置动作，机组从运行负荷瞬间降至零负荷，发电机与电网解列，燃气轮机转子进入惰走阶段的停机过程。

　　停机过程中由于转子被冷却，燃气轮机会出现负胀差，如果减负荷的速度太快，热应力的负值也会增加，转子负应力的增大比正应力的增加对机组造成的危害更大。

　　为了进行检修而停机，在停机过程中应尽可能降低气缸和转子的金属温度，以便尽快开缸检修；只是进行短时停机，很快机组又要启动，则在停机过程中应尽可能地保持金属的温度，使燃气轮机不被冷却，以便机组能够尽快地进行热态启动。

　　燃气轮机停机后，气缸和转子的金属温度还较高，需要一个逐步冷却的过程，此时，必须保持盘车的连续运行，一直到金属温度冷却到满足要求后，才允许停止盘车。盘车运行时，润滑油系统必须维持运行，盘车停止后，润滑油系统才可以停止运行。

（二）正常停机

1. 正常停机过程

　　运行人员通过计算机向机组发出停机指令。此时如果发电机断路器在闭合状态，则转速/负荷给定点开始下降，以正常速率减少燃料行程基准，机组开始减负载。机组的厂用电切为备用电源供电。

　　当发电机负载减至零出现逆功率时，逆功率继电器动作，发电机断路器跳闸，发电机与电网解列。这以后燃料行程基准继续降低，机组开始减速。

　　转速下降至额定转速的95%或以下值，转速继电器返回，压气机防喘放气阀打开，压气机可转导叶角度逐渐关小，辅助润滑油泵、辅助液压油泵等辅助设备投入工作。

　　在正常情况下，燃料行程基准逐渐下降，直至降到额定转速20%左右或火焰探测器指明已熄火时，主保护逻辑置0，燃料行程基准至零，关闭截止阀而切断燃料，机组则进入惰走。

　　当转速降至"零"转速时，盘车装置投运，机组开始冷机程序。图1-16为某联合循环机组停运曲线。

2. 冷机

　　正常停机要立即进行盘车冷机，防止转子弯曲和叶片变形。在冷机状态任何时刻，机组可以启动、带负荷。盘车过程中转子缓慢冷却，一般情况下不少于24h，直到透平轮间温度低于60℃后，可以停止盘车。

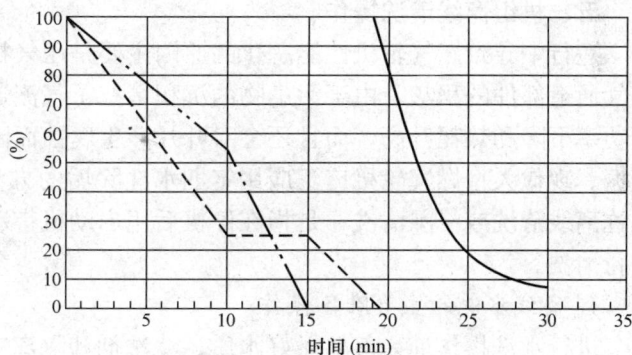

图1-16　停机曲线

3. 正常停机注意事项

　　（1）检查机组各部位振动情况、内部声音以及润滑油母管油压。

　　（2）记录机组熄火转速和惰走时间（正常停机时燃气轮机熄火至盘车投入的时间）。惰走时间的长短可以判断燃气轮机设备的某些性能，并可以检查设备的某些缺陷。

　　（3）自动投入盘车后，加强监视转子转动情况，倾听机组内部声音，并注意烟囱的冒烟情况，防止燃料漏入燃烧室。

（三）手动紧急停机

　　一般遇到下列情况之一时，可实施手动紧急停机。

（1）运行参数达到跳机限额，而自动保护装置拒动。

（2）机组内部有明显的金属撞击声。

（3）机组任何一轴承断油或冒烟时。

（4）压气机发生喘振。

（5）轮机舱室燃油管路大量漏油。

（6）机组突然发生强烈振动，振动值突增超过规定值。

（7）运行中烟囱大量冒黑烟，机组燃烧恶化。

（8）发生其他危及人身和设备安全的情况。

手动紧急停机操作及其注意事项：可按压控制盘上紧急停机按钮，若在辅机舱室则扳动手动紧急事故跳闸装置或手击危急遮断器杆，均能使机组立即停机；机组紧急停机，主保护逻辑立即转"零"，燃料行程基准降到 0，发电机断路器跳闸，机组熄火；如属轮机转动部分故障，停机后，不应投入盘车；紧急停机后，一定查明原因。

（四）停机后的操作

在紧急停机的情况下，如果怀疑转动部件有损坏，那么停机后不要转动转子，保持润滑油泵运行。因为在热停机后中断润滑油会导致轴承温度升高，损坏轴承表面。如果引起停机的故障能很快被排除，或经检查后没有发现影响到转动部件则要对机组冷却盘车。

如果机组紧急停机而又未盘车，则应注意：停机后最多 15min 内，燃气轮机可用正常启动程序，不必经过盘车而启动；停机后 15min 至 48h 内，燃气轮机至少经 1～2h 的盘车，才能进行启动；如果机组已经停机，并且一直没有盘车，那么必须停足 48h 以上，无转轴弯曲危险时才能重新启动。

五、机组离线清洗操作

运行中导致燃气轮机性能恶化的原因主要是压气机吸入的脏物淤积在叶片上和透平高温燃气通道部件的积灰。由于污染物的沉积堵塞了气流通道，不但会引起压气机出力下降、机组功率下降和热耗升高，而且还会对叶片产生腐蚀而降低机组寿命，严重时甚至出现压气机喘振。现代大型燃气轮机广泛应用定期水洗除垢的方法解决此类问题。停机后的液体清洗，又称离线清洗或浸湿清洗，是指在停机后用启动机带动机组转动，自压气机进口喷入清洁液进行清洗。

1. 离线水洗的主要准备操作

进行水洗操作前一般要做好水质、清洗剂和隔离三个方面的准备工作。加入清洗剂的目的是提高清洗含油污垢的效果。清洗剂加在除盐水中，在冬季还需添加甲醇或酒精等防冻剂。为了提高水洗效果，一般要求把清洗水温度在 66～93℃与清洁剂相混合用作清洁液。

（1）水质要求。固体水溶物<100ppm、pH 值 6～8、K＋Na＜25ppm。

（2）清洗剂。清洗剂要求的化学成分应满足机组要求。

（3）隔离。清洗前应采取一定的隔离措施：关闭雾化空气系统进气和排气（在雾化空气母管前）管路上的水洗隔离阀；关闭压气机抽气隔离阀和各控制空气管路上的阀门；强制打开压气机进口导叶（IGV）；关闭火焰监测器前的阀门，因为水和清洗剂会污染火焰监测器的石英玻璃窗，造成启动点火时火焰监测器检测不到火焰，致使启动失败；开启压气机和透平本体以及相关管道的低点疏水阀，并将水引至污水池。

2. 离线水洗一般步骤

离线水洗需在启动机将机组拖动至高速盘车状态下进行。离线清洗的过程一般可分四个阶段。

（1）浸湿及浸透阶段。喷入少量的清洁液使各处污垢物均被浸湿，以利于清洗。

（2）清洗阶段。喷入较多的清洗液进行清洗除垢，喷射时间约 5min，流量按规定要求，然后让清洗剂浸泡 20min。

（3）漂洗阶段。喷入较多的水来漂洗，清洗时间为 15～20min。冲洗效果可以通过目视检查压气机进口、进口导叶、一级动叶的清洁程度，以及从排放出来的水的清洁度来判断。杂质含量可通过测定电导率来检查。

（4）干燥阶段。使机组内所有液体排出，为了清除所有积水，最好先拖动燃气轮机，然后停机、再拖动、最后停机，整个过程约需 20～60min。

复 习 思 考 题

1-1 什么是单元机组？

1-2 单元机组运行的原则是什么？

1-3 什么是单元机组的启动和停运？

1-4 单元机组启动分类方式有哪些？各如何分类？

1-5 什么是额定参数启动？有何特点？

1-6 什么是滑参数启动？有何特点？滑参数启动方式有哪几种？

1-7 单元机组滑参数冷态启动过程分几步完成？

1-8 盘车预暖汽轮机有何优点？

1-9 在启动过程中如何保护锅炉水冷壁、过热器、再热器、省煤器和空气预热器？

1-10 锅炉点火前为什么要进行吹扫？

1-11 启动过程中为什么要控制升温升压的速度？如何控制？

1-12 什么是暖管？暖管的目的是什么？暖管过程中要注意什么？

1-13 汽轮机冲转方式有哪几种？如何确定冲转参数？

1-14 什么是暖机？暖机的目的是什么？暖机可分几种？

1-15 机组并列的条件是什么？

1-16 什么是中压缸启动？

1-17 机组热态滑参数启动有何特点？

1-18 什么是正温差启动和负温差启动？应尽量采用哪种？

1-19 热态启动时，为什么先向轴封供汽后抽真空？

1-20 机组热态启动时应注意哪些问题？

1-21 直流锅炉机组启动的过程大致有哪些？

1-22 循环流化床锅炉烘炉方法有哪几种？

1-23 循环流化床锅炉点火方式有哪几种？

1-24 什么是额定参数停运？额定参数停运有何特点？

1-25 什么是滑参数停运？滑参数停运有何特点？

1-26　什么是转子的惰走、惰走时间、惰走曲线？

1-27　机组停运时转速、真空、轴封供汽的关系如何？为什么？

1-28　机组停运后，锅炉的保养方法有哪些？汽轮机要做哪些保养？

1-29　燃气轮机主要由哪三大部件组成？

1-30　燃气轮机组在什么情况禁止启动？

1-31　燃气轮机组启动过程主要包括哪几步？

1-32　影响燃气轮机组启动时间因素有哪些？

1-33　燃气轮机组正常停机有哪些注意事项？

第二章 单元机组运行调节

单元机组是锅炉、汽轮机、发电机三大主机及其辅机构成的一个整体，其中任何一个环节运行状态的变化都将引起其他环节运行状态的改变。因此，单元机组炉机电的运行维护与调节既是相互联系的，又有各自的特点。在机组正常运行中，锅炉侧重于调节，汽轮发电机侧重于监视和维护。

第一节 锅炉的运行调节

锅炉运行的经济性、安全性就是通过对锅炉运行参数进行监视和调节来达到的。锅炉的主要运行参数有过热蒸汽压力和温度、再热蒸汽温度、汽包水位和锅炉蒸发量等。对运行锅炉进行监视和调节的主要任务是：

(1) 保证锅炉蒸发量（即锅炉出力），以满足外界负荷的需要。

(2) 保持正常的过热蒸汽压力、过热蒸汽和再热蒸汽温度，保证蒸汽品质。

(3) 汽包锅炉要维持汽包的正常水位。

(4) 维持燃料燃烧的经济性，尽量减少各项损失，提高锅炉效率；尽量减少厂用电消耗。

(5) 及时进行正确的调节操作，消除各种隐患、异常和设备故障，保证机组的正常运行。

为完成上述任务，运行人员必须充分了解各种因素对锅炉运行的影响，掌握锅炉运行的变化规律，根据设备的特性和各项安全经济指标进行监视和调节工作。

一、汽包锅炉运行调节

（一）蒸汽压力调节

1. 汽压变化的影响

主蒸汽压力是单元机组运行过程中监视的重要参数之一，汽压过高或过低对机组运行的经济性和安全性均有影响。机组定压运行时，要求锅炉蒸汽压力维持在额定附近相对稳定；机组变压运行时，则要求蒸汽压力随负荷的变化而变化。显然，不同的运行方式对汽压调节要求不同，所以运行过程中要求汽压波动幅值不要太大，而应相对稳定。

蒸汽压力低于规定值，将减少蒸汽的做功能力，机组汽耗率增加，甚至机组功率受到限制。不仅使机组经济性下降，还会增大汽轮机的轴向推力，威胁机组运行的安全性。

汽压超过规定值时，汽压过高引起安全门起座，大量排汽造成工质和热量损失，安全门起座次数的增加会影响其严密性。另外，还会引起汽包水位的波动和蒸汽品质。

汽压高、低频繁波动，使机组承压部件经常处于交变应力作用下，容易造成设备部件的疲劳损坏。

2. 汽压变化的原因

影响汽压变化的因素，一是锅炉外部的因素，称为外扰；二是锅炉内部的因素，称为内扰。外扰主要指外界负荷的正常增减或在事故情况下的大幅度甩负荷。当外界负荷突然增加时，汽轮机调节阀开大，蒸汽量瞬间增大。如燃料量未及时增加，再加以锅炉本身的热惯性，将使锅炉的蒸发量小于汽轮机的蒸汽流量，汽压就要下降；相反，当外界负荷突减时，汽压就要上升。在外扰的作用下，锅炉汽压与蒸汽量的变化方向是相反的。

内扰主要是指锅炉燃烧工况的变化，如送入炉内的燃料量、煤粉细度、煤质等发生变化，或出现风粉不当现象，如炉膛结焦、漏风等影响燃烧工况变化时。在外界负荷不变的情况下，汽压的稳定主要取决于炉内燃烧工况的稳定。在内扰作用下，锅炉汽压与蒸汽流量的变化方向开始时相同，然后相反。如锅炉燃烧率增加，将引起汽压上升，在调节阀未改变以前，必然引起蒸汽流量的增大，机组出力增加。调节阀随之要关小，以维持原有出力，蒸汽流量与汽压则会向相反方向变化。

3. 影响汽压变化速度的因素

汽压变化实质上是反映了锅炉蒸发量与汽轮机的用汽量（外界负荷）之间的平衡关系受到破坏。如果汽压变化的速度过快，会给机组带来不利影响。影响汽压变化速度的因素主要有：负荷变化速度、锅炉的蓄热能力、燃烧设备的惯性等。

（1）负荷变化速度。单元机组负荷适应能力和保持汽压稳定是相互矛盾的，由于汽轮机调节惯性小，适应负荷能力强；锅炉热惯性大，对负荷适应能力差。当机组负荷变化时，燃烧调节总要滞后一段时间，必然引起汽压变化。如果汽压变化是由负荷变化引起的，汽压降低时，引起锅水体积膨胀，汽包水位上升；反之下降。负荷变化速度越快，引起汽压变化的速度也越快，而上述汽包水位变化都是虚假水位，若调节不当或运行人员误操作，容易发生汽包严重缺水或满水事故。

（2）锅炉的蓄热能力。锅炉蒸发区的蓄热能力是指蒸发区中的水、汽和设备金属部件储热能力的总和。蓄热能力越大，汽压变化的速度越小。

（3）燃烧设备的惯性。燃烧设备的惯性是指燃料量开始改变到炉内建立起新的热负荷所需时间的长短。燃烧设备惯性的大小取决于燃料的种类和制粉系统的形式，直吹式制粉系统比中间储仓式制粉系统要大，燃煤炉比燃油炉大。燃烧设备惯性的大小直接影响汽压变化的速度，惯性小，当负荷变化时，汽压变化的速度就小。

4. 汽压的调节

机组在运行中，允许汽压在一定范围内波动，此时只对汽轮机的运行的经济性有一些影响。当汽压变化幅值超过规定的允许范围时，则对机组运行安全性造成威胁。要控制汽压稳定在规定的范围内，就要保持锅炉蒸发量与机组负荷之间的平衡关系。汽压的控制与调节，是以改变锅炉蒸发量作为基本手段。由于锅炉蒸发量的大小，由送入炉膛内的燃料量的多少和燃烧工况的好坏所决定。无论引起汽压变化的原因是内扰还是外扰，都可以通过改变锅炉燃烧率加以调节。当锅炉汽压降低时，就增加燃料量、风量；反之，则减少燃料量和风量。只有当锅炉蒸发量已超出允许值或有其他特殊情况时，才用增减机组负荷的方法来调节。在异常情况下，当汽压急剧升高，单靠锅炉燃烧调节来不及时，可开启旁路或过热器疏水、对空排汽，以尽快降压。

机组滑压运行时，主蒸汽压力根据滑压运行曲线来控制，要求主蒸汽压力与压力规定值保持一致，压力规定值与发电负荷在滑压运行曲线上是一一对应的关系。

（二）蒸汽温度调节

1. 汽温调节的意义和任务

大型火力发电机组均在高温高压条件下工作，正常的过热器和再热器出口温度一般已接近其材料允许的极限温度，如果汽温过高，会引起金属材料损坏，危及过热器、再热器和汽轮机的安全；汽温过低，除降低机组循环热效率外，将增大汽轮机末几级蒸汽湿度，影响汽轮机工作安全。当再热汽温变化剧烈时，会引起汽轮机中压缸胀差较大变化，造成汽轮机振动，严重危及机组安全。另外，汽温突升或突降会使锅炉各受热面焊口及连接部分产生较大的热应力。所以，近代锅炉对过热汽温和再热汽温的控制是十分严格的，允许变化范围一般为额定汽温±5℃。

汽温调节的主要任务，既要维持汽温在允许的范围内，又要随时防止过热器、再热器超温而损坏。

机组运行中，影响汽温变化的因素是多方面的，而对汽温的要求又十分严格，为保持汽温在允许的范围内，必须研究影响汽温变化的主要原因。

2. 影响汽温变化的原因

影响汽温变化的因素很多，归纳起来主要有锅炉负荷扰动、炉膛火焰中心的位置及减温水量和给水温度的扰动等三种。

(1) 锅炉负荷扰动。锅炉负荷变化是运行中引起汽温变化的最基本的因素。过热器出口汽温与锅炉负荷之间的关系称为汽温特性。分析单元机组锅炉的汽温特性必须考虑燃料量—蒸汽量变动关系、过量空气系数改变、主蒸汽压力变动和再热器调温方式。

当锅炉定压运行、过量空气系数不变、再热器调温装置不动作，燃料量—蒸汽量变动时，主要是过热器的传热型式影响汽温特性。对于辐射式过热器，随着锅炉负荷的增加，锅炉的燃料量与工质流量按比例增加，炉膛温度有所提高，辐射传热量也将增加。但是，由于炉膛平均温度和出口温度提高不多，在辐射过热器中，负荷增加时辐射传热量的增加低于蒸发量增加时所需的热量，导致单位工质的辐射热减小，所以辐射过热器的汽温是随着锅炉负荷的增加而降低的。这种汽温特性称辐射式汽温特性（如图 2-1 中曲线 1）。对流式过热器的汽温特性恰好与此相反，当锅炉负荷增加时，燃料量、烟气量、烟温、烟速都增大，传热系数和传热温差增大的总效果超过工质流量的增加，所以对流过热器的焓升是随着锅炉负荷的增加而增加的，这种汽温特性称对流

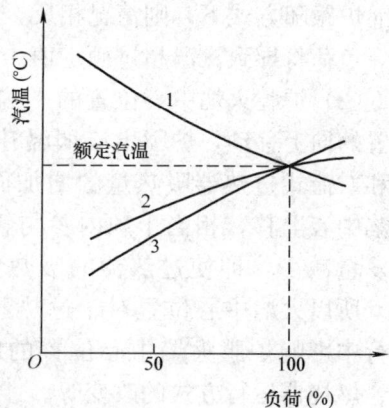

图 2-1 过热器的汽温特性
1—辐射式过热器；2—屏式过热器；
3—对流式过热器

式汽温特性（如图 2-1 中曲线 3）。布置于炉膛出口附近的屏式过热器，同时接受炉内辐射热量和烟气对流放热量，故其汽温特性介于辐射式和对流式之间（如图 2-1 中曲线 2）。

当过量空气系数改变，如炉内氧量增加时，烟气量增加，炉膛出口烟温基本不变，理论燃烧温度降低，炉内单位辐射热量减小，使水冷壁蒸发率下降，过热器内工质流量减小，因而主蒸汽温度、再热蒸汽温度升高。炉内氧量的增加会导致排烟损失增大，锅炉效率降低。所以用增大送风量的办法提高过热汽温是不经济的。但是在低负荷下，由于最佳过量空气系数增大和稳定燃烧的要求，故允许炉内送风量相对增大，这对于维持额定过热汽温也是十分有利的。

主蒸汽压力对于过热汽温的影响，是通过工质焓升分配和蒸汽比热容的变化而实现的。

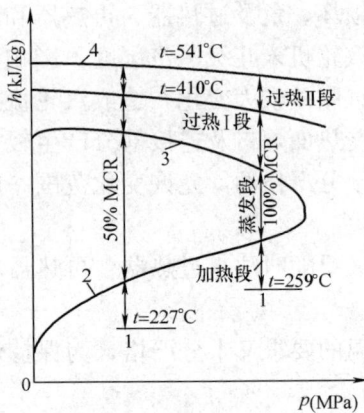

图 2-2 工质吸热量与压力关系
1—给水焓；2—饱和水焓；3—饱和
汽焓；4—设计出口焓

过热蒸汽的比热容受压力影响较大。低压下额定汽温与饱和温度的差值增大，但过热汽总焓升减小，如图 2-2 所示。当汽压降低时，饱和蒸汽焓值增大，汽化潜热增加、过热热减少。在燃料量不变时，汽化潜热的增加使水冷壁产汽量减少，相同传热量下过热蒸汽焓升增加；而过热热的减少，又使得过热器有相同蒸汽焓升时，汽温升高。同理，当汽压升高时，汽温则降低。

当再热蒸汽温度采用烟气挡板调温时，对过热蒸汽温度也会产生影响。当负荷降低时，主通道的烟气挡板开大、低温过热器通道的烟气挡板同时关小，以维持再热汽温。由于改变了低温过热器的烟气流量和流速，过热器出口汽温将降低。这相当于使低温过热器的汽温特性更趋陡峭，如图 2-3 所示。

变负荷过快会使汽温发生较大的波动，甚至在动态过程中引起的超温。在汽轮机跟随方式下，主要是因为燃料量和空气量剧增时，过热器吸热量增加，而蒸汽流量和压力的变化滞后，过热蒸汽焓增提高，从而导致蒸汽温度超过额定值；在锅炉跟随方式下，则情况相反，燃烧率和过热器热负荷的变化滞后于蒸汽流量的变化，持续降负荷将导致汽温超过额定值。

（2）炉膛火焰中心位置的影响。随着炉膛火焰中心位置的向上移动，炉膛出口烟温升高，由于辐射式过热器和对流式过热器吸热量的增加而使汽温升高。此外，火焰中心上移，相当于炉内参与辐射的有效面积减少，蒸发量减少，即使过热器的吸热量不变，汽温也将升高。所以火焰中心位置对于过热汽温的影响是很大的。运行中影响炉膛火焰中心位置的因素主要是煤质的变化、燃烧器运行方式的改变等。

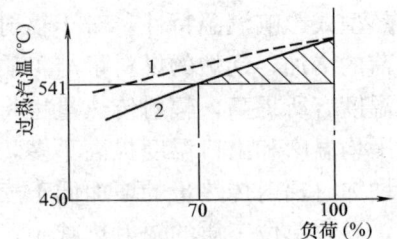

图 2-3 挡板调温对过热汽温的影响
1—挡板全开时汽温特性；2—挡板
调节后汽温特性

影响煤质较大的是水分、挥发分、灰分、发热量和煤粉细度。煤中水分、灰分变大，挥发分减小，都会导致燃料着火晚，燃烧和燃尽过程推迟，最高火焰温度位置上移；发热量降低，则会使燃料量增加，相应增大烟气量，抬高火焰中心，同时也使后面的对流换热增强；煤粉变粗，燃尽困难，火焰中心向炉膛出口移动。因此，只要煤质变差，过热汽温就升高；煤质变好，过热汽温就降低。所以，运行中应加强监督，当煤质变差时要注意金属壁温是否有超温现象。

燃烧器的投入和切除及其负荷分配方式对改变火焰中心也有较大影响。多层燃烧器，投上面几层时火焰中心高，投下面几层时火焰中心低。当上几层燃烧器增加燃烧率时，火焰中心上移；当下几层燃烧器增加燃烧率时，火焰中心下移；若粉量分配均匀，适当变化层配风也可改变火焰中心。减小上部二次风量，或增大下部二次风量时，也会使火焰中心上移。对于摆动式燃烧器，抬高或压低喷嘴角度则可明显改变火焰中心。

此外，炉底漏风也将使燃烧过程推迟，从而提高火焰的中心位置。

（3）减温水量和给水温度的影响。当给水温度降低时，单位质量给水加热成为饱和蒸汽的汽化热增加，则过热蒸汽的总焓升增加，过热汽温升高。实际上，在锅炉出力不变的情况下，低的给水温度势必导致燃料消耗量增加，这一方面使炉内总辐射热和炉膛出口烟温增加，辐射式过热器出口汽温将升高；另一方面，对流式过热器也因烟气量及传热温差的增大而提高其出口汽温，使过热汽温有较大的升高。此时汽温的升高，比锅炉增加负荷而给水温度不变时的影响要大得多。当给水温度升高时，则汽温降低。一般给水温度每降低3℃，过热汽温升高约1℃。

采用喷水减温时，减温水大都来自给水系统。在给水系统压力增高时，虽然减温水调节阀的开度未变，但这时减温水量增加了，汽温因而降低。喷水减温器若发生泄漏，也会在并未操作减温水调节阀的情况下，使减温水量增大，汽温降低。

另外，制粉系统的投停对汽温也有影响。对于直吹式制粉系统，当投停一台磨煤机时，炉内燃料量及燃烧工况将有较大的变化，导致炉膛出口烟温和烟气流量的较大变化，过热汽温会有较大波动。对于中间储仓式制粉系统，投停磨煤机主要是影响炉内的水分和烟气量；若为热风送粉，三次风将随之投停，三次风投入后，瞬间使风量增大，汽温升高；稳定后则会由于炉内氧量控制的要求，使主燃烧区风量减少，未燃尽煤粉继续在较高位置燃烧，使炉膛出口烟温升高，过热汽温升高。

受热面沾污时，炉膛水冷壁与过热器的沾污对过热蒸汽温度的影响正好相反。若沾污发生在炉膛水冷壁（如结焦），炉内辐射换热量和水冷壁蒸发量减少，炉膛出口烟温升高，过热汽温升高；若沾污发生在过热器外壁，则使过热器的传热热阻增大，对流传热量减少，过热汽温降低。

再热汽温变化的影响因素及其汽温特性与过热汽温基本相同。但是，再热蒸汽的压力低，平均汽温高，因而其比热容比过热蒸汽的小。当工况变动时，再热汽温比过热汽温更敏感些。此外，再热器的出口汽温不仅受到锅炉方面因素的影响，而且汽轮机运行工况的改变对它的影响也较大。因为在过热器中，其进口蒸汽温度始终等于汽包压力下的饱和温度，而再热器的进汽则是汽轮机高压缸排汽，在定压运行情况下其温度随汽轮机负荷的增加而升高，随负荷的减小而降低，蒸汽在再热器内需要吸收的热量随之增减，从而加剧了再热器的正向汽温特性。

过热蒸汽的汽温、汽压也会影响再热汽温。因为汽轮机前主蒸汽温度的升高将导致汽轮机高压缸排汽温度的升高，从而使再热汽温升高；主蒸汽压力越低，蒸汽在汽轮机内做功的能力越小，理想焓降也越小，高压缸排汽温度则相应升高，从而再热汽温也升高。此外，运行中再热汽温还会受到再热蒸汽流量变化的影响。如当高压加热器投停（抽汽量变化）、吹灰器投停、汽轮机旁路动作等情况发生时，再热汽流量将增大或减少，在其他工况不变时，再热汽温即随之变化。

3. 汽温的调节

(1) 过热汽温调节。目前汽包锅炉的过热汽温的调节一般都采用喷水减温方式。喷水减温是将减温水（给水）直接喷入过热蒸汽中，减温水吸收过热蒸汽的汽化潜热，从而改变过热蒸汽温度。汽温的变化通过减温器喷水量的调节加以控制。

喷水减温在热经济性上有一定损失，部分给水用去作减温水，使进入省煤器的水量减少，出口水温升高，因而增大了排烟损失。若减温水引自给水泵出口，则当减温水量增大时会使流经高压加热器的给水量减少，排挤部分高压加热器抽汽量，降低回热循环的热效率。

但由于其设备简单、调节灵敏、易于实现自动化等优点，故得到了广泛应用。

大型机组中，由于过热器管道较长，位置各异，结构复杂，为了改善汽温的控制效果，普遍采用分段汽温调节，通常设置两级以上喷水减温器。第一级布置在分隔屏式过热器入口联箱处，由于该级减温器距末级过热器出口尚有较长的距离，且从该级过热器至过热器出口的蒸汽温升幅度相对较大，所以，调温时滞、惯性较大，维持最终汽温在规定的范围内较为困难。因此，这级喷水减温器只作为主蒸汽温度的粗调节，其任务是按一定的规律将分隔屏出口汽温控制在设定的水平，同时保护其后的屏式过热器，不使其管壁金属超温。第二级喷水减温布置在末级过热器入口，由于此处距过热器出口近，且此后工质温升较小，所以喷水减温的调节时滞较小，调节灵敏度高，因而该级喷水是对过热汽温进行细调，并最终维持汽温的稳定。

目前，锅炉过热汽温控制常采用的方案有分段控制法和按温差控制法。分段控制方法是在不同负荷下均将各段汽温维持在一定值，每段设置独立的控制系统。图 2-4 为一两段控制系统的示意。调节器 G_1 接受第 II 段过热器出口汽温 t_2 信号及第一级减温器后的汽温 t_1 的微分信号，去控制第一级喷水量 W_1，以保持第 II 段过热器出口的汽温不变。调节器 G_2 接受第 III 段过热器出口汽温 t_4 信号及第二级减温器后的汽温 t_3 的微分信号，去控制第二级喷水量 W_2，保持第 III 段过热器出口的汽温 t_4 不变。由于分段进行汽温控制，因此使调节的滞后和惯性都小于采用一段喷水的方案。

对于第 II 段过热器显示较强辐射特性，而第 III 段过热器又显示较强对流特性的过热器系统，若仍采用分段控制方案，那么随着负荷的降低，第一级喷水量将减小，第二级喷水量却要增大，整个过热器喷水量将不均衡。此时采用保持二级减温器的降温幅度的按温差控制系统。按温差控制的方案示意如图 2-5 所示。调节器 G_1 接受二级减温器前后的温差信号 Δt（$= t_2 - t_2'$），其输出作为一级减温调节器的比较值，去控制一级减温器的喷水量，维持 II 级减温器的前后温差 Δt 随负荷而变化，防止负荷降低时一级喷水量增加，使两级减温水量相差不大。

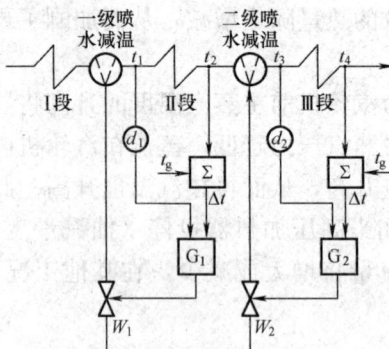

图 2-4　过热汽温分段控制系统　　　　　图 2-5　温差控制系统

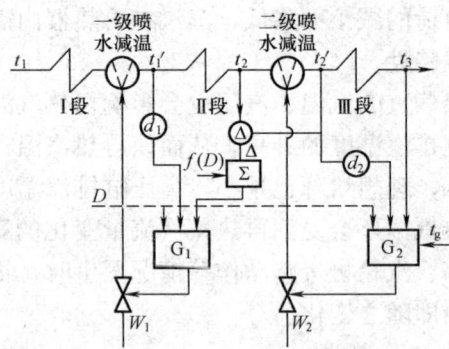

以上两种汽温控制方式均采用了减温器出口温度的变化率作为前馈信号送入调节器，用来及时反映调节的作用。如果只采用过热汽温（被调量）做调节信号，由于延迟和惯性的存在，就可能出现过调。如减温水量已足够，但出口汽温仍高于给定值，调节装置会在差值作用下去继续开大减温水门而过调。前馈信号起粗调的作用，而被调量则起校正作用，只要过热汽温不恢复给定值，则调节器就不断改变减温水量。为进一步提高调节质量，在有的调温

系统中还加入能提前反映汽温变化的其他信号，如锅炉负荷、汽轮机功率等。

（2）再热汽温调节。再热汽温调节与过热汽温调节有着根本区别，再热汽温调节一般采用烟气侧调节手段，而不采用喷水调节方法，其原因在于机组的运行效率与蒸汽参数有关。如果把减温水喷入再热器中，喷入的减温水将汽化成中低参数蒸汽在中低压缸做功，相对增加了中低压缸的出力份额，如机组负荷不变，则势必要限制高压缸的出力，这就相当于用一部分中低参数的工质循环取代了高参数工质循环，结果导致整个机组循环热效率下降。对于亚临界压力单元机组，每喷入 1% 的减温水，发电煤耗率增加约 $0.4\sim0.6g$ 标煤/$(kW \cdot h)$。因此，再热器的调温大都采用烟气侧的调温方式，而只将喷水减温作为事故降温或对再热汽温进行微调用。

常用的烟气侧调温方式包括分隔烟道挡板、烟气再循环、摆动式燃烧器等几种。

1）分隔烟道挡板调温。它的原理是，将烟道竖井分隔为主烟道和旁通烟道两个部分。在主烟道内布置再热器，在旁通烟道内布置低温过热器或省煤器。两个烟道出口均安装有烟气挡板，调节烟气挡板的开度可以改变流经两个烟气通道的烟气流量分配，从而改变烟道内受热面的吸热量，实现对再热汽温的调节（如图 2-6 所示）。当锅炉负荷降低、再热汽温降低时，可开大主烟道烟气挡板，同时关小旁通烟道烟气挡板，使流过再热

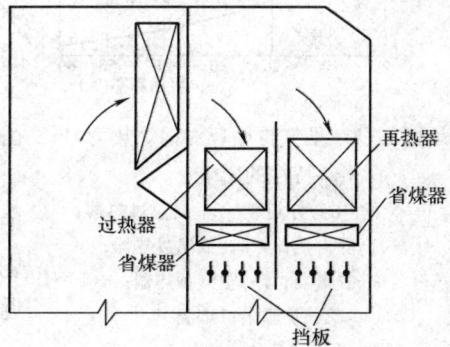

图 2-6 分隔烟道挡板调温

烟道的烟气量增大，再热汽温升高。烟气流量的改变，也会影响到过热汽温，但如果旁通烟道的低温过热器吸热量占总过热热量的比例很小，这个影响并不大，并且可通过调节减温器的喷水量加以消除。

采用这种方法，设备比较简单，操作也较方便，国内许多 600MW 机组都采用了这种方式进行再热汽温的调节。使用此方法应注意，挡板布置的区域应保证挡板不会发生变形；另外，锅炉从点火至机组并网，如再热器内没有冷却介质，再热器挡板应全关，目的是启动中最大限度地保护再热器，防止干烧。

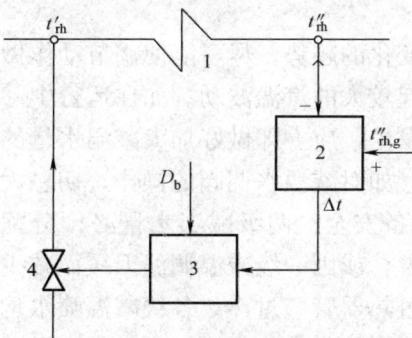

图 2-7 再热汽温调节系统示意
1—再热器；2—比较器；3—调节器；4—调温挡板

图 2-7 为分隔烟道挡板调温的再热汽温调节系统示意。再热汽温作为主调节信号，它与给定值比较后，输出差值 Δt，经调节器 3 运算后，控制烟气挡板动作，从而改变再热蒸汽出口温度，直至 $\Delta t=0$，即 t_{rh}'' 等于给定值。蒸汽流量信号是再热汽温的一个导前信号，它在再热汽温尚未改变以前即发出调节指令，提前改变挡板开度，从而克服被控对象的滞后和惯性。

2）烟气再循环。烟气再循环是指从锅炉尾部烟道抽出部分烟气回送至炉膛，靠改变再循环烟气的比例来改变流过再热器的烟气量和吸热量，以达到调节汽温的目的。图 2-8 即为各受热面吸热量与烟气再循环量之间的关系曲线。如图 2-8 所示，随着再循环烟气

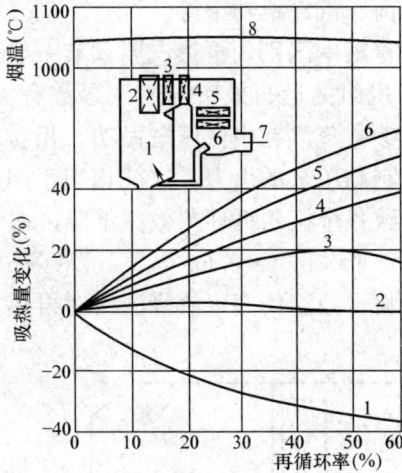

图 2-8　烟气再循环对锅炉热力
特性的影响

1—炉膛；2—分割屏；3—高温过热器；
4—高温再热器；5—低温过热器；
6—省煤器；7—空气预热器；
8—炉膛出口烟温

量的增加，炉膛辐射吸热量相对减少，而对流吸热量相对增加；且沿着烟气流向，越往后面的受热面，其吸热量增加的百分数越大，即调温幅度越大。因此，这种调温方式更适于再热器的位置离炉膛出口较远的锅炉。

该方式的优点是调温幅度大，调节反应快，同时还可均匀炉膛热负荷；缺点是需要高温的再循环风，且对炉内燃烧工况影响较大。有些锅炉采用与此方法类似的热风喷射法来调节再热汽温，即在低负荷时将一部分热二次风送入炉膛冷灰斗，改变烟气量和火焰中心的高度，调节再热汽温。热风喷射与烟气再循环的热力特性十分接近。

3）摆动式燃烧器。摆动式燃烧器是利用燃烧器倾角的大小来变动火焰中心，改变炉膛出口温度与各受热面吸热量的分配，从而调节汽温的。由于是靠改变炉膛出口温度来调节再热汽温，因此，采用摆动式燃烧器调温的锅炉，再热器的更多级布置在炉膛内或靠近炉膛出口，以增大调温幅度。

摆动式燃烧器的摆角范围通常在 $-30°\sim+20°$ 之间。过高会增加飞灰可燃物，过低则冲击冷灰斗，易结焦。燃烧器倾角每摆动 $\pm10°$，可使炉膛出口烟温变化 $\pm30℃$，再热汽温变化 $8\sim10℃$。

当负荷降低时，喷燃器向上摆动，以维持再热汽温。由于火焰中心上移，使过热汽温上升，这时需进行喷水减温调节，以维持过热蒸汽温度。负荷增加时，喷燃器向下倾斜一角度，使火焰中心位置下移，从而控制再热汽温。如果在喷燃器的倾角范围内，再热汽温仍高于规定值，再热器事故喷水阀自动投入，以保证再热器不超温。

燃烧器摆动时要求各层严格同步，否则将使炉内的空气动力场紊乱，影响燃烧。实际运行中，由于热态运行致使燃烧器销子断裂或机构卡死，常难以达到上述要求。目前摆动式燃烧器调温的最大问题是可靠性较差。由于无法摆动，再热器的正常调温只有启用事故喷水，致使机组运行经济性降低。

运行中运行人员应根据有关工况的改变，分析汽温变化的趋势，尽可能使调节动作做在汽温变化之前。若汽温已经改变再去调节，则必定会引起较大的汽温波动。如在运行中一旦发现主蒸汽流量增加，同时汽压下降，即可判断为外扰发生，应立即做好加大减温水量的准备，或提前投入减温水。调节汽温时，操作应平稳均匀，如对减温水调阀的操作，切忌大开大关，或断续使用，以免引起急剧的汽温变化，危及设备安全。两级减温水量必须分配合理，切忌只看总的出口汽温而忘了屏式过热器的出口汽温，或因一级减温调温迟缓而减少其喷水量，过多依靠二级减温水减温，这样容易造成屏式过热器管壁过热。各级减温喷水均应留有一定的余量，即应保持一定的开度，若发现部分减温水阀开度过大或过小，应及时通过燃烧调节来保证其正常的开度。如果发现蒸汽温度急剧上升，靠喷水减温无法降至正常范围时，应立即通过降低锅炉燃烧率来降低汽温，并查明汽温升高的原因。在用烟道挡板调节再热汽温时，必须考虑到对过热汽温的影响。

（三）汽包水位调节

1. 维持汽包水位的重要性

维持汽包水位是保证锅炉安全、经济运行的重要条件之一，是运行人员绝对不能忽视的工作，必须充分予以重视，使汽包水位控制在规定的范围内。锅炉在正常运行中，汽包水位线一般规定在汽包水平中分面稍下一点（50～200mm），允许波动的范围在±50mm。汽包水位过高或过低将给锅炉和汽轮机的安全运行带来严重威胁。水位过高，汽包蒸汽空间减小，使汽包内汽水分离装置工作异常，蒸汽带水，使蒸汽品质恶化。少量带水，使过热器管壁、汽轮机通流部分结垢，时间一长结垢加厚，一方面使过热器过热损坏；另一方面减小汽轮机通流面积，增大汽轮机轴向推力。严重时，可引起过热蒸汽温度急剧下降，不仅降低机组的热效率，而且使主蒸汽管道和汽轮机发生水冲击，造成破坏性事故。水位过低，使汽包水面到下降管入口静压力降低，入口处可能出现汽化现象，引起下降管带汽，破坏了水冷壁的正常水循环。严重时，可能造成烧干锅的重大事故。

对于强制循环锅炉汽包水位的要求，虽然没有自然循环锅炉那么严格，但最低水位也必须保证下降管不带汽，如果循环泵入口带汽，循环泵将发生汽蚀现象，影响泵的正常工作，进而影响水冷壁正常的水循环。为保证循环泵正常工作，一般允许水位到−250mm左右。

汽包水位过高和过低都会威胁机组的正常运行，汽包水位的最高和最低允许值，应通过热化学试验和水循环试验来确定，最高允许水位应不致引起蒸汽带水，最低允许水位应不影响水冷壁的正常水循环。

2. 引起汽包水位变化的因素

锅炉在运行过程中，汽包水位变化是经常的，影响汽包水位变化的主要因素有锅炉负荷、给水压力、燃烧工况及汽包压力等。

（1）锅炉负荷。汽包水位变化与锅炉负荷有着密切关系。锅炉运行中，汽包水位的变化，首先取决于锅炉负荷的变化量及其变化的速度，实际上是反映了给水量与蒸汽流量之间的物质平衡关系。锅炉负荷变化缓慢，燃烧调整与给水量调整能与锅炉负荷及其变化速度相适应时，汽包水位波动就小；反之就大。例如锅炉的负荷突然升高，在给水和燃料量未及时调整之前，会使水位先升高（虚假水位，如图2-9所示），最终则降低。前者是由于水面下蒸汽容积增大，后者是由于给水量小于蒸发量所造成的物质不平衡。锅炉负荷变动速度越快，水位的波动也就越大。

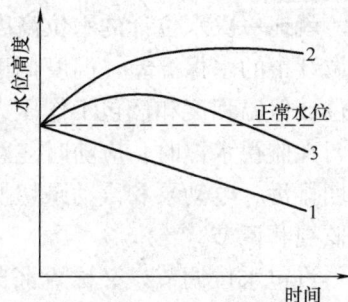

图2-9　各种因素对水位的影响
1—给水量小于蒸发量时汽包水位变化；
2—蒸汽负荷突增汽包水位变化；
3—曲线1、2叠加而成

（2）给水压力。现代大型单元机组大都采用汽动给水泵，即用汽轮机的某段抽汽来带动汽动给水泵小汽轮机运行。机组运行中，由于抽汽压力的变化，改变了小汽轮机的转速，从而使给水压力发生变化。给水压力的波动将使送入锅炉的给水量发生变化，从而破坏了蒸发量与给水量的平衡，将引起汽包水位的波动。在其他条件不变时，给水压力高，给水量增大，水位升高；给水压力低，给水量减小，水位下降。给水压力的波动大都是由给水泵的流量控制机构不稳定工作或转速波动引起的。

（3）燃烧工况。机组运行中，在锅炉负荷和给水量没有变化的情况下，燃烧工况变化，对水位的影响也很大。燃烧工况的变化，主要是由于燃烧不良、送入燃料量不均匀等引起。在外界负荷及给水量不变的情况下，当燃料量突然增多时，水位暂时升高而后下降；当燃料量突然减少时，情况则相反。这是因为燃烧强化会使水面下汽泡增多，水位涨起，但随着汽压及饱和温度的上升，锅水中汽泡又会随之减少，水位有所降低。因此，水位波动的大小，也与燃烧工况改变的强烈程度以及运行调节的及时性有关。

（4）汽包压力。汽包压力变化，将引起汽包内水状态的变化，从而引起水位波动。汽包压力发生变动时，压力降低则水位上升，压力升高则水位下降。变化速度越快，对水位的影响也就越大。

3. 水位监视和调节

汽包水位的高低，是通过汽包水位计来监视的。为保证汽包水位的正常和监视调节的方便，除了在控制室内装有二次水位计外，还配备一套就地一次水位计。运行过程中运行人员需要对控制盘上水位与就地水位进行比对，同时注意比较蒸汽流量和给水量是否平衡，以判断水位计汽水管道是否泄漏。在低水位时，严禁排污，以保证汽包水位正常。

运行中对水位的监视，原则上应以一次水位计为准。对于单元机组，都采用比较可靠的给水自动调节装置，二次水位计的准确性和可靠性都比较高，而且安装的只数较多，又装有高低水位报警器。因此，正常运行时可主要监视二次水位计。

一次水位计应清晰可见，正常工作时有轻微波动。如果发现水位计呆滞不动或模糊不清，则可能是水位计汽侧或水侧连通管发生堵塞，应对水位计进行冲洗。运行过程中，一次水位计的汽水连接管发生堵塞，以及连接管上的汽阀、水阀、放水阀发生泄漏，都会引起水位计的误差。汽管堵塞，水位很快上升；水管堵塞，水位缓慢上升；放水门泄漏，水位指示偏低；汽门泄漏，水位指示偏高。对一次水位计需经常检查，发现问题及时处理。

就地一次水位计的水位高度比实际汽包水位低一些，原因是汽包中水温高，密度小；而水位计中的水保温差，温度低于汽包温度，达不到饱和温度，造成测量偏差。其差值大小与水位计保温程度和汽包工作压力有关。

在监视水位时，应随时注意给水压力、蒸汽流量与给水量的差值是否在正常范围内。在定期排污、电动泵和汽动泵切换、给水系统安全阀动作、燃烧工况变化时，都应加强对水位的监视和调节。

汽包水位调节，又称给水自动调节，是用改变给水调节阀的开度来改变给水量。水位调节的任务是使给水量适应锅炉的蒸发量，以维持汽包水位在允许变化的范围内。调节方式有单冲量调节、双冲量调节和三冲量调节三种。

单冲量调节是根据汽包水位的偏差来调节给水泵转速或给水门开度，如图 2-10（a）所示。单冲量调节的主要问题在于，当锅炉负荷和压力变动时，自动控制系统无法识别由此产生的虚假水位现象，因而使调节装置向错误的方向动作。所以单冲量调节只能用于水容积相对较大以及负荷相当稳定的小容量锅炉。对大容量锅炉，在较低负荷时也能使用。

如果在水位信号 H 之外，又加一个蒸汽流量的信号 D，则成为双冲量给水调节系统，如图 2-10（b）所示。当锅炉负荷变化时，蒸汽流量信号 D 比水位信号 H 提前反映，用以抵消虚假水位的不正确指挥。例如，在锅炉负荷增大引起水位 H 增大时，蒸汽流量 D 也增大，则加法器 1 就有可能输出 $\Delta H=0$，使给水调门暂不动作。故双冲量系统可用于负荷经常变化和容量较大的锅炉。它的缺点是不能及时反映和纠正给水方面的扰动。

图 2-10（c）所示为三冲量给水自动调节系统。在这个系统中又增加了给水信号 G，对给水量的调节，综合考虑了蒸发量与给水量相等的原则和水位偏差的大小，既能补偿虚假水位的反映，又能纠正给水量的扰动。

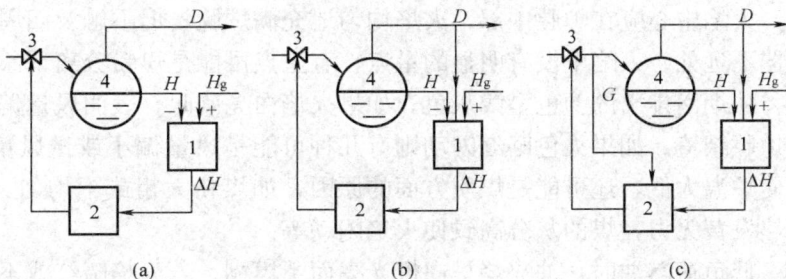

图 2-10　水位控制系统示意

(a) 单冲量系统；(b) 双冲量系统；(c) 三冲量系统

1—加法器；2—调节器；3—给水控制门；4—汽包

近代大型锅炉均采用给水全程控制。启动初期，切换至单冲量；当 $D>30\%$ 额定负荷时，切换到三冲量。即在低负荷时只以汽包水位偏差为依据调节给水调节阀开度，以消除蒸汽流量、给水流量测量不准（低负荷时，主蒸汽流量不稳定，给水流量也处于频繁波动状态，同时由于主汽流量和给水流量测量装置量程较大，在小流量时很难准确测量）的影响；在较大负荷情况下，由于汽水已接近平衡，调节回路切换为三冲量调节，调节更准确、更可靠。

锅炉运行中应密切监视汽包水位，一旦自控失灵或运行工况剧烈变化时，迅速将自动切换为手动，避免对调节阀大开或大关的调节方法，保持水位相对稳定。手动时应注意"虚假水位"现象的判断和操作。若在水位升高的同时，蒸汽流量增大而压力却降低，说明水位的升高是暂时的。此时应稍稍等待水位升至高点后，再开大给水调节阀，但若有可能造成水位事故时，则可先稍关调节阀，但应随时做好开大调节阀的准备。若在水位升高的同时，蒸汽流量和压力都减小，说明水位的升高是由于汽包水空间的物质不平衡引起的，应立即关小给水调节阀。

（四）燃烧的调节

机组运行过程中，锅炉蒸发量必须随时满足负荷变化的需要，这时应对进入炉膛的燃料量和风量进行调节，使炉内燃烧随时满足锅炉蒸发量的需要，此过程即燃烧调节。燃烧调节应在保证锅炉安全、经济运行的条件下进行。

1. 燃烧调节的任务

燃烧调节就是燃料量和风量的调节与配合，调节的主要任务是：

（1）为满足外界负荷的要求，除保证数量合适的蒸汽量外，还必须保证合格的蒸汽品质，即蒸汽参数稳定在规定范围内。

（2）燃烧调节必须在保证安全可靠的前提下进行，不要因燃烧调节而导致蒸汽参数的波动超过规定值，引起受热面超温、水冷壁和炉膛出口受热面结焦，甚至爆管等不安全因素。

（3）按燃料量调整最佳空气量，尽可能减少锅炉不完全燃烧损失，保证燃烧过程的经济性，最大限度提高锅炉效率。

（4）维持炉膛负压不变是保证机组安全经济运行的必要措施。如负压过小，燃烧工况变动时，可能向炉外喷火冒烟，影响设备和运行人员安全；负压过高会使空气漏入量增大，不仅降低炉膛温度，而且增加引风机电耗和排烟热损失，使锅炉效率降低。

要完成上述燃烧调节任务，在满足机组对蒸汽量需要的前提下，运行人员要随时对炉内燃烧情况的好坏进行观察和判断，保证燃烧良好。正常稳定的燃烧说明风煤配合恰当，煤粉细度适宜。此时火焰明亮稳定，高负荷时火焰颜色可以偏白些，低负荷时火焰颜色可以偏黄些，火焰中心应在炉膛中部，火焰均匀地充满炉膛，但不触及四周水冷壁。着火点位于离燃烧器不远处。火焰中没有明显的星点，有星点可能是煤粉分离现象、煤粉太粗或炉膛温度过低，从烟囱排出的颜色呈浅灰色。如果火焰白亮刺眼，表明风量偏大或负荷过高，也有可能是炉膛结渣。如果火色暗红闪动则有几种可能是风量偏小或送风量过大或冷灰斗漏风量大，致使炉温太低，还可能是煤质方面的原因，如煤粉太粗或不均匀、煤水分高或挥发分低时，火焰发黄无力，煤的灰分高致使火焰闪动等。

低负荷燃油时，油火焰呈白橙光亮而不模糊。若火焰暗红或不稳，说明风量不足，或油压偏低，油的雾化不良。若有黑烟，通常表明根部风不足或喷嘴堵塞。火焰紊乱说明油枪位置不当或角度不当，均应及时调整。

燃烧过程的稳定性直接关系到锅炉运行的可靠性。如燃烧过程不稳定将引起蒸汽参数发生波动；炉内温度过低或一、二次风配合失当将影响燃料的着火和正常燃烧，是造成锅炉灭火的主要原因；炉膛内温度过高或火焰中心偏斜将引起水冷壁、炉膛出口受热面结渣并可能增大过热器的热偏差，造成局部管壁超温等。

燃烧过程的经济性要求保持合理的风煤配合，一、二次风配合和送引风配合，此外还要求保持适当高的炉膛温度。合理的风煤配合就是要保持最佳的过量空气系数；合理的一、二次风配合就是要保证着火迅速、燃烧完全；合理的送引风配合就是要保持适当的炉膛负压、减少漏风。当运行工况改变时，这些配合比例如果调节适当，就可以减少燃烧损失，提高锅炉效率。

对于煤粉炉，为达到上述燃烧调节的目的，在运行操作时应注意燃烧器的出口一、二、三次风速、风率，各燃烧器之间的负荷分配和运行方式，炉膛风量、燃料量和煤粉细度等各方面的调节，使其达到较佳数值。

2. 影响燃烧的因素

锅炉运行中，煤质往往变化较大。任何燃烧设备对煤种的适应总有一定的限度，因而运行煤种的这种变动对锅炉的燃烧稳定性和经济性均将产生直接的影响。

煤的成分中，对燃烧影响最大的是挥发分。挥发分高的煤，着火温度低，着火距离近；燃烧速度和燃尽程度高。但烧挥发分高的煤，往往是炉膛结焦和燃烧器出口结焦的一个重要原因。与此相反，当燃用煤种的挥发分低时，燃烧的稳定性和经济性均下降，而锅炉的最低稳燃负荷升高。当燃用挥发分较低的劣质煤时，希望有比较大的切圆直径；但是燃烧切圆直径过大，一次风煤粉气流可能偏转贴墙，以致火焰冲刷水冷壁，引起结焦和燃烧损失增加。运行中常用改变一、二次风的动量比的方式改变切圆直径。

煤的发热量低于设计值较多时，燃料使用量增加。对直吹式制粉系统的锅炉，磨煤机可能要超出力运行，一次风量增加，煤粉变粗；对中储式制粉系统，煤粉管内的粉流量大，为避免堵粉，也需要提高一次风速。一次风速的增大和煤粉变粗都会对着火产生不利影响，尤其在燃用挥发分低的差煤时。发热量低的煤往往灰分都高，也会使着火推迟、炉温降低，燃烧不稳和燃尽程度变差。

水分对燃烧过程的影响主要表现在水分多的煤，水汽化要吸收热量，使炉温降低、引燃着火困难；推迟燃烧过程，使飞灰可燃物增大；水分多的煤，排烟量也大，排烟损失增加。此外，水分过高还会降低制粉系统的出力，或发生磨煤机堵煤、煤粉管堵粉等不安全因素。

煤粉越细，单位质量的煤粉表面积越大，加热升温、挥发分的析出着火及燃烧反应速度越快，因而着火越迅速；煤粉细度越小，燃尽所需时间越短，飞灰可燃物含量越小，燃烧越彻底。

煤粉炉中，一次风中的煤粉浓度（煤粉与空气的质量之比）对着火稳定性有很大影响。高的煤粉浓度不仅使单位体积燃烧释热强度增大，而且单位容积内辐射粒子数量增加，导致风粉气流的黑度增大，可迅速吸收炉膛辐射热量，使着火提前。此外，随着煤粉浓度的增大，煤中挥发分逸出后其浓度增加，也促进了可燃混合物的着火。因此，不论何种煤，在煤粉浓度的一定范围内，着火稳定性都是随着煤粉浓度的增加而加强的。

提高煤粉气流初温可减少煤粉气流的着火热，并提高炉内的温度水平，使着火提前。提高煤粉气流初温的直接办法是提高热风温度。资料表明，一次风温从 20℃ 升至 300℃ 时，着火热可减少 60%；升至 400℃ 时，着火热可减少 80%。

锅炉负荷降低时，燃烧率降低，炉膛平均温度及燃烧器区域的温度都要降低，着火困难。当锅炉负荷降低到一定数值时，为稳定燃烧必须投油助燃。影响锅炉低负荷稳燃性能的主要因素是煤的着火性能、炉膛和燃烧器的稳燃性能。同一煤种，在不同的锅炉中燃烧，其最低稳燃负荷可能有较大的差别；对同一锅炉，当运行煤质变差时，其最低负荷值要升高；燃用挥发分较高的好煤时，其值则可降低。随着负荷的增加，炉温升高，对燃烧经济性的影响一般是有利的。但负荷的这种影响与煤质有关，燃烧调整试验表明，挥发分高的煤，飞灰可燃物很低，负荷对燃烧损失的影响也很小，对于挥发分（V_{daf}）大于 40% 的烟煤，负荷调整，燃烧损失（主要是机械不完全燃烧损失 q_4）变化不大；对于挥发分低的煤，负荷对燃烧损失的影响就大。

一、二次风的混合特性也是影响炉内燃烧的重要因素。在煤粉着火以前二次风过早地混入一次风对着火是不利的，尤其对于挥发分低的难燃煤更是如此。因为这种过早的混合等于增加了一次风率，使着火热量增加，着火推迟；如果二次风过迟混入，又会使着火后的煤粉得不到燃烧所需氧气的及时补充。故二次风的送入应与火焰根部有一定的距离，使煤粉气流先着火，当燃烧过程发展到迫切需要氧气时，再混入二次风。如果不能恰当地把握混合的时机，与其过早，不如迟些。对于旋流式燃烧器，由于基本是单只燃烧器决定燃烧工况，而各燃烧器射流之间的相互配合作用远不及四角切圆燃烧方式，因此，一、二次风的混合问题就显得更为重要。

3. 燃烧调节

锅炉运行中负荷的变化是最为经常的。高负荷运行时，由于炉膛温度高，着火与混合条件也好，所以燃烧一般是稳定的，但易产生炉膛和燃烧器结焦、过热器、再热器局部超温等问题。燃烧调整时应注意将火焰位置调整居中，避免火焰偏斜；燃烧器全部投入并均匀分配燃烧率，防止局部过大的热负荷；应适当增大一次风速，使着火点离喷燃器有一定距离。此外，高负荷时煤粉在炉内的停留时间较短而排烟损失较大，为此可在条件允许的情况下，适当降低过量空气系数运行，以提高锅炉效率。

在低负荷运行时，由于燃烧减弱，投入的燃烧器数量少，炉温较低，火焰充满度较差，使燃烧不稳定，经济性亦较差。为稳定着火，可适当增大过量空气系数，降低一次风率和风速。煤粉应磨得更细些。低负荷时应尽可能集中燃烧器运行，并保证最下排燃烧器的投运。为提高炉膛温度，可适当降低炉膛负压，以减少漏风，这样不但能稳定燃烧，也能减少不完全燃烧热损失，但此时必须注意安全，防止炉膛喷火伤人。此外，低负荷时保持更高些的过量空气系数对于抑制锅炉效率的过分降低也是有利的。

　　无烟煤、贫煤的挥发分较低，燃烧时的最大问题是着火。燃烧配风的原则是采取较小的一次风率和风速，以增大煤粉浓度、减小着火热并使着火点提前；二次风速可以高些，这样可增加其穿透能力，使实际燃烧切圆的直径变大些，同时也有利于避免二次风过早混入一次风粉气流。燃烧差煤时也要求将煤粉磨得更细些，以强化着火和燃尽；此时要求较大的过量空气系数，以减少燃烧损失。

　　挥发分高的烟煤，一般着火不成问题，需要注意燃烧的安全性，可适当减小二次风率并多投一些燃烧器分散热负荷，以防止结焦。为提高燃烧效率，一、二次风的混合应早些进行。煤质好时，应降低空气过量系数运行。

　　（1）燃料量的调节。运行中，燃料量随锅炉负荷的变化而变化，燃烧率也必须随时进行调整，以适应蒸发量的要求，不同的制粉系统，调节存在着区别。

　　1）配中间储仓式制粉系统锅炉的燃料量调节。中间储仓式制粉系统的特点是制粉系统出力的大小与锅炉负荷不存在直接的关系。当负荷改变时，所需燃料量的调节可以通过改变给粉机的转速（给粉量）和燃烧器投入的数量来实现。当锅炉负荷变化不大时，改变给粉机的转速就可以达到调节的目的；当锅炉负荷变化较大，改变给粉机转速已不能满足调节幅度时，则应先以投停给粉机作粗调节，再以改变给粉机转速作细调节。投停给粉机时应力求成层投停、对角投停，以维持燃烧中心和空气动力场的稳定；调节给粉机转速时应平稳操作，不做大幅度的调节，以免粉量骤变导致炉膛负压及锅炉参数波动。

　　当需投入备用的燃烧器时，应先开启（或开大）一次风门至所需开度，对一次风管进行吹扫，待一次风压指示正常后，方可启动给粉机进行给粉，并开启相应的二次风，观察着火状况是否正常；相反，在停运燃烧器时，则应先停给粉机，并关闭相应的二次风，而一次风应继续吹扫数分钟后再关闭，以防止一次风管内发生煤粉的沉积。为保护停运燃烧器，通常需要对其一、二次风喷口保持一个微小的通风量。

　　运行中要限制给粉机的转速范围。转速过大，一次风中煤粉浓度大，一次风速易低，可能导致煤粉管堵塞，且给粉机过负荷时也易发生事故；反之则煤粉浓度过低，使着火不稳，易发生灭火。其具体转速范围应由锅炉燃烧调整试验确定。

　　2）配直吹式制粉系统锅炉的燃料量调节。大型锅炉的直吹式制粉系统，通常都装有若干台磨煤机，也就是具有若干个独立的制粉系统。由于直吹式制粉系统无中间煤粉仓，它的出力大小将直接影响到锅炉的蒸发量。

　　当锅炉负荷变动不大时，可通过调节运行着的制粉系统的出力来解决。对于中速磨，当负荷增加时，可先开大一次风机的进风挡板，增加磨煤机的通风量，以利用磨煤机内的存煤量作为增加负荷的缓冲调节，然后再增加给煤量，同时开大二次风量；相反，当负荷减少时，则应是先减少给煤量，然后降低磨煤机的通风量。不同型式的中速磨，由于磨煤机内存煤量不同，其响应负荷的能力也不同。对于双进双出钢球磨，当负荷变化时，则总是磨煤机通风量首先变化，其次才是给煤量的相应调节，这种调节方式可以使制粉系统的出力对锅炉负荷做出快速的响应。

　　当锅炉负荷有较大变动时，需启动或停止一套制粉系统。减负荷时，当各磨煤机出力均降至某一最低值时，即应停止一台磨煤机，以保证其余各磨煤机在最低出力以上运行；加负荷时，当各磨煤机出力上升至其最大允许值时，则应增投一台磨煤机。在确定启动或停止方案时，必须考虑到制粉系统运行的经济性、燃烧工况的合理性，必要时还应兼顾汽温调节等方面的要求。

各运行磨煤机的最低允许出力，取决于制粉经济性和燃烧器着火条件恶化（如煤粉浓度过低）的程度；各运行磨煤机的最大允许出力，不仅与制粉经济性、安全性有关，而且要考虑锅炉本身的特性。对于稳燃性能低的锅炉或烧较差煤种时，往往需要集中火嘴运行，因而可能推迟增投新磨的时间；炉膛、燃烧器结焦严重的锅炉，高负荷时都需要均匀燃烧出力，因而也常降低各磨的上限出力。燃烧器投运层数的优先顺序则主要考虑汽温调节，低负荷稳燃等的特性。

燃烧过程的稳定性，要求燃烧器出口处的风量和粉量尽可能同时改变，以便在调节过程中始终保持稳定的风煤比。因此，应掌握从给煤机开始调节到燃烧器出口煤粉量产生改变的时滞，以及从送风机的风量调节开关动作到燃烧器风量改变的时差，燃烧器出口风煤改变的同时性可根据这一时滞时间差的操作来解决。一般情况下，制粉系统的时滞总是远大于风系统的，所以要求制粉系统对负荷的响应更快些，当然过分提前也是不适宜的。锅炉运行中应对此做出一些规定。

在调节给煤量和风量时，应注意监视辅机的电流变化、挡板开度指示、风压以及有关参数的变化，防止电流超限和堵塞煤粉管等异常情况的发生。

（2）风量调节。进入炉内的空气分为一次风、二次风（有的还有三次风）及少量漏风。一、二次风是两个独立的系统，前者主要是为了满足磨煤机制粉需要，后者则为调节进入锅炉的总空气量。少量漏风不能很好的参与燃烧，只能降低炉温影响燃烧和传热，并增大排烟损失，所以运行中应尽量减少漏风。

1）送风量的调节。当锅炉负荷发生变化时，伴随着燃料量的改变，必须对送风量进行相应的调节。

送风量调节的依据是炉膛出口过量空气系数，一般按最佳过量空气系数调节风量，以取得最高的锅炉效率。锅炉仪表盘上一般装有氧量表，运行人员可以直接根据其指示来调节风量，而不必换算成过量空气系数。锅炉氧量定值是锅炉负荷的函数，实际氧量与氧量定值有偏差时，送风机自动增减风量以满足不同负荷下燃烧所需的氧。

锅炉运行中，除了用氧量监视供风情况外，还要注意分析飞灰、灰渣中的可燃物含量，排烟中的 CO 含量，观察炉内火焰的颜色、位置、形状等，依此来分析判断送风量的调节是否适宜以及炉内工况是否正常。

送风量的调节方法，离心式风机通常是通过电动执行机构操纵送风机进口导向挡板，以改变其开度来实现的；轴流式风机通过改变风机动叶的安装角进行调节。容量较大的锅炉通常都装有两台送风机，当两台送风机都在运行而需要调节送风量时，一般应同时改变两台送风机进口挡板开度，以使烟道两侧的烟气流动工况均匀。在调节风量时应注意观察风机电流、风压、炉膛负压、氧量等指示值的变化，以判断调节是否有效。风量调节时若出现风机的"喘振"（喘振值报警），应立即关小动叶，降低负荷运行。如果喘振是由于出口风门误关闭引起的，则应立即开启风门。

负荷变动调整风量时，一般负荷增加时应先增加风量，再增加燃料量；负荷降低时应先减少燃料量再减少风量，这样动态中始终保持总风量大于总燃料量，确保锅炉燃烧安全并避免燃烧损失过大。近代锅炉的燃烧风量控制系统多用交叉限制回路（如图 2-11 所示）实现。在机组增负荷时，锅炉负荷指令同时送到燃料控制系统和风量控制系统。由于小值选择

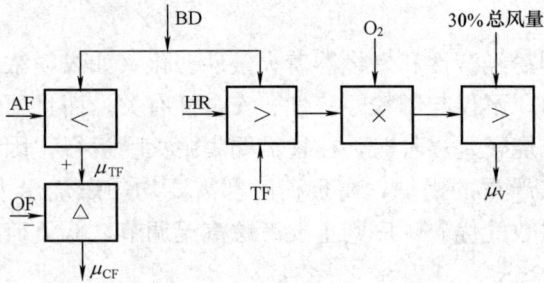

图 2-11 风煤交叉限制原理

BD—锅炉负荷指令；μ_{TF}、μ_{CF}、μ_V—总燃料量指令、总煤
量指令、总风量指令；AF、OF、TF、HR—总风量、
燃油量、总燃料量、热量信号；O_2—氧量校正

器的作用，负荷增加时，在原总风量未变化前，小值选择器输出仍为原锅炉煤量指令，只有当总风量增加后，锅炉煤量指令才随之增加；负荷降低时，由于大值选择器的作用，只有燃料量（或热量信号）减小，风量控制系统才开始动作。

对于调峰机组，若负荷增加幅度较大或增负荷较快时，为了保持汽压不致很快下降，也可先增加燃料量，然后再紧接着增加送风量。低负荷情况下，由于炉膛内过量空气相对较多，因而在增加负荷时亦

允许先增加燃料量，随后增加风量。

2）炉膛负压与引风量的调节。目前电站锅炉大都采用既有送风机又有引风机的平衡通风方式，使炉膛烟气压力低于大气压力，即炉膛为负压。炉膛负压是反映炉内燃烧工况是否正常的重要运行参数之一。如果炉膛负压过大，将会增大炉膛和烟道的漏风。若冷风从炉膛底部漏入，会影响着火稳定性并抬高火焰中心，尤其是低负荷运行时极易造成锅炉灭火；若冷风从炉膛上部或氧量测点之前的烟道漏入，会使炉膛的主燃烧区相对缺风，使燃烧损失增大，同时汽温降低。如果炉膛负压偏正，炉内的高温烟气就要外冒，这不但会影响环境、烧毁设备，还会威胁人身安全。炉膛负压除影响漏风之外，还可反映炉内燃烧的状况。运行实践表明，当锅炉燃烧工况变化或不正常时，最先反映出的现象是炉膛负压的变化。如果锅炉发生灭火，首先反映出的是炉膛负压剧烈波动并向负方向到最大，然后才是汽压、汽温、水位、蒸汽流量等的变化。因此运行中加强对炉膛负压的监视是十分重要的。大容量锅炉的负压测点通常装在炉膛上部的大屏下方。

在相同时间如果从炉膛排出的烟气量等于燃料燃烧产生的烟气量，炉膛负压就保持不变。因此，当锅炉变化负荷时，随着进入炉内的燃料量和风量的改变，燃烧后产生的烟气量也随之改变，此时，应相应调节引风量，使炉膛负压为规定值。

引风量的调节方法与送风量的调节方法基本相同。对于离心式风机采用改变引风机进口导向挡板的开度进行调节；对于轴流式风机则采用改变风机动叶安装角的方法进行调节。大型锅炉装有两台引风机，与送风机一样，调节引风量时需根据负荷大小和风机的工作特性来考虑引风机运行方式的合理性。负荷波动时，引风机调整程度要根据炉膛负压规定值来确定。正常运行时，炉膛负压一般保持在 20～50Pa；在除灰、清渣或观察炉内燃烧时，炉膛负压应保持较高些，为 50～100Pa。

当锅炉负荷变化需要进行风量调节时，为避免炉膛出现正压，在增加负荷时应先增加引风量，然后再增加送风量和燃料量；减少负荷时则应先减少燃料量和送风量，然后再减少引风量。

运行中即使保持送、引风机的调节挡板开度不变，由于燃烧工况的波动，炉膛负压也是脉动变化的，即指示值围绕规定值左右轻微摆动。但当燃烧不稳定时，炉膛负压产生大幅度的变化，强烈的负压波动往往是锅炉灭火的先兆。这时，必须加强监视并检查炉内火焰燃烧状况，分析原因并及时进行适当的调节和处理。

　　烟气流经烟道及受热面时,将会产生各种阻力,这些阻力是由引风机的压头来克服的。由于受热面和烟道是处于引风机的进口侧,因此沿着烟气流程,烟道内的负压是逐渐增大的。锅炉负荷改变时,相应的燃料量、风量即发生改变,通过各受热面的烟气流速改变,以至于烟道各处的负压也相应改变。运行人员应了解不同负荷下各受热面进、出口烟道负压的正常范围,在运行中一旦发现烟道某处负压或受热面进、出口的烟气压差产生较大变化,则可判断运行产生了故障。最常见的是受热面发生了严重积灰、结渣、泄漏、炉墙漏风、二次燃烧、局部堵塞等情况。此时应综合分析各参数的变化情况,找出原因及时进行处理。

　　(3) 燃烧器调节。燃烧器保持适当的一次风、二次风、三次风的配比,即保持适当的速度和风率,是建立正常的空气动力场,使风粉均匀混合,保证燃料良好着火稳定燃烧的必要条件。一次风速决定了煤粉的着火条件,二次风速的大小影响炉内气流混合扰动情况,三次风速对主燃烧器煤粉气流的燃烧和它本身携带的细粉燃烧都有影响。不同燃料和不同结构的燃烧器,对一次风、二次风、三次风的配比要求不同。合理的风速和风率,应考虑到燃烧过程的稳定性,以及整个机组运行的安全可靠性和经济性。

　　双蜗壳燃烧器的一次风速靠改变一次风量进行调节。当一次风量增大时,开大一次风挡板,其风速和风量成正比增加。二次风速的调节借助二次风量的变化来实现。燃烧器出口二次风切向速度可利用风速挡板进行适当调节,以改变燃烧器出口气流的扩散状态。为使在关小风速挡板后风量不致减少,对装在风速挡板前的二次风挡板进行调整。在关小风速挡板时,需开大风量挡板,以保持风量不变。

　　轴向叶轮式旋流燃烧器一次风轴向风速借助一次风量来调节,二次风切向速度或旋流强度可根据燃料与工况变化的需要,通过调节二次风叶轮的位置来实现。

　　四角布置的直流燃烧器,由于其燃烧方式是靠四股气流组织的,所以一次风、二次风量和风速的选择是决定炉膛良好的空气动力工况的基本条件。因此,必须注意四股气流的调节和配合,任何不当的一次风、二次风配比,都会破坏气流的正常混合和扰动,从而造成燃烧恶化。调节一次风速和二次风速可用改变一次风量、二次风量的方法,或改变各层燃烧器的风量分配的方法(改变上中下各层二次风的风量和风速),或改变风速挡板的位置调节出口风速的方法(有的直流燃烧器具有可调的二次风出口风速挡板)。

　　炉内燃烧工况的好坏,不仅与一次风和二次风有关,而且与炉膛的热负荷及燃料在炉内的分布情况有关,即与燃烧器的负荷分配及投停方式有关。为了保持正确的火焰中心位置,避免火焰偏斜,一般投入运行的各燃烧器负荷应尽量分配均匀、对称,即各燃烧器的风量和粉量调节一致。锅炉在高负荷运行时,炉膛热负荷较高,燃烧比较稳定,但锅炉容易结焦。此时应设法降低火焰中心,或缩短火焰长度,以避免或消除结焦。锅炉在低负荷运行时,炉膛热负荷低,容易灭火,应适当减小炉内过量空气系数,调节好各燃烧器风量和粉量,避免风速有很大的变动,对燃烧工况不太好的燃烧器更应加强监视。

　　为保持燃烧器处理一次风和二次风速度,有时要停用一部分燃烧器,尤其在低负荷运行时。投停或切换燃烧器时,必须全面考虑对燃烧、汽温等方面的影响,不可随意进行。在投停燃烧器或改变燃烧器负荷时,应注意风量和粉量的配合,对停用的燃烧器,运行中须投入适量的空气进行冷却,以保证喷口的安全。停上投下可降低火焰中心,保证燃烧。对燃烧器切换时,应先投入备用的,以防中断或减弱燃烧。四角布置的燃烧方式,宜分层停用,必要时对角停用,定时切换,以保证水冷壁均匀受热。只有在适应锅炉负荷和保证锅炉参数时,为维持稳定燃烧才停用燃烧器，此时应以燃烧安全为主，燃烧经济性是次要的。

二、直流锅炉的运行调节

(一) 直流锅炉调节的特点

虽然直流锅炉的结构和系统与汽包锅炉不同，但直流锅炉运行调节的要求与汽包锅炉基本相同，即锅炉蒸发量应随时满足外界负荷的要求，保持汽温、汽压稳定并符合规定值，保证燃烧的安全性和经济性等。但在蒸汽参数调节方面，直流锅炉要比汽包锅炉复杂得多。

由于直流锅炉的加热、蒸发和过热三个区段没有明确的分界，当燃料量和给水量的比例发生变化时，过热区长度发生变化，将引起汽温较大的变化。直流锅炉出口汽温的变化，同汽水通道上所有中间截面工质焓值的变化是相互关联的。当锅炉工况变动时，首先反映出来的是过热器入口汽温变动，然后是过热器各中间截面汽温逐渐向后变动，最后导致过热器出口汽温变动。为维持锅炉出口汽温的稳定，可以把过热区段某一点的温度作为超前信号。

直流锅炉水容积小，没有厚壁汽包，又采用壁薄、小直径管子，其工质和金属的蓄热较小，自平衡能力较差。任何工况的扰动对汽温、汽压的影响都要比汽包锅炉大得多。由于直流锅炉惰性小，对工况扰动的适应性差。因此，对其自动调节设备和系统在稳定可靠及灵敏度等方面要求较高。但主动增减负荷时，参数的变化能迅速适应工况变化。

直流锅炉参数的稳定主要取决于汽轮机蒸汽负荷与锅炉蒸发量的平衡及燃料量与给水量的平衡。如果汽轮机蒸汽负荷与锅炉蒸发量能够平衡，则汽压稳定；如果燃料量与给水量平衡，则汽温稳定。由于直流锅炉的加热、蒸发和过热三个区段没有固定界限，它的汽压、汽温和蒸发量之间是相互依赖紧密联系的，即汽压和汽温的调节是不能分开的。

(二) 直流锅炉的运行特性

直流锅炉与汽包锅炉的区别关键在于汽水系统的工作过程不同，因此，直流锅炉也有不同于汽包锅炉的运行特性。

1. 燃料量和给水量变动对过热蒸汽温度的影响

在稳定工况时，给水和过热蒸汽应满足一定平衡关系（质量流量平衡和热量平衡），即

$$G_{fw} = D_b \tag{2-1}$$

$$G_{fw} h_{fw} + Q_1 = D_b h_b \tag{2-2}$$

式中　G_{fw}、D_b ——给水量和过热蒸汽流量，kg/s；

$\quad\quad h_{fw}$、h_b ——给水和过热蒸汽比焓，kJ/kg；

$\quad\quad Q_1$ ——过热蒸汽单位时间有效吸热量，kW。

如燃料量（B）、发热量（$Q_{ar,net}$）、锅炉效率（η_b）及过热蒸汽有效吸热份额（φ）已知，Q_1 的表达式为

$$Q_1 = B Q_{ar,net} \eta_b \varphi \tag{2-3}$$

由式 (2-1) ~式 (2-3) 可得

$$h_b = h_{fw} + \frac{B}{G_{fw}} Q_{ar,net} \eta_b \varphi \tag{2-4}$$

如假定 $Q_{ar,net}\eta_b\varphi$ 和 h_{fw} 不变，由式 (2-4) 可得

$$\frac{\Delta h_b}{h_b} = \frac{\Delta B}{B} - \frac{\Delta G}{G_{fw}} \tag{2-5}$$

从式 (2-5) 可以看出，要在不同负荷下保持一定的汽温，应保持一定的燃水比。

2. 燃料量和给水量变动对过热蒸汽压力的影响

当燃料量增加，汽轮机调节阀开度不变时，如给水量随燃料量增加，保持燃水比不变，则由于蒸汽流量增大而使汽压升高；如给水量不变，燃水比增大，为保持汽温必须增加减温水量，蒸汽流量增大使汽压升高；如给水量和减温水量都不变，汽温升高，蒸汽比体积增大，汽压也会上升。如汽温在较小范围内变化，汽压变化则不明显。

3. 直流锅炉的动态特性

工况变动时，直流锅炉的加热段、蒸发段和过热段之间的分界面将前后移动，内部工质的数量和热量也将改变，锅炉蒸发量暂时不等于给水量时，将影响过热蒸汽温度。图2-12中的曲线表示出了直流锅炉的动态特性。

（1）汽轮机调速阀开度变动。当汽轮机调速阀突然开大（$\Delta\mu$）时，蒸汽流量 D 急剧增加，由于燃料量尚未改变，汽压 p 将迅速降低。如这时的给水压力和给水阀开度未变，给水流量也将由于汽压降低而有所增大。汽压降低则饱和温度降低，将使锅炉金属和工质释放储热，产生附加蒸发量。随后，蒸汽流量将逐渐减少，最终与给水量相等，保持平衡。同时汽压降低速度逐渐缓慢而趋于稳定。

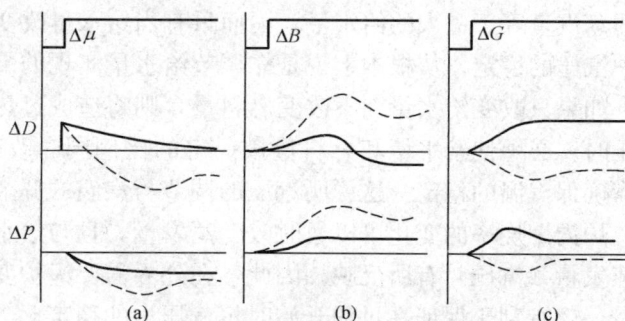

图 2-12　直流锅炉动态特性示意图
（a）汽轮机调速阀开度跃变；（b）燃料量跃变；（c）给水量跃变
实线——一般直流锅炉；虚线—配内置式分离器的直流锅炉

因为燃料量保持不变，而给水量略有增大，故锅炉的出口汽温稍微降低。如果只从燃料与工质的热平衡考虑，在最初蒸汽流量显著增大时，汽温应显著下降，但由于过热器金属释放储热所起的补偿作用，故出口汽温并无明显偏差。

（2）燃料量的变化。燃料量突然增加（ΔB）时，各处传热增多，但是由于金属的热容量，在短暂迟滞后蒸发量才增大，随后又稳定下来与给水量保持平衡。之所以有短时间的蒸发量超过给水量是由于热水段和蒸发段的缩短。随蒸发量的增大，锅炉压力也将升高，给水量会自动减小。

给水量减小，燃料量增大，则燃料量与给水量之比增大，出口汽温将明显上升。但在变动初期，汽温变化缓慢，这是由于蒸发量的增大与管壁金属储热的作用，过热汽温的变化有迟滞。过热段起始部分的汽温迟滞较小，出口部分汽温的迟滞较大而且变化速度较小。如果燃料量增加的速度和幅度都很急剧，可能由于热水段末端发生突然膨胀，使锅炉瞬间排出大量蒸汽。这时汽温将首先下降，然后又逐渐上升。

由于蒸发量增大，最初的汽压上升。随后由于汽温上升，蒸汽体积流量增大，流动阻力增大，汽压保持较高水平。

（3）给水量变化。给水量增大（ΔG）时，蒸汽流量也会增大。但由于燃料量未变，热水段和蒸发段都将变长。锅炉内部工质储量将增多，使蒸发量暂时小于给水量。在最初阶段，蒸汽流量是逐渐增加的，但在最终稳定状态时，蒸发量必将等于给水量。由于锅炉给水增大时燃料量未变，燃料量与给水量之比减小，出口汽温下降。但由于金属储热作用，汽温下降有些迟滞。

给水量突增时，汽压先上升又逐渐下降，最后稳定在稍高的水平。最初由于蒸汽流量增大使汽压升高，但由于汽温下降，体积流量减小故汽压又略有降低。

（三）直流锅炉参数调节

1. 蒸汽压力调节

直流锅炉汽压调节的任务，就是保持锅炉蒸发量和汽轮机所需蒸发量相等。只要时刻保持住这个平衡，过热蒸汽压力就能稳定在给定数值上。在汽包锅炉中，要调节蒸发量，是依靠调节燃烧来达到的，与给水量无直接关系。给水量是根据汽包水位来调节的。但在直流锅炉内，炉内燃烧率的变化并不最终引起蒸发量的改变，而只是使出口汽温升高。由于锅炉送出的蒸汽量等于进入的给水量，因而只有当给水量改变时才会引起锅炉蒸发量的变化。直流锅炉汽压的稳定，从根本上说是靠调节给水量实现的。

如果只改变给水量而不改变燃料量，则将造成过热汽温的变化。因此，直流锅炉在调节汽压时，必须使给水量和燃料量按一定的比例同时改变，才能保证在调节负荷或汽压的同时，确保汽温的稳定。这说明汽压的调节与汽温的调节是不能相对独立进行的。

炉内燃烧率的变化可以暂时改变蒸发量，且与给水量的扰动相比，燃烧率的扰动要更快使蒸发量（汽压）有所反映。因此，在外界需要锅炉变负荷时，如先改变燃料量，再改变给水量，就有利于保证在过程开始时蒸汽压力的稳定。

2. 蒸汽温度调节

直流锅炉运行时，为维持额定汽温，锅炉的燃料量 B 与给水流量 G_{fw} 必须保持一定的比例（燃水比）。若给水量 G_{fw} 不变而燃料量 B 增大，由于受热面热负荷成比例增加，加热段长度和蒸发段长度缩短，而过热段长度相应延长，过热汽温就会升高；若 B 不变而 G_{fw} 增大，由于热负荷没改变，所以加热段和蒸发段延伸，而过热段长度随之缩短，过热汽温就会降低。因此直流锅炉主要是靠调节燃水比来维持额定汽温的。若汽温变化是由其他因素引起（如炉内风量），则只需稍稍改变燃水比即可维持给定汽温不变。直流锅炉的这个特性是明显不同于汽包锅炉的。对于汽包锅炉，由于有汽包，所以燃水比基本不影响汽温。

机组高压加热器因故障停投时，锅炉给水温度就会降低。若给水温度降低，在同样给水量和燃水比的情况下，直流锅炉的加热段将延长，过热段缩短，过热汽温会随之降低；再热器出口汽温则由于汽轮机高压缸排汽温度的下降而降低。因此，当给水温度降低时，必须改变原来设定的燃水比，即适当增大燃料量，才能保持额定汽温。

在燃水比不变的情况下，炉膛结焦会使过热汽温降低。这是因为炉膛结焦使锅炉传热量减少，排烟温度升高，锅炉效率降低。对工质而言，则 1kg 工质的总吸热量减少。而工质的加热热和蒸发热之和一定，过热吸热减少，故过热汽温降低。对于再热汽温，因炉膛出口烟温的升高而增加，再热器吸热量的增大，进口再热汽温的降低和再热器吸热量的增大影响相反，所以变化不大。对流式过热器和再热器的积灰都不会改变炉膛出口烟温，而只会使相应部件的传热热阻增大，因而传热量减小，使过热汽温和再热汽温降低。在调节燃水比时，如果炉膛结焦，可直接增大燃水比；但过热器结焦，则增大燃水比时应注意监视水冷壁出口温度，在其不超温的前提下来调整燃水比。

当增大过量空气系数时，炉膛出口烟温基本不变。但炉内平均温度下降，炉膛水冷壁的吸热量减少，致使过热器进口蒸汽温度降低，虽然对流式过热器的吸热量有一定的增加，但前者的影响更强些。在燃水比不变的情况下，过热器出口温度将降低。过量空气系数减小时，结果与增加时相反。若要保持过热汽温不变，也需要重新调整燃水比。随着过量空气系数的增大，辐射式再热器吸热量减少不多，而对流式再热器的吸热量增加。对于具有对流式汽温特性的再热器，出口再热汽温将升高。

当火焰中心升高时，炉膛出口烟温明显上升，再热器无论显示何种汽温特性，其出口汽温均将升高。此时，水冷壁受热面的下部利用不充分，致使1kg工质在锅炉内的总吸热量减少，由于再热蒸汽的吸热是增加的，所以过热蒸汽吸热减少，过热汽温降低。

由上述分析可见，直流锅炉的给水温度、过量空气系数、火焰中心位置、受热面清洁程度对过热汽温、再热汽温的影响与汽包锅炉有很大的不同。对于直流锅炉，上述因素的影响相对较小，且变动幅度有限，它们都可以通过调整燃水比来消除。所以，直流锅炉只要调节好燃水比，在相当大的负荷范围内，过热汽温和再热汽温均可保持在额定值。

（1）过热汽温调节。燃水比的变化是过热汽温变化的基本原因。保持燃水比基本不变，则可维持过热器出口汽温不变。当过热蒸汽温度改变时，首先应该改变燃料量或者改变给水量，使汽温大致恢复给定值，然后用喷水减温的方法精确地保持汽温。

燃水比的调节普遍采用汽水流程中的某一中间工况点的参数做控制信号。因为在给定负荷下，与主蒸汽焓值一样，中间点的焓值（或温度）也是燃水比的函数。只要燃水比稍有变化，就会影响中间点温度，造成主蒸汽温度超限。而中间点的温度对燃水比的指示，显然要比主蒸汽温度的指示快得多。因此可以选择位置接近过热器进口的中间点的焓值控制燃水比，它可以比出口汽温信号更快反映燃水比的变化，起提前调节的作用。

中间点一般选为具有一定过热度的过热蒸汽处，如分离器出口。若位置过于靠前，则当负荷或其他工况变动时，中间点温度一旦低至饱和温度即不再变化，因而失去信号功能。

低负荷时炉膛单位辐射热增加且燃水比稍稍变大，将使中间点的焓值升高。因此，不同负荷下中间点焓值的设定值并不是一个固定值，设计人员应将这个特性绘制成曲线指导运行，或输入计算机进行自动控制。

在实际运行中，由于给粉量的控制不可能很精确，因而只能将保持燃水比作为粗调，以喷水减温对过热汽温进行细调。大型直流锅炉的喷水减温装置通常分两级，第一级布置于后屏过热器的入口，第二级布置于末级过热器的入口。用喷水减温调节汽温时，要严格控制减温水总量，尽可能少用，以保证有足够的水量冷却水冷壁；高负荷投用时，应尽可能多投一级减温水，少投二级减温水，以保护屏式过热器。锅炉给水温度降低时汽温降低，若要维持机组负荷不变，必须增加燃料。若锅炉超出力运行，必须注意锅炉各段受热面的温度水平，恰当调节减温水量，防止管壁过热。

（2）再热汽温调节。由于过热汽温用控制燃水比进行调节，也就同时使再热器内的蒸汽流量与燃料量大致成比例地变化，对再热汽温也起了粗调作用。直流锅炉的再热汽温调节仍可采用蒸汽锅炉的烟侧调温方式，喷水减温只作为微调和事故喷水之用。

对于再热汽温长期偏高或偏低的问题，可通过改变中间点温度设定值的方法加以解决，降低中间点温度，则再热汽温降低，提高中间点温度，再热汽温升高。该方法的实质依然是变动燃水比的控制值。

直流锅炉的汽压、汽温调节是不能分开的，它们只是一个调节过程的两个方面。因此，汽压和汽温的调节应协调进行。外界负荷增加，在燃料量、喷水量和给水泵转速不变的情况下，汽压、汽温都会降低。运行经验表明，此时反应最快的是汽压，其次才是汽温的变化，而且汽温变化幅度较小。温度调节应与汽压调节同时进行，在增大给水量的同时，按比例增大燃料量，保持中间点温度（燃水比）不变。当燃料量减小时，也会引起汽压、汽温降低。但此时汽压变化幅度小，且恢复迅速；汽温变化幅度较大，且在调节之前不能自行恢复。因此不应改变给水量，而只需调节燃料量，以稳定参数。应指出，这种情况下，中间点温度（燃水比）相应变化。

汽压上升而汽温下降是一般给水量增加的结果。如果给水阀开度未变，则有可能是给水压力升高使给水量增加。当给水压力上升时，不但给水量增加，而且喷水量也自动增大。因此，应同时减小给水量和喷水量，才能恢复汽压和汽温。

当中间点的温度持续超出对应负荷下预定值较多时，有可能是给水量信号或磨煤机煤量信号故障导致自控系统误调节而使燃水比严重失调，此时应全面检查。判断给煤量、给水量的其他相关参数信号，并及时切换至手动。因此，即使采用了协调控制，也不能取代对中间点温度和燃水比进行的必要监视。

（四）超临界压力直流锅炉的运行特点

超临界压力锅炉与亚临界压力锅炉相比，其主要区别在于蒸汽参数更高，工质特性有显著的变化，由此带来若干运行上的不同特点。

1. 工质特性变化

水的饱和温度随压力的升高而升高，汽化潜热则相应减少，当压力高于临界压力时，汽化潜热等于零。水在临界压力 22.1MPa 下被加热至临界温度 374.15℃时即全部从液相转为蒸汽，不存在两相区，水变成蒸汽是连续的，并以单相形式进行。在超临界压力下，水到蒸汽的变化只经历加热阶段和过热阶段，没有饱和蒸汽区，这就是与亚临界压力锅炉的实质性区别，也决定了在超临界压力下只能采用直流锅炉。

2. 运行特点

超临界压力机组一般都采用变压运行或复合变压运行。对变压运行的机组，启动和低负荷运行过程均处于亚临界状态，一般设计成在 75%负荷以上进入超临界状态，为此，超临界压力锅炉必须配置相应的启动系统，以完成锅炉启动过程中参数从亚临界到超临界的转换。

（1）汽水分离器的干湿态转换。超临界压力锅炉在启动过程中，对启动系统的运行具有特殊的要求。锅炉上水后，汽水分离器中保持一定的水位。点火后，进入水冷壁的水受到加热，开始产生蒸汽，此时汽水分离器的作用相当于汽包，处于湿态。分离出来的蒸汽进入过热器进一步加热，水则回收或排放。

随燃烧率的增加，产汽量逐渐增加，分离器内水越来越少，约到 35%负荷时，产汽量与进入省煤器的给水量相等，汽水分离器已无水位，由湿态转变为干态，此过程称为干湿态转换。在启动过程中汽水分离器的水位是自动控制的，当干湿态转换完成后，各水位控制阀均处于关闭位置。

分离器干湿态转换前，锅炉内也要存在一个汽水膨胀阶段。

（2）负荷与蒸汽温度调节。与亚临界压力直流锅炉相同，改变给水量才能改变锅炉负荷，过热蒸汽出口温度也主要取决于煤水比，用煤水比来保持过热器中间点温度不变，再用喷水细调过热器出口蒸汽温度。

（3）热应力控制。超临界压力机组因压力和温度都很高，尤其是变压运行时，因此，将热应力作为机组启动时升速率及并网后负荷变化率的控制依据。

（4）给水品质。与亚临界压力直流锅炉相比，品质要求更高。

三、循环流化床锅炉的运行调节

流化床锅炉和煤粉炉由于燃烧方式的不同，在运行调节上区别很大，尤其是循环流化床锅炉的运行监视和调节方法更是因炉而异。其运行调节的主要任务是：①保持锅炉蒸发量在额定值内，并满足机组负荷的要求；②保持正常的汽压、汽温、床温、床压；③均匀给水，维持正常水位；④保证锅水和蒸汽品质合格；⑤保持燃烧良好，减少热损失，提高锅炉热效率；⑥及时调整锅炉运行工况，尽可能维持各运行参数在最佳工况下运行。

循环流化床锅炉运行参数的调节主要包括汽压、汽温、给水、燃烧调节和负荷调节等，汽温和给水调节与煤粉炉基本相同。蒸汽压力的调节是通过燃烧调节来实现的，当蒸汽压力升高时，减弱燃烧；蒸汽压力降低时，加强燃烧。因此，这里重点介绍燃烧调节和负荷调节。

（一）燃烧调节

循环流化床锅炉的燃烧调整的方法与煤粉炉及火床炉有着很大的差别。流化床锅炉的燃烧调节，主要是通过对给煤量、返料量、一次风量、一、二次风配比、床温和床高等的控制和调整来完成。

1. 给煤量调节

锅炉运行中，当燃煤性质一定时，给煤量应与锅炉负荷相适应，当锅炉负荷发生变化时，给煤量也要相应呈正比变化。再者，运行中若煤质发生变化时给煤量也要发生相应的变化，改变给煤量和改变风量应同时进行。为了减少燃烧损失，在负荷增加时，通常是先加风，后加煤；而在负荷减小时，应先减煤，后减风。

2. 风量调节

对于循环流化床锅炉，风量调节不仅仅是一次风量的调节，还有二次风量，二次风上、下段以及回料风的调节与分配。一次风量维持锅炉流化状态，同时提供燃料燃烧需要的部分氧量。运行过程中，应根据锅炉启动前冷态试验作出的在不同料层厚度下的临界流化风量曲线，作为运行时一次风量的调整下限，如果风量低于此值，料层就可能流化不好，时间稍长就会发生结焦。二次风补充炉膛上部燃烧所需要的空气量，使燃料与空气充分混合，减少过量空气系数，控制氧量一般为3%～5%，保证充分燃烧。在达到满负荷时，一、二次风量占总风量的比例与煤种有关。风量的调整本着一次风保证流化和调节床温，二次风量调整过量空气系数的原则，并兼顾污染物排放的要求。注意调整一、二次风量时要及时调整引风量，保持风压平衡。

（1）一次风量的调节。一次风的作用是保证物料处于良好的流化状态，同时为燃料燃烧提供部分氧气。基于这一点，一次风量不能低于运行中所需的最低风量。实践表明，对于粒径为0～10mm的煤粒，所需的最低截面风量为1800m/h左右。风量过低，燃料不能正常流化，锅炉负荷受到影响，而且可能造成结焦；风量过大，炉膛下部难以形成稳定燃烧的密相区，对于鼓泡床必然造成更大的飞灰损失；对于循环流化床锅炉，增大了不必要的循环倍率，受热面的磨损加剧，风机电耗增大。因此，无论在额定负荷还是在最低负荷，都要严格控制一次风量在良好流化风量范围内。

运行中，通过监视一次风量的变化，可以判断一些异常现象，如：风门未动，送风量自行减小，说明炉内物料增多，可能是物料返回量增加的结果；如果风门不动，风量自动增大，表明物料层变薄，阻力降低。原因可能是煤种变化，含灰量减少；料层局部结渣，风从较薄处通过；也可能是物料回送系统回料量减少。

一次风量出现自行变化时，要及时查明原因，进行调整。在运行中，一次风量主要根据料层温度来调整，料层温度高时应增加一次风量；反之，应减少。但一次风量在任何情况下，不能低于临界流化风量；否则，易发生结渣。

（2）二次风量调整。二次风一般在密相床的上部喷入炉膛，一是补充燃烧所需要的空气；二是可起到扰动的作用，加强气—固两相的混合；三是改变炉内物料浓度分布。二次风口的位置也很重要，将二次风喷口设置在密相床上部过渡区灰浓度较大的地方，就可将较多的碳粒和物料吹入上部空间，增大炉膛上部的燃烧份额和物料浓度。

运行中二次风量主要根据烟气中含氧量来调整，氧量低说明炉内缺氧，应增加二次风量，反之则应减少二次风量。一般控制过热器后烟气中含氧量在 $3\%\sim5\%$ 之间。

（3）风量配比。把燃烧所需要的空气分成一、二次风，从不同位置分别送入流化床燃烧室。在密相区内造成欠氧燃烧形成还原性气氛，大大减少热力型 NO_x 的生成；分段送风还控制了燃料型 NO_x 的生成，这是循环流化床锅炉的主要优点之一。但分成一、二次风的目的还不仅如此，一次风率（一次风量占总风量的份额）直接决定着密相区的燃烧份额。在同样的条件下，一次风率增加，必然导致密相区燃烧份额变大，此时就要求有较多的温度较低的循环物料返回密相区，带走燃料燃烧释放的热量，以维持密相区温度。如果循环物料不足，必然会导致床温过高，无法多加煤，负荷带不上去。根据煤种不同，一次风量一般占总风量的 $50\%\sim70\%$，二次风量占 $20\%\sim40\%$，播煤风及回料风约占 15%。若二次风分段布置，上、下二次风也存在风量分配问题。

一、二次风的配比，对流化床锅炉的运行非常重要。启动时，先不供给二次风，燃料所需的氧量由一次风供给。实际运行时，当负荷在稳定运行变化范围内降低时，一次风按比例减少，当降至最低负荷时，一次风量基本保持不变，而大幅度减少二次风。这时循环流化床锅炉进入鼓泡床锅炉的运行状态。

如果二次风分段送入，第一段的风量必须保证下部形成一个亚化学当量的燃烧区（过量空气系数小于 1.0），以便控制 NO_x 的生成量，减少 NO_x 的排放。

（4）播煤风和回料风调整。播煤风和回料风是根据给煤量和回料量的大小来调整的。负荷增加，给煤量和回料量必须增加，播煤风和回料风也相应增加。播煤风和回料风是随负荷增加而增大的，因此只要设计合理，在实际运行中只根据给煤量和回料量的大小来做相应调整就可以了。

3. 料层高度的调整和控制

维持相对稳定的床高或炉膛压降在运行中是十分必要的，通常是把循环流化床某处作为压力控制点，并监测此处压力，用料层压降来反映料层高度的大小。有时料层高度也会用炉床布风板下的风室静压表来反应。冷态试验时，风室静压力是布风板阻力和料层阻力之和。从设计角度考虑，布风板压降一般占炉膛总压降的 $20\%\sim25\%$，少数情况下可适当增减，这是保证流化质量所要求的。由于布风板阻力相对较小，所以运行中通过风室静压力大致估算出料层阻力，也就是说，由静压力变化情况，可以了解运行中沸腾料层的高低与流化质量的好坏。风室静压增大时，说明料层过厚；风室静压降低时，说明料层减薄。良好的流化燃烧时，压力表指针摆动幅度较小且频率高；如果指针变化缓慢且摆动幅度加大时，流化质量较差。

运行中，床层过高或过低都会影响流化质量，引起结焦。放底渣是常用的稳定床高的方法，在连续放底渣情况下，放渣速度是由给煤速度、燃料灰分和底渣份额确定的，并要与排渣机构或冷渣器本身的工作条件相协调。在定期放渣时，通常的做法是设定床层压降或控制点压力的上限作为开始放底渣的基准，而设定的压降或压力下限则作为停止放渣的基准。这一原则对连续排渣也是适用的。如果流化状态恶化，大渣沉积将很快在密相区底部形成低温层，故监测密相区各点温度可以作为放渣的辅助判断手段。

风机风门开度一定时，随着床高或床层阻力的增加，进入床层的风量将减小，故放渣一段时间后风量会自动有所增加。

4. 炉膛差压的调整与控制

炉膛差压是指燃烧室上部区域与炉膛出口之间的压力差，是一个反映炉膛内循环物料浓度大小的参数。炉内循环物料越多，炉膛差压越大；反之越小。一般情况下，炉膛差压应控制在 0.7~12kPa 之间。同时，炉膛差压还是一个反映返料装置工作是否正常的参数，当返料装置堵塞，返料停止后，差压会突然降低，甚至为零。

在运行中，应根据不同的负荷保持不同的炉膛差压。差压太大时，应从放灰管中放掉部分循环物料以降低炉膛差压。

5. 床温的调整与控制

维持床温是流化床锅炉稳定运行的关键。目前，床温大多选在 800~950℃ 范围内，当燃用无烟煤时床温可控制在 950~1050℃。选用此床温基于：①在该温度下灰不会融化，从而减少了结渣的危险性；②该温度下具有较高的脱硫效率；③在该温度下燃烧气体的氮化物气体较少；④在该温度下煤中的碱金属不会升华，可以降低受热面的结渣。

引起炉内温度变化的原因是多方面的。如：负荷变化时，风、煤未能很好地及时配合；给煤量不均或煤质变化；物料返回量过大或过小；一、二次风配比不当；排放冷渣时，一次排放过多过快。归纳起来主要还是风、煤和物料循环量的变化引起的。当床温波动时，首先确认给煤速度是否均匀，然后才是给煤多少的问题。给煤过多或过少、风量过小或过大都会使燃烧恶化，床温降低。进行床温调整时，一般根据锅炉负荷的需要，增加给煤量可提高床温，反之则降低床温；减少一次风量可提高床温，反之则降低床温；减少返料量，可提高床温，反之则降低床温；增加石灰石量可降低床温，反之，床温升高。

循环流化床的燃烧室热惯性很大，调节床温的方法通常采用：前期调节法、冲量调节法和减量给煤法。

所谓前期调节法，就是当炉内床温、汽压稍有变化时，及时根据负荷调节燃料量，不要等炉温、汽压变化较大时才开始调节，否则运行将不稳定，波动较大。

冲量调节法就是当炉温下降时，立即加大给煤量。加大的幅度是炉温未变化时的 1~2 倍，同时减少一次风量，增大二次风量，维持 1~2min 后，恢复原给煤量。2~3min 后炉温若没上升，重复上述过程即可。

减量给煤法，则是指炉温上升时，不要中断给煤量，而是将给煤量减小，同时增加一次风量，减小二次风量，维持 2~3min，观察炉温，如果温度停止上升，将给煤量恢复到正常值。

6. 床压的调整与控制

床压是循环流化床锅炉监视的重要参数之一，是监视床层流化质量、料层厚度的重要指标。锅炉正常运行时床层压差一般控制在 4～5kPa。

改变排渣量，调节冷渣器驱动电机转速，达到炉膛排渣与冷渣器排渣的动态平衡。床压低时可停止排渣和添加床料；床压高时，可增加一次风率，使排渣更容易，开大排渣管用风门，增大排渣量，使床压降到正常值。床压过高时，减少给煤，降负荷加强排渣。必要时通过调整燃煤粒径或更换煤种来调整床压。

（二）负荷的调节

影响循环流化床锅炉负荷的因素主要有煤质、床温、床压、氧量及一二次风配比、给水温度、尾部受热面的清洁度等。

流化床锅炉因炉型、燃料种类和性质的不同，负荷变化范围和变化速度也各不相同。对于循环流化床锅炉，负荷可在 25％～110％ 范围内变化，升负荷速度一般为每分钟 50％～70％，降负荷速度为每分钟 10％～15％。变负荷能力与煤粉炉相比要强得多。因此，对调峰电站和供热负荷变化较大的中小型热电站，循环流化床锅炉得到了广泛的应用。

对于无外置式换热器的循环流化床锅炉，其变负荷的调节一般采用如下方法：

（1）采用改变给煤量来调节负荷。

（2）改变一、二次风比，以改变炉内物料浓度分布，从而改变传热系数，控制对受热面的传热量来调节负荷。炉内物料浓度改变，传热量必然改变。

（3）改变循环灰量来调节负荷。调节循环灰收集器或炉前灰渣斗的回送量，增负荷时加煤、加风、加灰渣量；减负荷时减煤、减风、减灰渣量。

（4）采用烟气再循环，改变炉内物料流化状态和供氧量，从而改变物料燃烧份额，达到调整负荷的目的。

（5）改变床层高度，以改变密相区与受热面的传热，从而达到调节负荷的目的。

有外置式换热器的循环流化床锅炉，可通过调节冷热物料流量比例来实现负荷调节，负荷增加时，增加外置换热器的热灰流量；负荷降低时，减少外置换热器的热灰流量。外置换热器的热负荷最高可达锅炉总热负荷的 25％～30％。

在锅炉变负荷的过程中，汽水系统的一些参数也发生变化，因此在进行燃烧调整的同时，必须进行汽压、汽温和水位等的调节，以维持锅炉的正常运行。

第二节　汽轮发电机组运行维护

汽轮发电机组在正常运行中，运行人员要对反映机组运行状况的各种参数进行监视，掌握其变化趋势，分析其变化的原因，及时调整，避免超限。通过对设备的定期检查，掌握运行设备状况，及时发现影响设备安全运行的隐患，避免设备损坏。同时力求机组在较经济的工况下运行。

一、机组运行监视

根据机组自身运行特点，选择发生异常可能较多且对机组正常运行有严重威胁的参数作为监视项目，对其他一般参数及辅机阀门的启停开关情况作定期和不定期检查。当某一参数发生变化时，应判断该参数的变化是否属于正常变化，检查与其相关的参数变化是否正常。对汽轮发电机组运行中出现的各种报警应特别重视，及时采取相应措施，消除报警原因。有时机组的某个项目会经常出现误报警，对这种缺陷应及时消除，决不允许轻易将报警停用。

运行人员在定期巡回检查中应通过眼看、手摸、耳听、鼻闻来判断设备运行情况，并按规定的线路和规定的内容进行检查，做到认真细致不漏项。

机组运行中，经常监视的参数有：负荷、转速、主蒸汽及再热蒸汽压力和温度、真空、润滑油及 EH 油油压和油温、调节级级后压力及各抽汽口压力、轴向位移、胀差、振动、凝汽器和除氧器水位、推力瓦和推力瓦的瓦温及回油温度、给水母管和轴封母管压力等。

1. 机组负荷与主蒸汽流量监视

机组负荷变化可能是运行人员根据负荷曲线或调节要求主动操作的结果，也可能是由于电网频率变化或调节系统故障引起的。

主蒸汽流量一般随机组负荷变化而变化，如果负荷变化与主蒸汽流量变化不对应，通常是主蒸汽参数变化、真空变化、抽汽量变化等引起的。遇到对外供汽抽汽量较多时，应注意该段抽汽与上一段抽汽的压差是否过大，以免隔板应力超限，造成动静部件碰撞摩擦。当机组负荷变化时，对给水箱水位和凝汽器水位应及时检查和调整。随负荷和主蒸汽压力的变化，各段抽汽压力也发生变化，由此影响到除氧器、加热器及轴封供汽压力的变化，对这些设备也应进行调整。轴封压力不能维持时，应切换汽源。机组增减负荷时，还需调整循环水泵运行台数，注意给水泵再循环阀的开关、调速泵转速的变化及高压加热器疏水的切换。

2. 主蒸汽压力监视

主蒸汽压力的变化一般是锅炉蒸发量与汽轮机负荷不相适应的结果，它是蒸汽质量的重要指标。当变化幅度较小时，由锅炉侧调整，汽轮机侧可不干预。当变化幅度超过规定的允许范围时，除锅炉进行调整外，汽轮机侧也应采取相应措施，调整机组负荷或旁路阀开度，以保证机组的安全。

主蒸汽压力升高时，如其他参数和调节汽阀开度不变，则进入汽轮机的流量要增加，机组的焓降也增加，使机组负荷增大。如要保持机组负荷不变，则应关小调节汽阀，这样新蒸汽流量将减小，汽耗率降低，热耗率也降低，机组经济性提高。但汽压升高时，不能在调节级的最大压差工况下运行，否则会使调节级动叶过负荷。汽压如果过高，超过锅炉安全阀动作压力，就会威胁到机组的安全，同时蒸汽管道、汽阀室以及法兰螺栓应力就要增大，超过受压容器允许的应力时，就有发生爆破的危险。在超压下长期运行，会缩短机组零件的使用寿命。

主蒸汽压力降低时，因汽轮机焓降减小，经济性将会降低。如汽压低时，汽轮机调节阀开度保持不变，主蒸汽流量和机组负荷降低，各级焓降、应力相应下降，此时汽轮机是安全的；但如果企图保持原来的额定负荷，则会引起调节级理想焓降减小，末级焓降上升，由于蒸汽流量也增加，故末级隔板和动叶应力上升较多，而且这时转子所受轴向推力也要上升。同时使主蒸汽压力进一步下降，影响锅炉水循环及汽包水位。因此，当主蒸汽压力下降有必要限制汽轮机出力，至少蒸汽流量不应超过设计最大流量。

3. 主蒸汽温度监视

主蒸汽温度的变化一般是因锅炉燃烧调整、减温水调整或燃料与水比例不当等所致。主蒸汽温度异常对汽轮机和锅炉也会带来不利影响。

主蒸汽温度升高时，蒸汽的理想焓降增加，并且排汽湿度降低，将有利于汽轮机热效率的提高。但从设备可靠性和使用寿命方面看，汽温高于允许值，无论是在幅度上还是在累计时间上都必须严格加以限制；否则汽温过高，一方面使材料强度降低，另一方面使零件超量膨胀而引起动静间隙和装配紧力的变化，由此对汽轮机的主蒸汽门、调节阀、高压缸前几级静叶和动叶都将造成较大的危害。在高温条件下，金属材料的蠕变速度将加快，会引起设备损坏或缩短使用寿命。

主蒸汽温度降低，蒸汽的理想焓降减小，排汽湿度增大，汽轮机效率降低。如果主蒸汽温度降低时若仍维持额定负荷，则蒸汽质量流量的增加对末级叶片极为不利。同时汽温降低还使汽轮机各级反动度增大，轴向推力增大。

主蒸汽温度无论是升高还是降低，如果变化速度过快，将使机组部件间出现温差，产生热应力和热变形，汽轮机胀差增大，影响动静之间的间隙，严重时会造成动静摩擦及振动事故。汽温变动时，应要求锅炉尽快恢复，超过极限值时应按规定减负荷或打闸停机。

4. 再热蒸汽参数监视

再热蒸汽压力是随着蒸汽流量变化而改变的，再热蒸汽温度随主蒸汽温度和机组负荷变化。再热蒸汽温度变化对中压缸和低压缸的影响，类似于主蒸汽温度的变化。如再热蒸汽温度升高超过允许值时，会使再热器和中压缸前几级金属材料的强度降低，缩短使用寿命，甚至引起再热器爆管。所以，再热蒸汽温度要与主蒸汽温度一样进行严密监视。

运行中，如发生中压调节汽阀或自动主蒸汽阀误关等故障时，应迅速处理，设法使其恢复正常。

5. 真空监视

真空是影响机组运行安全性和经济性的主要参数之一。真空降低，即排汽压力升高时，汽轮机理想焓降将减少，在进汽量不变条件下，机组负荷将下降。如果真空下降时维持满负荷运行，蒸汽流量必须增加，可能引起汽轮机前几级过负荷。真空严重恶化时，排汽室温度升高，会引起机组中心变化，从而产生较大的振动。所以运行中发现真空降低时要找出原因并按规程规定进行处理。运行中真空降低的主要原因有凝汽器严密性不好、抽气器故障、抽气管路漏气或堵塞、轴封系统故障、循环水泵故障使循环水量减小或中断等。

真空较高时，可以提高机组热效率，但循环水泵耗电一般较大，排汽湿度也较大。过高的真空，蒸汽在汽轮机的末级膨胀不足，影响末级的正常工作。因此，运行中应根据设备特点和气候情况，调节循环水流量，保持真空在最有利值。

6. 胀差监视

胀差是汽轮机状态的一个重要指标，它反映动静之间的轴向间隙。正常运行中，由于汽缸和转子的温度已趋于稳定，一般情况下胀差变化很小，但决不能因此而放松对它的监视。当机组运行中蒸汽温度或工况大幅度快速变动时，胀差变化有时也是很大的，严重时可能出现动静碰撞的情况。如机组参与电网调峰时负荷变化速率太大，主蒸汽、再热蒸汽温度短时间内有较大的变化，汽缸夹层内由于导汽管泄漏有冷却蒸汽流动，汽缸法兰结合面漏入冷空气，汽缸下部抽汽管道疏水不畅等，这些都将引起胀差的变化。特别是在高压加热器发生满水，使汽缸进水时，胀差指示很快就会超限，应引起注意。

机组启动过程中，胀差大时，应检查主蒸汽温度是否过高，必要时适当降低主蒸汽温度；使机组在稳定转速和稳定负荷下暖机；适当提高凝汽器压力，减少蒸汽流量；增加汽缸和法兰加热装置的进汽量，使汽缸迅速胀出。

汽轮机胀差正值大的原因有：启动暖机时间不足，升速或增负荷过快；汽缸夹层、法兰加热装置用汽温度太低或流量太小，引起加热不足；汽轮机进汽温度升高；轴封供汽温度升高，或轴封供汽量增大；真空过高，使进入汽轮机的蒸汽流量增大；滑销系统轴承台板滑动卡涩，汽缸胀不出；汽缸保温脱落或有穿堂冷风；双层缸夹层中流入冷汽或冷水等。胀差负值大的原因有：负荷下降速度过快或甩负荷；汽温急剧下降；水冲击；轴封汽温降低；汽缸夹层、法兰加热装置加热过度；轴承油温过低；双层缸夹层中流入高温蒸汽（如进汽管漏汽）等。

7. 轴向位移监视

监视汽轮机转子的轴向位移，是监视推力轴承的工作情况和汽轮机动静部分轴向间隙变化的重要指标。推力轴承监视的项目有推力瓦块金属温度和推力轴承回油温度，近年来，一些机组还装设了瓦块乌金磨损量指示表等。运行人员可根据这些表监视汽轮机推力瓦的工作情况和转子轴向位移的变化。

引起轴向位移增大的原因有：轴承润滑油油质恶化、推力轴承结构有缺陷或工作失常、轴向推力增大等。

推力瓦工作失常的初期，较难从推力瓦回油温度来判断。因为油量很大，反应不灵敏。推力瓦乌金温度确能较灵敏地反映温度的变化，一般规定推力瓦乌金极限温度为 $90\sim95℃$，推力轴承回油温度最高允许值一般为 $75℃$。

当轴向位移增加时，运行人员应对照运行情况，检查推力瓦温度和推力瓦回油温度是否升高及胀差和缸胀情况。如证明轴向位移表指示正确，应分析原因，针对具体情况采取相应措施加以处理。一般应减小机组负荷，使轴向位移和轴承温度下降到规定范围。机组装有轴向位移保护装置，如果轴向位移增大到规定的极限值时动作，跳闸停机，以避免设备损坏。

在对轴向位移监视时，注意反向轴向推力。如果轴向位移表指示为负值，说明轴向推力反向，此时由推力轴承的非工作瓦块承受轴向推力。

8. 监视段压力监视

监视段压力即调节级级后压力与各段抽汽压力的统称。运行中可以通过对监视段压力的监视来监视机组负荷的大小和通流部分的工作情况。

运行中应根据制造厂提供的监视段压力与蒸汽流量（或机组负荷）之间的关系曲线进行监视。如果在同一负荷下监视段压力升高，说明通流面积减小，通常是通流部分结盐垢，此时机组内效率降低，轴向推力增加。如果调节级和高压缸各段抽汽压力同时升高，而中低压缸各段抽汽压力降低，可能是中压调节阀开度受到了限制。如果某加热器停用，相应的抽汽段压力也升高。

9. 机组振动监视

机组正常运行时允许有一定程度的振动，但强烈的振动可能是设备故障或调节不当造成的。汽轮机的大部分事故，尤其是设备损坏事故，大都表现出异常振动，而振动又会加速设备的损坏。因此，运行中要注意监视机组的振动，保障设备的安全。

不同机组或同一台机组的不同轴承，自有其振动特点和变化规律，因此运行人员应经常注意机组振动情况及变化规律，以便在发生异常时能够正确判断和处理。带负荷运行时，一般定期在机组各支持轴承处测量汽轮机的振动，振动应从垂直、横向和轴向三个方向测量。垂直和横向测量的振动值视转子振动特性而定，也与轴承垂直和横向的刚性有关。每次测量轴承振动时，应尽量维持机组的负荷、参数、真空相同，以便比较，并应做好专用的记录备查。有问题的轴承要加强监测。运行条件改变，机组负荷变化时，也应该对机组的振动情况进行监视和检查。一般规定额定转速为 3000r/min 的汽轮机，轴承振动在 0.025mm 及以下为良好，0.05mm 及以下为合格。出现异常振动时，应对振动不正常原因进行分析。

正常带负荷时，各轴承的振动在较小范围内变化。当振动在规定范围内增加较大时，应及时汇报，并认真检查新蒸汽参数、润滑油温度和压力、真空、排汽温度、轴向位移和汽缸膨胀的情况等。如发现了不正常因素，应立即采取措施予以清除，或根据机组具体情况改变负荷或其他运行参数，以观察振动的变化。

大容量汽轮机越来越注重提高其支撑重量和刚性，转子轴颈和轴承之间油膜对振动的阻尼，使轴承振动往往不能反映汽轮机转子的真正振动情况。为此，大型机组大都配有直接测量轴颈振动的装置，实践证明，轴颈振动不但比轴承振动更能灵敏地反映汽轮机的振动情况，而且还可利用轴颈振动和轴承振动值与相位的差，进一步分析机组振动的原因。

单元机组一般装有振动保护装置，当振动超过规定值时使汽轮机跳闸。如振动超过规定的最大值，影响机组安全，保护没有动作或未投入振动保护时，应立即手动跳闸装置，以保证设备安全。

10. 轴瓦温度监视

运行中支持轴承工作情况通过监视轴瓦温度和润滑油回油温度来监督。如果发现任一轴承回油温度超过 75℃（或突然升高到 70℃）、轴瓦金属温度超过 85℃、回油温度升高轴承冒烟或润滑油压低于规定值时，要停止汽轮机运行。

为保证轴瓦的润滑和冷却，运行中要经常检查润滑油油箱油位、油质和冷油器的运行情况；为保证油膜的稳定性，润滑油的进油温度应维持在规定范围内。

11. 发电机、主变压器的监视

发电机及变压器需要监视的参数有发电机有功功率、无功功率、定子电压、定子电流、转子电压、转子电流、频率、发电机温度、主变压器温度和冷却系统参数等。

（1）发电机电压。电压是电能质量的重要指标之一。为保证提供良好的电能质量，必须保持发电机电压在规定范围内。另外，监视和控制发电机电压，是为保证机组和系统的安全。发电机电压规定不得低于额定电压的 90%，如果电压低于该值，则机组有可能与电力系统不同步而造成事故。发电机电压过低，直接接在发电机的厂用电系统的电压也必然降低，影响厂用电动机的可靠运行，发电机本身会因电流增大限制负荷。

现代发电机磁路是按相当高的磁饱和程度设计的，当发电机电压升高时，由于磁饱和，会使定子铁损大大增加，定子铁芯温度升高而损害绝缘。铁芯过度饱和，还会使主磁通的某些部分被排挤出铁轭以外，与沿机架的金属部件形成回路，并在其中感应出很大的电流，引起发热，使转子护环表面及端部其他部件发热。所以正常运行时，发电机电压不能超过额定值的 110%，一般应保持在额定值的 ±5% 以内，此时发电机可以维持额定出力。

（2）发电机温度。运行中的发电机，除发出有功功率和无功功率以外，本身也要消耗一部分能量，所消耗的能量主要有机械损耗、铜损、铁损，这些损耗都会转化为热能，并导致发电机温度升高。

发电机有效部分中的导磁材料和导电材料的工作温度在 200℃ 以下时，不会影响其电磁和机械性能。但发电机有效部分的绝缘材料的耐热性能较差，工作温度过高会加速绝缘老化，缩短使用寿命。故发电机有效部分的允许温度应按其绝缘材料的耐热等级来确定。各种绝缘材料的允许温度如表 2-1 所示。

表 2 - 1   绝缘材料允许温度

绝缘等级	A	B	E	F	H
允许温度（℃）	105	130	120	150	175

（3）主变压器监视。变压器运行时，由于变压器铁芯中存在铁损，绕组中存在铜损，使之温度升高。为防止变压器绝缘材料和绝缘油老化，应控制变压器运行温度在允许值以内。一般油浸式变压器的绝缘属 A 级，正常运行时，如环境温度为 40℃，变压器绕组的最高允许温度规定为 105℃，由于变压器绕组平均温度通常比油温高 10℃，所以上层油温不宜超过95℃。为防止油质恶化过快，上层油温一般不宜超过 85℃。对于强迫油循环风冷或水冷的变压器，上层油温一般不应超过 75℃，最高不得超过 80℃。对于强迫油循环导向冷却的变压器，上层油温一般不应超过 70℃，最高不得超过 75℃。因为这两种变压器铜与油的温差较大，要求更严一些。

变压器运行时，不仅要监视上层油温，还要监视上层油温升。因为当环境温度降低时，变压器外壳的散热大为增加，而变压器内部的散热却很少提高。当变压器高负荷运行时，尽管有时变压器上层油温未超过规定值，但温升却可能超过规定值。当变压器运行环境温度为40℃时，规定其绕组的最高允许温升为 65℃，上层油允许温升为 55℃，对于强迫油循环导向冷却的变压器，上层油的允许温升规定为 60℃。当温度或温升超过规定值时，应迅速采取减负荷措施。对变压器来说，负荷是指通过的视在功率而不是有功功率。当变压器冷却系统故障时，应迅速恢复其正常运行，并按规定减少变压器负荷。若冷却器故障时，按规定限制变压器的运行时间。

（4）频率监视。电网频率是表示电能质量的重要参数之一，它取决于整个电网有功负荷的供求关系。发电机正常运行时，应保证电网在额定频率±0.2Hz 的范围之内。发电机在电网频率降低的情况运行时，由于转子转速降低，发电机端电压降低，要维持正常的电压就必须增大转子的励磁电流，以致转子和励磁回路温度升高。同时由于转速的降低，两端风扇鼓风的风压以与转速平方成正比的关系下降，使冷却风量减少，定子线圈和铁芯温度升高。因此，在电网频率降低时，必须密切注意监视发电机电压和定子、转子线圈及铁芯温度，不可使其超温。

（5）冷却系统监视。大容量汽轮发电机组一般都采用氢冷或水冷。氢冷系统主要监视氢气纯度和压力；水冷系统主要监视水质，以及有无漏水现象。

氢气和空气的混合气体中，若氢气含量在 5%～75%，便有爆炸的危险性。当氢气纯度下降到接近于爆炸危险的混合物时，就不允许发电机继续运行。运行中要求氢气纯度应不低于 98%。

随着氢气压力的提高，氢气的传热能力提高，对直接氢冷的发电机负荷值可增大，但对于定子绕组水冷、转子绕组氢冷的发电机，当氢气压力升高到高于额定值时，对水冷式定子绕组的温升不产生影响，所以对此类发电机在氢气压力高于额定值时，不能增加负荷。当氢压力降低时，氢气的传热能力降低，负荷允许值减小。

对水内冷发电机冷却水质要求比较严格，由于冷却水不断在铜质线棒中循环，水中铜离子增加，导电度增大。因此，每天应对冷却水进行化验分析，确定冷却水的电导率及所含杂质的种类和含量，并进行适当的排污。

（6）发电机励磁。当汽轮机转速达额定值时，发电机开始励磁，这时调节励磁电流一般应保持发电机电压为额定值的 95％ 左右。在并列过程中，应注意不要发生过励磁。发电机端电压如果在额定值±5％的范围内变动，则能在额定出力下运行。在未满额定值的 95％时，若转子电流为额定值，机组负荷应按比例降低。在进相区域运行时，应防止静子铁芯过热，需进一步限制发电机出力。

（7）发电机有功功率和无功功率。在电力系统中，由于电网运行方式的改变或用户电负荷的改变，使电网中有功功率和无功功率失去平衡，引起电网频率和电压的变化。因此，在运行中应按照预定的负荷曲线或调度命令，对各发电机的有功功率和无功功率进行调整，温差系统有功功率和无功功率的平衡，使频率和电压维持在允许范围内。

发电机有功功率的调整，在正常情况下是根据频率和有功功率的变化，由汽轮机调节系统改变调节阀开度，调节进入汽轮机的蒸汽流量，从而改变输出功率。发电机无功功率的调整，是根据功率因数表或无功表及电压表的指示，通过调节励磁电阻、改变励磁电流来实现的。当有功功率不变而无功功率增加时，功率因数下降；当有功功率不变而无功功率降低时，功率因数增加。在调整无功负荷时，应注意不使发电机进相运行，以维持机组运行的稳定。目前，发电机均装有自动励磁装置，它可以自动调节无功负荷。若不能满足要求时，可以手动调整励磁机磁场变阻器、自动励磁装置中的变阻器或自耦变压器来进行辅助调整，以改变无功负荷的大小。

二、机组运行中的维护

机组运行中的维护操作，包括例行的定期维护操作和为设备系统的维修工作而进行的操作。例行的定期维护操作，是根据机组设备系统的特点，为防止出现异常运行情况而预先安排的预防性维护工作。此外，当设备系统发生缺陷时，为防止缺陷扩大或方便对其维修，需要将某些设备退出运行。当设备缺陷消除后，又需要将设备尽快投入运行。维护操作大部分在辅助设备上进行，但如果操作中考虑不周，也会造成事故，故在机组带负荷运行过程中进行操作时，运行人员对操作方法和设备变化规律要有清楚的了解。

定期维护操作的项目很多，如各种滤网的定期清扫、辅机轴承加油、运行辅机的定期切换或试转、冷油器检漏、电动机测量绝缘等。这些工作都是较简单的运行操作，操作周期由运行管理部门预先排定，运行人员严格按规定执行。

循环水泵进口滤网根据其前后水位差进行清扫，发电机内冷水滤网根据其前后压力差进行清扫。清扫循环水泵进口滤网时要特别注意人身安全，冲洗滤网的水喷嘴堵塞时应及时清理。取出发电机内冷水滤网清扫时，要注意防止滤网上的垃圾落入系统，清洗完毕恢复系统时要放尽空气，防止空气进入发电机内冷水系统。

辅助轴承添加润滑油的工作一般一周进行一次，如有缺油可随时添加。转速较高、温度较低的轴承应使用黏度较低的润滑油；反之则使用黏度较高的润滑油。运行中，因泄漏、蒸发、生成乳化物或油渣及排除沉淀物等会损耗部分润滑油，必须定期向轴承内补充。轴承内油质恶化时，需及时更换新油。加油前都要注意核对油种，不可错用，也不能使用不同牌号和种类的油混加。加油时用专用工具加入油孔内，油量应合适。

汽轮机辅机一般都有一台备用，辅机运行一段时间后要调换运行，一般电厂都规定每半月进行一次。当备用辅机因经济性能较差等原因不适合长期运行时，将备用辅机启动试运行半小时左右。对机组运行时不能试启动的辅机，一般安排每月测量一次马达绝缘，潮湿季节还需缩短测量周期。辅机调换运行或试运行时应注意以下几点：

（1）启动或停用一台辅机时不能影响系统的正常运行，尤其是在原备用辅机开启后停用另一台辅机时，要做好待停辅机出口止回阀不能关闭的预想。最好先关出口阀，再停一台辅机，然后再慢慢开足出口阀备用。

（2）原备用辅机启动后，要确认该辅机运行状况正常后才能停用另一台辅机，为此，启动后应对运行情况进行仔细的检查。

（3）在调换和试开的过程中，两台辅机并联运行时要注意避免一台辅机长时间没有流量的空载状态运行，防止辅机闷泵运行损坏设备。容积式泵类要绝对避免闷泵运行。

（4）辅机调换或试开后，自启动连锁等保护仍要投入使用。当冷油器油压大于水压时，可在运行中对冷油器管芯检漏。冷油器检漏的方法是打开冷油器顶部水室放空气阀放水，当用干净容器接盛的水中有油花时，应进一步检查油位计油位下降情况，确认冷油器漏油后应设法隔绝泄漏的冷油器，堵塞漏管。有的机组运行时，冷油器顶部水侧为负压，放不出水，这时应暂时关小冷油器出水阀，用顶部放气阀强行放水查漏，查漏结束恢复冷油器出水阀原来位置，以免影响油温。

汽轮机有许多辅助设备需由大型电动机驱动，如给水泵、循环水泵、凝结水泵等。所以电动机启停的正常与否直接关系到这些辅机的运行。而电动机的正常启停和运行要涉及包括开关、配电系统、空冷器、轴承等一系列设备。大型电动机的启停是机组正常运行中经常遇到的操作，如上述由大型电动机驱动的辅机的调换、试开等。

一般电动机在备用或运行状态都应保持空冷器通水，轴承的润滑充足，冷却水畅通。考虑到大型电动机的启动电流大，高压油断路器的油质容易变坏等因素，对大型电动机的启动一般有如下规定：

（1）启动时合闸脉冲送出持续时间不少于 2s，运行人员应监视启动全过程。

（2）正常情况下的鼠笼式电动机一般允许在冷态下启动 2 次，每次间隔不少于 5min，热态下只允许启动 1 次。只有在处理事故时，以及启动时间不超过 2～3s 的电动机才可以多启动 1 次（电动机运行中为热态，停用 4h 后为冷态）。

（3）电动给水泵启动时间不可超过 20s，若超过应立即停止。

（4）电动给水泵冷态第一次启动时间若小于 15s，允许停用后立即再启动一次，如启动时间大于 15s，则两次启动需间隔 30min。

（5）电动给水泵热态启动的间隔时间，无论上次启动时间为多少，均需在 60min 以上。

（6）当进行动平衡校验或其他试验时，启动的间隔时间为：200kW 以下的电动机，不应少于 30min；200～5000kW 的电动机，不应少于 60min；5000kW 以上的电动机，不应少于 120min。

三、机组运行中的试验操作

机组运行时，需要对一些保护装置和重要监视设备进行定期试验，以便及时发现这些设备可能存在的问题，及时进行处理，保持这些设备在运行中经常处于准确可靠的状态。

1. 高、中压主蒸汽阀和调节阀全行程活动试验

机组带负荷运行时进行高中压主蒸汽阀和调节阀活动试验的主要目的是检查主蒸汽阀或调节阀阀芯是否有脱落现象。

进行高、中压自动主蒸汽阀和调节阀阀杆全行程活动试验时，由于汽轮机进汽量大幅度

变化，对锅炉影响较大，应注意维持主蒸汽压力及负荷相对稳定。高、中压主蒸汽阀活动试验不得同时进行，左右两侧主蒸汽阀试验也不得同时进行。试验时应注意监视主蒸汽压力和温度、再热蒸汽压力及温度、轴向位移及汽轮机振动、发电机出力的变化等，并现场监视阀杆有无卡涩现象，试验装置是否良好。在实际操作中，常采用同一侧的高压主蒸汽阀和高压调节阀同时试验的方法，中压主蒸汽阀和调节阀也采用这种方法。

2. 排汽缸喷水电磁阀的动作试验

为了防止低真空时汽轮机排汽缸温度超过允许值，引起机组振动等异常运行情况，排汽缸都装设有凝结水喷水装置，由电磁阀根据排汽缸温度自动控制。排汽缸喷水电磁阀在长时间不用后容易卡涩，机组正常运行时，应对排汽缸喷水电磁阀进行定期动作试验。试验前，将排汽缸喷水电磁阀出水阀关闭，启电磁阀开钮，检查电磁阀杆应在开足位置，出水阀前水压表指示应上升到凝结水压力，这说明电磁阀动作正常。恢复时，启电磁阀关钮，检查电磁阀阀杆是否已到关闭位置，电磁阀动作试验结束后，将电磁阀出水阀仍然恢复到开足位置。

3. 真空系统严密性试验

真空系统严密性试验用来检验汽轮机真空系统严密不漏空气的程度。真空系统严密性试验一般不测量单位时间漏入凝汽器的空气量，而是通过试验，计算出凝汽器抽空气阀关闭后平均每分钟的真空降低值。汽轮机平均每分钟的真空降低值，不但和汽轮机真空系统漏空气量有关，而且与当时凝汽器的热负荷有关，与其他运行工况变动也有很大关系，如循环水量的变化等。为此，真空严密性试验应在主机运行状态稳定时进行，负荷应大于80％额定负荷。机组负荷不同，不但凝汽器热负荷不同，而且会使汽轮机真空系统的范围和真空值发生变化，从而影响漏入真空系统的空气量。如果试验时真空低至正常运行允许值，则应停止试验，并立即将系统恢复。

试验进行时，先关闭凝汽器抽空气总阀，待该阀门开度至"零"时开始记录。每0.5min记录真空读数一次，5min后将系统恢复，开足抽空气总阀。试验刚开始时，空气分压力低，稍有漏空气对真空的影响还不大，没有代表性，算出的平均值是不能准确地反映真空严密性的。一般取后3min真空下降平均值作为真空严密性试验结果。真空系统严密性标准是：0.13kPa/min 为优，0.27kPa/min 为良，0.4kPa/min 为合格。

4. 汽轮机超速试验

考虑到转子在低温脆性转变温度以下时承受过大的离心应力有可能造成脆性断裂，规定机组应带25％～30％负荷暖机3～4h，待转子中心孔温度均匀升高到低温脆性转变温度以上后方可进行超速试验。

汽轮机超速试验包括电超速试验和机械超速试验，试验规定转速不同，均可在DEH系统设置实现，以检查超速保护装置能否正常工作。

复 习 思 考 题

2-1 锅炉运行调节的主要任务是什么？

2-2 引起汽压变化的因素有哪些？汽压变化的速度受哪些因素的影响？

2-3 汽压不稳对安全、经济运行有何影响？

2-4 汽包锅炉如何进行汽压调节？

2-5 汽温不稳对安全、经济有何影响？

2-6 影响过热汽温变化的因素主要有哪些？

2-7 汽温调节的任务是什么？如何进行汽温调节？

2-8 汽包水位过高和过低各有什么危害？

2-9 引起汽包水位变化的因素有哪些？如何进行汽包水位的调节？

2-10 锅炉燃烧调节的任务有哪些？锅炉燃烧调整的主要内容有哪些？

2-11 影响锅炉燃烧的因素有哪些？

2-12 直流锅炉调节有什么特点？如何进行汽压和汽温的调节？

2-13 循环流化床锅炉运行调整的主要任务是什么？

2-14 影响循环流化床锅炉床温的主要因素有哪些？循环流化床锅炉床温如何调整？

2-15 怎样调节循环流化床锅炉的床压？

2-16 机组运行监视的项目主要有哪些？

2-17 引起轴向位移增大的原因有哪些？如何对轴向位移进行监视？

2-18 什么是监视段压力？机组运行中监视它们有何意义？

2-19 真空过高或过低对机组运行有什么影响？为什么要进行真空系统严密性试验？

2-20 机组运行中为什么要进行阀门活动试验？

第三章　单元机组调峰及寿命分析

随着电网容量不断扩大，电网组成结构的变化，工业用电的比重相对降低，电网的峰谷差日益增大。目前我国水电所占比重尚小，且受季节影响，在汛期受水库容量限制，要求满发，在枯水季节虽宜于调峰，但又受水库储量限制。适应调峰需要的大型抽水蓄能电站的建成尚需时日。一旦核电在电网容量中比重增加，为保证它带基本负荷，必然要求火电机组承担更多的调峰任务。随着担当调峰任务的中小火力发电机组逐步退出运行，大容量火力发电机组参与调峰已势在必行。

高参数、大容量机组频繁启动或大幅度的负荷变动，将要承担剧烈的温度和交变应力的变化，从而缩短机组使用寿命。为适应电网调峰的需要，还可能使机组在较长时间内停留在机组不稳定区域低负荷运行，这样对机组安全和经济运行会带来不利的影响。

第一节　单元机组调峰运行

一、电网负荷分析

电网的电力供应必须在时间上和数量上严格与用户的需要相一致，要求发电机组的出力能满足电网负荷的峰谷差而进行调节。

表 3-1 为部分国家电网峰谷差率概况。

表 3-1　　　　　　　　　　　　部分国家电网峰谷差率

国别	中国	俄罗斯	德国	日本	法国	瑞士	瑞典	意大利	西班牙	丹麦
峰谷差率（%）	37	35~43	68	60	66	62	66	48	53	45

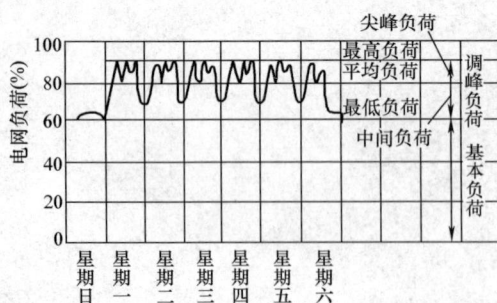

图 3-1　电网负荷曲线

图 3-1 为一个典型的电网用电负荷曲线示图。机组按年负荷率和年运行小时数可分为两类。

1. 基本负荷机组

基本负荷机组承担负荷曲线图 3-1 中最低负荷线以下的部分，机组年运行小时数超过 7000h，年负荷率在 90% 以上，要求机组满负荷高效率长期稳定运行，通常为核电机组、高效率火电机组或径流式水电机组等。

2. 调峰负荷机组

调峰负荷机组承担负荷曲线图 3-1 中最低至最高负荷线（峰谷差）的部分，这类机组应具有良好的启停灵活性、周期性和迅速变负荷的能力。调峰机组还可分为两类：

（1）尖峰负荷机组。尖峰负荷机组承担负荷曲线图 3-1 中平均负荷线至最高负荷线（尖峰负荷）的部分，机组年负荷率低，年运行小时数一般不超过 2000h，机组应能随时迅速启停，通常为坝库式水电，抽水蓄能、中小火电、燃气轮机、柴油机机组等。

（2）中间负荷机组。中间负荷机组承担负荷曲线图 3-1 中最低负荷线至平均负荷线的部分，机组年负荷率约在 40%～50%，年运行小时数约为 2000～4000h，应能在低负荷下（在夜间）长时间稳定运行而效率下降不多，或按两班制运行，通常为大容量火电或水电机组。

二、火电调峰机组的性能要求

为确保机组调峰的安全性、灵活性和经济性，不但应着眼于主机设计和运行方式，尚应重视电站系统和辅机、阀门管道等的设计和布置，如调速给水泵、磨煤机、制粉系统、上煤系统、水处理系统、旁路系统和自动控制系统等，应力求相互协调。

国外对带中间负荷的机组要求具备下列特性：

（1）具有良好的启停灵活特性。机组在夜间低谷负荷时，能及时停机或带最低负荷稳定运行，次日早晨迅速再次启动并按电网要求变负荷运行。因此，要求备有良好的机组协调控制系统。热态启动的时间（停机 6～8h 后的启动），根据机组参数、容量不同，要求在 1～2h 内完成（从点火到并网并带满负荷）。启停期间的热损失和寿命损耗要小，一次热态启停的汽轮机寿命损耗不大于 0.01%。

（2）具有良好的低负荷运行特性。燃煤机组（燃用设计煤种时）的最低连续稳定运行负荷（在不投燃油辅助喷嘴）应不大于 40%MCR；燃油机组最低连续稳定运行负荷应不大于 25%MCR。大型燃油（天然气）机组的热态启动负荷变动率要求（2%～5%）MCR/min。

（3）快速的变负荷能力。机组能以 5%MCR/min 以上的速率安全稳定地升降负荷。

（4）较高的热经济性。虽然中间负荷机组年利用率为 40%～60%，但仍要求它有较高的热效率，低负荷时更不希望其效率下降太多。

三、调峰机组的运行方式

随着电力系统的发展，原来承担基本负荷的大容量单元机组，近年来逐渐承担调峰的任务。机组调峰主要有四种方式。

1. 两班制启停方式

两班制启停方式，又简称为两班制方式。机组两班制启停调峰，白天正常运行，夜间电网负荷低谷时停机（一般不超过 8h），次日清晨高峰负荷时再重新启动并网。这种方式的优点是机组调负荷幅度大，特别是在低谷时间较长时经济性好。缺点是启停操作频繁，对设备的健康状况影响比较大，发生故障的可能性增加，有时会影响正常的调峰。这种调峰方式需要解决的问题是：提高机组自动化水平，在保证安全性的前提下尽可能加快启停速度，减少启停损失。

2. 两班制低速热备用方式

机组两班制低速热备用调峰是指电网低谷时机组与电网解列后，用蒸汽推动汽轮发电机组低速旋转，而处于热备用状态。这种调峰方式可以使机组在下次启动升速时，金属处于较高的温度水平（与极热态启动相当），以加快升速和带负荷的速度。启动时的运行操作比两班制启停方式调峰要简单得多。这种方式调峰需要解决的问题是：要引入低压蒸汽，保持在低速运转时转速稳定。

3. 两班制调相运行方式

两班制调相运行方式，又称为电动机方式。两班制调相运行是指调峰时停炉、停机，而发电机与电网不解列，以电动机方式带动汽轮机以额定转速转动。此时，发电机从电网中汲取必要的电能，用于克服汽轮机的机械损失和摩擦损失，同时向电网补偿无功功率。两班制调相运行方式与两班制启停调峰方式相比，在向正常运行方式过渡时，具有一定的优势。首先，机组无需再并网，其次金属温度变化量较小，故启动时汽轮机部件的金属温度水平比较高，接近于极热态启动的水平，可以很快过渡到正常带负荷运行方式。同时，发电机改为电动机方式运行，可以调节电网无功分量。这种方式调峰需要解决的问题是：由于高速旋转摩擦鼓风损失产生的热量必须带走，否则有可能导致通流部分过热，因此必须依据汽轮机结构和热力系统正确地组织冷却汽流，对通流部分实施冷却。

4. 变负荷运行方式

变负荷运行方式是指通过调节机组负荷以适应电网峰谷负荷的需要。在电网高峰负荷期间，机组应能在设计允许的最大出力工况下运行；在电网低谷负荷运行期间，机组在较低的负荷下运行；当电网负荷变化期间，机组应能以较快的速度改变机组负荷以适应电网的需要。汽轮机变负荷运行是带基本负荷机组参与调峰的主要运行方式之一。这种调峰方式主要解决的问题是：增大调峰能力（降低锅炉最低稳定负荷和提高变负荷速度），提高机组低负荷的经济性。采用该方式调峰时，机组一般变压运行。

四、单元机组的变压运行

变压运行又称滑压运行，即机组改变负荷时主蒸汽压力不固定，汽轮机调节阀全开或部分全开，功率的改变凭借主蒸汽压力的变化来调节，即主蒸汽压力下降，负荷降低；主蒸汽压力上升，负荷增加。而不像定压运行那样用改变调节阀开度，即改变进汽面积来调节负荷——定压节流或定压喷嘴调节。

（一）变压运行的分类和选择

1. 纯变压运行

在整个负荷变化范围内，汽轮机所有调节阀全开，利用锅炉改变主蒸汽压力来适应机组功率变化的运行方式，称为纯变压运行。纯变压运行存在很大的时滞，不适用于电网频率的调整。这是纯变压运行的一个主要缺点。此外，由于纯变压运行时汽门是全开的，为了防止结垢、卡涩需定期手动活动阀门。

2. 节流变压运行

正常情况下，调节阀不全开，对主蒸汽保持一定的节流（5%～15%），负荷降低时进入变压运行，负荷突然上升时可以立即全开调节阀，利用锅炉已有的稍高的蒸汽压力，达到快速增加机组负荷的运行方式，称为节流变压运行。节流变压运行弥补了纯变压运行负荷调整慢的缺点，但由于调节阀经常节流而产生了节流损失，降低了机组的经济性。

3. 复合变压运行

复合变压运行是指变压运行和定压运行相结合的一种运行方式。复合变压运行有以下三种方式：

（1）低负荷时变压运行，高负荷时定压运行。这种运行方式既具有低负荷时变压运行的优点，又保证了单元机组在高负荷时的调频能力。

（2）高负荷时变压运行，低负荷时定压运行。这种方式使机组低负荷时仍保持一定的主蒸汽压力，从而可保证较高的循环效率和机组的安全运行。

（3）高负荷和极低负荷时定压运行，在其他负荷时变压运行。这是目前采用比较广泛的一种复合变压运行方式，兼有前两种复合变压运行方式的特点，既保持在高负荷区域有较高的效率，又防止了在低负荷区域热效率过多的降低，同时又有良好的负荷适应性。

（二）变压运行的优缺点

变压运行具有以下优点：

（1）负荷变化时蒸汽温度变化小。定压运行时，汽温有随负荷降低而降低的特性。因为负荷降低，燃烧量减少，炉膛出口烟温降低，同时流经过热器的蒸汽量和烟气流量也减少，过热汽温呈对流特性，汽温随负荷降低而下降。变压运行时，负荷降低压力也降低。汽压降低后，工质的蒸发热增加，过热热减少，加热到同样主蒸汽温度的每千克蒸汽的吸热量可减少（如图 2-2 所示）。汽压降低使蒸汽的比定压热容（c_p）减少，与定压时相比，同样蒸汽量吸收相同烟气量时，汽温升高。汽压降低，蒸汽比体积增大，流过过热器的蒸汽容积流量几乎同额定负荷时相同，即蒸汽流速几乎不变；过热器外壁的烟温虽然随负荷减少而降低，但由于压力降低后饱和蒸汽温度也相应下降，所以过热器的传热温差变化不大。综合上述各因素，使变压运行时主蒸汽温度可以在很宽的负荷范围内基本维持额定汽温。

（2）变压运行可以改善机组部件的热应力和热变形。在定压运行时，调节级后温度变化可达到 100℃左右。即使是节流调节，在第一级叶片后的汽温也会随着工况变动有较大幅度的变化。当负荷减小时，节流调节由于新汽受到汽阀节流作用，使阀后温度有所降低，因而引起各级温度相应降低，但变化幅度较小。而喷嘴调节在变工况时引起各级温度有较大的变化。变压运行时，因锅炉送来的蒸汽温度不随负荷而变化，进入汽轮机第一级前又无节流作用，所以即使工况发生了较大的变动，也完全可以认为该处温度基本上无变化。高压缸第一级后的汽温变化的大小，在一定程度上代表了整个高压缸中汽温变化的大小。当工况变化时，如第一级后汽温变化较大，则汽轮机各级的汽温也将变化较大，这对整个高压缸的热应力和热变形都是不利的。变压调节使汽轮机的高温进汽部分如汽缸、法兰以及其他高温零部件的热应力、热变形问题大为减小，因而对负荷变化的适应性和灵活性大大提高。此外，由于变压调节在部分负荷下新蒸汽压力相应降低，改善了锅炉的高温管道、汽轮机的进汽部分等的应力状态和抗蠕变性能，明显地提高了机组的可靠性和机组寿命。

（3）低负荷时汽轮机能保持较高的效率。变压运行与定压运行相比，在低负荷时汽轮机有较高的效率。变压运行时主蒸汽压力随负荷的减小而下降，而主蒸汽温度不变，使进入汽轮机的容积流量也基本不变，汽流在叶片里的流动偏离设计工况小，在负荷变化相同时，变压运行比定压运行热效率下降得也少。变压运行时调节阀全开或基本全开，使得低负荷时节流损失很小。又因变压运行时蒸汽压力减小，使得对末级长叶片的侵蚀也得到缓和。

（4）给水泵功耗减小。在定压运行时，锅炉出口压力在整个负荷变化范围内要求不变。所以在部分负荷下，给水泵功率因流量减少而降低。在变压运行中，部分负荷时，不仅流量减少，而且出口压力也降低，所以使给水泵的功率降低幅度比较大，这对降低热耗率，提高热效率有相当大的影响。尤其是对大容量、高参数的机组影响更为明显。给水泵是现代火力发电机组中最大的辅机，在一般高压与亚临界压力机组中，其功率约占 2%～3%，在超临界压力机组中则可占 3%～5%。因此，给水泵耗功的节约对发电厂的热耗率和效率有相当的影响。如果锅炉为直流锅炉，则给水泵功耗更大，因此变压运行使给水泵功耗节约更为突出，也使变压运行的优点更显著。当给水泵由汽轮机驱动时，耗功的节约数就更为显著，约为定压调节时所需功耗的 50%～60%，这样就提高了整个电厂在低负荷时的热经济性。

（5）有利于机组变工况运行和快速启停操作。在工况变动时，变压调节汽轮机高压缸各级蒸汽温度实际上几乎保持不变。而喷嘴调节温度变化较大，再考虑到调节级为部分进汽，调节级后沿周向温度分布是不均匀的。当工况变化时，汽轮机的温度工况比变压调节要差得多。变压调节还由于没有调节级，可直接在汽缸上铸出全周进汽的进汽室，可使高温进汽部分在结构和形状上得到简化。变压运行时，由于锅炉的汽温及金属温度变化均较小，因此有利于机组的快速启停和变工况。汽轮机变工况主要受到温度变化的限制。理论与实践表明，如温度变化的数值小，则允许的升（降）温速度也可较大；反之，温度变化的数值大，则允许的升（降）温速度就较小。因此，如汽轮机的设计及材料已定，要想增加机组允许的升（降）温速度以改善机组的变工况性能，就应减小温度变化数值。变压运行就能达到这个目的。这一优点，对于大功率机组更为突出。

（6）再热汽温易于控制。在定压运行中，当负荷降低时，高压缸排汽温度降低，即降低了再热器进口工质温度，这就使再热器出口蒸汽温度难于维持不变，进而导致汽轮机中、低压缸中的汽温都降低。这不仅影响机组效率，还将产生热应力和热变形。要维持再热汽温，除非加大再热器的受热面，会影响锅炉的合理设计和布置。尤其现代锅炉的构造中，大部分再热器采用对流式布置，即使进口汽温不变，在锅炉低负荷时已使出口汽温难以维持，何况进口温度降低，问题就更为突出。在变压运行中，由于蒸汽压力随负荷减少而降低，蒸汽比热容减小。因此，变压调节时每千克蒸汽在锅炉中间再热器中所需要吸收的热量也就比喷嘴调节时要少。对于常用的锅炉结构形式，部分负荷时，喷嘴调节汽轮机的中间再热温度也降低得比变压调节时要多些。所以在相同吸热条件下，不仅过热汽温，而且再热汽温也易于提高到规定温度，从而使过热汽温和再热汽温能在较大负荷变化范围内维持不变。再热汽温的稳定使得中、低压缸的温度变化较小，对防止产生过大的热应力和热变形都有利。

（7）减轻汽轮机结垢。通常负荷变动时，锅炉汽包内的水垢受水力冲击而被粉碎并随蒸汽带出，造成汽轮机结垢。变压运行低负荷时蒸汽压力低，受水力冲击而被击碎的水垢减少，因而可减轻汽轮机结垢。另外，变压运行时蒸汽压力随负荷的降低而降低，蒸汽溶解盐分的能力减少，使蒸汽中总含盐量减少，也减轻了在汽轮机中结垢。

机组采用变压运行也存在一些问题：

（1）主蒸汽压力降低时机组的循环热效率会降低，对于亚临界压力机组，在高负荷区汽轮机内效率的提高不足以弥补循环热效率降低对经济性的影响；另外，若从额定负荷开始就采用变压运行（即所谓纯滑压运行），调速阀已经全开，负荷增加时没有其他调节手段，因此只有在适当的负荷下，采用变压运行对经济性才有利。

（2）超临界压力机组采用变压运行时，水冷壁回路将移近临界压力点（22.12MPa），在这点以下将出现两相流动，会导致流动工况的恶化。同时由于压力的变化，管壁温度变化很大，对金属热应力的影响较大。同时为了维持水冷壁内压力，给水泵功率降低得较少，这样就削弱了变压运行的优点。

（3）采用变压运行时，若汽轮机的调节阀在整个负荷变化范围内均处于全开状态，完全要靠锅炉调节燃烧来适应负荷变化，存在负荷调节滞后的问题。因此采用该运行方式时，汽轮机的调节阀在整个负荷变化范围内，要保持一、两个调节阀处于关闭状态，以便机、炉实行协调控制。

（三）变压运行的适用范围

变压运行具有在低负荷下提高高压缸内效率、提高主蒸汽和再热蒸汽温度、降低给水泵电耗、使汽轮机偏于安全等优点，但也有由于压力的降低使循环热效率降低的缺点。因此是否采用变压运行，要进行综合经济技术比较，并非所有负荷下都是变压运行经济。图 3-2 为 300～600MW 机组的送电端效率与机组出力的关系，由图可知，只有在出力低于 70％的情况下变压运行才经济。变压运行的经济负荷范围与机组的结构、主汽参数、变压运行模式等因素有关。从图 3-3可知，蒸汽压力低于 12MPa，循环热效率将明显下降，因此额定汽压在 13MPa 以下的机组，变压运行的经济效益并不明显。

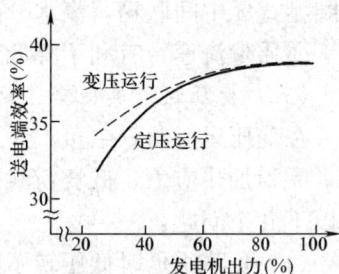

图 3-2　机组出力与送电端效率

（四）变压运行对锅炉的影响

1. 变压运行对各受热面吸热量分配的影响

采用变压运行时，负荷降低，主蒸汽压力也降低，亦即锅炉各受热面内工质的压力降低。压力降低对不同类型锅炉的影响是不一样的。变压运行时，省煤器工质所需热量减少，水冷壁工质所需热量增加，过热器工质所需热量也减少，所以变压运行中负荷变化幅度愈大，锅炉各受热面所需热量变化幅度也愈大。这种变负荷下热量的分配关系与定压运行显然不同。定压运行时，加热、蒸发和过热所需热量在不同负荷下变化很小，并且这很小的变化仅仅是由于锅炉在不同负荷下阻力不同所引起的。在定压运行的直流锅炉中，由于加热、蒸发、过热各受热面之间无固定分界点，负荷变化时，分界点将发生移动。低负荷时，省煤器和过热区段缩短，蒸发区段伸长。倘若改为变压运行，低负荷时工质所需热量有朝相反方向变化的趋势，必将削弱上述受热面区段的变化。由上所述，变压运行可以减少由于工况变动引起的工质参数和受热面区段变化。

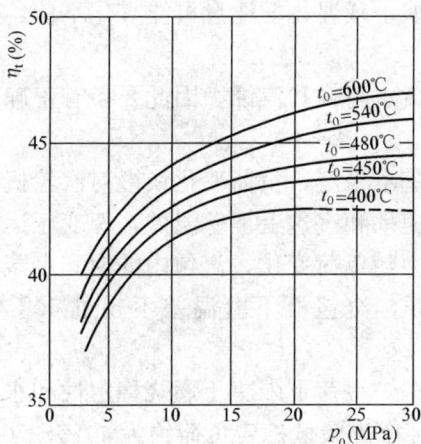

图 3-3　朗肯循环效率与主汽压力的关系

2. 变压运行对工质流动的影响

变压运行时，负荷降低，工质压力降低，比体积增大。比体积的增大将使自然循环锅炉的流动压头增加，水循环可靠性提高。对于强制循环锅炉，压力下降有两方面影响：压力下降，工质比体积增大，管内阻力增大，这对水动力稳定性和减少管间流量偏差是有利的；然而，在低压时，汽水比体积差增大，容易出现水动力不稳定。因此，对于强制循环锅炉，应由水动力稳定性来决定变压运行时的最低极限负荷，同时也决定了最低工作压力。上述情况都是对亚临界压力锅炉而言的。对超临界压力锅炉，在变压运行时除了对相变点附近比热容、比体积等有影响外，还应注意到，当下滑至亚临界压力时，工质由单相变为双相，必须注意汽水通道中可能出现的水动力不稳定、分配不均匀、造成较大的水力偏差以及可能发生的传热恶化等问题。为解决可能出现的危险工况，国外一些制造厂发展了带有螺旋形管圈及再循环泵的直流锅炉。螺旋形管圈吸热均匀，热偏差小，有利于防止偏高的热应力。且这种管圈型式无中间联箱，汽水分配较均匀。采用再循环泵，可实现全负荷或部分负荷循环，提高工质质量流速，有利于降低管壁温度，达到安全运行。

（五）变压运行其他若干问题

在变压运行时，主蒸汽、再热蒸汽温度均能维持额定值，使汽轮机各级金属温度几乎不变，无附加热应力。低负荷时排汽缸温度、本体膨胀、胀差和振动等都变化不大，但仍需注意以下几个问题：

（1）负荷很低时低压转子流量小，汽轮机叶片根部将产生较大的负反动度，造成蒸汽回流、效率降低和叶片根部出汽边水刷，甚至还有可能引起不稳定的旋涡，使叶片承受不稳定的激振力的颤振。

（2）锅炉低负荷时，有可能产生主汽温与再热汽温的偏差增大，对于高、中压缸合缸的机组，高、中压缸两个进汽口相邻处的温度梯度过大将产生较大的热应力。

（3）低负荷时排汽温度将升高，如升高值过大采用喷水减温，要注意可能雾化不佳、喷水位置不当而造成低压缸叶片受侵蚀。

（4）低负荷时给水加热器疏水压差很小，容易发生疏水不畅和汽蚀，因此要备有正确的检测手段和相应的保护措施。

采用变压运行时，蒸汽温度和汽轮机各部位的温度基本稳定，负荷变化快慢对汽轮机影响不大，限制负荷变化速率的主要因素是蒸汽压力变化速率和汽包上下壁温差，即变压运行时负荷变化快慢的关键在锅炉。变压运行时，主蒸汽压力随负荷变化，汽包内的饱和水蒸气温度随之相应变化，其变化速率一般规定为 1.5℃/min，汽包上下壁温差不超过 40℃ 为标准。

（5）变压运行机组的最低负荷一般取决于锅炉，而锅炉负荷下限决于燃烧稳定性和水动力工况安全性两个因素。我国原 300MW 以下机组锅炉纯燃煤最低稳定负荷约为 60%～70% 额定出力。

第二节　单元机组启停及变负荷时的热状态

一、热应力

由于温度变化，引起零部件的变形称为热变形。热变形受到约束时，在物体内部会产生内应力，这种由于温度变化使物体产生的内应力，称为热应力。如果部件温度变化时，各点温度分布均匀且产生的热变形未受到任何约束，则不会产生热应力，只有受到约束时才会产生热应力。物体由于加热膨胀受到约束，会产生压缩热应力；而冷却收缩受到约束，则产生拉伸热应力。但是如果部件内部温度变化不均匀时，即使部件没有受到约束，在部件内部也会产生热应力。也就是说温度变化大的部件，要产生一定的膨胀，因而要承受压缩热应力；而温度变化小的则膨胀量要相对小，因而产生拉伸热应力。由此可知，当物体内温度变化时，由于其不能自由伸缩或物体内部彼此约束而产生热应力，为此引起热应力的根本原因是在温度变化时，物体变形受到约束所致。

（一）锅炉热应力

锅炉汽水系统由于具有设备体积庞大、结构复杂、所处条件不同等特点，无论启动或停止，火焰及工质对他们的加热或冷却速度都不相同，因而各部件之间或部件本身将产生明显的温度差，温度差将导致金属设备膨胀或收缩的不均，并产生了热应力。锅炉承压部件随温差的变化将产生金属疲劳，当热应力超过允许的极限值时，会使部件产生裂纹乃至损坏。

这些热应力主要表现在汽包、水冷壁、省煤器、过热器和再热器受热设备上。

1. 锅炉汽包的温差与热应力

（1）锅炉上水工况。机组冷态启动时，锅炉汽包上水之前，汽包温度接近于环境温度。一定温度的给水进入汽包后，内壁温度随之升高，因汽包壁较厚（一般约 100mm），外壁（外表面）温升较内壁温升慢，从而形成内、外壁温差，如图例 3-4 所示。由于汽包内、外壁温差的存在，温度高的内壁受热，力图膨胀，温度低的外壁则阻止膨胀，因此，在汽包内壁产生压缩热应力，外壁产生拉伸热应力。温差越大，产生的应力也越大，严重时会使汽包内表面产生塑性变形。此外，管子与汽包的接口也会由于过大的热应力而受到损伤。为此，一般锅炉运行规程中规定，启动过程中的进水温度一般不超过 90～100℃，进水时间根据季节的变化控制在 2～4h。热态上水时，水温与汽包壁的温差不能大于 40℃。另外，为安全起见，要求锅炉进常温水时，上水温度必须高于汽包材料性能所规定的脆性转变温度 33℃以上。

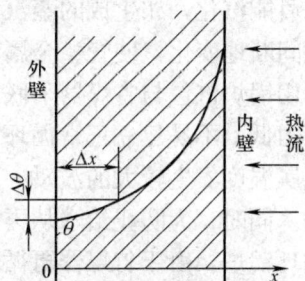

图 3-4　汽包壁内温度变化

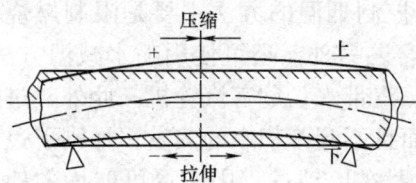

图 3-5　汽包上下壁温差应力

（2）锅炉升压工况。一般自然循环锅炉在启动过程中，汽包壁温差是必须控制的重要安全性指标之一。在启动开始阶段，蒸发区内的自然循环尚不正常，汽包内的水流动很慢或局部停滞，对汽包壁的放热系数很小，故汽包下部金属温度升高不多。汽包上部与饱和蒸汽接触，蒸汽对金属冷凝放热，其放热系数比汽包下部大好几倍，故汽包上部金属温度较高，汽包上下产生了温差应力，如图 3-5 所示。由于受与汽包连接的各种管子对变形的限制，这种温差应力将使汽包上部金属受压应力，汽包下部金属受拉应力，汽包趋向于拱背状变形。另外，在启动过程中，汽包金属从工质吸收热量，其温度逐渐升高并由内向外散热。因此，汽包壁由于内外存在温差而产生应力。为了防止过大的热应力损坏汽包，目前国内各高压和超高压锅炉的汽包上下壁温差及汽包筒体任意两点的温差均控制在 50℃以下。汽包壁上下及内外温差的大小在很大程度上取决于汽包内工质的温升速度，速度愈大则温差愈大。一般规定汽包内工质温升的平均速度不超过 1.5～2℃/min。

2. 水冷壁的温差与热应力

自然循环锅炉在点火过程中，特别在升温升压的初始阶段，水冷壁受热不多，管内工质含汽量很少，故水循环还不正常；又因这时投入油枪或燃烧器的数量少，故水冷壁受热和水循环的不均匀性较大。因此，同一联箱上的水冷壁管之间存在金属温差，产生一定的热应力，严重时会使下联箱变形或管子损伤。尤其是膜式水冷壁，应特别注意其受热的不均匀性。为此，通过正确选择和适当轮换点火油枪或燃烧器，可以使水冷壁受热趋于均匀。对于水循环弱、受热较差的水冷壁管，可从它们联箱的最低点放水以加速其受热。

对多次强制循环锅炉，由于使用强制循环泵进行强制循环，水流能按照计算设置的各水冷壁管的进口节流孔板进行分配，因而在锅炉启动过程中，水冷壁管之间的温差很小，无需采取特殊措施来改善水冷壁的受热情况。

3. 省煤器的温差与热应力

在点火后的一段时间内，锅炉不需进水或只需间断进水。在停止给水时，省煤器内局部的水可能汽化，如生成的蒸汽停滞不动，该处管壁可能超温。间断进水时，省煤器内的水温，也就间断地变化，使管壁金属产生交变应力，导致金属和焊缝产生疲劳。自然循环锅炉绝大多数采用锅炉汽包与省煤器下联箱连通的措施，可形成经过省煤器的自然循环回路，但由于其循环压力低，不易建立正常循环。另外，当汽包水温比给水温度高较多时，间断进水仍会使省煤器金属温度发生较大的波动。因此，使用再循环管也应注意汽包水温与给水温度的温差不能过大。同时，为防止给水从再循环管路直接进入汽包，锅炉上水时应关闭再循环门。对多次强制循环锅炉，由于省煤器再循环压头高，循环水量大，因而省煤器的水温也波动较小。

4. 过热器和再热器的温差与热应力

锅炉正常运行时，过热器被高速蒸汽所冷却，管壁金属温度与蒸汽温度相差无几。在启动过程中，情况就与此大不相同。在冷炉启动之前，屏式过热器一般都有凝结水或水压试验后留下的积水。点火以后，这些积水将逐渐被蒸发，或被蒸汽流所排出。但在积水全部被蒸发或排出以前，后面管段内没有蒸汽流过，管壁金属温度近于烟气温度。即使过热器内已完全没有积水，如蒸汽流量很小，管壁金属温度仍较接近烟气温度。因此，一般规定，在锅炉蒸发量小于10％额定值时，必须限制过热器入口烟温。控制烟温的方法主要是限制燃烧率（控制燃料）或调整火焰中心的位置（控制炉膛出口温度）。另外，还可使用喷水减温方法，但要注意对喷水量的控制，以防喷水不能全部蒸发，使蒸汽带水，危害汽轮机。此外，过热器和再热器升温过快时不但会增大厚壁元件的热应力，而且不利于积水的蒸发，加剧了过热器和再热器管间加热的不均匀性；因此，过热器和再热器在启动过程中应尽可能均匀地加热，加热过程中可通过监视过热器和再热器出口管的金属壁温，检查其加热的均匀性。启动过程中，再热器的安全主要与旁路系统的型式、受热面所处的烟气温度、启动方式（主要指汽轮机冲转的蒸汽参数）以及再热器所用的钢材性能有关。对于采用串联二级旁路系统的再热机组，启动期间锅炉产生的蒸汽可通过高压旁路流入再热器，然后经低压旁路流入凝汽器，使再热器得到充分冷却。对采用一级大旁路的系统，汽轮机冲转前再热器无蒸汽流过，因而应严格控制再热器前的烟温，有的锅炉可使用烟气旁路来控制进入再热器的烟气量。另外，为控制进入再热器的烟温，在条件允许时，汽轮机的冲转参数宜选低一些。

（二）汽轮机热应力

1. 汽轮机的受热特点

汽轮机在启动、停机和负荷变化过程中，各部件金属温度都将发生变化，尤其在启动过程中，汽轮机各部件金属温度变化得更为剧烈。例如，高参数汽轮机在冷态启动时，其进汽部分的金属温度将由原来的室温升高到500℃以上，所以启动过程实质上是汽轮机的加热过程。由于各部件的受热条件不同，它们的加热和传热情况也不同，从而使汽轮机各金属部件形成温度梯度、产生热应力和热变形。当热应力和热变形过大而超出金属部件的允许范围时，这些金属部件将产生永久变形甚至更严重的损坏。为了保证汽轮机启动的安全，必须了解并掌握汽轮机在启动过程中的受热情况。

当汽轮机冷态启动时，温度较高的蒸汽与冷的汽缸内壁接触，这时蒸汽的热量主要以凝结放热的形式传给金属壁。由于凝结放热的放热系数很高（且蒸汽压力越高，放热系数越大，传热量也就越大），汽缸内壁温度很快就上升到该蒸汽压力下的饱和温度。当汽缸内壁的金属温度高于该蒸汽压力下的饱和温度时，随着汽缸内壁温度的升高，蒸汽的凝结放热阶段就告结束。此后，蒸汽主要是以对流换热方式向金属传热。

蒸汽的对流放热系数远远低于凝结放热系数而且还不稳定，其大小取决于蒸汽的流速和密度（密度随压力和温度而改变）。在通常的流速范围内，流速越大，放热系数越高。流速不变时，高压蒸汽和湿蒸汽的放热系数较大，低压微过热蒸汽的放热系数较小。放热系数直接影响到汽缸内外壁温差。放热系数大时，蒸汽传给汽缸内壁的热量大；反之，传热量小。传热量过大将加剧汽缸内壁单向受热的不均匀性，使汽缸内外壁温差增大。因此在启动过程中，应通过改变蒸汽压力、温度、流量和流速等方法来控制蒸汽对金属的放热量。

汽轮机金属本身的换热过程是热传导过程。例如，加热蒸汽接触汽缸内壁，热量首先传给内壁表面，外壁的热量是由内壁通过金属的热传导而获得的，由于汽缸金属内外壁之间存在热阻，因此内壁温度将高于外壁温度而形成汽缸内外壁的温差。对汽轮机转子来说，虽然受热条件比汽缸好些，它的外周面和叶轮两侧面均能与蒸汽接触，但转子中心的热量仍然是由它的外周面以热传导的方式传递至中心的，因此转子沿半径方向也会出现温度梯度。但在一般情况下，转子出现的径向温度梯度小于汽缸沿厚度方向的温度梯度。

当汽轮机各金属部件受到单向加热时，汽缸和法兰可近似看做是厚壁金属平板。由于加热的剧烈程度不同，沿平板壁厚的温度分布情况大体呈双曲线型、直线型和抛物线型三种典型情况，如图3-6所示。

当平板内壁加热剧烈，温度瞬间变化很大时，其温度分

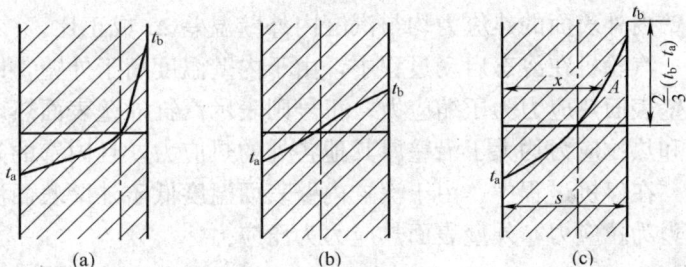

图3-6　金属平板被单向加热时，沿壁厚方向的温度分布示意
(a) 双曲线型；(b) 直线型；(c) 抛物线型

布为双曲线型，此时平板上的温差大部分发生在近内壁表面。当吸放热过程逐渐趋于稳定（即稳定加热时），其温度分布为直线型（温度场的中心通过平板中心）。若金属平板受约束而不发生弯曲变形，则平板中心线与内侧热表面间的金属产生压缩应力，中心线与外表面间的金属产生拉伸应力，压缩与拉伸应为对称地分布于中心线两侧，在中心线处的应力为零。

以上两种情况的温度分布，在汽轮机启动中是极少见的。启动时汽缸壁往往受到缓慢地加热，此时温度分布呈抛物线型。在这种情况下，壁内任意一点A的温度t可用式（3-1）求得：

$$t = t_a + (t_b - t_a)\left(\frac{x}{s}\right)^2 \tag{3-1}$$

式中　t_a——汽缸外壁温度，℃；
　　　t_b——汽缸内壁温度，℃；
　　　s——汽缸壁厚度，mm；
　　　x——沿汽缸壁厚度方向任一点A到汽缸外壁的距离，mm。

抛物线和双曲线型温度场中的热应力的分布是不对称的，最大热应力为压缩应力，而且发生在温度较高的内表面。

2. 汽缸的热应力

汽轮机的汽缸可以粗略地看做是一个厚壁圆筒，若不做精确的计算，就可以将汽缸当作

一块厚平板来处理。平板在不稳定加热时，沿板壁厚度方向的温度大致呈抛物线型分布，如图 3-7 所示。若汽缸壁的平均温度为 t_{av}，则沿壁厚任意一点的热应力 σ 可用式（3-2）求得：

$$\sigma = \frac{\alpha_l E}{1-\mu}(t_{av} - t) \tag{3-2}$$

式中　　t_{av}——沿壁厚的平均温度，℃；

　　　　　t——沿壁厚任意一点的温度，℃；

　　　　α_l——材料的线胀系数，1/℃；

　　　　E——材料的弹性模数，Pa；

　　　　μ——材料的泊松比。

则汽缸壁内表面的热应力计算公式为

$$\sigma_b = \frac{\alpha_l E}{1-\mu}\left(t_a + \frac{1}{3}\Delta t - t_b\right) = -\frac{2}{3}\frac{\alpha_l E}{1-\mu}\Delta t \tag{3-3}$$

同理，汽缸壁外表面的热应力的计算公式为

$$\sigma_a = \frac{1}{3}\frac{\alpha_l E}{1-\mu}\Delta t \tag{3-4}$$

由此可知，当汽缸材料一定时，即线胀系数 α_l、弹性模数 E 以及泊松比 μ 为定值，汽缸壁内外表面的热应力均与汽缸内外壁温差 Δt 成正比。

汽轮机在冷态启动过程中，由于内壁温度高于外壁，即 $\Delta t > 0$，故式中的负号表示汽缸内壁表面热应力为压缩应力；正号则表示汽缸外壁表面热应力为拉伸应力。内外壁表面的热压和热拉应力均大于沿壁厚其他各处的热应力，且内壁的热应力值为外壁的 2 倍。

在停机过程中，由于汽缸内壁表面温度低于外壁表面温度，即 $\Delta t < 0$，所以内壁表面热应力为拉应力，外壁表面热应力为压应力。

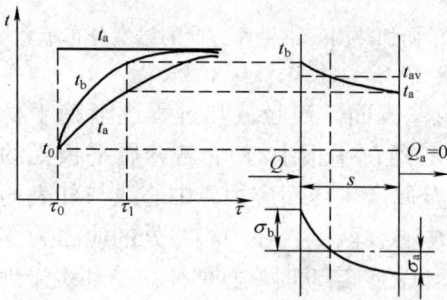

图 3-7　汽缸壁单向加热时，
内壁温度与应力分布示意图

实践证明，汽缸出现裂纹或损坏，大多是由拉应力所引起的。由上述分析可知，汽缸内壁在快速冷却时，将出现较大的拉应力，所以汽轮机的快速冷却比快速加热更为危险。例如，处于热状态的汽轮机若用低温蒸汽（温度低于汽缸金属温度的蒸汽）进行启动，或汽轮机突然甩负荷时，机组是非常危险的。从热力学观点来看，甩半负荷比甩全负荷的危险性更大，这是因为甩半负荷时，蒸汽的放热系数比甩全负荷时的放热系数要大得多，汽缸内壁将受到快速冷却的缘故。

汽轮机在启动、停机及负荷变化的过程中，应当使汽缸的热应力不超过材料的许用应力，即要严格控制汽缸内外壁的金属温差在允许范围内。一般情况下，汽缸内外壁温差变化 1℃，约能引起 1.96MPa 的热应力，由上面公式可求出最大允许温差为

$$\Delta t = \frac{[\sigma](1-\mu)}{\varphi E \alpha_l} \tag{3-5}$$

式中　　$[\sigma]$——材料的许用应力；

　　　　φ——温度分布系数；

　　　　α_l——材料的线胀系数，1/℃。

综上所述，对某一汽轮机而言，汽缸壁所产生的热应力是与汽缸内外壁温差 Δt 成正比的，它的大小又取决于汽缸壁加热或冷却的速度（汽缸金属温升或温降的速度）及汽缸壁的厚度。假定热流量 Q 的方向不变且汽缸外壁的绝缘良好，即 $Q_a = 0$（Q_a 为外壁传热量），汽缸壁沿厚度方向各点温度为抛物线型分布，就可得出汽缸内外壁温度差 Δt 的数学表达式为

$$\Delta t = \frac{c\rho}{2\lambda} \delta^2 \left(\frac{\partial t}{\partial \tau} \right) \times 10^6 \tag{3-6}$$

式中　c——汽缸金属材料的比热容，J/（kg·℃）；

ρ——汽缸金属材料的密度，kg/m³；

λ——汽缸金属材料的热导率，W/（m·K）；

δ——汽缸壁厚度，m；

$\dfrac{\partial t}{\partial \tau}$——汽缸壁厚 δ 处（即汽缸壁内表面）金属温度变化率，℃/h。

从式（3-6）可以看出，汽缸内外壁温差与汽缸内壁的温度变化率及汽缸壁的厚度 δ 的平方成正比，当汽缸内壁温度变化率越大、汽缸壁越厚时，汽缸内外壁的温差就越大，从而热应力也越大。

汽缸内壁温度变化的大小，意味着汽轮机的转速和负荷变化速度的快慢，当然也意味着汽轮机启动、停机过程的快慢。对于大容量汽轮机，汽缸壁尤其是法兰通常做得很厚，因此汽缸内壁温度变化率需要严格加以控制，这也是大容量汽轮机启动时间一般比中小型汽轮机要长的原因之一。

在采用喷嘴调节的汽轮机中，当启动和负荷变化时，调节级汽室的蒸汽温度变化很大，汽缸的最大温差常常出现在调节级附近的汽缸壁与法兰过渡的地方或相邻的法兰螺栓孔处，故当汽轮机启动及负荷变动时，必须严格控制调节级汽室蒸汽温度的变化率。

应该指出，上述分析是将汽缸作为厚壁平板传热来考虑的，所以按公式计算的热应力与汽缸在受热或冷却过程中实际产生的热应力有一定的差异。这是因为汽缸是一个结构复杂的圆筒，特别是进汽部分和前后两端面附近更为复杂，汽缸温度分布不仅沿平面分布，而且具有三元分布的特点。但实践证明，上述公式计算得到的热应力值，一般总是稍大于实际的热应力值，因此是足够可靠的。

3. 螺栓的热应力

在汽轮机启动过程中，法兰与螺栓之间存在着较大的温度差，而且法兰的温度高于螺栓的温度。由于法兰在厚度方向上的膨胀，螺栓被拉长，此时，螺栓除承受安装时的拉伸预应力和汽缸内部蒸汽工作压力而引起的拉伸应力外，又额外地产生附加热应力。如上述三种拉应力之和超过螺栓材料的屈服极限，螺栓就发生塑性变形甚至断裂。

在螺栓产生热拉应力的同时，法兰则相应的受到热压应力的作用。若这种应力过大时，法兰结合面的局部就可能因受过度的压缩而产生塑性变形，结合面的严密性将受到破坏。

法兰与螺栓由于温度差所引起的热应力 σ，可用式（3-7）进行计算，即

$$\sigma = E\alpha_l \Delta t \tag{3-7}$$

式中　E——螺栓材料的弹性模数，Pa；

α_l——螺栓材料的线胀系数，1/℃；

Δt——法兰与螺栓的温差，℃。

从式（3-7）可见，螺栓所承受的热拉应力是随着法兰与螺栓温差的增大而增加的。一般情况下，汽轮机的其他部件在允许的加热速度下，螺栓的热应力是不致达到危险程度的，因此它不限制汽轮机的启动速度。但是，当蒸汽温度比进汽处的汽缸金属温度高很多时，就应注意螺栓热应力增长情况。

4. 转子的热应力

和汽缸一样，汽轮机转子在启动或停机过程中，其表面亦受到单向加热或冷却，而且也是不稳定的热传导过程，其温度的分布，即等温线几乎与轴线平行。例如，汽轮机启动时，高温蒸汽加热转子表面，越接近于轴心部分的温度则越低。转子截面内的这个径向温差使转子中心产生热拉应力，而转子表面产生热压应力，当汽轮机带到一定负荷处于稳定工况后，转子截面内部温度趋近平衡，转子热应力基本消失，此时转子仅承受额定转速及一定负荷下由离心力引起的径向应力和汽流作用力引起的应力；汽轮机停机时的情况与启动时的情况刚好相反，转子表面产生热拉应力，而中心处产生热压应力。

在分析转子的热应力时，可粗略地把转子看成是一个从表面加热或冷却的圆柱体。转子表面和转子中心的最大温差 Δt 可用式（3-8）计算，即

$$\Delta t = \frac{R^2 b}{4\alpha} \tag{3-8}$$

式中　R——转子半径，m；

　　　b——转子表面的温度变化率，℃/h；

　　　α——导温系数，m^2/h。

将式（3-8）与式（3-6）进行比较，可以看出，若转子的半径与汽缸法兰厚度相等时，则在同样的温度变化率下，转子表面和中心的最大温差恰好为汽缸内外壁最大温差的一半。实际上转子的半径，尤其是高压汽轮机转子的半径与汽缸法兰的厚度相差不多。随着机组容量的增大，转子的半径甚至可能小于汽缸法兰的厚度，而且转子的几何形状是对称的回转体，温度分布比较均匀。因此在实践中，只要按照汽缸法兰热应力允许值来控制最大允许的升温速度，转子的热应力就不会超过允许值。

但是，大容量的汽轮机往往采用双层汽缸结构，这样，限制汽轮机启停及负荷变化的汽缸热应力就可能不是主要矛盾，而转子的热应力却成为必须考虑的因素。这是因为随着汽轮机容量的增大，转子直径也越来越大，汽轮机在启动停机过程中，转子的热应力、热变形也就越大。

二、热膨胀

（一）汽缸的绝对膨胀

汽轮机从冷态启动到带额定负荷运行，金属温度显著增大，汽轮机的汽缸在各个方向的尺寸都明显增大，这也就是汽缸的热膨胀。汽缸受热而膨胀的现象称为"缸胀"。缸胀时，由于滑销系统死点位置不同，汽缸可能向高压侧伸长或向低压侧伸长，也可能向左侧或向右侧膨胀。为了保证机组的安全运行，防止汽缸热膨胀不均，发生卡涩或动静部分摩擦事故，必须对缸胀进行监视。缸胀监视仪表指示汽缸受热膨胀变化的数值，也叫汽缸的绝对膨胀值。

汽缸的热膨胀，除了与长度尺寸和金属材料的线胀系数的大小有关外，主要取决于汽轮机通流部分的热力过程和各段金属温度的变化值。汽缸的绝对膨胀值理论上可以用式（3-9)表示：

$$\Delta L = \int_0^L \alpha_l t(x) \mathrm{d}x \qquad (3-9)$$

式中　ΔL——汽缸轴向膨胀值，mm；

　　　L——距汽缸死点的长度，mm；

　　$t(x)$——汽缸随长度 x 而变的温度，℃。

　　高参数大容量汽轮机的法兰宽度和厚度远大于汽缸壁的厚度，而且高压汽缸法兰前后端往往是搁置在轴承座上的，因此汽缸的膨胀值通常取决于法兰各段的平均温度$\bar{t}_0$，这样汽缸的轴向膨胀值可用式（3-10）近似计算：

$$\Delta L = \alpha_l \bar{t}_0 L \qquad (3-10)$$

　　每一台运行中的汽轮机，其轴向温度的分布都有一定的规律性，所以总可找到某一点的金属温度与汽缸自由膨胀值的对应关系。只要控制监视点温度在适当的范围内，就能保证汽缸膨胀符合启动和正常运行的要求。

　　汽轮机在运行中除应保证在轴向能自由膨胀外，还应保证在横向能均匀膨胀，否则汽缸就会发生中心偏移。使用法兰螺栓加热装置的大容量机组，更需要监视汽轮机的横向膨胀。一般情况下调节级汽室处左右两侧法兰的金属温差如能控制在合理范围内，就能保证汽缸横向膨胀均匀。

　　对于具有双层汽缸结构的汽轮机，前轴承座的膨胀值主要是由外缸法兰的平均温度决定的。例如300MW 汽轮机热膨胀时（如图3-8所示），其前轴承座的膨胀值为高、中压外缸法兰的总膨胀值。其内缸绝对膨胀值则比较复杂：高压内缸的膨胀由两部分组成，即内缸在高、中压缸分缸面处的膨胀值，加上高压内缸由此分缸面处向前的膨胀值；中压内缸的膨胀亦由两部分组成，

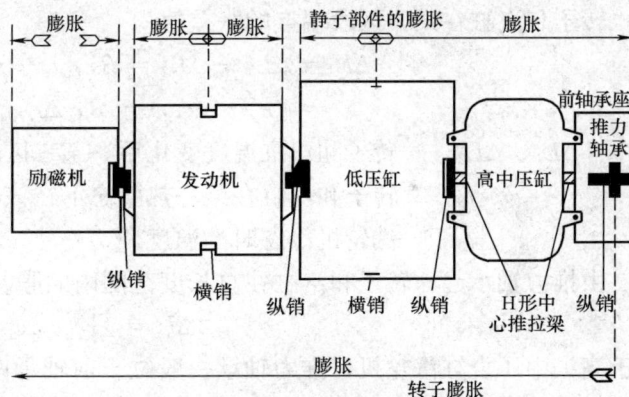

图3-8　300MW 机组滑销系统膨胀示意图

即外缸在高、中压缸分缸面处的膨胀值，减去中压内缸由此分缸面处向后的膨胀值。

　　（二）汽缸和转子间的相对膨胀

　　如前所述，汽缸受热后将以死点为基准在滑销系统引导下分别向横向、纵向及斜向膨胀，因为轴向长度最长，所以轴向膨胀是主要的。当汽缸以死点为基准向前膨胀时，通过推力轴承的带动，转子将一起向前移动；而转子受热后又以推力轴承为基点向后膨胀。转子与汽缸沿轴向膨胀之差，称为转子与汽缸的相对膨胀差，简称胀差或差胀。一般规定，当转子的纵向膨胀值大于汽缸的轴向膨胀值时，胀差为正值；反之，胀差为负值。

　　转子和汽缸的胀差值沿纵向各点是不同的。设以推力轴承为基点，转子距推力轴承 x 处的膨胀值为

$$\beta_z \int_0^x \Delta t_z \mathrm{d}x \qquad (3-11)$$

　　汽缸距离推力轴承 x 处的膨胀值为

$$\beta_g \int_0^x \Delta t_g \mathrm{d}x \tag{3-12}$$

则转子和汽缸距离推力轴承 x 处的胀差 ΔL 为

$$\Delta L = \beta_z \int_0^x \Delta t_z \mathrm{d}x - \beta_g \int_0^x \Delta t_g \mathrm{d}x \tag{3-13}$$

式中　Δt_z、Δt_g——转子和汽缸某一区段的温度与冷态时的温度差，℃；

　　　　β_z、β_g——考虑转子和汽缸在某一区段内的线胀系数，1/℃。

　　在实际计算中，当确定了汽轮机在某一运行工况下的转子和汽缸的温度分布情况之后，可以分段按照数值积分法的梯形定理求出每一段的近似值再相加，以此方法来代替上述积分，同样可求出转子和汽缸从推力轴承到任意一点区段内的胀差值。例如，以推力轴承为基点，把汽缸和转子分成若干区段。若汽缸和转子金属材料的线胀系数相等，那么温度变化后转子（或汽缸）在某一区段的伸长值近似为

$$\Delta L = \beta x_i \Delta t_i \tag{3-14}$$

式中　β——汽缸或转子金属材料的线胀系数；

　　x_i——汽缸或转子的某一区段长度；

　　Δt_i——汽缸或转子的某一区段的平均温度与该区段的冷态温度差。

　　转子和汽缸在某一区段端点的胀差值为

$$\Delta L = \Delta L_1 - \Delta L_2 = \beta x_i [t_z - t_0 - (t_g - t_0)]$$
$$= \beta x_i (t_z - t_g) = \beta x_i \Delta t_i \tag{3-15}$$

式中　ΔL_1、ΔL_2——转子和汽缸温度变化后，某一区段的伸长值，mm；

　　　　t_z、t_g——转子和汽缸在某一热状态下在该区段的平均温度，℃；

　　　　t_0——汽轮机冷态时的温度，℃。

　　由推力轴承起，转子和汽缸在总长度范围内的胀差值为

$$\Delta L = \sum \beta x_i \Delta t_i \tag{3-16}$$

对于高、中压合缸汽轮机，推力轴承一般位于前轴承座内，指示值为各区段胀差的代数和。在汽轮机启动和停机过程中，由于转子和汽缸产生相对膨胀而引起通流部分动静间隙发生变化，一旦某一区段的胀差值超过在这个方向的动静部件轴向间隙时，将发生部件间的摩擦而损坏，因此任意一台汽轮机在出厂前都根据可能出现的动静部件摩擦的最小轴向间隙，确定相对膨胀的正负允许值。

　　（三）胀差的影响因素

　　1. 进汽参数的影响

　　当汽轮机进汽参数发生变化时，首先是转子的热状态发生变化。汽缸膨胀（或收缩）要滞后于转子一段时间，所以汽轮机组的胀差发生变化。也就是说，蒸汽的温度变化率大，转子和汽缸的温差增加。在启动、停机过程中，合理地控制蒸汽的温升（或温降）速度，基本上就能控制汽轮机组胀差在安全范围以内。有时蒸汽温度变化率不大，而在启停和变工况时胀差仍有超限现象，其主要原因是：

　　1）通流部分轴向间隙小，胀差的限制数值小；

　　2）滑销系统不合理，汽缸膨胀（或收缩）阻力大，再加上各种管道的作用力，在工况变化时，阻碍了汽缸的膨胀（或收缩），使胀差超限。

2. 凝汽器真空的影响

当汽轮发电机组维持一定转速（或负荷），在凝汽器真空降低时，需增加蒸汽流量，这样就使高压转子的受热面加大，其胀差值随之增大。在凝汽器真空提高时，正好与真空降低的过程相反，高压转子的胀差减小。对中、低压转子的胀差，其真空高低的影响正好与高压转子的胀差相反。这是由于中、低压转子的叶片较长，其鼓风摩擦产生的热量比高压转子大。在真空降低时，中、低压转子鼓风热量被增加的蒸汽量带走，所以中、低压胀差并不会增加。在真空升高时，蒸汽流量减小，中、低压转子的鼓风热量相对于真空低时被蒸汽带走的少，同时中、低压缸的蒸汽来自于再热器，通过中间再热的蒸汽量减少时，再热蒸汽的温度相应提高，引起中、低压转子伸长，胀差增大。因此，在升速、暖机过程中，不能采用提高真空的办法来调整中、低压转子的胀差。

3. 法兰加热装置的影响

汽缸法兰、螺栓加热装置的使用，可以提高汽缸法兰和螺栓的温度，同时降低了法兰内外壁、汽缸内外壁、汽缸与法兰、法兰与螺栓的温度差，加快了汽缸的膨胀，控制了高压转子胀差值。在启动暖机阶段，调整高压转子胀差的主要手段是合理地使用法兰和螺栓加热装置，但是使用法兰和螺栓加热装置要受到许多因素的影响，如：

（1）加热蒸汽温度不够高；

（2）加热蒸汽温度过高；

（3）相应的法兰外表面有产生过热的危险；

（4）加热的蒸汽量小。由于许多不利因素的存在和在使用时，法兰有过冷却的危险，这时法兰、螺栓加热装置不能投入，有时虽然在启动阶段，采用法兰螺栓加热装置使胀差受到控制，但通流部分和汽封还是发生了卡涩，其原因是投入法兰加热装置时，轴向间隙沿汽缸长度变化相当不均匀，发生了轴向间隙的再分配，与转子汽缸每个区段的局部加热有关。转子和汽缸即使没有投入局部加热系统，也会发生中间各级轴向间隙的变化与测得整个转子相对膨胀不一致的情况，这与转子和汽缸个别区段的热惯性不同也有关。

4. 摩擦鼓风热量的影响

汽轮机转子的摩擦鼓风损失与动叶长度成正比，与圆周速度的三次方成正比，所以低压转子的鼓风损失比高压转子要大，这部分损失变成了热量来加热通流部分，会对胀差产生较大的影响。特别是在低负荷的工况下，这种影响更为显著。随着流量的增加和转速的升高，这种影响将逐渐减小。

5. 轴封供汽温度的影响

这主要是在热态或极热态启动时，高温的长轴与送来的蒸汽相接触。如轴封供汽温度较低，造成轴封段的轴迅速冷却收缩。特别是对于高、中压汽缸的前后轴封，这种现象更为严重，会造成前几级动叶的入汽侧磨损，这种情况往往从胀差表上没有反映出来。对于汽轮机从高负荷下迅速降低时，调节级的蒸汽温度也相应下降。从高压前轴封漏出的蒸汽温度也会降低，并会产生上述同样的后果。在额定参数下停机的过程中，如果要求保持一定时间的空转，前轴封送入低温蒸汽也会产生上述同样的后果。为此，在许多发电机组中都设置了高、低压套轴封供汽系统。

6. 转速的影响

转子在旋转时，离心力与转速成正比。在离心力的作用下，转子会发生径向伸长。根据泊桑效应，这时转子的轴向必然会缩短，影响到胀差，使胀差减小。当转速降低时，又会发生与上述相反的现象。

三、热变形

汽轮机启动、停机和负荷变化时，由于各金属部件处于不稳定传热过程中，在汽缸和转子的各截面上出现温差，此时汽缸和转子的金属内部除产生热应力外，还会产生热变形，如果汽缸和转子的挠曲值过大，可能造成通流部分动静部件的径向间隙完全消失而磨损。这样不仅使汽封的径向间隙扩大，增大漏汽（气）量，而且使汽轮机运行的经济性降低，同时动静部件的摩擦往往引起机组振动以及发生大轴弯曲等事故。

（一）汽缸的热变形

在汽轮机启停、变工况时，由于汽缸的质量和保温以及与汽缸相连的各种管道和汽缸内工质流动，使得上下汽缸、法兰内外壁产生温差，温差的产生使上下汽缸轴向膨胀不同，导致汽缸产生热弯曲。上缸温度高于下缸的温度，使上缸的变形大于下汽缸，即上缸的热弯曲大于下汽缸，引起上缸向上拱起，下缸底部径向间隙减小。一般在停机时，由于汽缸冷却，上下缸温差高达 80～120℃。据有关资料表明，上下缸温差每有 10℃存在，将导致汽缸热变形弯曲 0.08～0.13mm，并易发生动静摩擦。

引起上下汽缸温差大的原因有以下几方面：

（1）上下汽缸的质量、散热面积不同，使得在相同的加热或冷却条件下，上缸温度高，下缸温度低。

（2）在汽缸内蒸汽向上流动，凝结水流到下缸，产生上下缸温差。同时在汽缸大气空间中空气由下向上流动，造成汽缸的冷却条件不同，进一步导致上下缸温差的产生。

（3）由于汽缸保温不良，如下汽缸保温工艺差，运行中与汽缸脱离，使保温层与汽缸之间存在间隙，流入空气使下汽缸散热比上汽缸快。

（4）在给汽缸法兰、螺栓加热时，上法兰相对于下法兰过热，也是汽缸发生热变形弯曲的原因之一。这也是因为法兰结构不同所引起的。

（5）由于汽缸疏水不畅，启停时上下汽缸温差加剧。由于下汽缸连接抽汽管道，在停机后，有冷汽（气）从抽汽管中返回汽缸，造成汽缸温度的突降。

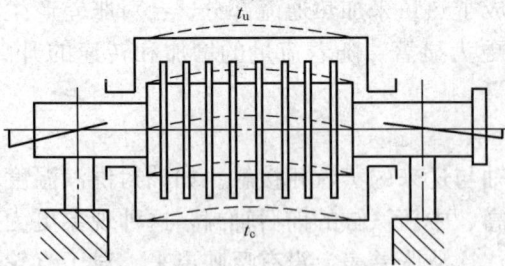

图 3-9 汽缸和转子的热变形弯曲

（6）采用喷嘴调节的汽轮机，当调节阀开启的顺序不当时，会造成部分进汽，使上下汽缸温度不均匀。

所以汽轮机无论在启动、停机，还是变工况下运行，总存在着上下缸温差问题，使汽缸发生热变形弯曲，如图 3-9 所示。由于汽缸结构庞大，形状复杂，要对汽缸的热变形弯曲进行精确的计算是很困难的，但可对其最大的弯曲值进行估算。

上下汽缸温差产生的最大拱起值可通过式（3-17）近似求得，即

$$f_{max} = \frac{\beta L \Delta t}{8D} \tag{3-17}$$

式中　β——汽缸金属材料的线胀系数，1/℃；

  D——沿汽缸长度的平均直径，mm；

  L——汽缸支撑点之间的距离，mm；

  Δt——上下汽缸的温差，℃。

  上下汽缸存在温差是汽缸产生热变形弯曲的主要原因之一，一般规定上下汽缸温差小于 35～50℃。对双层结构的汽轮机，其内缸上下汽缸温差 Δt 不大于 35℃，外缸上下汽缸温差 Δt 不大于 50℃，而且明确规定了上下汽缸温差超限时，严禁冲动汽轮机转子。

  在启动过程中，为了控制上下汽缸温差在允许范围之内，必须严格控制温升速度，同时要尽可能使高压加热器随汽轮机一起启动；在启动过程中还要保证汽缸疏水畅通，不要有积水；在停机后，必须立即投入连续盘车，如由于故障导致上下缸温差超限不能投入连续盘车时，也必须定期手动盘动转子，待温差恢复，手动盘动转子无摩擦、碰磨后，立即投入连续盘车；在维修方面，下汽缸应采用较好的保温结构和选用优质保温材料，并可适当加厚保温层或者加装挡风板，以减少空气对流。

  （二）汽缸法兰的热变形

  大容量中间再热汽轮机的高、中压缸的水平法兰厚度为汽缸壁厚的 4 倍，其法兰刚度比汽缸大得多。在启动时，由于加热器件不同，使得法兰的温度变化滞后于汽缸温度的变化，且法兰处于单向导热状态，使法兰内外壁、法兰内壁与汽缸内壁之间产生温差，法兰内壁温度高于法兰外壁温度，这除了引起热应力外，还会沿法兰垂直和水平结合面方向引起热变形弯曲，特别是法兰的水平热变形弯曲，往往会使汽缸横断面变形。

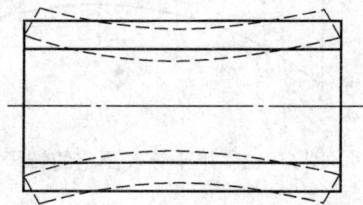

  汽缸的变形量与法兰内外壁温差成正比，因此在启动过程中，蒸汽温升率越大，金属温差也就越大，汽缸变形量也就越大。启动时法兰内壁温度高于外壁温度，法兰（或汽缸）内壁伸长量较大，而外壁的伸长量较小，沿汽缸轴向各截面将产生变形、使法兰在水平方向上发生热变形弯曲，如图 3-10 所示。汽缸中间段横截面变为立椭圆，出现内张口。即垂直方向直径大于水平的直径，如图 3-11（b）所示。汽缸前后两端的横截面变为横椭圆，出现外张口，即水平方向直径大于垂直方向直径，如图 3-11（c）所示，其结果是汽

图 3-10 法兰在内壁温度
高于外壁时水平面内产生
热变形弯曲的示意图

缸中间段两侧的直径间隙减小，汽缸前后两端的上下部位的径向间隙减小。如果这种热变形量过大、热弯曲过大，将引起动静摩擦现象，使法兰结合面局部段发生塑性变形。因此对装有法兰、加热装置的发电机组，规定法兰内外壁温差 Δt 不大于 30℃。在启停过程中，直接控制蒸汽温升率，并对法兰、加热装置进行合理的调整，尽可能有效地减小法兰内外壁的温差，减小热变形。但是，投法兰加热装置时，特别注意法兰内壁温度与汽缸顶部温度的差值，当其温差大于

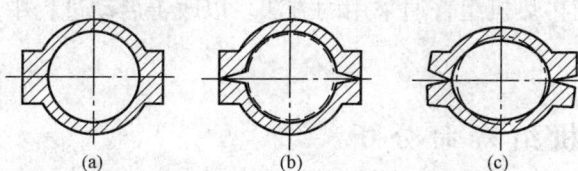

图 3-11 法兰、汽缸的变形图
（a）变形前；（b）中间段变形；（c）前后两段变形

某一数值时，立即停止法兰加热。

  （三）汽轮机转子的热弯曲

  如前所述，上下汽缸由于冷却速度不同而产生温差，这时如果在汽缸内的转子是处于静

止状态，那么在转子的径向也会出现温差，产生热变形。当上下汽缸温度趋于平稳，温差消失后，转子的径向温差和变形也随着消失，恢复到原来的状态。由于转子这种弯曲是暂时的，故称为弹性弯曲。但是，当转子径向温差过大，其热应力超过材料的屈服极限时，将造成转子的永久变形，这种弯曲称为塑性弯曲。

热弯曲产生的主要原因：①汽缸内对流换热；②向轴封供汽不对称；③启动时建立真空；④停机时，汽轮机尚未冷却就停止连续盘车。

在转子有较大热弯曲时，启动汽轮机，转子重心偏离旋转中心，高速旋转将产生很大的离心力，使发电机组发生强烈振动。因此，对高参数、大容量中间再热汽轮机规定，热弯曲最大值为 0.03～0.04mm。启动时充分盘车的主要原因，也是降低转子的热弯曲。转子产生永久弯曲的原因，一般是由于转子有热弯曲时，在高速旋转的情况下，单侧摩擦过热，局部表面温度急剧升高（如与汽封的摩擦等），与周围金属产生很大的温差。金属过热部分受热要膨胀，因受到周围温度较低部分金属的限制而产生了压应力。如果压应力超过该温度下金属材料的屈服极限时，就造成该局部金属的塑性变形，使受热部分的金属受压而缩小。当转子完全冷却或温度均匀后，大轴就向相反的方向弯曲，成为永久弯曲。因此一般在转子产生了弹性变形的情况下，采用手动定期盘车来消除热弯曲。

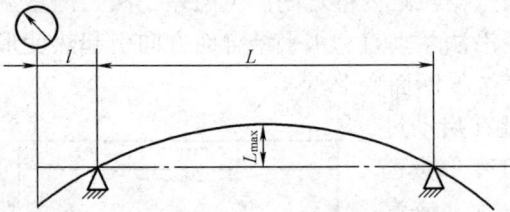

图 3-12 用千分表测定的转子热弯曲示意图

大型汽轮机都装有转子挠度指示器，可直接测量大轴的弯曲值。无此装置的发电机组应监视转子的振动，比较先进的发电机组可直接测量轴的振动。目前现场常用千分表测量转子的热弯曲，通常把千分表装在转子的轴颈或轴向位移发送器圆盘上测取转子的挠度，根据所测得的挠度值与转子的最大弯曲值之间的一定比例关系，如图 3-12 所示，来计算转子的最大弯曲值，即

$$L_{max} = 0.25 \frac{L}{l} f_u \tag{3-18}$$

式中 f_u——用千分表测得转子的挠度值，mm；

     L——两轴承之间轴的长度，mm；

     l——千分表位置与轴承间的距离，mm。

从启动的观点来看，减小热弯曲，采用全周进汽的节流配汽方式，要比部分进汽的喷嘴配汽方式效果好，这是目前国内外大容量中间再热机组普遍采用的方法，以改善启动过程中汽缸和转子的热弯曲和热应力。

第三节　单元机组寿命分析

任何设备都有一定的使用寿命，对于在高温、高压、动载荷的条件下工作的大容量单元机组更是如此。我们一方面需要知道设备预期的使用寿命，以便及时处置，保证安全；另一方面需要从经济上进行综合比较来确定在设备预期的使用寿命阶段，如何充分使用设备。随着电力工业的发展，单机容量的不断增大，大容量机组参加调峰运行的要求越来越迫切，更应该加强大机组设备的寿命管理。

一、影响机组寿命的因素

影响机组寿命的因素有很多，主要有以下三个方面。

1. 温度变化的影响

温度变化的影响分为两种，一种是频繁的周期性温度变动，例如机组负荷、汽温波动引起金属温度周期性波动，形成温度波动；另一种是在两种以上不同的温度下长期运行的影响。无论是哪种情况，都会引起材料内部产生交变的热应力循环，同时使材料的强度下降。材料的软化会降低材料的低周疲劳及蠕变性能，严重影响转子的使用寿命。

2. 高温蠕变的影响

金属在高温下工作，即使所受的应力低于金属在该温度下的屈服点，但在这样应力的长期作用下也会发生缓慢的、连续的塑性变形（这种变形在温度不太高或应力不太大的情况下几乎觉察不出来），这一现象叫蠕变。在高温静载荷的作用下，蠕变会使零部件缓慢地随时间的延长而导致断裂。当设备的材质一定，工作温度和承受的应力也一定时，金属材料的蠕变断裂时间可从部件材料的蠕变极限曲线上查出。机组每运行 1h，金属材料就发生了 1h 的蠕变，蠕变断裂的时间就要减少 1h，即消耗 1h 的蠕变寿命。蠕变对金属材料的寿命损耗一般用百分数来表示，如果材料没有疲劳损伤，只是单纯的蠕变，则当其寿命损伤积累到 100% 时，材料会出现第一条宏观裂纹。启动过程中，一般金属温度低于设计值，所以可以不考虑金属蠕变问题。当金属温度达到设计值时，才考虑蠕变寿命损耗，如果运行中能严格控制超温运行，并保证正常的应力水平，则蠕变寿命的损耗不会很大。

3. 低频疲劳的影响

低频疲劳也称为低周疲劳。机组在启停或负荷变化过程中，金属承受的是交变热应力。在这种交变应力作用下，经过一定周次的循环，就会在金属表面出现疲劳裂纹并逐渐扩展以致断裂。金属承受的这种交变应力的特点是交变周期长、频率低、疲劳裂纹萌生的循环周次少，即便是每天启停一次参与调峰运行，其循环周次也不会超过 10^4，故称为低频疲劳。

二、锅炉寿命管理

为了对锅炉寿命损耗进行有计划的管理，必须预先对锅炉主要承压部件在规定参数下的安全运行期限做出估计，在运行中对寿命损耗值及剩余寿命进行经常性的监督、测算和统计，对存在缺陷的部件及时维修、更换，必要时还要对锅炉的运行参数进行限制。

1. 锅炉部件的老化损伤

锅炉部件多由各种管子和圆筒形容器组成，其老化损伤的分类大致如图 3-13 所示。

2. 锅炉承压部件的寿命估算

锅炉承压部件剩余寿命估算包括：测算过去运行中的寿命损耗，检查当前运行状况下的寿命损耗程度，以及对剩余寿命的计划使用。寿命估算方法通常有计算分析法、破坏试验法和无损检测法三种。

根据部件过去承受的应力和温度的情况，可以用计算分析的方法来估算寿命的损耗值。

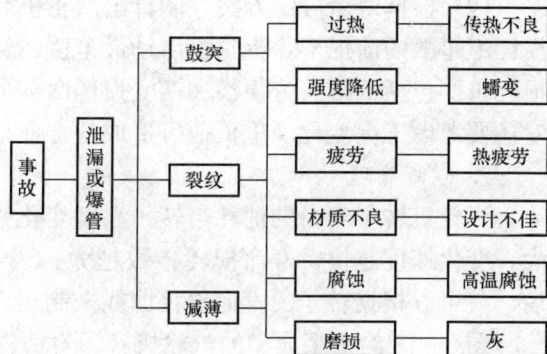

图 3-13　锅炉管子老化损伤分类

一般采用运行记录的方法，按测得部件内的介质压力、温度、流量等参数的变化以及负荷情

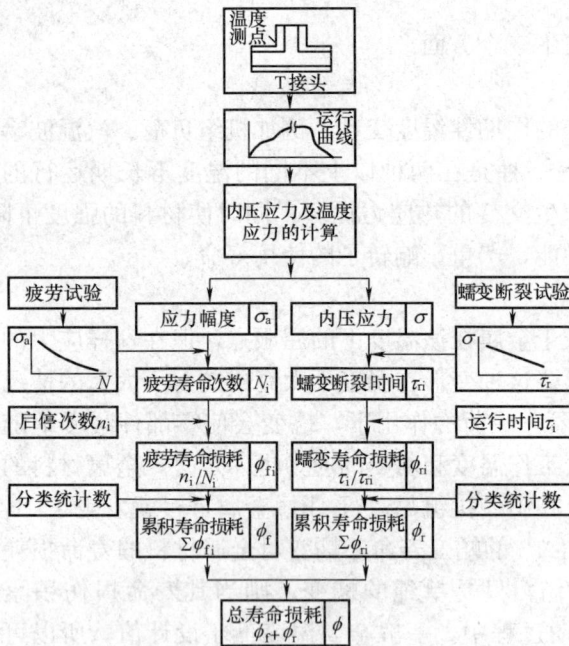

图 3-14　锅炉寿命损耗计算分析示意

况，用解析方法计算获得部件内部的温度及应力分布变化，然后计算蠕变和疲劳寿命损耗。计算的内容和步骤如图 3-14 所示。

三、汽轮机寿命管理

汽轮机寿命的管理，对于电站的可靠性和经济性至关重要，延长其部件的寿命，已经成为一个重要的课题。随着电网容量不断增加，用电结构不断变化，原先带基本负荷的大机组，如 300MW 机组也必须参加调峰。与带基本负荷的机组相比，调峰机组更具有频繁启停和负荷变化的特点，因此，蒸汽参数及金属温度均频繁地变化，使得受热部件产生较大的交变应力，其寿命损伤比带基本负荷时大，机组的寿命管理更为重要。

汽轮机寿命管理的任务就是正确评价汽轮机部件的寿命（包括无裂纹寿命和剩余寿命），合理分配机组服役期内各种工况下的寿命损耗，延长汽轮机的使用寿命。做好机组寿命管理工作，有助于合理使用材料，充分利用设备潜力，避免灾难性事故的发生。

1. 寿命分配

为了更好地使用汽轮机，必须对汽轮机的寿命进行有计划的管理，汽轮机的寿命管理应该包括两个方面的内容：

（1）对汽轮机在总的运行年限内的使用情况做出明确的、切合实际的规划，也就是确定汽轮机的寿命分配方案，事先给出汽轮机在整个运行年限内的启动类型及启停次数以及工况变化、甩负荷次数等。

（2）根据寿命分配方案，制订出汽轮机启停的最佳启动及变工况运行方案，保证在寿命损耗不超限的前提下，汽轮机启动最迅速、经济性最好。在正常运行条件下，汽轮机的寿命损耗主要包括低频疲劳损伤和蠕变损伤两部分，它与重视机组担负的负荷性质有所不同，同时还要考虑工况变化、甩负荷等造成的寿命损耗。

2. 寿命管理

汽轮机转子寿命的消耗与转子温度变化幅度的大小和变化的速度有关，温度变化幅度越大，变化速度越快，寿命损耗指数越大。当确定了各种启动每一次允许的疲劳寿命损耗值后，就可以根据转子的寿命损耗曲线来制定合理的运行操作程度。

图 3-15 给出了典型的汽轮机转子寿命损耗曲线，横坐标为转子金属温度变化幅度，纵坐标为金属温度的变化速率。如果给定金属温度变化幅度和变化率，就可从其交点查出该次温度变化引起的寿命损耗。应该说明，转子温度不易直接测量，通常近似用内缸温度来代替，当然在制定寿命损耗曲线时，纵坐标和横坐标也可采用蒸汽温度来代替，这样更便于应

用。从曲线上可以看出，转子温度变化幅度越大，温度变化率越大，在转子内引起的热应力也越大，损耗转子寿命的百分数也越大。图中的阴影部分为转子中心孔部分应力限制区，主要考虑到转子表面裂纹比较容易被发现和处理，转子中心孔内容易产生裂纹却不易被发现，且转子中心部位在冶炼过程中易产生缺陷。为此，将转子内孔合成应力限制在金属材料屈服极限的 60% 以内，将此作为转子内孔的应力限制区。在汽轮机启动及工况变化时，要控制好蒸汽温度的变化情况，严防寿命损耗率落入限制区。

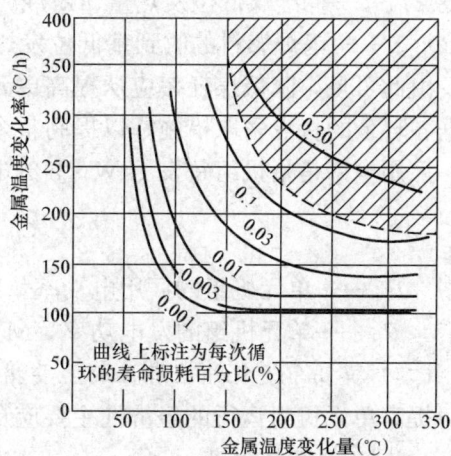

图 3-15 汽轮机转子寿命损耗曲线

从图 3-15 中可以看出，即使是同样的寿命损耗值，温升量越大，对应的允许温升率越小；而温升量越小，允许的温升率越大。在机组启动前，应先掌握转子冲转时的温度水平。理想的启动过程是主蒸汽和再热蒸汽按照一定的温升率提高温度，使调节级汽温和中压第一级后汽温按允许的最大温升率升温，直到额定负荷。但是，实际上，机组的启动受到汽缸膨胀、胀差等因素的影响，在升速和加负荷阶段需要一定的暖机时间。那么在机组的整个启动过程中，由于暖机，调节级汽温将出现升温、恒温、再升温、再恒温的过程，从而引起转子表面产生的热应力对应发生增大、衰减、再增大、再衰减的变化，使得热应力多次出现峰值。因此，转子寿命损耗应为多次热应力波动引起的寿命损耗之和。在制定启动方案时，应考虑暖机过程，把整个启动过程分段，再考虑每段的温升量和温升率。

第四节 单元机组经济运行

一、单元机组的主要经济指标

（一）单元机组的主要经济指标

发电厂通常采用各种技术经济指标来评价其运行的经济性及技术水平。对单元机组的技术经济指标进行统计和分析，将有利于进一步提高发电厂的生产和管理水平，从而达到发电厂节能的目的。单元机组的经济运行状况，主要取决于其燃料量和电量的消耗情况，因此单元机组的主要经济指标有发电标准煤耗率和厂用电率。发电标准煤耗率及厂用电率的大小主要取决于机组的设计、制造及选用的燃料。运行人员的调整、运行方式的选择对这两项指标也有很大影响。单元机组的经济运行就是要保证实现发电标准煤耗率和厂用电率的设计值，并尽可能降低，以获得最大的经济效益。

发电标准煤耗率是指机组每发 $1\mathrm{kW \cdot h}$ 的电所需要的标准煤，可表示为

$$b^{\mathrm{b}} = \frac{B \times 10^{6}}{P_{\mathrm{el}}} \frac{Q_{\mathrm{ar,net}}}{29\,271} \tag{3-19}$$

式中 b^{b}——标准煤耗率，$\mathrm{g/(kW \cdot h)}$；

B——锅炉燃料消耗量，t；

P_{el}——机组发电量，$\mathrm{kW \cdot h}$；

29 271——标准煤低位发热量，kJ/kg；

$Q_{ar,net}$——锅炉燃料的收到基低位发热量，kJ/kg。

由此可见，降低煤耗率应从提高单元机组热效率，即提高能量转换各环节的效率入手，根据各环节的特点采取措施，以提高整个机组的经济性。

厂用电率是指机组每发 1kW·h 的电所消耗的厂用电功率，可表示为

$$\zeta_{ap} = \frac{P_{ap}}{P_{el}} \times 100\% \tag{3-20}$$

式中　P_{ap}——单元机组的厂用电功率，MW；

P_{el}——单元机组的发电功率，MW。

（二）提高单元机组经济性的主要措施

提高单元机组运行的经济性主要应从以下方面着手。

1. 提高循环热效率

提高循环热效率对提高单元机组运行的经济性有很大的影响，具体措施有：①维持额定的蒸汽参数；②保持凝汽器的最佳真空；③充分利用回热加热设备，提高给水温度。

2. 维持各主要设备的经济运行

锅炉的经济运行，应注意以下几方面：①选择合理的送风量，维持最佳过量空气系数；②选择合理的煤粉细度，即经济细度，使各项损失之和最小；③注意调整燃烧，减少不完全燃烧损失。

汽轮机的经济运行，除与循环效率有关的一些主要措施外，还应注意以下几方面：①合理分配负荷，尽量使汽轮机进汽调节阀处于全开状态，以减少节流损失；②保持通流部分清洁；③尽量回收各项疏水，减少机组汽水损失；④减少凝结水的过冷度；⑤保持轴封系统工作良好，避免轴封漏汽量增加。

3. 降低厂用电率

对燃煤电厂来说，给水泵、循环水泵、引风机、送风机和制粉系统所消耗的电量占厂用电的比例很大。如中压电厂给水泵耗电占厂用电的 14% 左右，高压电厂给水泵耗电则占厂用电的 40% 左右，拥有超临界压力机组的电厂如果全部使用电动给水泵，其耗电量可占厂用电的 50%，所以降低这些电力负荷的用电量对降低厂用电率效果最明显。

4. 提高自动装置的投入率

由于自动装置调节动作较快，容易保证各设备和运行参数在最佳值下工作，同时还可以降低辅机耗电率。

5. 提高单元机组运行的系统严密性

单元机组对系统进行性能试验而严格隔离时，不明泄漏量应小于满负荷试验主蒸汽流量的 0.1%。通常主蒸汽疏水、高压加热器的事故疏水、除氧器溢流系统、低压加热器事故疏水、省煤器或分离器放水门、过热器疏水和大气式扩容器、锅炉蒸汽或水吹灰系统等都是内漏多发部位。由于系统严密性差引起补充水率每增加 1%，单元机组供电煤耗率约增加 2～3g/（kW·h）。

二、火电厂调峰运行方式的经济性分析

近年来，随着我国电力工业的迅速发展，电网和单机容量的不断增大，电网的峰谷差越来越大，300MW 机组负荷的变动幅度在不断增大，低负荷运行时间越来越长。这就对机组

的运行方式提出了较高的要求，即在安全可靠的前提下，其在额定和低负荷时都应有较高的热经济性。机组在调峰工况下运行时，因偏离了设计工况，因此将对机组的经济性产生一定的影响。

（一）低负荷运行方式的经济性

1. 低负荷运行时机组的效率

汽轮发电机组在低负荷工况下运行时，其效率将低于额定工况，效率变化的幅度，与汽轮机低负荷运行方式有关，即定压运行还是变压运行。

当机组在低负荷运行时，对中、低压缸的热力膨胀过程没有明显的影响，因而中间级的效率也基本不变，而高压缸效率的变化主要是由于调节级效率变化所引起的，与运行方式有关。在变压运行中，调节阀处于全开状态，调节级前后压比在变工况下基本不变，高压缸其他各级的压比也基本保持不变，因而调节级和其他各级的效率也几乎不变。在定压运行时，在低负荷时个别调节阀处于部分开启状态，将引起较大的节流损失，调节级前后的压比发生了明显变化，导致效率降低。

2. 高压缸内各段温度的变化

当负荷变化时，调节级汽温的变化是导致各部件热应力的重要因素，变压运行时调节级汽温变化较少，可认为基本保持不变。而机组在喷嘴调节的定压运行工况下，调节级汽温随负荷的下降而降低。因此，为了防止产生较大的热应力，则必须要控制其负荷的变化率。

不同运行方式下高压缸其他各段的温度变化规律与调节级相似，但变压运行时高压缸各抽汽段及排汽温度均比定压运行高。若维持再热蒸汽温度为额定值，则此时在再热器中吸收的热量将减少，从而提高了机组的热效率。

3. 汽温控制特性的改善

变压运行有利于锅炉过热蒸汽温度及再热汽温的控制，从而可以降低机组的最低负荷点。在变压运行时，汽压降低，蒸汽比体积相应的增加，而调节汽阀通流面积保持不变，汽压与流量成正比。这样流过过热器的蒸汽容积流量几乎与额定工况时相同，从而减轻了过热器热偏差现象，有利于低负荷运行的稳定性。同时，由于变压运行时高压缸排汽温度高于定压运行，再热蒸汽吸收较少的热量就可以达到额定温度值，比较容易提高再热温度，因而降低了汽温的控制点。在保持蒸汽初温不变的情况下，变压运行可以允许机组在更低的负荷下保持稳定运行。

4. 机组循环热效率

根据热力学原理，循环热效率随着工质初压的下降而降低，且随着初压的降低，循环热效率下降的趋势将加快，因此变压运行时主蒸汽初压不宜低于某一临界值。

5. 低负荷运行时的给水泵耗功及厂用电

给水泵是电厂中耗功最大的辅助设备之一，其耗电比例约占厂用电的 30%。其他辅机，如磨煤机、循环水泵、送风机、引风机等的功耗对机组低负荷运行方式不太敏感，因此给水泵功耗大小是评价机组运行方式的重要指标。

给水泵耗功可表示为

$$P_P = \frac{G_{fw}(p_0 v_0 - p_i v_i)}{\eta_P} \qquad (3-21)$$

式中　　G_{fw}——给水流量，t/h；

　　v_i、v_0——给水泵入口及出口比体积，m^3/kg；

　　p_i、p_0——给水泵入口及出口压力，Pa；

　　　η_P——给水泵装置效率，%。

给水泵装置的效率在一定负荷范围内变化不大，由式（3-21）中可看出，泵出口的压力越低，给水泵的功耗越小。因此在变压运行时，应采用变速给水泵以节省厂用电。因为主汽压力随负荷的减少而降低，所需给水压力也相应降低。给水泵出口压力的变化不能通过改变泵的转速来实现。采用变速给水泵后可减少给水泵的功耗，提高机组低负荷运行的经济性。若仍采用定速给水泵，在低负荷运行时，由于泵的出口压力不变，给水调节阀前后形成了很大的压差，会引起很大的节流损失，并产生很大的噪声。目前大型汽轮机组均采用了汽动变速给水泵。

6. 低负荷运行时的热耗率及煤耗率

采用变压运行一方面可以节省给水泵耗功及厂用电，另一方面却降低了循环热效率，衡量综合经济效益的标准应归纳于热耗率及煤耗率的变化。

图 3-16 为某国产 300MW 机组在单阀定压、顺序阀定压、纯变压、复合变压 4 种运行方式时，机组热耗率随负荷变化的曲线。

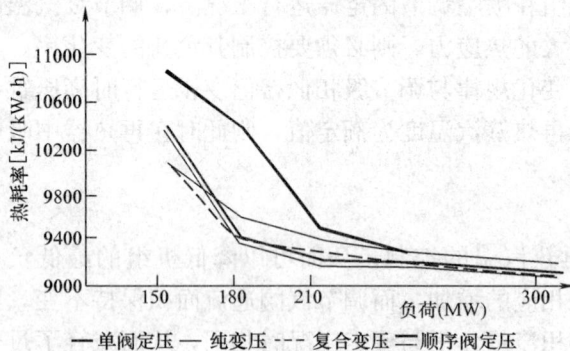

图 3-16　机组热耗率随负荷变化曲线

从图 3-16 可以看出，在 210～300MW 负荷段，复合变压和顺序阀定压曲线接近，其热耗率明显低于单阀定压和纯变压运行；240、210MW 负荷时，复合变压比单阀定压运行热耗分别降低 100kJ/（kW·h）和 150kJ/（kW·h）；在 210～150MW 负荷段，复合变压处于变压运行，其热耗低于顺序阀定压运行，在四种运行方式中为最低；180、150MW 负荷时，复合变压比顺序阀定压运行分别降低 25kJ/（kW·h）和 270kJ/（kW·h），说明较低负荷时变压运行更为经济。

（二）机组启动和停运过程的经济损失

机组参与调峰运行，如采用两班制方式，每年一般要启停 150 次以上，因此分析机组启动和停运过程的经济性对比较和评价调峰运行方式具有重要意义。

机组启停过程的热能损失与机组类型、容量、管道系统及启停方式有关，启停损失可以通过实验或理论估算确定。通过启停试验时机组的汽耗及煤耗进行实测可以确定总损失。但是所测得的结果，通常只能适用本次启停试验，除非启停按优化曲线进行，否则难以代表本机组的真实情况，不具有通用性。理论计算可以将启停过程划分几个阶段，根据各阶段特点及其影响因素，分别估算其损失量。

机组启停过程，一般可分为以下几个阶段：①停机降负荷过程；②机组停运过程；③锅炉点火准备阶段；④点火、升压、冲转、并网；⑤升负荷过程；⑥设备的热状态稳定过程。

在全部启停过程中，总的燃料损失可用下列线性关系表示：

$$\Delta B = \sum K_i \tau_i \tag{3-22}$$

式中　K_j^i——在第 i 阶段由第 j 种因素引起的线性损失因素，t/min；

　　　τ_j^i——在第 i 阶段，第 j 种因素作用的时间，min。

一般来说，引起损失有三种因素，即直接燃料消耗，用 K_i^f 表示；辅助设备耗电损失，用 K_i^e 表示；附加能量损失（辅机耗汽）用 K_i^s 表示。

下面分别介绍各阶段的损失。

1. 停机——由开始降负荷至机组解列

在停机过程中，由于机组偏离了设计工况，将引起热耗增加，该阶段损失 ΔB_1 可由式（3-23）表示：

$$\Delta B_1 = \frac{\overline{P}_1 \tau_1}{60}(b_0^1 - b_0^n) \times 10^{-6} \tag{3-23}$$

式中　$\overline{P}_1$——降负荷过程中的平均负荷，kW；

　　　τ_1——降荷过程持续时间，min；

　b_0^1、b_0^n——降负荷过程和额定负荷时的供电煤耗率，g/（kW·h）。

由于在停机过程中，设备要向蒸汽释放一定的蓄热，基本上可以补偿由于工况偏离设计值造成的损失，而且正常停机过程一般不再只有 30～40min，因此在估算启停损失时，通常可以忽略停机阶段的热能损失。

2. 机组停运期——由解列至再启动点火准备阶段

在此阶段，虽然已经切断主要辅助设备的汽源和电源，但仍有少量的耗电或耗汽设备在运行，如疏水泵、油泵、盘车装置等，因此带来一定的能量损失。总损失 ΔB_2 由耗电及耗汽两部分组成，并可由式（3-24）表示：

$$\Delta B_2 = K_2^e \tau_2 + K_2^s \tau_2 \tag{3-24}$$

式中　K_2^e——由于辅机耗电引起的损失因子，t/min；

　　　K_2^s——由于辅机耗汽引起的损失因子，t/min。

3. 点火准备阶段损失

在锅炉点火之前，要开启锅炉给水泵、除氧器上水、供给除氧加热蒸汽以及开启真空设备供凝汽器抽真空等一系列操作，由于这些因素造成的启动损失 ΔB_3 可表示为

$$\Delta B_3 = \tau_3(K_3^e + K_3^s) + \tau_3^P K_3^P + \tau_3^d K_3^d \tag{3-25}$$

式中　K_3^P——给水泵耗功损失因子，t/min；

　　　K_3^d——除氧器耗功损失因子，t/min；

　K_3^e、K_3^s——除给水泵和除氧器之外其他辅机引起的损失因子，t/min。

4. 锅炉点火、汽轮机冲转、定速及并网阶段的损失

在锅炉点火升压过程中，除辅机耗功外，大量的蒸汽经过旁路减温减压进入凝汽器或直接对空排掉，造成大量的热损失，排汽阶段的损失在整个启动过程中占有最大的比重，可占损失的 60% 以上，该阶段的损失 ΔB_4 为

$$\Delta B_4 = C K_4^f \tau_4 + (K_4^e + K_4^s)\tau_4 + K_4^P \tau_4 + K_4^d \tau_4 \tag{3-26}$$

式中　K_4^f——直接燃料消耗损失因子，t/min；

　K_4^P、K_4^d——给水泵耗功及除氧器耗汽损失因子，t/min；

　K_4^e、K_4^s——其他辅机耗功损失因子，t/min；

　　　C——修正系数，可由试验取得，点火至冲转阶段 $C=0.81$；冲转至并网阶段 $C=1$。

直接燃料消耗损失因子 $K_4^!$ 与点火前锅炉热状态及冲转时蒸汽参数有关。

5. 由并网到满载阶段的损失

该阶段的能量损失 ΔB_5，主要是由于在升负荷过程中工况及蒸汽参数偏离了设计工况而造成的，可由式（3-27）表示：

$$\Delta B_5 = \int_0^{\tau_5} \Delta b P_{el}(1 - \zeta_{aP}) d\tau \tag{3-27}$$

式中　Δb——启动煤耗率和额定煤耗率之差，g/（kW·h）；

P_{el}——机组额定功率，kW；

ζ_{aP}——厂用电率。

考虑到负荷的非线性变化，可把整个升负荷过程离散成几个负荷线性化区段，将式（3-27）写成下列形式：

$$\Delta B_5 = \sum_k (b_0^k - b_0^n)\overline{P}^k(1 - \zeta_{aP})\zeta_{aP}\tau^k \tag{3-28}$$

式中　b_0^k——升负荷过程第 k 阶段供电煤耗率，g/（kW·h）；

$\overline{P}^k$——第 k 阶段的平均负荷，kW。

6. 设备热稳定阶段的损失

当机组刚刚达到满载时，各部件金属内部的温度分布尚未达到稳定状态，仍需要一部分热量去加热金属内部，机组热耗仍高于额定稳定工况。经过一段时间后，设备热状态才能达到稳定，这段时间的长短取决于汽缸及转子的金属厚度及导温特性。对于国产 300kW 以下的机组，这段时间大约需要 60min。这段时间的热损失 ΔB_6 可用式（3-29）计算：

$$\Delta B_6 = \frac{P_{el}}{2}(b_0^s - b_0^n)(1 - \zeta_{aP}) \times 10^{-6}\tau_6 \tag{3-29}$$

式中　b_0^s——刚达到满载时的煤耗率，g/（kW·h）。

以上启动过程六个阶段的总损失为

$$\Delta B = \sum_{i=1}^6 K_i\tau_i \tag{3-30}$$

通常在启停过程中，停运时间由电网负荷曲线决定，电厂设有选择的余地。点火准备到冲转所需时间取决于锅炉内的残余温度及压力、锅炉类型、燃烧和升温特性以及设备的保温质量。由运行人员可控制的时间幅度较大的项只有冲转并网及升负荷速度，即汽轮机启动温升率的选定。

启动过程中的减少燃料总消耗量和减少设备寿命损耗，特别是转子寿命损耗率是一对矛盾，在启动时可以减少转子的寿命损耗，却加大了燃料的消耗量，同时降低了机组适应负荷需要的机动性。从经济效益角度出发，为了减小转子的寿命损耗而过分延长启动时间也是不合理的，应根据燃料价格和转子购进价格以及快速跟踪负荷的供电效益和社会效益各方面的得失来优选最佳启动方案。

（三）各种调峰运行方式的经济性比较

低负荷调峰运行方式的能量损失主要是由于机组效率低于设计工况而引起的，其损失的大小与带低谷负荷的时间有关。而日启停调峰运行方式的能量损失对既定机组和既定启动方式来说，其能量损失近似为一常数。两种方式之间，存在着一个临界时间，超过此时间，低负荷运行损失将大于日启停方式，应该将该机停运，将负荷转移到其他机组上。因此，对于一个电厂在低谷负荷时，各机组之间如何进行合理的负荷分配及调峰运行方式的选定，使整个电厂运行最为经济，与机组的低负荷经济特性、启动损失、调峰负荷量及调峰运行时间有关。对于国产 200MW 机组，当调峰负荷为 50％时，临界时间大约为 10h。对于两台同类型 200MW 机组之间进行调峰负荷分配时，临界时间为 5～6h。若采用一机组停运一机组运行时，将比两台机组平均带负荷（滑压运行）节省约 15.5t 标准煤。若将加负荷时间由 100min 缩短为 50min，则可节省约 24t 标准煤，但寿命损耗将增加一倍。

若有两类以上多台机组进行负荷分配时，在负荷低谷期间，一般有两种运行方案可供选择：一种方案是部分机组停运，另一部分机组带满负荷或接近满负荷；另一种方案是全部机组平均带低负荷运行。在第一种运行方案中，停运机组一般应该是热态启动时间要求较短、启动损失较少和煤耗率较大的机组。在第二种运行方案中，可以使一部分机组带满负荷，另一部分机组带最低负荷。因机组煤耗率随负荷的变化接近抛物线规律，当负荷小于 70％额定功率时，煤耗率急剧上升，因此这种负荷分配方式通常是不经济的。

复 习 思 考 题

3-1　调峰负荷机组有哪几种？对调峰机组性能有哪些要求？

3-2　调峰机组运行方式有哪些？

3-3　什么是变压运行？变压运行有哪些优缺点？

3-4　锅炉汽包热应力是如何产生的？如何控制启停过程中汽包的热应力？

3-5　汽轮机金属部件热应力是如何产生的？如何控制？

3-6　为什么通常限制的停运过程的温度变化率比启动过程的小？

3-7　什么是胀差、正胀差、负胀差？影响胀差的因素有哪些？

3-8　引起汽轮机上下缸温差大的原因有哪些？

3-9　转子热弯曲的主要原因有哪些？

3-10　汽缸和法兰温度不同会造成什么现象？

3-11　影响机组寿命的因素有哪些？

3-12　造成机组寿命损耗的主要因素有哪些？

第四章　单元机组的控制和保护

第一节　单元机组负荷控制系统

一、机组负荷控制的基本原则

对单元制火力发电机组，负荷控制的主要问题是炉、机、电如何共同适应电网运行要求，共同维护机组的安全、经济运行。

从电网的角度来看，机组负荷调节的首要任务是能否快速适应负荷的需求。但从机组运行观点来看，机组能否快速适应负荷的需求，必须不危及机组本身运行的稳定性。作为一个负荷调节对象的动力机组，机炉的调节特性有相当大的差别，锅炉是一个热惯性大、反应很慢的调节对象；而汽轮机相对是一个惯性小、反应快的调节对象。当外界负荷需求通过负荷调节系统使汽轮机快速进行调节（汽轮机调节阀开度变化）时，就会引起机前压力产生较大的波动，从而影响机组的稳定和安全运行。

根据上述对机组的要求和机组本身的特点，在提高机组负荷适应能力与保持机前压力稳定二者之间出现了矛盾。为解决这一矛盾，必须充分考虑机、炉各自的特点，然后分工协调，由此便形成了单元机组协调控制的概念。

协调控制的原则是保证机组安全、经济的前提下，尽量利用锅炉的蓄热能力，也就是让汽压在允许的范围内变动，以提高单元机组适应负荷变化的能力。目前，国内大型机组配备的协调控制系统种类很多，但它们在设计时基本上遵循下列原则：

（1）当外界负荷（机组值班员负荷指令或电网中心调度指令）改变时，锅炉、汽轮机应协调动作，使机组能以最快的速度满足负荷要求的变化，并维持主蒸汽压力处于安全运行期间所允许的范围内。

（2）在机组出力不足时，协调系统应自动降负荷到机组实际运行水平，即具有快速减负荷功能。

（3）当主要辅机设备工作到极限状态或机组主要参数偏差超过允许值时，应对机组实际负荷指令实现增/减闭锁或迫升/迫降，以防事故的发生。

（4）协调控制系统应具备各种运行方式，包括定压/滑压运行方式，并具有包括手动/自动切换在内的方式切换无扰动功能，即跟踪功能。

当然，对于不同的机组，还可能有一些特殊的要求。

二、机组负荷控制系统的构成

图 4-1 为负荷控制系统的组成原理示意图。由图可以看出，负荷控制系统由负荷指令处理装置、机炉主控制器和机炉子控制系统三部分组成。前两部分称为机炉主控制系统，即通常所说的协调控制系统。因为机炉子控制系统是使主控制系统正常运行的基础，故应归入协调控制系统之内，但习惯上通常将它包括在被控对象内。

当单元机组正常运行又需参加电网调频时，应采用机炉联合的协调控制方式。评价单元机组协调控制系统的控制质量，主要根据以下两个方面进行：一是能否尽快地响应电网对机组的负荷要求；二是在内、外扰作用下，机炉控制回路能否协调工作和能否使汽压偏差和功率偏差尽可能减小。在协调控制中，负荷给定值作为前馈信号平行地送至机炉两个控制回路，使机炉同时改变负荷，以保证快速响应外界负荷的要求，但由于机炉对负荷需求的响应速度有很大的差异，在控制回路中除把功率给定值作为前馈信号外，还设计了一些动态补偿信号。只有在机炉控制器的控制规律一定，而且在控制回路工作条件下，经过准确的整定，控制系统才能获得较好的控制质量。

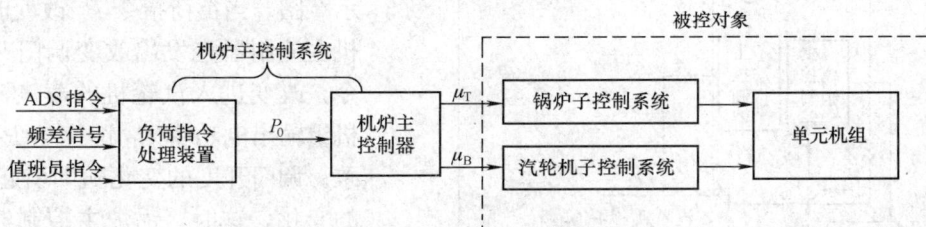

图 4-1　负荷控制系统组成原理示意图

1. 负荷指令处理装置的主要功能

负荷指令处理装置又称负荷管理中心（load management control center，LMCC），它的主要功能是：

（1）负荷设定器的管理，主要是两种负荷指令方式及其切换。两种负荷指令分别是：ADS（或称 AGC）方式，即机组的负荷指令来自电厂的上级电网调度所；LOCAL 方式，即本地方式，此时机组负荷指令由运行人员在机组集控室控制盘上设定。两种负荷指令方式之间的切换应该是平稳、无扰动的。

（2）负荷指令限制管理，包括负荷高限制、负荷低限制、负荷变化的速率限制、负荷指令增闭锁和负荷指令减闭锁、负荷指令的迫升和迫降。

（3）功频校正控制。

（4）当机组辅机发生部分故障、停机不停炉或带厂用电运行时，为了保证机组正常运行，不管此时电网对机组负荷要求如何（即不接受电网负荷要求），都能把机组负荷降到相应的水平（故障后所能允许的负荷水平）。在机组降负荷过程中，可按照故障类型自动选择不同的降负荷速度。

2. 机炉主控制器的主要功能

（1）主控制器接受负荷指令处理装置的给定功率指令、机组实发功率指令、给定主蒸汽压力和实际主蒸汽压力等指令，发出汽轮机调节阀开度及锅炉燃烧率指令，对单元机组进行调节，以适应外界负荷变化及保证机组运行的稳定性。

（2）主控制器能根据机组运行工况，对不同的运行控制方式进行切换，实现单元机组协调控制、锅炉跟随、汽轮机跟随及手动等运行方式的切换。

三、机组负荷控制方式分析

机炉负荷控制部分通常能够实现多种负荷控制方式，以适应不同运行条件及要求。负荷控制方式的选择或切换可通过手动或自动来实现。不同的负荷控制方式对应于不同的反馈控制结构，可通过改变反馈控制结构来实现不同的负荷控制方式。负荷控制方式可分为两类：机炉分别控制方式和机炉协调控制方式。

（一）机炉分别控制方式

所谓分别控制，即由一个调节量来控制一个被调量。主要有两种机炉分别控制方式。按其运行特点，分别称之为锅炉跟随负荷控制方式（简称锅炉跟随方式）和汽轮机跟随负荷控制方式（简称汽轮机跟随方式）。在某些特殊运行条件下，还采用由它们的某种变形而得到其他方式。下面分别介绍其工作原理及主要特点。

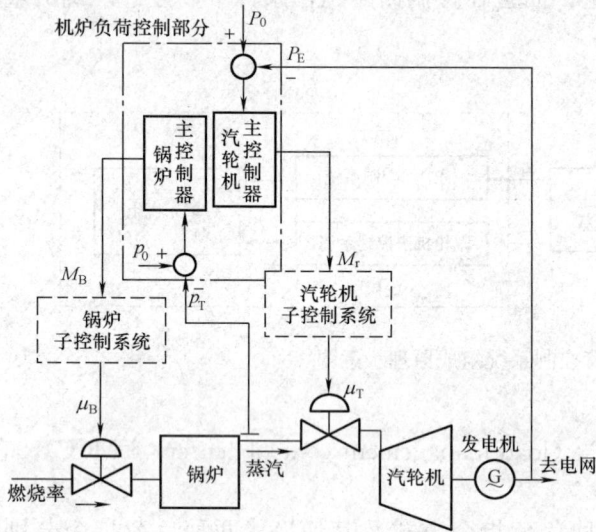

图 4-2　单元机组锅炉跟随方式示意

1. 锅炉跟随方式

图 4-2 为单元机组锅炉跟随方式示意图。当负荷指令 P_0 改变时，汽轮机主控制器先发出改变调门开度的指令，改变进入汽轮机的蒸汽流量，使机组输出电功率 P_E 迅速与 P_0 趋于一致。调门开度的变化随即引起汽压 p_T 的变化，这时，锅炉主控制器根据汽压偏差发出控制指令，改变锅炉的燃烧率，使汽压 p_T 恢复到给定值 p_0。

锅炉跟随方式是由汽轮机调节机组输出电功率、锅炉调节汽压的。当负荷改变时，先由汽轮机侧发出控制动作，待 p_T 改变后，再由锅炉跟随发出控制动作，故称锅炉跟随负荷控制方式。

由于 P_0 改变时，是利用机组的蓄热能力使输出电功率有较迅速的响应的，因此，这种控制方式具有较好的负荷适应性，对带变动负荷及电网调频有利。但是，若 P_0 变化过剧，则容易造成机组蓄热量过分利用而导致汽压 p_T 产生较大的波动，甚至超出允许范围，这对机组运行的安全性和稳定性不利。

此外，在燃烧率扰动时，汽压变化而产生偏差，蒸汽流量也变化。汽轮机侧为了保持输出电功率，调节阀要动作，其结果是将进一步加剧汽压的变化，使偏差增大，造成较大的汽压波动。

锅炉跟随方式一般可用于蓄热能力相对较大的中、小型汽包锅炉机组。母管制运行机组通常采用这种控制方式。大型单元机组的蓄热能力相对较小，尤其是直流锅炉机组，其蓄热能力比汽包锅炉机组小得多，在负荷变化较剧烈的场合，不能采用这种控制方式。

在单元机组中，当锅炉设备运行正常，机组的输出电功率因汽轮机设备上的原因而受到限制时，可采用锅炉跟随方式。这时由汽轮机根据其带负荷能力控制机组负荷，由锅炉保持汽压。

2. 汽轮机跟随方式

图 4-3 为单元机组汽轮机跟随方式示意图。当负荷指令 P_0 改变时，锅炉主控制器先发出改变燃烧率的指令。待燃烧率的变化引起了蒸发量、蓄热量及汽压 p_T 相继变化后，汽轮机主控制器发出改变调节阀开度的指令，从而改变进入汽轮机的蒸汽流量，使机组输出电功率 P_E 相应改变。最终，输出电功率 P_E 与负荷指令 P_0 趋于一致；汽压 p_T 也恢复到给定值 p_0。

汽轮机跟随方式是由锅炉调节机组输出电功率、汽轮机调节汽压的。当负荷改变时，先由锅炉侧发出控制动作，待 p_T 改变后，再由汽轮机侧发出控制动作，故称汽轮机跟随负荷控制方式。

由于汽压对调节阀开度改变的响应很快，汽轮机主控制器可保证汽压 p_T 变化很小，这有利于机组运行的安全与稳定。但是，P_0 改变时，由于没有利用机组的蓄热能力，输出电功率要等到燃烧率改变，经较大迟延，引起蒸发量、蓄能及汽压相继变化后才开始响应。因此，负荷适应能力较差，不利于带变动负荷和参加电网调频。

此外，在燃烧率扰动（内扰）时，汽压变化而产生偏差，蒸汽流量也变化，机组输出电功率随之变化。汽轮机主控制器为了保持汽压而要动作调节阀，其结果将进一步加剧蒸汽

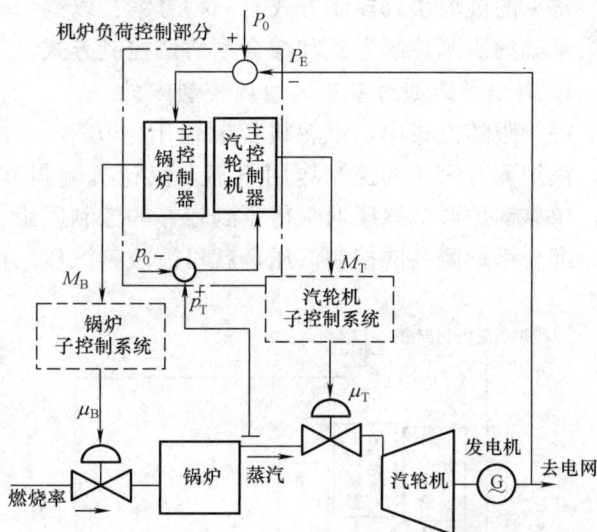

图 4-3 单元机组汽轮机跟随方式示意

流量的变化，使机组输出电功率的变化加剧，偏差增大，造成较大的输出电功率波动。

汽轮机跟随方式一般适用于单元机组承担基本负荷的场合。当汽轮机设备运行正常、机组的输出电功率因锅炉设备上的原因而受到限制时，可采用汽轮机跟随方式，这时由锅炉根据其带负荷的能力控制机组负荷，由汽轮机保持汽压。

3. 其他方式

在某些特殊的运行条件下，机炉主控制系统需部分或全部地切除自动控制，转为手动操作，因此需要一些特殊的分别控制方式，即后备手动方式。

在单元机组的启动和停止阶段，以及在锅炉和汽轮机设备存在问题而不能承担输出电功率自动控制的任务时，要将输出电功率自动控制作用切除，转为操作员手动操作。对于锅炉跟随方式，汽轮机主控制器切为手动状态，由操作员手动改变汽轮机主控制指令，调节机组的输出电功率，而汽压仍由锅炉侧进行自动控制。对于汽轮机跟随方式，锅炉主控制器切为手动状态，由操作员手动改变锅炉主控制指令，调节机组的输出电功率，而汽压仍由汽轮机侧进行自动控制。以上两种控制方式，锅炉跟随和汽轮机跟随的基本特点没有改变，只是机组功率由操作员手动控制代替了控制器的自动控制。这两种控制方式通常分别称为不带功率控制的锅炉跟随方式和汽轮机跟随方式。

在单元机组的启动和停止阶段，有时对输出电功率和汽压的控制都需切除自动控制，转为手动操作控制。这时，机、炉的主控制指令都由操作员手动改变，负荷自动控制系统相当于被切除。机、炉的子控制系统各自分别维持本身运行参数的稳定而不再参与机组输出电功率和汽压的自动控制，这种控制方式称为基础控制方式。

（二）机炉协调控制方式

锅炉跟随和汽轮机跟随方式对于变动负荷运行工况，在输出电功率和汽压的控制性能方面存在顾此失彼的问题。原因在于忽视了对象内在的相互关联性和机、炉动态特性上的差异。对于带变动负荷单元机组的负荷控制，必须遵循负荷协调控制的原则，采用机炉协调控制方式。下面分别介绍它们的工作原理及主要特点：

常见的机炉协调控制方式有三种方案：以锅炉跟随为基础的协调控制方式、以汽轮机跟随为基础的协调控制方式和综合型协调控制方式。

1. 以锅炉跟随为基础的协调控制方式

锅炉跟随方式中，汽轮机控制输出电功率，锅炉控制汽压。由于机、炉动态特性的差异，锅炉侧对汽压的控制作用跟不上汽轮机侧调节输出电功率而对汽压产生扰动作用。因此，单靠锅炉调节汽压通常得不到较好的控制质量。如果让汽轮机侧在控制输出电功率的同时，配合锅炉侧共同控制汽压，就可能改善汽压的控制质量。为此，只需在锅炉跟随方式的基础上，再将汽压偏差引入汽轮机主控制器，就构成以锅炉跟随为基础的协调控制方式，如图 4-4 所示。

当负荷指令 P_0 改变时，汽轮机主控制器先改变调节阀开度，以改变进汽流量，使输出电功率 P_E 迅速与 P_0 趋向一致。蓄热量的变化导致汽压 p_T 变化，这时，根据汽压偏差，分别由锅炉和汽轮机主控制器同时调节燃烧率和汽轮机调节阀开度。一方面，通过燃烧率的改变及时抵偿蓄能的变化；另一方面，限制汽轮机调节阀的进一步变化，以防过度利用蓄能，从而使汽压 p_T 的动态变化减小。最终，由汽轮机侧保证输出电功率 P_E 与 P_0 一

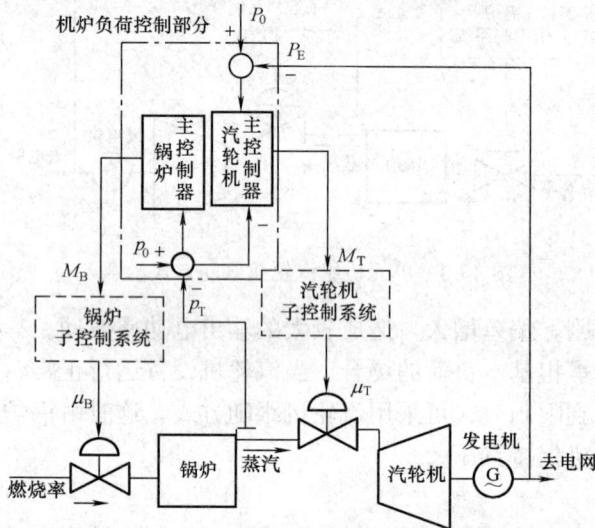

图 4-4　以锅炉跟随为基础的协调控制方式

致；由锅炉侧保证汽压 p_T 恢复到给定值 p_0。

由于机、炉在共同保持汽压过程中采取了协调的控制动作，即由汽轮机侧保持输出电功率 P_E 与 P_0 一致，由锅炉侧最终保持汽压 p_T 为给定值 p_0，因此称这种控制方式为以锅炉跟随为基础的协调控制方式。

从汽压偏差对汽轮机调节阀的限制作用可见，尽管这样可减缓汽压的急剧变化，但同时也减缓了输出电功率的响应速度，实质上是以降低输出电功率响应性能作为代价来换取汽压控制质量的提高。在此意义上，协调控制的结果是兼顾电功率和汽压两方面的控制质量。

2. 以汽轮机跟随为基础的协调控制方式

汽轮机跟随方式中，汽轮机控制汽压，锅炉控制电功率。汽轮机对象响应快，其控制回路能将汽压保持得很好；而锅炉的迟延特性使机组输出电功率的响应很慢，原因是没有利用蓄热能力。如果让汽轮机侧在控制汽压的同时，配合锅炉侧共同控制输出电功率，就可能利用蓄热能力提高输出电功率的控制质量。为此，只需在汽轮机跟随方式的基础上，再将输出电功率偏差引入汽轮机主控制器，构成以汽轮机跟随为基础的协调控制方式，如图 4-5 所示。

当负荷指令 P_0 改变时，锅炉和汽轮机主控制器同时动作，分别改变燃烧率和汽轮机调节阀开度。在锅炉燃烧迟延期间，暂时利用蓄热能力使机组输出电功率迅速响应。蓄热量的变化导致汽压 p_T 变化，这时由汽轮机主控制器通过调节阀进行控制。最终，由汽轮机侧保

持汽压 p_T 为给定值 p_0；由锅炉侧保证输出电功率 P_E 与负荷指令 P_0 一致。

由于机、炉在共同保持输出电功率过程中采取了协调的控制动作即由汽轮机侧控制汽压 p_T 为给定值 p_0；由锅炉侧最终保证输出电功率 P_E 与负荷指令 P_0 一致，因此，称这种控制方式为以汽轮机跟随为基础的协调控制方式。

因为在负荷指令 P_0 改变时，汽轮机调节阀配合锅炉侧同时动作，暂时利用了蓄热能力，所以功率响应加快；但是汽压偏差也因此加大，实质上是以加大汽压动态偏差作为代价来换取功率响应速度的提高。同样，协调控制的结果是兼顾了输出电功率和汽压两方面的控制质量。

3. 综合型协调控制方式

前述两种协调控制方式只实现了"单向"的协调，即仅有一个被调量是通过两个调节量的协调操作来加以控制的，而另一个被调量仍单独由一个调节量来控制，因而是较简单的协调控制方案。例如，以锅炉跟随为基础的协调控制方式，输出电功率由汽轮机侧单独控制。负荷指令 P_0 改变时，尽管利用蓄热能力加速了负荷响应，但毕竟暂时使机组能量供求失去平衡。如果这时能同时对锅炉侧进行控制，则显然有利于加强协调，进一步提高控制质量。同样，在以汽轮机跟随为基础的协调控制方式中也存在类似问题：汽压由汽轮机侧单独控制，而汽压变化说明机、炉间能量供求失去平衡。尽管汽轮机侧可暂时对汽压进行控制，但更合理的做法是同时相应地对锅炉侧进行控制，即随时保持机、炉间能量供求的平衡，这有利于进一步提高控制质量。

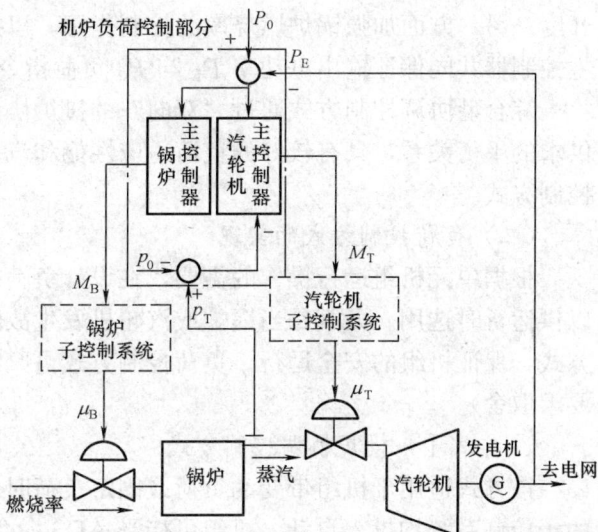

图 4 - 5 以汽轮机跟随为基础的协调控制方式

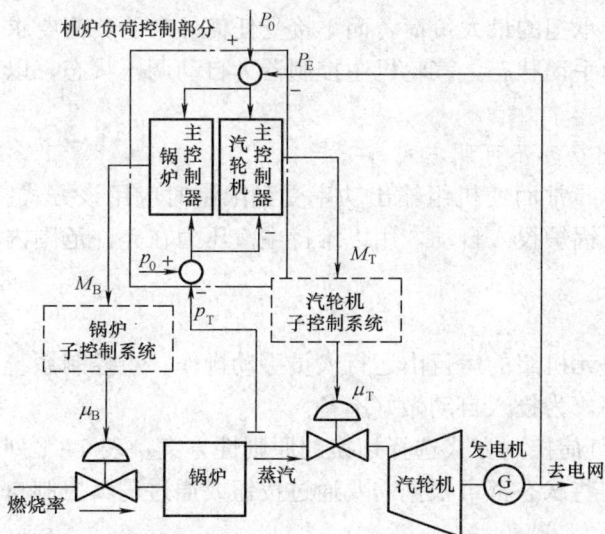

图 4 - 6 综合型协调控制方式示意

综合型协调控制方式能够避免上述问题，实现"双向"的协调，即任一被调量都是通过两个调节量的协调操作加以控制的。图 4 - 6 为综合型协调控制方式示意。

当负荷指令 P_0 改变时，机、炉主控制器同时对汽轮机侧和锅炉侧发出负荷控制指令，改变燃烧率和汽轮机调节阀开度。一方面利用蓄热能力暂时应付负荷变化的需要，加快负荷响应；另一方面改变输入锅炉的能量，以保持同输出能量的平衡。当汽压产生偏差时，机、炉主控制器对锅炉侧和汽轮机侧同时进行操作。一方面适当限制汽轮机调节阀开度；另一方面加强锅炉燃烧率的控制作用，以抵偿蓄热量的变化。控制过程结束后，机炉主控制器共同保证输出电功率 P_E 与 P_0 负荷指令一致；汽压 p_T 恢复为给定值 p_0。

综合型协调控制方式通过"双向"的机炉协调操作，能较好地保持机组内、外两个能量供求的平衡关系，具有较好的负荷适应性能和汽压控制性能，是一种较为合理和完善的协调控制方式。

（三）负荷控制方式的实现

根据单元机组运行操作的需要，在设计负荷控制系统时预先确定若干种负荷控制方式，以供运行时选用。尤其是当锅炉或汽轮机发生故障时，主控制器应能自动无扰动地切换运行方式，保证机组的安全运行。负荷控制方式可归纳为下列六种（不同的机组应根据各自运行要求取舍）。

1. 方式Ⅰ—机炉协调控制方式

该方式适用于机组带变动负荷或固定负荷时的正常运行工况。此时，锅炉和汽轮机各自的子控制系统均投入自动。机组可接受 ADS 命令或运行人员改变负荷的指令来控制机组负荷，机组同时参与电网调频。该方式亦称功率控制方式。

2. 方式Ⅱ—汽轮机跟随锅炉而机组输出电功率可调控制方式

该方式适用于机组带固定负荷时的正常运行工况。此时，锅炉和汽轮机各自的子控制系统均投入自动。机组的负荷指令仅由运行人员手动给定（可调），机组不参与电网调频，调度所也不能改变机组的负荷。机组采用该方式运行的目的在于很好地控制主蒸汽压力。

3. 方式Ⅲ—锅炉跟随汽轮机而机组输出电功率可调控制方式

锅炉运行正常，锅炉主控制器为自动方式，汽轮机运行正常，汽轮机调速器正常，而汽轮机主控制器可能正常或不正常。这种运行方式具有负荷适应快的优点，它可用于机组的正常运行，机组启动时也可用此运行方式，此时锅炉把主蒸汽流量信号作为超前信号来控制主蒸汽压力，而汽轮机控制机组出力。

4. 方式Ⅳ—汽轮机跟随锅炉而机组输出功率不可调方式

当汽轮机运行正常，锅炉部分辅机工作异常而使机组输出功率受到限制时采用该运行方式。此时，机组的输出功率决定于锅炉所能承担的最大负荷，而不接受任何外来的负荷要求指令。在这种运行方式时，锅炉主控制器为手动状态，汽轮机主控制器为自动调压状态，以维持机前压力为定值。

5. 方式Ⅴ—锅炉跟随汽轮机而机组输出功率不可调方式

当锅炉运行正常，汽轮机部分设备工作异常而使机组输出功率受到限制时应用该方式。机组的功率决定于汽轮机所能承担的负荷。锅炉投入自动，用以维持主汽压力在允许范围内变化。

6. 方式Ⅵ—手动控制方式

这时锅炉和汽轮机都处于手动控制，单元机组的运行由运行人员手动操作，主控制系统中的负荷要求指令跟踪机组的实际输出功率，为投入自动做好准备。

图 4-7 所示为单元机组负荷控制系统负荷控制方式选择切换的原则性方案。表 4-1 列出各种控制方式所对应的主控制器状态，这些状态都可根据需要通过按钮或通过逻辑控制自动改变。

表 4-1 负荷控制方式的实现

负荷控制方式		主控制器 A/M 状态		切换器状态			
		锅炉	汽轮机	T_1	T_2	T_3	T_4
分别控制	基础	M	M	×	×	×	×
	锅炉跟随（不带功率控制）	A	M	1	0	×	×
	汽轮机跟随（不带功率控制）	M	A	×	×	1	0
	锅炉跟随（带功率控制）	A	A	1	0	0	1
	汽轮机跟随（带功率控制）	A	A	0	1	1	0
协调控制	以锅炉跟随为基础的协调	A	A	1	0	1	1
	以汽轮机跟随为基础的协调	A	A	0	1	1	1
	综合型协调	A	A	1	1	1	1

注 M—手动；A—自动；1—通；0—断；×—任意。

四、自动发电控制

电力系统频率和有功功率自动控制统称为自动发电控制（automatic generation control，AGC），是互联电力系统运行中一个基本的重要的计算机实时控制功能。其目的是使系统出力与系统负荷相适应，保持额定频率和通过联络线的交换功率等于计划值，并尽可能实现机组（电厂）间负荷的经济分配。现代电力系统的频率和功率的调整一般是按负荷变动周期的长短和幅度的大小分别进行调整的。对于幅度较小、变动周期短的微小分量，主要是靠汽轮发电机组调节系统来自动调整完成的，即所谓一次调频。一次调频的特点是由汽轮发电机组本身的调节系统直接调节，因此响应速度最快。但由于调速器为有差调节，在互联电力系统中，任一地区系统发生负载变化，一次调频结束后，仍存在频率偏移和联络线的交换功率不能维持规定值，不能保证系统功率的经济

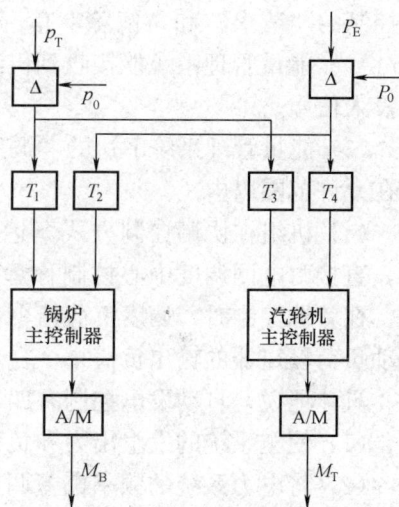

图 4-7 负荷控制方式选择切换的原则性方案

分配。因此，对于变化幅度较大、周期较长的变动负荷分量，需要通过改变汽轮发电机组的同步器或功率给定来实现，即通过平移调节系统的静态特性，从而改变汽轮发电机组的出力来达到调频的目的，称为二次调频。由于系统规模日益扩大，而人工调频又有局限性，不可能由一个容量足够大的调频厂来承担全部调频容量（即过去称主调频厂），不便吸收更多的电厂参加调频（因人工控制难于协调配合）。另外，在实际运行手动调频方式下，一天内各时间段的计划负载与实际负载不可能一致，其差值部分称为计划负载，亦由调频厂来负担。系统对计划内负载的分配（即预定的机组发电计划，包括开停计划）能考虑经济分配原则，但计划外负载则不能按经济原则进行分配，而只能由调频厂承担，难以做到电力系统负载在各机组间的最佳分配，不能完全实现经济调度。对互联系统也难以做到联络线交换功率维持在规定值。因此采用自动发电控制（AGC）成为必然。当二次调频由电厂运行人员就地设定时称就地手动控制；由电网调度中心的能量管理系统来实现遥控自动控制时，则称为自动发电控制（AGC）。自动发电控制的系统示意图如图 4-8 所示。

图 4-8 自动发电控制系统示意图

自动发电控制系统主要由三部分组成：电网调度中心的能量管理系统（EMS）、电厂端的远方终端（RTU）和分散控制系统的协调控制系统、微波通道。实现自动发电控制系统闭环自动控制必须满足下列基本要求：

（1）电厂机组的热工自动控制系统必须在自动方式运行，且协调控制系统必须在"协调控制"方式。

（2）电网调度中心的能量管理系统、微波通道、电厂端的远方终端 RTU 必须都在正常工作状态，并能从电网调度中心的能量管理系统的终端 CRT 上直接改变机炉协调控制系统中的调度负荷指令。机炉协调控制系统能直接接收到从能量管理系统下发的要求执行自动发电控制的"请求"和"解除"信号、"调度负荷指令"的模拟量信号（标准接口为 4～20mA）。能量管理系统能接收到机组协调控制系统的反馈信号：协调控制方式信号和 AGC 已投入信号。

（3）能量管理系统下达的"调度负荷指令"信号与电厂机组实际出力的绝对偏差必须控制在允许范围以内。

（4）机组在协调控制方式下运行，负荷由运行人员设定称就地控制；接受调度负荷指令，直接由电网调度中心控制称远方控制。就地控制和远方控制之间相互切换是双向无扰的。在就地控制时，调度负荷指令自动跟踪机组实发功率；在远方控制时，协调控制系统的手动负荷设定器的输出负荷指令自动跟踪调度负荷指令。

具体地说，自动发电控制有四个基本目标：

（1）使全系统的发电出力和负荷功率相匹配；

（2）将电力系统的频率偏差调节到零，保持系统频率为暂定值；

（3）控制区域间联络线的交换功率与计划值相等，实现各区域内有功功率的平衡；

（4）在区域内各发电厂间进行负荷的经济分配。

上述第一个目标与所有发电机的调速器有关，即与频率的一次调整有关。第二和第三个目标与频率的二次调整有关，也称为负荷频率控制（load frequency control，LFC）。通常所说的 AGC 是指前三项目标，包括第四项目标时，往往称为经济调度控制（economic dispatching control，AGC/EDC），但也有把 EDC 功能包括在 AGC 功能之中的。

自动发电控制（AGC）是由自动装置和计算机程序对频率和有功功率进行二次调整实现的。所需的信息（如频率，发电机的实发功率，联络线的交换功率等）是通过 SCADA 系统经过上行通道传送到调度控制中心的。然后，根据 AGC 的计算机软件功能形成对各发电厂（或发电机）的 AGC 命令，通过下行通道传送到各调频发电厂（或发电机）。

第二节　炉膛安全监控系统

大容量锅炉需要控制的燃烧设备数量比较多，类型复杂，有油燃烧器、煤粉燃烧器，还有辅助风（二次风）挡板、燃料风（周界风）挡板等。燃烧器的操作过程也比较复杂。点火油枪的投入操作包括点火油枪推进、开雾化蒸汽（或雾化空气）门、开进油门等；停用操作包括关进油门、油枪吹扫、油枪退出等。煤粉燃烧器的投入的操作包括开磨出口挡板、开热风门、暖磨、磨煤机启动、给煤机启动等；煤粉燃烧器停用操作包括停给煤机、关热风门、停磨煤机、磨煤机吹扫等。对一般不能伸进和退出的点火装置（点火器）以及燃烧器的火焰监视器等装置，要有冷却措施，为此还设置了冷却风机（由交、直流电动机拖动，其中直流电动机备用）。火焰监视器是判断燃烧器点火、熄火成功与否及对火焰进行监视的重要装置。由此可见，即使投入或切除一组燃烧器，也需要有相当多的操作步骤和监视判断的项目，在锅炉启动或发生事故的工况下，燃烧器的操作工作更加繁杂，所以大容量锅炉的燃烧器必须采用自动顺序控制。

国内机组过去缺少这种燃烧安全监控系统，使国产锅炉的运行性能受到严重的影响，锅炉的安全运行也受到威胁。由于近年来大机组日益增多，锅炉防爆问题也日趋严重，大型锅炉爆炸事故损失巨大。另外大容量锅炉爆炸力较大，如采用防爆门已无法承受炉内压力，而要增加防爆门面积又不现实，因此为国产锅炉装备炉膛安全监控系统已势在必行。

锅炉炉膛安全监控系统（furnace safeguard supervisory system，FSSS）又称燃烧器控制系统、燃烧器管理系统（burner manage system，BMS）或燃料燃烧安全系统。它的主要功能是在锅炉启停和运行的各个阶段，防止炉膛的任何部位积聚燃料与空气的混合物，防止锅炉发生爆燃而损坏设备，连续监视燃烧系统的有关参数和设备运行状态，不断进行逻辑判断和逻辑运算，必要时发出动作指令，通过各种连锁装置，使燃烧设备的有关部件，严格按照既定的合理程序自动完成必要操作。对异常工况作出快速反应和处理，以保证操作人员及锅炉设备的安全。

根据 FSSS 的锅炉保护功能和燃烧器的控制功能，又常将 FSSS 分为两大部分：锅炉炉膛安全系统（furnace safeguard system，FSS）和燃烧器控制系统（burner control system，BCS）。

燃烧器控制系统（BCS）的主要作用是连续监视运行，控制点火及暖炉油枪，对磨煤机、给煤机等制粉设备实现自启停或远方操作，分别监视油层、煤层及全炉膛火焰。当吹扫、点火和带负荷运行时，控制风箱挡板位置，以便获得炉膛所需的空气分布。还提供状态信号到模拟量控制系统（MCS）、计算机监视系统（CMS）、旁路控制系统（BPS）及汽轮机控制系统（TCS）等。

炉膛安全系统（FSS）的主要作用是在锅炉运行的各个阶段，包括启停过程中，预防在锅炉的任何部分形成一种可爆燃的气粉混合物，防止炉膛爆炸。在对设备和人身有危险时产生MFT（主燃料跳闸信号），并提供"首次跳闸原因"的报警信号，以便事故查找和分析。MFT信号发出后，切除所有燃烧设备和有关辅助设备，切断进入炉膛的一切燃料。MFT 以后仍需维持炉内通风，进行跳闸后的炉膛吹扫，消除炉膛及尾部烟道中的可燃混合物，防止炉膛爆炸。

一、FSSS 主要作用与功能和构成

（一）炉膛安全监控系统的功能

炉膛安全监控系统在锅炉启、停阶段，按运行要求启、停油燃烧器和煤燃烧器。在机组事故情况下，FSSS 与 CCS 配合完成主燃料跳闸（master fuel trip，MFT）、机组快速甩负荷（fast cut back，FCB）及辅机故障减负荷（run back，RB）等功能。当机组发生严重故障而需主燃料跳闸时，由 FSSS 发出 MFT 指令，实行紧急停炉。当电网、发电机或汽轮机

故障而需机组快速甩负荷时，FSSS 接到 FCB 指令后，迅速投入油层，并将煤层全部切除，使锅炉带最低负荷运行，实现停机不停炉。当锅炉辅机故障而发生 RB 时，FSSS 将迅速切除部分磨煤机，使机组负荷降低至预先规定的负荷目标值。上述动作，FSSS 仅完成锅炉及其辅机的启停监视和控制功能，调节功能由 CCS 完成。

大型火电机组炉膛安全监控系统一般具有的功能：①锅炉点火前和跳闸后的炉膛吹扫；②油系统和油层的启停控制；③制粉系统和煤层的启停控制；④炉膛火焰监测；⑤有关辅机（如一次风机、密封风机、冷却风机、循环泵等）的启停控制和连锁保护；⑥二次风挡板控制；⑦主燃料跳闸（MFT）；⑧机组快速甩负荷（FCB）；⑨辅机故障减负荷（RB）；⑩机组运行监视和自动报警。

按照美国防火协会标准设计的炉膛安全监控系统，功能多，控制范围广，而且与控制对象密切相关，即不但与锅炉结构、燃烧器布置、制粉系统、油系统、点火器及运行方式等有关，而且与一次仪表取样点、火焰检测器的安装位置及执行机构的工作性能都有直接关系。

炉膛安全监控系统（FSSS）功能框图如图 4 - 9 所示。

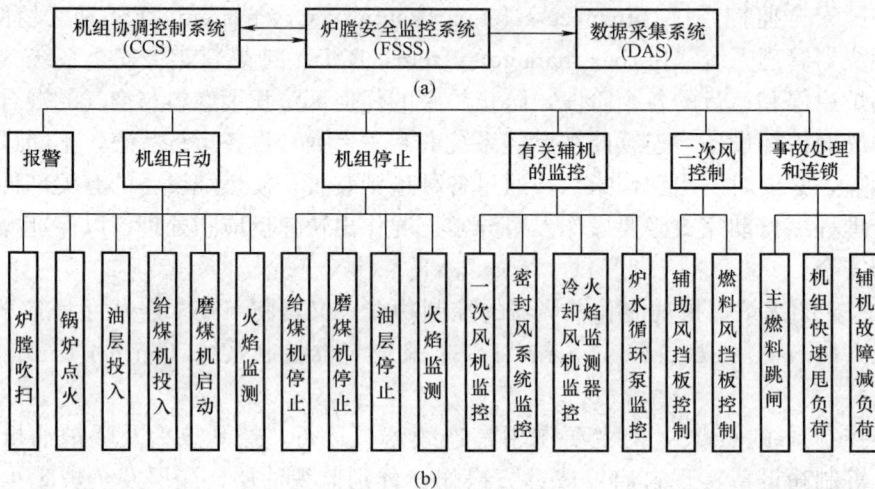

图 4 - 9　FSSS 功能框图
(a) FSSS 与 CCS、DAS 的连接示意图；(b) FSSS 功能框图

（二）炉膛安全监控系统基本组成

通常一套完整的炉膛安全监控系统（FSSS）主要有五个部分组成，即控制盘、检测元件、驱动装置、逻辑系统和 CRT 图形站，它们之间的作用关系如图 4 - 10 所示。

1. 控 制 盘

控制盘主要包括运行人员操作显示盘和就地控制盘。

（1）运行人员操作显示盘。包括：①指令器件，如启动燃烧系统和将有关设备投入运行的必要的开关和按钮等。②反馈器件，如状态指示灯，向运行人员提供一些特殊设备的运行状态（如阀门开关、电动机投入与停止等）以及运行操作情况。如"吹扫开始"、"吹扫完成"等。当机组发生紧急停炉时，控制盘上还能显示首次跳闸原因。运行人员操作显示盘安装在主控室的控制台上，通过电缆与计算机控制系统机柜相连。在正常运行时，所有命令均可由运行人员发出，运行人员通过操作盘和主机柜，与安装在整个燃烧系统上的所有敏感元件和驱动装置取得联系。现代大型机组 DCS 中有专用的监控界面。

（2）就地控制盘。就地控制盘主要用于维修、测试和校验现场设备。在正常运行时，所有就地控制盘上的开关均放置在遥控或自动位置，这样使得这些设备处在远方控制室控制状态。如果主控逻辑系统出现事故，可以利用就地控制盘进行就地操作。

2. 检测元件

检测元件是用来检测炉内燃烧状态、燃料以及空气等热工参数的设置。如炉内有无火焰、空气和燃油压力、温度的高低以及阀门和挡板开度等都是由检测元件反映出来。

压力开关用于反映燃料、空气和炉膛的压力。例如当炉膛压力超过规定允许值时，使机组跳闸；温度开关用于反映燃料和空气温度。例如当磨煤机出口温度过高时，可关闭磨煤机热风门，必要时停止磨煤机运行；流量开关用于指示空气系统的流量。如一次风量过低或失去一次风量时，使得磨煤机停止运行；限位开关用于限制阀门和挡板的行程，以保证运行在规定的安全限度之内，或提供一个证实信号，证实阀门是开启的还是关闭的；火焰检测器主要用于监视炉膛和暖炉油枪以及煤粉燃烧器火焰。

显然，保持敏感元件的良好工作状态是非常重要的，若敏感元件出现事故，将会导致机组事故的发生或有不必要的停炉跳闸。敏感元件投入前应进行严格的检查，以满足运行要求。投入使用后，要定期进行校验。必须保持敏感元件的清洁度，这对火焰检测器更为重要。需要定期对检测器检查，同时始终提供足够的冷却空气。FSSS 出现的事故，大多数情况是由于现场设备引起的，首先应该检查现场设备。

为了得到可靠的检测信号，可采用二个、三个或四个敏感元件进行测量，然后进行二取一、三取二、四取三等数据处理，得到一个可靠的检测信号。炉膛压力和汽包水位均采用三取二方式检测，即三个压力开关或液位信号有两个以上输出压力高或水位高信号，则确认炉膛压力高或水位高。

3. 驱动装置

驱动装置用于控制和隔离进入炉膛的燃料和空气，燃烧系统的驱动装置包括电动和气动的阀门、挡板驱动器，如暖炉油跳闸阀、热风门等，以及电动机驱动器，如磨煤机、给煤机以及风机等。运行人员通过逻辑系统监控这些装置。由于 FSSS 是逻辑控制系统，因此逻辑系统给这些驱动装置的指令都是开或关和投入或退出。某些燃烧控制如燃料风和辅助风调节挡板以及冷一次风和热一次风挡板的开度大小可由 CCS 系统控制，而在设备启动和停止时由 FSSS 逻辑控制系统输出开关信号送 CCS 进行逻辑控制。

燃料系统驱动装置有的采用交流电驱动，有的用直流电驱动。它可以设计为给予能量跳闸或不给予能量跳闸两种类型。大型机组的 FSSS 通常采用给予能量跳闸类型的驱动装置。这种类型的系统打开阀门时需要提供能量，关闭阀门也需要提供能量。不提供任何能量时，阀门位置不变，从而防止了电源消失而跳闸，保证系统的安全。保证这些驱动装置良好的工

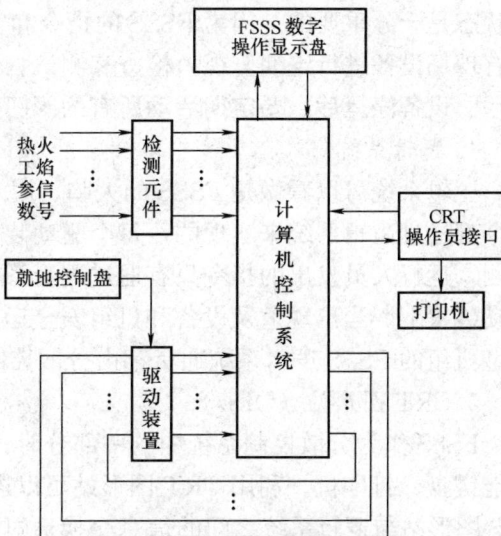

图 4 - 10　FSSS 组成方框图

作状态是十分重要的。因为FSSS的指令和安全连锁要靠这些驱动装置来实现。因此必须对所有现场设备进行定期监视、检查和测试。保持这些设备的清洁，不让这些设备粘上灰尘和油污。设备停运后，要定期活动所有的阀门、挡板。

4. 逻辑系统

逻辑系统可以看做是FSSS的大脑，用来完成逻辑运算、判断等任务。所有运行人员的指令都通过逻辑系统来实现的，每个驱动装置和敏感元件的状态都通过逻辑系统进行连续的监测。运行人员发出的指令只有通过逻辑系统验证、满足一定的安全许可条件后，才能送到驱动装置上。当出现危及设备和机组安全运行的情况，逻辑系统自动停掉有关设备。目前，大型机组的FSSS逻辑系统通常都由分散控制来实现。

5. CRT 图形站（OIS）

FSSS作为分散控制系统中的一部分时，还共享CRT图形站。它包括CRT终端，CRT功能键盘、打印机。利用CRT图形站可以进行与FSSS有关的锅炉运行工况的监视及记录，OIS图形站与逻辑系统之间的信息交换通过厂区环路进行通信。CRT画面上主要有炉膛燃油系统监控图、制粉系统监控图以及炉膛火焰等模拟图。在CRT画面上还可以显示逻辑组态图。如主燃料跳闸、炉膛吹扫及油层自启动等。

二、炉膛安全监控系统的运行

（一）炉膛吹扫

锅炉点火前，必须进行炉膛吹扫，这是锅炉防爆规程中基本的防爆保护措施。在锅炉对流烟井、烟道和将烟气送至烟囱的引风机等处均有可能积聚过量的可燃物，当这种可燃物与适当比例空气混合，遇到点火源时，即可能引燃而导致炉膛爆炸。炉膛吹扫的目的是将炉膛内的残留可燃物质清除掉，以防止锅炉点火时发生爆燃。

吹扫时通风容积流量应大于25％额定风量（通常为25％～40％），通风时间应不少于5min，以保证炉膛内吹扫的效果。对于煤粉炉的一次风管也应吹扫3～5min，油枪应用蒸汽进行吹扫，以保证一次风管与油枪内无残留的燃料，保证点火安全。当完成吹扫规定的时间后可发出吹扫结束信号，解除系统的MFT状态记忆（MFT复位）。炉膛内继续保持吹扫时的风量，直至锅炉负荷升至对应吹扫风量的负荷时，再逐步增加风量，从而防止了当点火不成功时，用吹扫风量带走炉膛内的燃料，避免炉膛爆燃。当点火不成功时，需重新点火，点火前必须对炉膛进行重新吹扫。

在吹扫时，应先启动回转式空气预热器，然后再顺序启动引风机和送风机，为炉膛吹扫提供足够的风量，并且可以防止点火后出现回转式空气预热器因受热不均而发生变形的问题，同时也可以对回转式空气预热器进行吹扫。

1. 炉膛吹扫条件

炉膛吹扫必须满足的条件是：

（1）风量应大于25％额定风量；

（2）所有燃料全部切断；

（3）至少有一台引风机和一台送风机运行；

（4）所有燃烧器风门处于吹扫位置。

2. 吹扫过程

锅炉必须经吹扫过程后才允许点火，否则装置处于MFT状态。当MFT继电器跳闸后，

FSSS 自动发出"请求炉膛吹扫"信号；条件全部满足后，操作员就可以在 CRT 上发出"启动炉膛吹扫"指令；启动指令发出后，FSSS 向 CCS 发出信号，CCS 负责打开风道，且炉膛内风量适中 25%～40%MCR；吹扫计时器开始 5min 的计时；如果 5min 吹扫顺利结束，则炉膛吹扫成功，吹扫结束。

"炉膛吹扫成功"信号是复位 MFT 的必要条件。MFT 发生时，通过一个 MFT 脉冲信号清除"炉膛吹扫成功"信号。炉膛吹扫逻辑如图 4-11 所示。

（二）油泄漏试验

燃油系统泄漏试验是针对燃油母管安全快关阀和回油关断阀的严密性所做的试验，确保炉前轻油、重油系统没有泄漏现象。如果炉前电磁阀关闭不严密，在点火之前就会有油泄漏到炉膛内；如快关阀关闭不严，当锅炉发生 MFT 时，则会使油泄漏到炉内，引起爆燃。因此，轻油、重油系统的泄漏检查是保证炉膛点火安全，不产生爆燃的重要措施之一。泄漏试验有两步，第一步确定燃油母管在充压之后不会泄漏，第二步确定燃油母管安全关断阀不会在关闭的状态下发生泄漏。

泄漏的检查方法是先打开快关阀，使炉前油管路充油（炉前的油电磁阀关闭），然后关闭快关阀，经过若干秒，如果油枪入口压力在规定值以上，即为合格（也可以用压力变化差值来检查，快关阀关闭前后的压力差值 Δp 小于规定压力差，即泄漏检查合格。如果 Δp 大于规定压力差，说明炉前油管有泄漏）。如果泄漏检查合格，允许点火；如果泄漏检查不合格，说明炉前油系统有泄漏，不能点火，必须待缺陷消除后再行检查，直至合格，才能进行点火。

轻油、重油系统泄漏检查一般应由 FSSS 自动完成，有的机组由专门操作系统来完成炉膛清扫与泄漏检查。操作员通过直接在 CRT 上发出启动泄漏试验指令启动该试验。

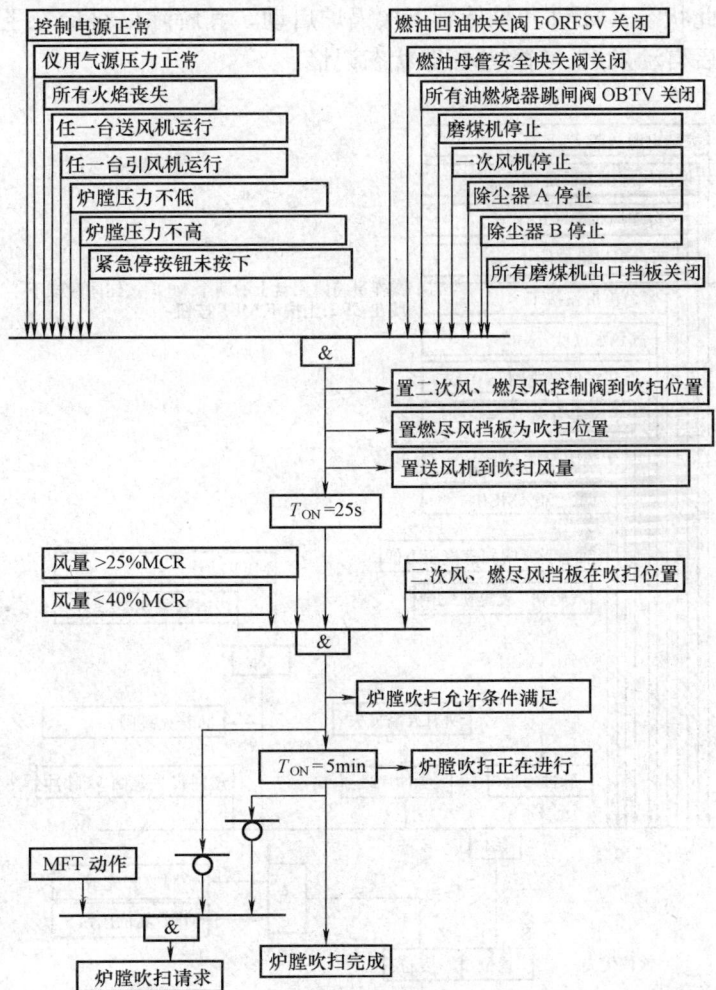

图 4-11 炉膛吹扫逻辑图

（三）全炉膛火焰检测——灭火保护

灭火保护的实质是在锅炉灭火时，通过保护动作确保炉膛安全。它包括：启动前的炉膛吹扫连锁、全炉膛火焰监视和 MFT 连锁。

1. 灭火保护的功能要求

（1）启动前的炉膛吹扫（前已叙述）。

（2）全炉膛火焰监视。它包括两个内容：①向运行人员提供炉膛火焰分布指示信号，使其能直观地判断炉膛火焰燃烧稳定程度，判断是否会出现全炉膛灭火，以便决定采取稳定燃烧或人为停炉措施；②当炉膛已经不能维持稳定燃烧的火焰，即将出现全炉膛灭火时，将全炉膛灭火信号发给跳闸连锁装置，即装置本身具有判断能力。

（3）MFT 连锁。当某些不能保证锅炉正常运行的情况出现时，MFT 应能迅速切断所有燃料，并将危急报警信号发到各系统，进行必要的安全操作并显示出跳闸的第一原因，并将此状态（MFT）维持到下次锅炉启动，其解除信号应在下次安全启动允许及炉膛吹扫完成后自动发出一解除 MFT 状态记忆。

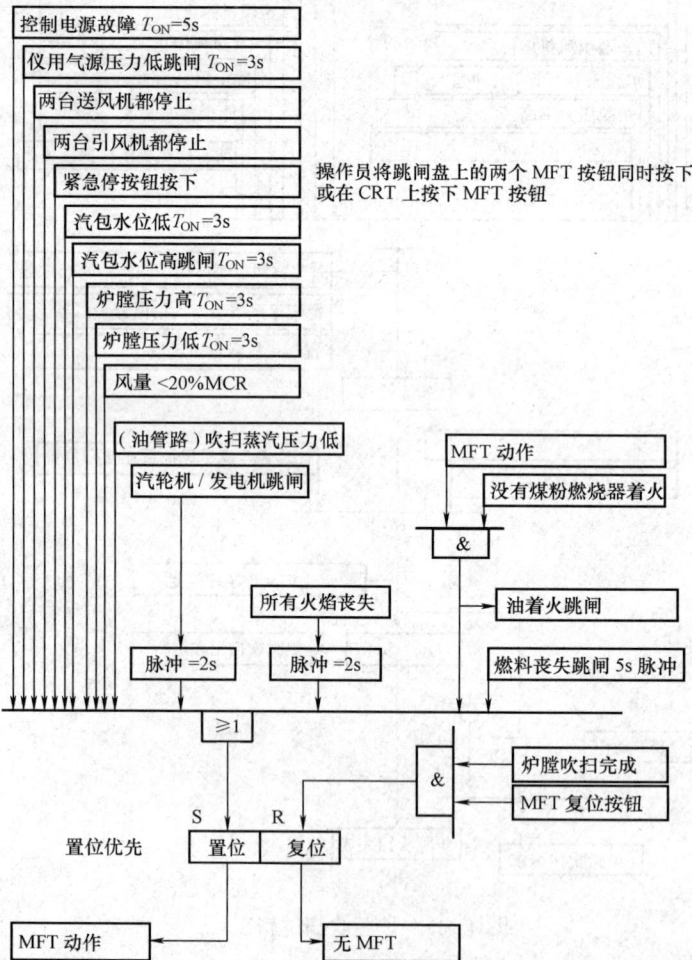

图 4 - 12　主燃料跳闸逻辑（MFT）

对于汽包锅炉，锅炉主燃料快速切断（MFT）停炉和连锁，下列条件之一一旦成立，就立即动作生效：汽包水位过高；汽包水位过低；送风机全部跳闸；引风机全部跳闸；送风机风量降低到 25% 额定风量以下；燃料全部中断；火焰全部熄灭；炉膛压力过高；炉膛压力过低；手动跳闸；主蒸汽温度高；再热蒸汽温度高等。

当锅炉发生 MFT 时，切断所有燃料源，点火油系统的安全截止阀关闭，每个点火器阀均关闭，给粉机停运，切断点火器电源。

主燃料跳闸逻辑（MFT）见图 4 - 12。任一个或一个以上的上述信号发生将"置位"RS 闭锁电路，并且给出置位输出即"MFT 动作"。"吹扫完成"信号"与"人机界面来的复位信号将复位 RS 闭锁电路。特别值得提醒的是：RS 闭锁电路具有置位端优先功能，即要求置位端输入信号被清零后，RS 闭锁电路才允许被复位。

2. 火焰检测

火焰检测的方法虽多（温度开关式、差压开关式、火焰棒式、光学类型、声学或其他方式），但应用到不同燃料或不同类型锅炉的燃烧器上，并非都能得到满意的效果。火焰测量的可靠性和准确性，又是锅炉安全运行和灭火保护的重要依据。不同类型甚至同种类、不同类型的火焰检测器，都有它特定的工作特性和相应的使用条件。既定特性主要由产品设计和制造厂来保证，使用条件主要由采用者在考虑对象给予的燃烧设备型式、燃料种类、运行方式、负荷分配比例的基础上，根据既定特性予以满足。任何种类的火焰检测器不可能对所有状态下的一切火焰检测都有效。检测器只有在既定特性与使用条件相协调的情况下，才有取得满意效果的可能。

锅炉燃烧过程，实质是燃料中的碳或氢化合物与空气中的氧发生剧烈的化学反应，氧化、还原、再氧化直至终止的过程。无论是煤、油还是气体燃料，其可燃物质的燃尽物将以大量的二氧化碳和水蒸气等组成的烟气形式出现而告终。燃料在炉膛中燃烧时，火焰能辐射出大量的能量。火焰辐射能量的分布曲线是波长与温度的函数。当温度升高时，辐射能量分布曲线向较短的波长方向移动，且辐射总能量增大；当温度降低时，辐射能量分布曲线向较长的波长方向移动，且辐射总能量减少。因此，炉膛火焰的辐射能量是在某个平均值上下浮动，这就给人眼一个直觉，火焰亮度在某个平均值上下浮动。

从喷燃器中喷射出来的煤粉火焰大约可以分为四段：从一次风口喷射出的第一段是一股暗色的煤粉与一次热风的混合流；第二段是初始燃烧区，煤粉因受到高温烟气火焰回流的加热开始燃烧，众多的煤粉颗粒燃烧成亮点流，此部位的亮度不是最大，但亮度的变化频率达到最大值；第三段为完全燃烧区，各个煤粉颗粒在与二次风的充分混合下完全燃烧，产生出很大的热量，此处的火焰亮度最高；第四段为燃尽区，这时煤粉大部分燃烧完毕，形成飞灰，少数较大颗粒进行燃烧，最后形成高温烟气流，其亮度和亮度变化的频率较低。因此，火焰检测器的安装位置对于检测到火焰的强度和频率极其重要。

此外，炉膛火焰光按波段分又分为紫外光、可见光和红外光。对于不同的燃料，其火焰的光谱特性也不同。图4-13为油、煤气、煤粉及1650℃黑体发射的辐射强度光谱分布。

从图4-13中可见，所有的燃料燃烧时都能辐射出一定量的紫外光与大量的红外光，光谱范围从红外光、可见光直到紫外光。煤粉火焰有丰富的红外光、可见光和一定的紫外光。燃油火焰有丰富的红外光、可见光和紫外光。燃气火焰具有丰富的红外光、紫外光和一定的可见光。同一燃料在不同的燃烧区，火焰的频谱特性也

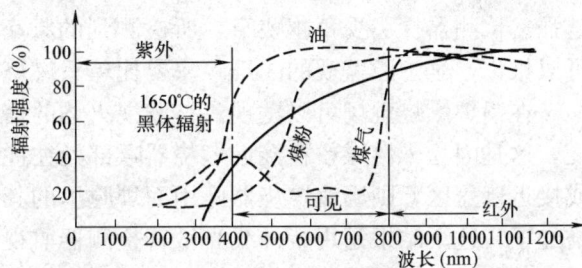

图4-13　不同燃料火焰的辐射强度与波长关系

有差异。火焰的频谱响应特性是选择何种光电器件首要考虑的问题，所有这些能量都构成了检测火焰存在与否的基础。

（1）声学或其他方式。在火电站用声波原理检测火焰是不现实的。因为从电动机、风机或其他声源来的噪声干扰是难以隔绝的。

（2）温度开关式。利用热能温度原理检测火焰是最先采用的方法。前苏联热工研究所（BTu）在为300MW机组配套的Π-50煤粉锅炉上，推荐了一种经过改革的热电偶 uΠ-λ 型火焰检测器。它是利用热电偶测取靠近火焰根部的烟气温度变化速度来判断重油引燃或熄火的。利用热能温度原理检测火焰存在与否不可避免的缺点：燃料种类必须稳定，而且使用前要对燃料进行准确的分析实验。

（3）差压开关式。利用燃烧产生热流形成差压的原理检测天然气是否点燃。从大港电厂使用的意大利 FRANCO TOSI 公司生产的 1050t/h 微正压燃油锅炉天然气点火嘴的涡流板火焰检测应用来看，是行之有效的。这种检测方法比较简单，但差压开关动作整定值受燃料和送风出口温度混合好坏，以及燃烧动压波动的影响较大。因此，只适用于气体燃料火焰检测。

（4）火焰棒式。根据燃料燃烧电离导电原理，用火焰电极检测火焰的导电性，在国外 1970 年开始作为商品广泛应用于电站锅炉。这种原理的火焰检测器优点是易于调整，对火焰方位的分辨率高，着火和灭火的输出电压比（S/N）有较高的比值。当燃烧一般的油和气体燃料时，电极和火嘴间的电阻约 $0.2\sim3M\Omega$，在无火状态下则高于 $500M\Omega$，作为轻油或气体燃料的单火嘴火焰检测比较理想。

陡河电厂 BABCOCK-HITACHI 850t/h 煤粉锅炉轻油点火器以及清河电厂 TKz（苏）u—670/140 型锅炉气体点火器都应用了火焰棒式（又名直接式）火焰检测器，效果较好。它的使用条件必须保证的是：①电极对地绝缘电阻不小于 $200M\Omega$；②电极冷却风量和点火时调风器风量应调整适当，不应使火焰偏离或发生电极支持套筒过热变形。

（5）光学类型。从利用光能原理检测炉膛火焰这个角度来说，火焰辐射的光强是在某个平均值上下闪烁着，即火焰的光强可看作是平均光强叠加上闪烁光强的总和。当锅炉灭火时，平均光强和闪烁光强才同时消失。因此，可以利用检测火焰的闪烁光强存在与否来判断是否发生了灭火事故。这种检测方法有较高的分辨率。如果再加上检测火焰的平均光强，把平均光强与闪烁光强两个信号相"与"，那么只有当平均光强与闪烁光强同时消失时，才能判断为炉膛灭火。

闪烁频率与振幅间的关系，取决于燃料种类、燃烧器的运行条件（燃料—空气比、一次风速度）、燃烧器结构布置、检测的方法以及观测角度等。一般火焰闪烁频率在一次燃烧区较高，在火焰外围处较低。检测器距一次燃烧区越近，所检测到的高频成分（100～300Hz）越强。检测器探头视角越狭窄，所检测到的频率越高；视角扩大，则会测及较低频的闪烁。可以推论，全炉膛监视的闪烁频率要比单只燃烧器监视的频率低得多。

在锅炉燃烧现场可以发现，被监视火焰的信号强度可能等同于或低于毗邻的火焰信号强度，这是因为未燃煤粉在接近燃烧器喉部处往往起到一种遮盖作用。若火焰检测器视线通过或接近遮盖区，则当该燃烧器停用而炉膛里的其他燃烧器继续燃烧时，信号强度反而比原来增加了，这个结果是用紫外线光敏管检测器监视煤粉燃烧器的一个大问题。因此燃煤或燃油锅炉推荐采用火焰闪烁高频分量的红外检测；对气体燃料则推荐紫外检测。气体火焰看来并不具有煤和油所具有的高频（200～400Hz）脉动特性。因而红外监视系统对气体火焰是不起作用的。

1）紫外光敏管式。电站锅炉使用的燃料都含有氢元素。根据含氢燃烧火焰具有高能量紫外光辐射的原理，在燃烧带的不同区域，紫外光的含量有急剧的变化。在第一燃烧区，将产生波长 $250\mu m$ 的紫外辐射，紫外光含量最丰富。而在第二和第三燃烧区，紫外光含量显著减少。

紫外光敏管是一种固态脉冲器件，其发出的信号是自身脉冲频率与紫外辐射频率成比例的随机脉冲。紫外光敏管有两个电极，一般通入交流高压电。当辐射到电极上的紫外线足够强时，电板间就产生"雪崩"脉冲电流，其频率与紫外强度有关，最高达几千赫。熄火时脉冲电流为零。

紫外光敏管式火焰检测器的优点是：①紫外光用作单火嘴火焰检测时，对相邻火嘴的火焰具有较高的鉴别率；②它不受可见光和红外辐射的影响，这对排出炉膛结焦带来的红外干扰是相当重要的。

紫外光敏管虽有上述优点，但用作火焰检测和灭火保护，还必须具备良好的电路设计和周密的测点选择来保证它对火焰检测的可靠性。因为毕竟不能完全排除太阳光或一般光源照射中可能存在 $200\sim300\mu m$ 波长。为此，采用较好的逻辑电路，提高检测器输入信噪比（约大于 26dB），对增强紫外光敏管式火焰检测器的可靠性是完全必要的。

由于紫外辐射会被油雾、水蒸气、粉尘及燃烧副产品吸收，尤其是在锅炉低负荷运行时，紫外线的辐射会大量减少（燃用劣质煤时更是这样），灵敏度显著下降，为此要经常清除污染物，使现场的维护量大为增加。此外，探头需瞄准第一燃烧区，也增加了现场的调试工作量。这些情况增加了紫外线检测火焰的不可靠性，紫外检测适用于气体燃料效果较好，而在燃煤锅炉上效果较差。

2）可见光和红外检测。硅固态检测器（光敏电阻、光电二极管、硅光电池）能产生与火焰亮度成正比的模拟信号，其频率相应可达 10kHz 以上，光谱范围一般从远红外光到可见光。因此可以用检测器检测火焰在可见光和红外光谱段的闪烁来判断火焰存在与否。

有多种煤粉火焰监视产品可检测火焰在可见光谱段的闪烁，如 BALLEY 公司生产的火焰闪烁检测器及 CE 公司生产的 Safe Scan I 等，前者采用硅光电池；后者采用带抑制红外滤波器的硅光电二极管。检测器同时还能一定程度地检测火焰亮度信号及火焰闪烁频率信号，这样可正确判断有无火焰。Safe Scan I 用于燃煤锅炉的火球监视，在低负荷时反应比紫外监视灵敏。

红外火焰监视是利用红外线探测器件，检测燃烧火焰发射的红外线和近红外线来验证火焰存在与否。FOHNEY 的 IDD-Ⅱ红外动态检测器在世界各地燃烧不同煤种（包括褐煤、无烟煤）的锅炉上，取得了良好的单只燃烧器监视效果。红外辐射的波长较长，所以不易被烟、飞灰或 CO_2 所吸收。所以其检测器表面受烟灰油雾污染时，灵敏度不像紫外检测下降得那么明显，但其缺点是区分相邻火嘴的鉴别率不如紫外检测。它可以利用初始燃烧区和燃尽区火焰的高频闪烁频率不同这一特性来作为单火嘴火焰检测，而对其他火焰、炉墙等背景的红外辐射没有反应。根据光敏电阻、光电二极管和硅光电池的频谱响应特性，这种检测器用在燃煤锅炉和燃油锅炉上效果较好，而在燃气锅炉上效果较差。

紫外光火焰检测器对火焰强度反应敏感，红外火焰检测器对闪烁频率反应敏感，可见光火焰检测器对火焰强度和闪烁频率反应都较敏感。从原理和实践的角度看，利用可见光或红外光原理的火焰检测器较好。

图 4-14 为 IDD-Ⅱ型红外火焰检测器的探头示意图。它主要包括平镜、平凸镜、光导纤维、钢制外壳包着的硫化铅光电二极管及放大电路。透镜接受到火焰中的红外线由光

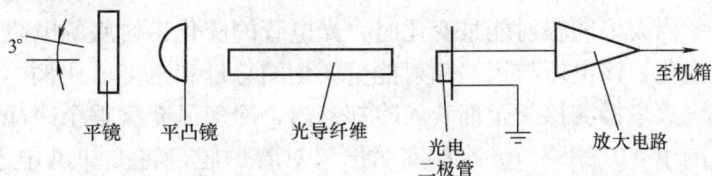

图 4-14　IDD-Ⅱ型红外火焰检测器的探头示意

导纤维传递，经光—电器件转换成电信号并送到远方安装的电子线路板上。

光导纤维可以减弱光电池受到的高温辐射和防止光饱和。光导纤维是经过特殊处理的，它的工作原理是基于光的全反射定理。光在光芯与包层的界面上发生全反射而被限制在纤芯

内传播。纤芯和包层由两种不同折射率材料制成，纤芯折射率大于包层折射率。由于使用的光纤在一定高温下工作，要求它承受一定的环境温度。实验表明，在430℃环境温度下，光纤及镜片的外形无任何损坏，传光特性基本上不受温度的影响。利用光导纤维的传光特性，可以将探头所收集到的光传送一定距离，使检测系统中的光电转换器件脱离高温辐射区，得到较好的光电转换特性，延长光电转换器件的使用寿命，消除温度对光电转换造成的干扰，提高了光电转换的精度。

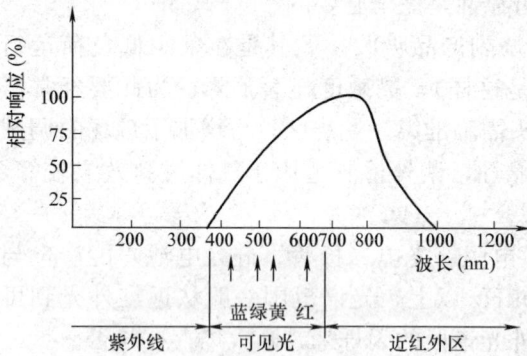

图 4-15 硅光电池的光谱特性

探测系统是将光信号进行转换，使其变化成电信号。能进行光电转换的器件很多，如硅光电池、光电二极管、光敏电阻、光电倍增管等。其中较好的硅光电池的光谱特性如图4-15所示，它说明硅光电池的输出电流随入射光波长的变化关系。它是将峰值波长时的光电池输出定为100%，与其他入射波长时的光电池的输出作比较后得出的。由图中可以看出它的光谱响应范围在可见光偏红外区间内，符合煤燃烧时发出的光谱范围。

电子线路板以集成电路为主，可对送来的信号进行处理。输入有高低两个信号通道，以适合不同工况或不同燃料的信号灵敏度需要，同时高低信号通道还有助于对单只燃烧器火焰的鉴别。探头和火焰放大器将煤和油燃烧时辐射出来的红外辐射光转换成为继电器触点的接通或断开，来判断火焰的着火或灭火状态。

根据兰贝特定律、维恩定律等得出，光电池输出电流与炉膛温度成4次方关系。在锅炉点火时，炉温很低，光电池输出信号很弱；当锅炉满负荷运行时，温度上升很高，光电池将输出很强信号。根据以上情况，要求设计一个放大倍数可随负荷变化的运算放大器，以达到火焰从点火到全量程的测量目的。采用对数放大器，可提高火焰初始燃烧时的灵敏度，又防止了高负荷时放大器过饱和。

火焰检测器探头布置于四角切圆燃烧炉膛各角燃烧器的二次风口内，在同一水平高度（同一层）的四个探头与同一机箱相接。当鉴别单只油枪的火焰时，通常将探头安装在油枪旁边（上游、下游均可）。当检测全炉膛火焰时，通常将探头置于两个相邻煤粉燃烧器层中间的二次风口内，视角为30°，并瞄准煤粉初始燃烧区。因为该区内红外辐射较强，且频率变化达到最大值时，能有效地检测煤火焰。

当火焰的辐射能量变化时，光电管的硫化铅衬底的电阻发生变化，这个变化导致输出电压变化，该电压与火焰辐射能量变化的总量和速度成比例。

火焰检测探头全部装入冷却室内，冷却风充满整个冷却室，探头的整体位置在冷却风的包围中（0～38℃）。冷却室的出口对着炉膛，将冷却风排进炉膛内，探头可以有效地被冷却。探头的长期工作温度范围为60℃。若不采用冷却室，探头外壳直接暴露在炉墙周围的温度内，局部位置可达80～107℃。尽管探头内部通冷却风冷却，但探头外壳在高达80～107℃的高温中加热会使探头超温而烧坏。

为了提高探头的分辨率，通常采用频率检测、强度检测以及线路的故障检测，只有这三个检测正常，符合条件时，火焰指示灯才表示有火焰。光信号的强度和频率检测是整个信号处理的关键部分，由于辐射的光强度与探头的距离有关，被探测的燃烧器离探头最近，光强最强；而未被探测的燃烧器远离探头，光强最弱。火焰的频率可以正确反映燃烧是否正在进行，由于燃料在燃烧时存在一个闪烁频率，而燃烧器的闪烁频率与整个炉膛火球频率又有区别，利用这个频率差别，可以探出炉膛火焰与燃烧器火焰的存在。

强度信号的处理方法，是分别设定强度信号的上、下限。当强度信号超过上限设定点，强度信号就能生效，即给出强度允许信号，而在此信号低到低于下限以前，强度允许信号始终保持。这样可以适当提高上限值以提高鉴别火焰的能力，而设定较低的下限值则能保证有足够的灵敏度检测火焰，又不至于造成误动。

频率检测部分的核心是一个频率比较器。它利用不同燃料的火焰和火焰燃烧的情况不同时，火焰脉冲频率有很大差别这一原理，来判断所要检测的那种火焰是否存在。频率电路的原理框图如图 4 - 16 所示。送进的火焰信号经过一个交流放大器和触发器，变成一系列的方波脉冲，方波脉冲频率即火焰的频率。此频率与一个内部设定频率在一个可调频率鉴别器里进行比较，当前者的频率高于设定频率时，频率允许灯亮，同时由继电器接点输出频率允许信号，当输入频率低于内部设定频率时，不发频率允许信号，火焰检测器输出无火焰信号。频率鉴别器的内部整定频率从 3.5～103Hz，这个频率整定范围是充分考虑了各种锅炉在不同燃料和在不同燃烧条件下的各种情况而确定的，它覆盖了现代电站锅炉所有可能的范围。

频率检测部分对火焰检测装置的运行是至关重要的，因为火焰的脉动频率常比强度更能表现火焰的特征。比如，煤的火焰形成的火球，其脉动频率通常在18Hz 或更低一些，而燃油时可达40～60Hz，至于炉墙或热烟气等炉膛内辐射源的频率极低，几乎接近于零。所以，用调整频率鉴别器的内部频率，将要检测的火焰鉴别出来。但是这种方法也受到相邻火嘴串来的频率信号的干扰，很难达到单火嘴鉴别能力。

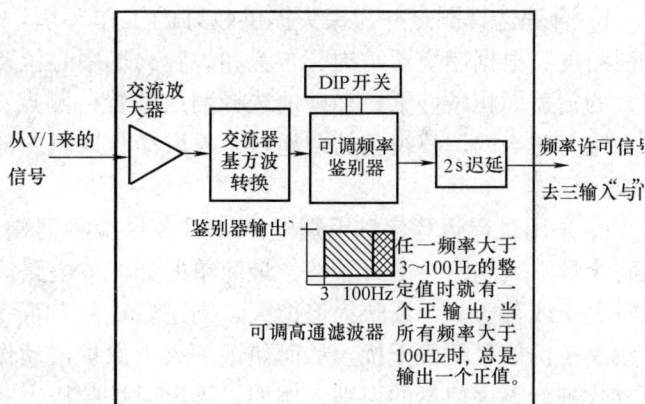

图 4 - 16　频率电路原理框图

红外元件的可靠性大大优于紫外光敏管，紫外光敏管往往会"自激"，其事故形式表现为在"无"火时指示"有"火，因而必须采用带机械快门的自检系统，周期检查管子与线路是否正常。而红外元件的事故形式，多表现为"有"火时表示"无"火（不灵敏），从保护设备角度看是偏于安全的。

采用什么原理是表征火焰检测器性能的重要条件，但火焰检测器性能的优劣还得从多方面来综合考虑。如探头定位的难易程度、电子线路的设计技巧及维护方便与否等，最终的性能优劣应视现场应用的成功与否而定。

3）摄像管式。利用黑白或彩色电视闭合回路系统监视燃烧火焰，虽然是最直观的方法，但对它的使用价值还有待讨论。首先因为电视给出的实时火焰图像，既不能简化常规操作，又不能直接作为燃烧器自动控制的信息。此外，现阶段应用电视监视火焰的主要问题是：

①电视摄像管使用寿命还不能满足炉膛辐射温度较高条件下长期连续工作的需求，虽然加装了水冷、风冷等措施，但结构复杂，维护工作量大；②对于燃煤锅炉，由于大量煤粉烟气透明度低，很难清晰地反映每个火嘴的情况；③闭路电视成套装置投资很高，尤其是对于双炉膛多火嘴的大容量锅炉，采用多个分镜头监视系统是否合算值得考虑。

在锅炉运行监控中，炉膛灭火信号的出现就是强迫锅炉停炉，即快速地完全切断进入炉内的燃料供应（MFT），连锁保护装置进行燃烧器的吹扫、冷却以及炉膛安全通风。正由于炉膛灭火关系着锅炉停炉和机组甩负荷。因此，要求及时可靠的判断炉膛灭火，是火焰检测装置作为锅炉保护设施的最基本条件。但是，就现有的各类火焰检测器的完善性来看，它们还不能完全具备这个基本条件，这个问题在多火嘴燃煤锅炉的全炉膛火焰监控中是尤为突出的。那么，采取哪些办法有助于改善这个情况呢？从以上对各类火焰检测的情况分析，可归纳以下几个方面：

a. 从监视原理上看，应全面抓住火焰存在的各主要特征，采用复合式火焰检测器探头。煤粉锅炉燃烧特点是点火和低负荷燃烧时使用辅助燃料，锅炉启动时，首先由低负荷辅助火嘴来提高炉膛温度，当炉膛温度达到一定时，方可投入煤粉燃烧器。同样，当炉膛燃烧不稳定或需要加强燃烧控制时，也需投入低负荷火嘴。基于此，采用复合式火焰检测器是为使它既能适用于低负荷火嘴火焰特性，同时也兼顾到煤粉燃烧火焰特性。例如，采用光强度和闪烁频率复合形式；紫外和可见光复合形式等。

b. 合理选择测点并为探头提供较好的工作环境，使其处于最佳的监视位置及最有力的监视角度。根据燃烧器结构、布置和炉膛火焰中心位置，在考虑对多个主火嘴火焰监视获得较大的覆盖面积条件下，合理地选择测点位置。测点布置宜采用对称式以互相比较。此外，探头应有适当的调整视角的余地，并采取净化通风冷却措施，或采用光学抗污染，以防止过热或污染。

c. 采用逻辑运算信息识别电路。用多台检测器构成一个完整的火焰监视系统，以此来提高全炉膛火焰信号的可靠性。最简单的如 3/4 电路，即在层燃烧的四层火焰检测中，其中若有大于或等于 3 个反映火焰熄灭，则逻辑电路判断为"锅炉灭火"。这种方法在一定程度上减少了伪信号随机干扰，从而使锅炉灭火保护误动作的可能性被降低。同时，还应采取其他方式进行灭火信息的识别。例如，灭火时炉膛压力和一次风压的突然降低，爆燃时炉膛压力的突然升高。采用压力信号与火焰熄灭信号组成"或"条件，进行灭火信息的判别。

d. 在装置线路设计方面要提高线路的可靠性。如计算机采用双机系统，应设置锅炉灭火保护闭锁、自检功能。新型火焰检测器一般都设有自检装置。在锅炉灭火停炉保护系统中，从火焰探头、信号放大、逻辑运算组合，直至 MFT 继电器输入侧以前，设置手动/自动闭锁自检，这将对火焰检测和信息传递系统可靠性监督与故障分析带来很大的保证和便利。

e. 对于大容量燃煤锅炉燃烧控制与保护来说，单火嘴火焰检测系统是必不可少的。实践证明，设想用少量的炉膛火焰监视来取代数量较多的单火嘴火焰监视是不成功的。因为前者不能对多个燃烧器火焰进行分辨。

f. 在大容量燃煤锅炉上，要实现燃烧器自动程序点火以及在锅炉低负荷情况下，实现燃烧器自动控制，必须设置带有自动点火器的低负荷燃烧器组。如果点火燃料与低负荷辅助火嘴燃料相同的话，每个低负荷燃烧器都应设置辅助火嘴火焰检测器，且该检测器能兼顾到对同一低负荷燃烧器上煤粉火焰进行监视。若点火器燃料与辅助火嘴燃料不相同，则在该低负荷燃烧器上还必须增设点火器的火焰监视器。

不同燃料的火焰有不同的特性，不能以某种通用的火焰检测技术来满足对所有燃料的火焰检测。

g. 大容量燃煤锅炉启动的首要控制对象是低负荷燃烧器，如果低负荷燃烧器有完善的自动控制系统，它将能显著地减少操作人员的劳动强度和降低燃烧事故率。由于单火嘴火焰检测是为低负荷燃烧器提供监控操作信号，因此，必须使它与低负荷燃烧器一起作为锅炉燃烧器控制功能配套起来。

h. 可靠性是火焰检测器的根本指标。这一指标既要由火焰检测敏感元件、电子器件等的产品质量和线路设计的合理性来保证，同时还必须注重辅助性补充手段，如加强设备的维护、检修、运行人员的培训等。

i. 为了适用大容量燃煤锅炉燃烧器自动化和保护的需要，应重点在灵敏度、分辨率、抗干扰、耐久性这四方面来改善和提高火焰检测器的可靠性，加强对火焰信息的基础理论和燃烧动态特性的分析研究。

3. 全炉膛灭火概念

（1）"层"火焰信号。对于四角切圆布置的煤粉炉，一般将火焰检测器探头布置于两层煤粉喷嘴中间的二次风口内，以监视上下相邻喷嘴的煤粉火焰，探头的布置方向对准炉膛中心火球。装设于同一层的四个火焰检测器探头（四个角每角一个探头）发出的信号，送至同一火焰检测器机箱。在切圆燃烧锅炉中，当一层有两个角有稳定燃烧火焰时，火焰可以将其余两个角的煤粉点燃。因此，当其中两个探头发出"有火焰"信号时，认为本层有火焰。而当其中三个探头发出"无火焰"信号时，则认为本层无火焰。在中间仓储式制粉系统中，一台给粉机供一只煤粉喷嘴，此时情况要比直吹式制粉系统一台磨煤机供同层四角煤粉喷嘴的情况复杂，但作为全炉膛火焰检测的一部分，判断一层的燃烧工况，四取二仍然是合理的，其单喷嘴故障不能作为停炉条件。

（2）全炉膛失去火焰。每"层"火焰信号与相邻层煤粉喷嘴工作情况合为一个煤粉火焰检测层的投票信号。作出全炉膛是否灭火的判断还取决于油层火焰的工况，当油层 3/4 无火焰时，油层投票"灭火"，油层 2/4 有火焰时可以支持全炉膛火焰燃烧，不发出灭火信号，如图 4-17 所示。

图 4-17 中"已有层给粉证实"信号的意义是 A、B、C 三层中任意一层已经有煤粉进入炉膛，对应直吹式燃烧系统，说明给煤机与磨煤机已经启动，并且经过一定时间的运行。而对应给粉机与煤粉喷嘴

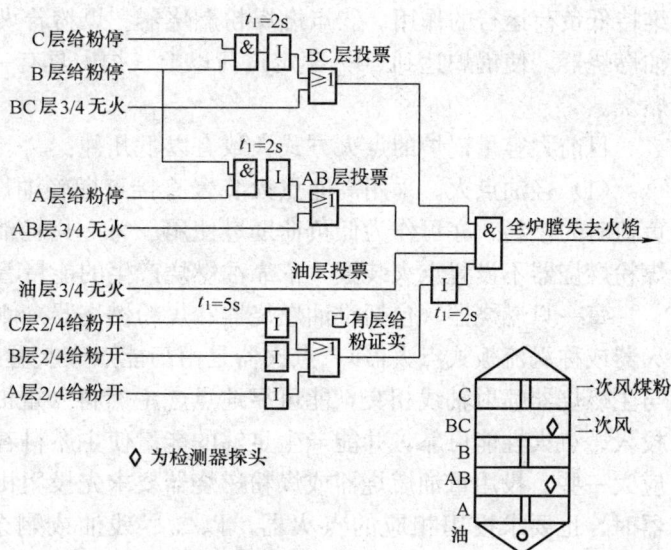

图 4-17　典型全炉膛失去火焰逻辑图

一对一的中间仓储系统，说明该层给粉机只启动 2/4。这个信号也就是"全炉膛失去火焰"保护投入的信号。该保护在油层投入时不具备跳闸能力，油层出现的异常情况应由油枪控制系统自行负责处理。当保护投入以后，各层投票"无火焰"时，发出全炉膛灭火信号。在正常停炉时，"全炉膛灭火"信号不会出现，因为停炉前已将油层投入工作，油火焰稳定，油层投票"有火焰"，然后停止送粉，给粉证实信号退出，不再工作。

对于中间仓储式制粉系统，给粉机与煤粉喷嘴一一对应布置，当油火焰检测指示有"火焰"和某层给粉机大于等于 2/4 开时，经 5s 后，给粉被证实，它具备保护跳闸的能力；当各火焰检测器指示"无火焰"时，则全炉膛失火焰；当某层给粉机大于等于 2/4 开，该层检测器指示"无火焰"，其余各层给粉机全停时，则全炉膛火焰丧失。

（四）燃烧器自动点熄火控制

自动点熄火控制功能是 FSSS 的基本功能之一，只需按动设在控制界面上的"点火"或"熄火"操作按钮或者由计算机发出点火、熄火指令，就能对燃烧器与点火器的点火、熄火操作的全过程进行自动顺序控制。各项操作在规定时间内是否完成，由计时器监督，如在规定时间内没有完成，就发出点火失败（或熄火失败）警报，告知运行人员，同时系统自动转向安全操作。

燃烧器点熄火控制系统是一个逻辑顺序控制系统，由于燃烧设备的操作内容多，所以按系统功能分层的原则，将整个系统分解为若干个基本控制回路。每个回路使用逻辑元件设备，模仿人的逻辑思维过程（操作过程），自动按顺序进行操作。顺序控制的逻辑都是由"或""与""非""延时""记忆"等逻辑元件组成的。

1. 燃烧器的点火方式

对于煤粉锅炉，在启动或低负荷运行时，往往要采用油燃烧器，以帮助点火启动、助燃和稳定煤粉燃烧之作用。油燃烧器的功能有：①作为从锅炉启动到机组带 20%～30% 额定负荷的主要燃料。②当锅炉主要辅机发生故障，机组减负荷运行（RB）；或机组发生甩负荷，停机不停炉；或电网故障，主开关跳闸，机组带厂用电运行时，油燃烧器起稳定燃烧，维持低负荷运行的作用。③点燃煤粉燃烧器。煤粉着火，需要一定的能量，投用一定数量的油燃烧器，使锅炉达到 20% 额定负荷以上（炉内具有一定热负荷），可以保证煤粉稳定着火燃烧。

目前大容量锅炉的点火方式大致有以下几种：

（1）轻油点火。采用高能点火装置直接点燃轻油燃烧器，轻油既作为启动到 20% 额定负荷时的燃料，亦可作为低负荷助燃使用。每一只轻油燃烧器相应配置一只高能点火装置，煤粉燃烧器不设置点火装置，依靠油燃烧产生的能量着火。

每一只燃烧器（包括重油燃烧器和煤粉燃烧器）侧面均设置小容量的油点火器（轻油点火器或称涡流板式点火器），点火器是由高能点火装置来点燃的。点火器的火焰以一定角度与主燃烧器喷射轴线相交，能可靠地点燃主燃料（重油，煤粉）。轻油点火器能简便迅速地投入，点火性能可靠，并能产生足够的能量使主燃料着火，点燃煤粉燃烧器时，其点火能量应大一些。投用重油燃烧器或煤粉燃烧器要求先投用相应的点火器；在停用重油或煤粉燃烧器时，也要求投用相应的点火器，以燃尽残油或剩余的煤粉。点火器的构成如图 4-18 所示。

（2）重油点火。相邻的煤粉燃烧器之间设置重油燃烧器。点火时，先由高能点火装置点

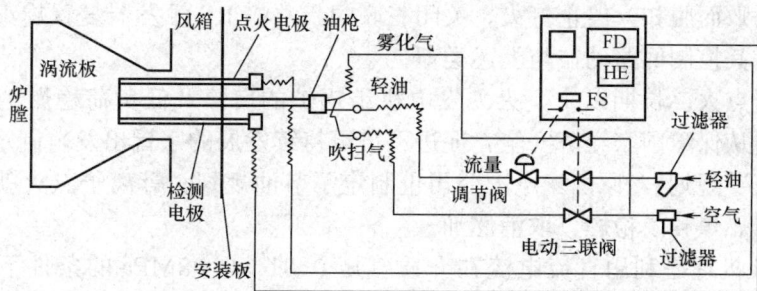

图 4-18 点火器构成图

燃轻油点火器，再由轻油点火器点燃其相应的重油燃烧器。由重油燃烧器点燃其相邻的煤粉燃烧器。煤粉着火的能量是由重油燃烧器提供的。

　　高能电弧点火器（HFA）是一个放电装置，它装置在每根油枪的附近，作为油枪的点火源式点火器。点火时，点火器火花棒直接插入油枪出口处，产生高强度的电火花将蒸汽雾化了的重油点燃。高能电弧点火器由点火端、软火花棒、软电缆、点火变压器、伸缩机构和导管组成，如图 4-19 所示。

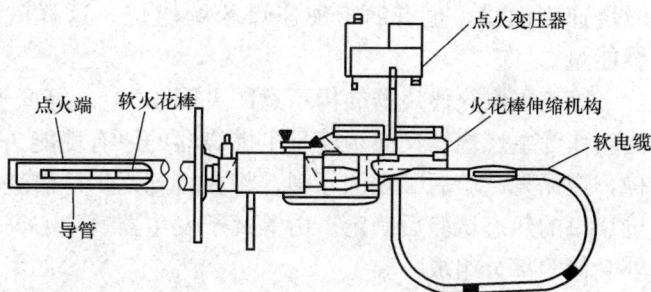

图 4-19 高能电弧点火器

　　油点火器的逻辑控制回路如图 4-20 所示。

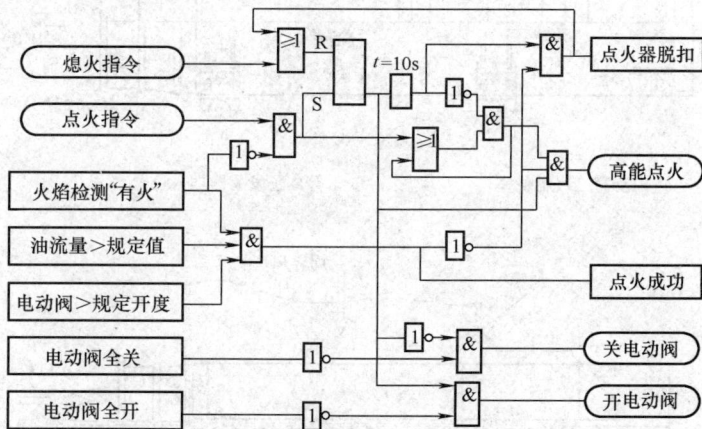

图 4-20 油点火器逻辑控制图

　　当点火器处于熄火状态时，电动三联阀发出"全关"信号，火焰检测器发出"无火"信号。当点火器控制回路发出点火指令（手动点火指令或计算机点火指令）后，RS 触发器置位到点火状态，高能点火装置放电打火，开启三联阀，喷出燃料点火。如果三联阀已大于规定开度，火焰检测器检测到火焰信号，并有足够的轻油流量，则表示点火器点火成功。停止高能点火装置打火，控制盘上红灯亮（红灯表示点火器投运），同时向点火器控制回路返回信号。如果 10s 内，点火未获成功（三联阀未开足、检测不到火焰信号或轻油流量不足），则点火器点火失败而脱扣，停止打火，关闭三联阀，并将 RS 触发器复置熄火状态。接到点火器熄火指令，其控制回路动作与上述类似。

（3）等离子点火。长期以来，火力发电机组锅炉的启停及低负荷稳燃消耗大量的燃料油，国家经贸委从保障国家经济安全，促进经济可持续发展的宗旨出发，制定了《节约和替代燃料油"十五"规划》，原国家电力公司也制定了节油规划。等离子点火就是通过等离子点火装置直接点燃煤粉及稳燃，取消燃油。

等离子点火机理是利用直流电流在介质气压 0.01～0.03MPa 的条件下接触引弧，并在强磁场控制下获得稳定功率的直流空气等离子体，该等离子体在专门设计的燃烧器的中心燃烧筒中形成温度大于 5000K 的温度梯度极大的局部高温区，煤粉颗粒通过该等离子"火核"受到高温作用，并在1～3s内迅速释放出挥发物，使煤粉颗粒破裂粉碎，从而迅速燃烧。由于反应是在气相中进行，使混合物组分的粒级发生了变化，因而使煤粉的燃烧速度加快，也有助于加速煤粉的燃烧，这样就大大地减少促使煤粉燃烧所需要的引燃能量。

等离子点火燃烧器结构示意图见图 4-21。等离子燃烧器是能否安全稳定地点燃的核心，同时作为主燃烧器又必须满足主燃烧器的原有性能。采用最新型的等离子燃烧器，其实际结构，遵循先试验后工程的原则，将在得到锅炉厂燃烧器的结构图、电厂提供试验煤粉后，通过1：1的热态试验后确定。由等离子发生器、中心筒一级燃烧室、内套筒二级燃烧室，方形外套筒等部分组成。

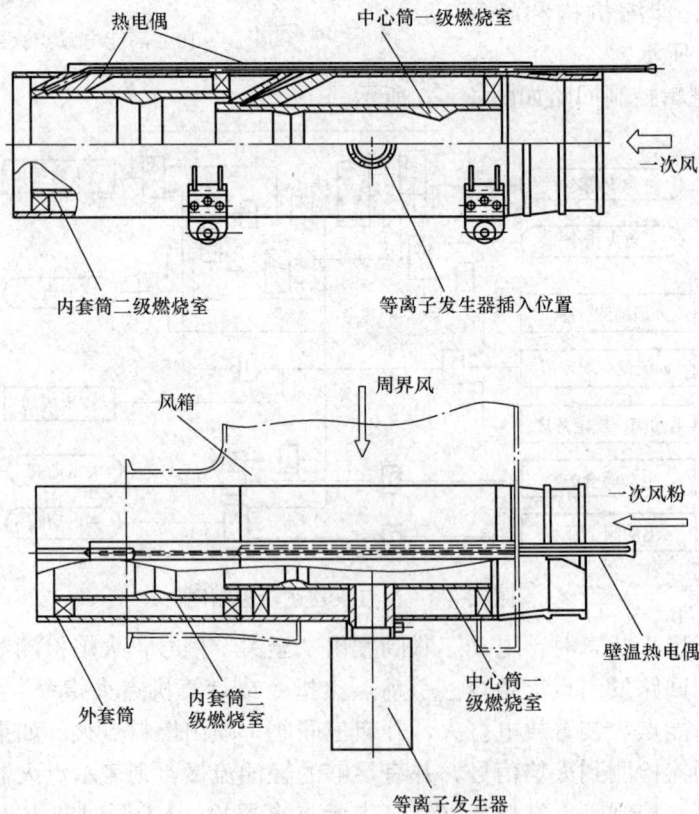

图 4-21　等离子点火燃烧器示意图

中心筒一级燃烧室：引入浓缩后的含粉气流，等离子电弧与煤粉在此发生强烈的电化学反应，煤粉裂解，产生大量挥发分并被点燃。内套筒二级燃烧室：挥发分及煤粉继续燃烧，并将后续引入的煤粉点燃，实现分级燃烧。外套筒：利用高速含粉气流冷却二级燃烧室，同时将部分煤粉推入炉膛燃烧；设燃烧器壁温监视测点，便于随时对壁温进行调整，既有利于点火又可防止燃烧器被烧坏。等离子点火系统控制图如图 4 - 22 所示。

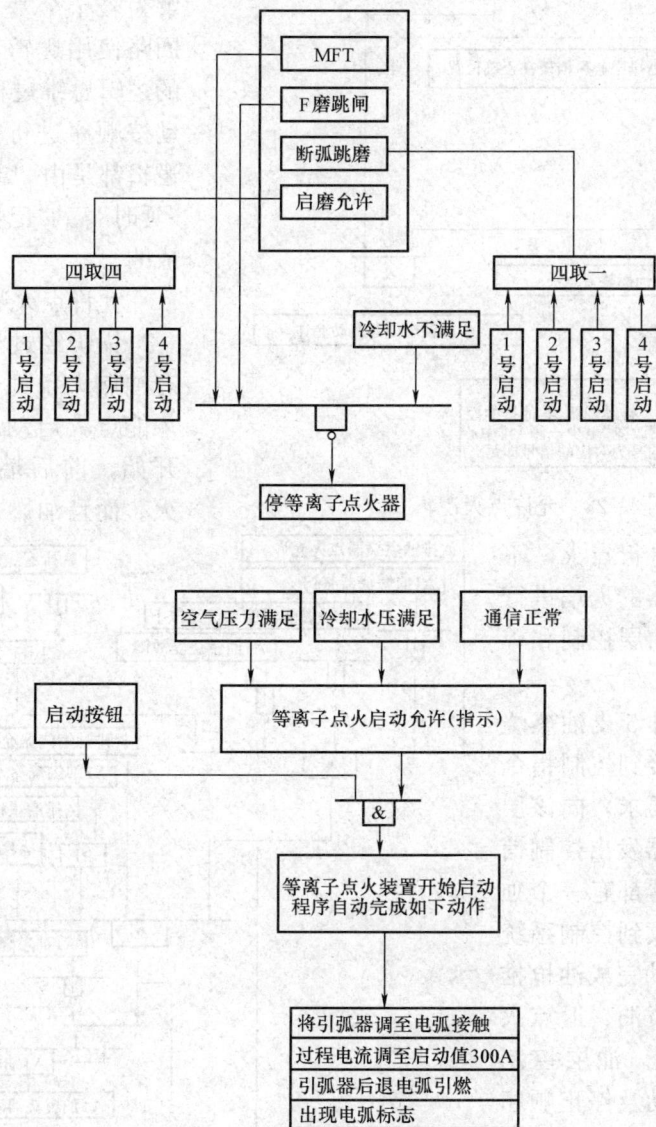

图 4 - 22 等离子点火系统控制图

2. 燃烧器自动点熄火控制

自动点熄火控制功能是 FSSS 的基本功能之一，只需按动设在控制界面上的"点火"或"熄火"操作按钮或者由计算机发出点火、熄火指令，就能对燃烧器与点火器的点火、熄火操作的全过程进行自动顺序控制。各项操作在规定时间内是否完成，由计时器监督，如在规定时间内没有完成，就发出点火失败（或熄火失败）警报，告知运行人员，同时系统自动转向安全操作。

　　燃烧器点熄火控制系统是一个逻辑顺序控制系统，由于燃烧设备的操作内容多，所以按系统功能分层的原则，将整个系统分解为若干个基本控制回路。每个回路使用逻辑元件设备，模仿人的逻辑思维过程（操作过程），自动按顺序进行操作。顺序控制的逻辑都是由"或"、"与"、"非"、"延时"、"记忆"等逻辑元件组成的。

　　允许点火逻辑见图 4 - 23。

　　锅炉经过炉膛吹扫，并且所有油点火条件全部满足后，锅炉才能点火启动。点火从油燃烧器开始，前后墙由下往上逐层点火。而且油燃烧器只能依靠自己

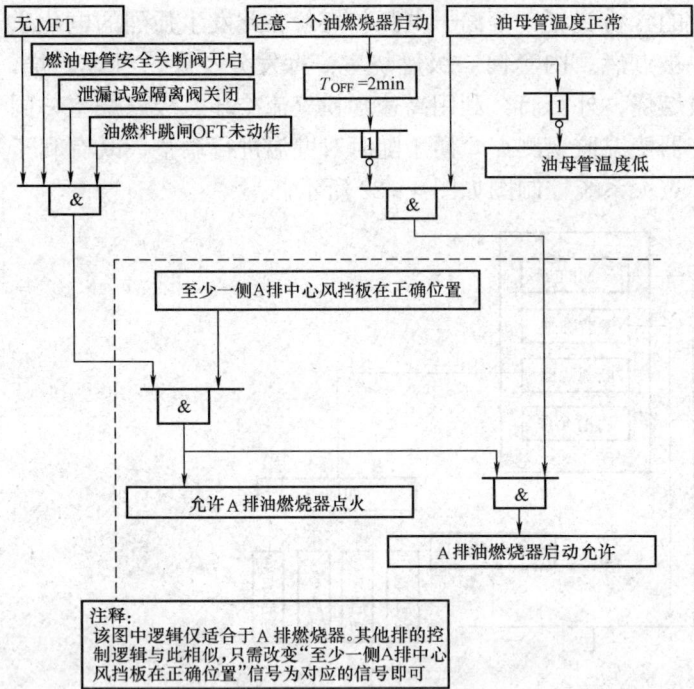

图 4 - 23　允许点火逻辑

所属的高能点火器进行点火，不允许依靠其他燃烧器的火焰进行点火。其控制分为油层控制和单支油燃烧器控制。

　　油层控制：一排 5 支油燃烧器作为一组。系统接到控制指令后，按照锅炉启动要求，向该层所属的 5 支油燃烧器发出控制信号，每一个油燃烧器都有一个独立的控制系统，它收到控制系统的控制信号后能自动完成油枪推进、吹扫、点火、喷油、退点火枪的全部过程控制。油层控制中，油燃烧器的启动及停止顺序是"3—2—4—1—5"。

　　单支油燃烧器控制：油燃烧器控制系统能自动完成油枪的推进、高能点火器的退出及推进、高能点火器点火、油燃烧器跳闸阀打开、喷油、油枪吹扫、油枪退出及点火结果监视及处理。就

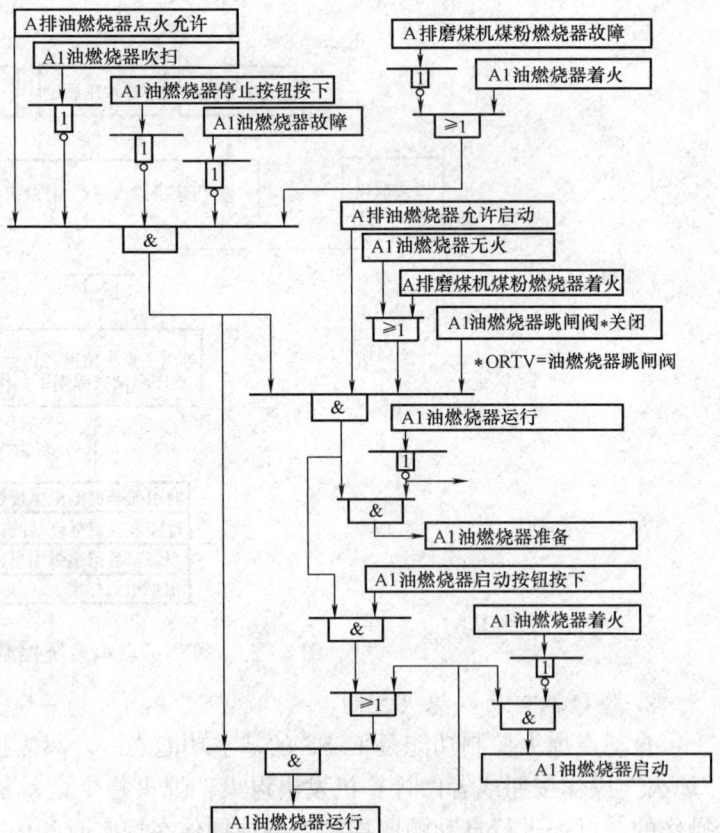

图 4 - 24　油燃烧器点火逻辑

地点火系统一般只接收 FSSS 发来的启动、停运控制信号和跳闸信号。在特殊情况下，亦可以通过就地点火控制柜进行操作与控制。通过就地点火控制柜进行操作与控制时，必须得到控制器发出的"允许就地操作"信号才能进行。

油燃烧器有遥控和就地两种控制方式，由位于就地柜上的开关决定。当该开关置于就地位置时，燃烧器只能在就地操作，CRT 上遥控操作无效；当就地柜上的开关置于遥控位置时，油燃烧器处于遥控方式，就地操作无效。各支燃烧器启动指令之间的间隔均为 2min。

油燃烧器点火和熄火逻辑如图 4-24、图 4-25 所示。

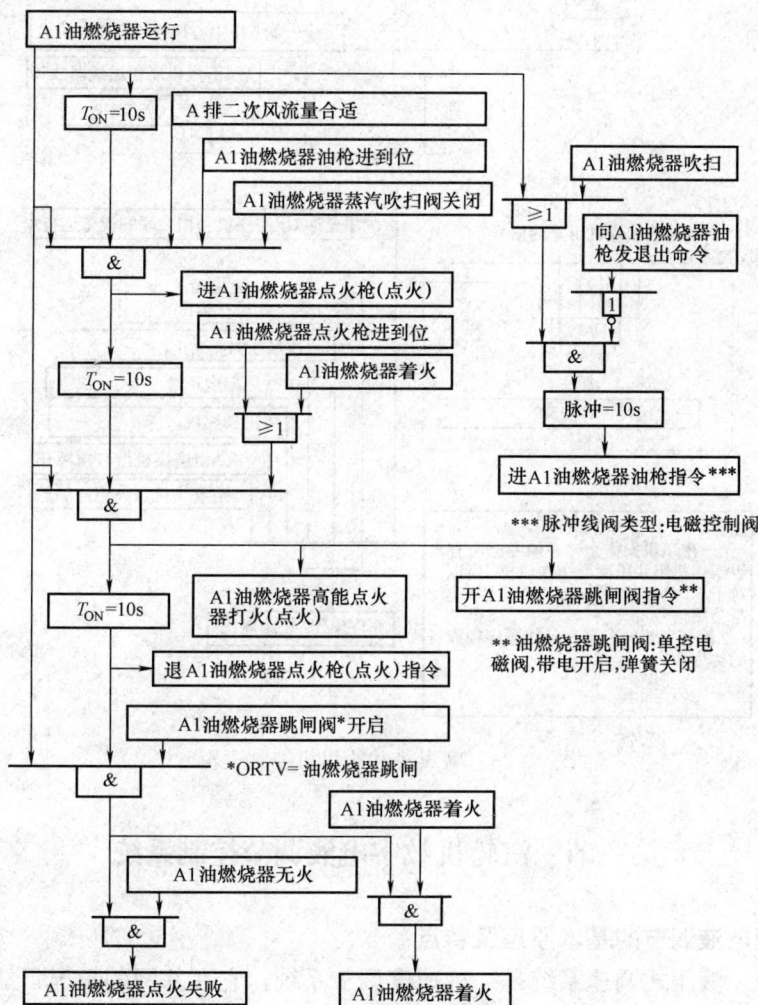

图 4-25　油燃烧器熄火逻辑

当煤层的点火能量建立起来之后，就可以进行煤层投入的操作。煤点火的允许条件适用于所有煤层。如果煤点火的条件不满足，则任何煤层均不允许点火。原则上，升负荷时由下向上逐层投煤粉，降负荷时由上向下逐层停粉。应根据锅炉运行要求，控制投粉层数。

如果给煤机运行超过规定时间五个燃烧器均未检测到火焰，则 FSSS 会立即切除该层煤粉，即制粉系统跳闸。

磨煤机和给煤机的控制逻辑如图 4-26 所示。

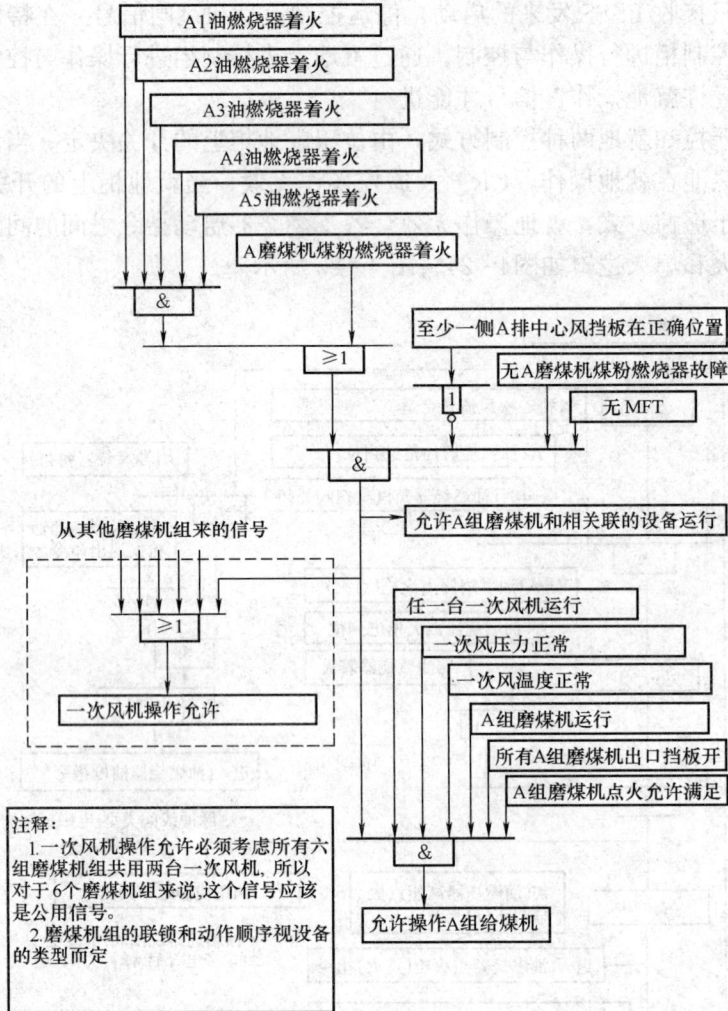

图 4 - 26　磨煤机和给煤机控制逻辑

第三节　汽轮机数字电液调节控制系统

一、功—频电液调节的基本原理及特点

传统的机械、液压式调速系统是一种速度调节系统，它在并网的情况下能起频率调节作用（即一次调频）。改变同步器的位置，可以改变调节阀的开度，因而改变了汽轮机所带的负荷。但用这种方法给定机组的功率是有条件的，任何条件的变化（如蒸汽初参数和凝汽器真空的变化等干扰）都会引起机组所带功率的变化。因此，速度调节系统是没有抗内扰能力的。它在并网运行时，即使外界负荷和同步器的位置不变，由于内扰的原因也会使机组的负荷发生变化，这就不利于电网中各机组的安全经济运行。

在大型汽轮发电机组的调速控制系统中，为了提高机组功率动态响应特性和抗干扰能力，采用功率和频率两种信号同时作用，以便将机组的功率自动地维持在给定值上，这种调节称之为功率—频率调节，简称功—频调节，一般采用电液调节系统来实现。

功—频电液调节原理的
方框图，如图4-27所示。

功—频电液调节系统一
般由测频单元、测功单元、
放大器、PID校正单元、电
液转换器以及液压执行机构
所组成。其中测频单元与其
给定装置的作用与液调的调
速器和同步器相当，它"感
受"转速与给定值（由给定
单元给定）的偏差作为调节
信号。在机械式或液压调节
中，调速器所感受的转速偏

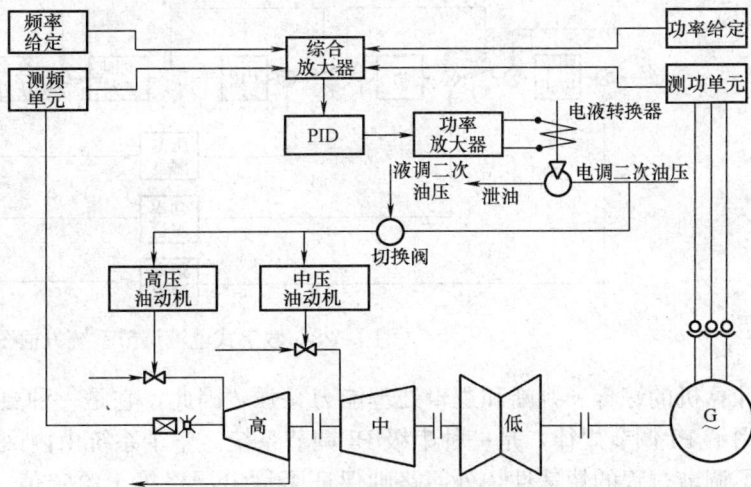

图4-27　功—频电液调节系统原理图

差是以滑环的机械位移或脉动油压变化的形式反映出来的，而这里的测频单元则是以电
压变化的形式反映出来。测功单元及给定装置是功—频调节系统所特有的，它感受功率
与给定值（由功率给定装置给定）的偏差发出功率调节的信号。放大器则相当于液调中
的液压放大元件。因为从测频及测功单元输出的电压信号和功率都很小，不足以推动执
行元件，故放大器的作用是将测频单元和测功单元来的信号综合放大后，去推动电液转
换器。PID是一个具有比例（P）积分（I）和微分（D）作用的调节器，它在系统中的作
用是将综合放大器来的综合信号进行微分、积分运算，同时加以放大，然后输入功率放
大器加以功率放大。微分作用相当于液调中校正器的作用，使调节阀产生动态过开来增
加机组的负荷适应性；积分作用与油动机的特性相同，即当无输入时，输出保持不变
（而不是输出为零），当有恒定输入时，则输出随时间线性增加；比例作用产生与偏差大
小成比例的信号。电液转换器则是将电调来的电信号转变成油压变化信号去操作油动机，
是电调和液压控制之间的联络部件。切换阀是电液并存调节系统所保留下来的电调系统
和原液压系统的切换阀门。在纯电调控制系统中已取消了切换阀（及相应的液调二次油
压系统）。

功—频电液调节系统能自动调节和控制汽轮发电机的功率与频率，以适应各种运行工况
的要求。

二、数字电液调节控制系统

随着计算技术的发展、微型计算机的广泛应用及其性能价格比的不断提高，一种新型
的、功能更强、调节精度更高的数字式电液调节系统，很快取代了模拟调节系统，并广泛地
应用于各种大型汽轮机的控制。

图4-28为数字式电液调节（digital electro hydraulic，DEH）控制系统的方框图，它也
是一种功率—频率调节系统。与模拟电调相比，其给定、综合比较部分和PID（或PI）的运
算部分，都是在数字计算机内进行。由于计算机控制系统是在一定的采样时刻进行控制的，
所以，两者的控制方式完全不同，模拟电调属于连续控制，而数字式电调则属于离散控制，
也称采样控制。

图4-28中的调节对象，考虑了调节级汽室压力特性、发电机功率特性和电网特性，而

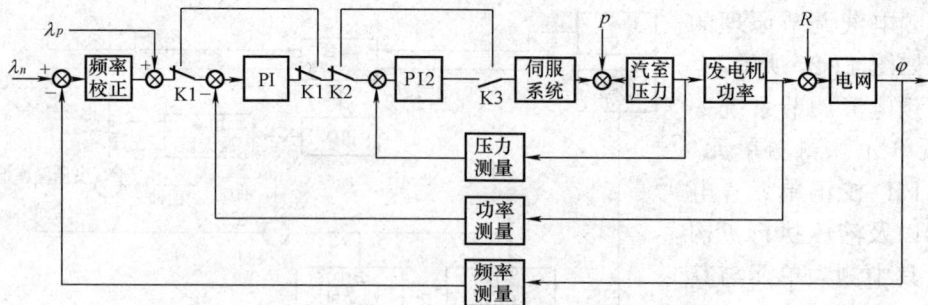

图 4-28　数字式电液调节系统方框图

计算机的综合、判断和逻辑处理能力又强，因此，它是一种更为完善的调节系统。该系统采用了 PI 调节规律，是一种串级 PI 调节系统。整个系统由内回路和外回路组成，内回路增强了调节过程的快速性，外回路则保证了输出严格等于给定值。PI 调节规律既保证了对系统信息的运算处理和放大，积分作用又可以保证消除静态偏差，实现无差调节。

　　系统的虚拟"开关"由软件实现，K1 和 K2 开关的指向可提供不同的运行方式，既可按串级 PI 方式运行，又可按单级 PI 方式运行。这就使得当系统中某个回路发生故障时，如变送器损坏等情况，系统仍能正常工作，这对于液压调节系统来说是办不到的。运行方式的变更既可以通过逻辑判断和跟踪系统自动切换，又可以通过键盘操作进行切换。系统中的外扰是负荷变化 R，内扰是蒸汽压力变化 p，给定值有转速给定 λ_n 和功率给定 λ_p，两给定值彼此间受静态关系的约束。机组启停或甩负荷时用转速回路控制，并网运行不参与调频时用功率回路控制，参与调频时用功率—频率回路控制。

　　从发展的观点看，再热机组调节系统从液压调节系统、功频模拟电液系统到数字式电液调节系统，是从低一级向高一级调节系统发展，后一种系统优于前一级系统。无论是模拟电液调节或数字电液调节系统，目前都还没有一种电气元件能取代推力大、动作迅速的液压执行机构，因而都有把电信号转换成液压信号的电液转换装置，所不同的是对液压的机构进行了许多改进。例如采用高压抗燃油的液压伺服机构，把油压从过去的 $0.98\sim1.96\mathrm{MPa}$ 提高到 $12.42\sim14.49\mathrm{MPa}$，提高了十倍之多，使结构紧凑，推力大，动作更加迅速。

　　数字电调和模拟电液调节比较，增加了许多新的特点：

　　（1）用计算机取代了模拟电液调节中的电子硬件，特别是采用微处理机和功能分散到各处理单元后，显著提高了可靠性。

　　（2）计算机的运算、逻辑判断与处理功能特别强，除控制手段外，在数据处理、系统监控、可靠性分析、性能诊断和运行管理（参数与指示显示、制表打印、报警、事故追忆和人机对话）等方面，都可以得到充分的发挥。

　　（3）调节品质高，系统的静态和动态特性良好。例如，在蒸汽参数稳定的条件下，300MW 机组数字电调的精度：对功率调节在 $\pm2\mathrm{MW}$，对转速调节在 $2\mathrm{r/min}$ 以内。此外，由于硬件采用积木式结构，系统扩展灵活，维修测试方便；在冗余控制手段下，保护措施严密等方面，均比模拟电液调节有明显的优势。

　　（4）利用计算机有利于实现机组协调控制、厂级控制以至优化控制，这是模拟电液调节无论如何也不能相比的。

由于大型机组转子超速的可能性大，对调节品质和安全措施方面都要求很高，液压或模拟电调系统都已很难适应。而且，随着计算机性能价格比的提高，运行经验的积累，特别是自控部分在大型电厂中应受重视已为人们所共识，因此，现在国内外 300MW 以上的大型机组，都普遍地采用了数字电液调节系统。

（一）数字电液调节控制系统的组成

汽轮机是高温、高压、高速旋转的大型动力设备，汽轮发电机转子的时间常数小，自平衡能力很弱，转子、汽缸等部件厚度大，温度变化剧烈。因此要求汽轮机控制系统必须具有实时性、快速性，尤其在其阀门控制、转速调节、超速保护、应力计算和寿命管理等方面有其特殊性。

DEH 控制系统是电站汽轮发电机组不可或缺的组成部分，是汽轮机启动、停止、正常运行和事故工况下的调节控制器。DEH 控制系统体现了当前汽轮机调节的新发展，集中了两大新成果：固体电子学新技术—数字计算机系统；液压新技术—高压抗燃油系统。成为尺寸小、结构紧凑、高质量的调节系统。数字电液控制系统，通过控制汽轮机主汽阀和调速汽门的开度，实现对汽轮发电机组的转速、负荷、压力等的控制。

图 4 - 29 为 300MW 机组的 DEH 控制系统图。主要包括汽轮发电机组及测量部分、数字控制部分和液压部分及电液转换。

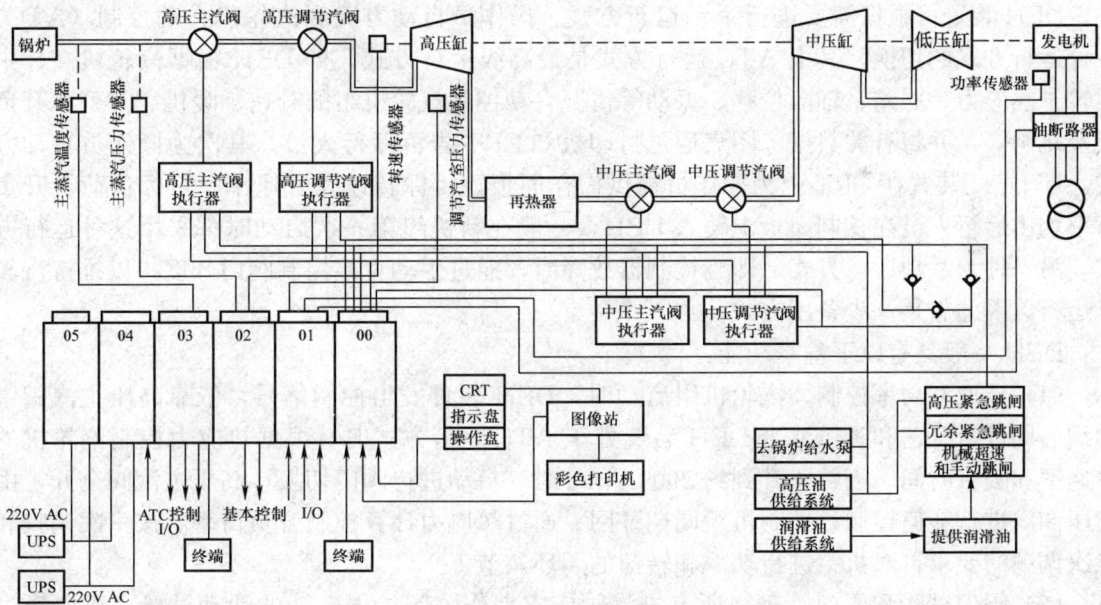

图 4 - 29　300MW 机组 DEH 控制系统

（1）汽轮发电机组的测量。这是 DEH 控制系统中的控制对象和测量执行器件部分。功率测量和转速测量都采用三组独立的传感系统。电液伺服回路接受给定值和阀门位置信号，由电液伺服阀和油动机组成的执行器控制各阀门的开度，以实现汽轮机组转速、功率的连续自动调节。

（2）数字控制器。数字控制器接受机组的转速、调节级压力和发电机功率等变送器输出的信号，以及远方计算机的自动控制，自动调度系统、锅炉控制、自动同期、RB 及运行人员操作指令等信号，经计算机综合处理后，输出对应阀门的位置给定值信号。

（3）液压部分。液压系统包括高压抗燃油调节系统和低压润滑油系统两部分。这两个系统是完全独立的，中间通过隔膜阀使这两个系统的跳闸母管相连。EH 油系统提供高压油源。它包括不锈钢油箱、两台由电动机驱动的高压油泵、油管路系统、蓄压器、高压油动机及附属的控制设备、保护装置及指示仪表。EH 工作液一般为 EYRQUEL220 磷酸酯抗燃油。

（4）电液转换器。计算机运算处理后输出的电气信号经过伺服放大器放大后，在电液转换器（伺服阀）中将电信号转换成液压信号，使伺服阀中的滑阀移动，并将液压信号放大后去控制高压油系统。当高压油进入油动机活塞下腔，使油缸活塞向上移动，经杠杆带动蒸汽阀门开启；反之，使压力油自活塞下腔排出，借助蒸汽阀门上的弹簧作用力使活塞下移，关闭蒸汽阀门。

油缸活塞移动的同时，带动两个线性差动变送器，将活塞的机械位移转换成电气信号，作为伺服系统的反馈信号，输入电气控制部分。

当紧急事故（如真空低、轴承油压低、推力轴承磨损、电调油压低、超速、操作跳闸信号等）发生时，由自动保护系统动作电磁阀，快速泄放高压抗燃油，使阀门执行器迅速关闭，达到自动保护汽轮机组的目的。

（二）DEH 的基本功能

DEH 装置可根据需要进行手动运行方式、操作员自动方式和汽轮机自动控制（ATC）三种运行方式的切换。其中 ATC 运行方式是最高级运行方式，即 DEH 根据汽轮机高、中压转子热应力、胀差、轴向位移、振动等情况自动控制汽轮机组的升速、暖机、并列、升负荷及跳闸等，并将有关数据、图表通过打印机和 CRT 告诉运行人员。其次为操作员自动方式，即 DEH 装置在 CRT 上为操作员提供操作面板，目标转速及升速率、目标负荷及升负荷率均由运行人员在控制面板上输入 DEH，一般在新机组第一次启动时都采用这种运行方式。另一种为手动运行方式，即当控制器故障时，通过手动直接控制阀门开度，以维持汽轮机运行，因此它是一种备用方式。

DEH 一般具有以下基本功能：

（1）转速和功率控制。汽轮机组启动时，DEH 装置发出控制信号，依靠高压主汽阀中的预启阀进行升速和暖机。当 DEH 装置处于 ATC 运行方式时，根据热应力控制汽轮机的升速率和暖机时间。当转速升到约 2900r/min 时，自动进行阀门切换，高压主汽阀全开，由高压调门进行转速控制，控制机组同期并网。通过热应力计算控制升负荷率。按一次调频和二次调频的要求，对机组进行功率和转速的闭环调节。

（2）阀门试验和阀门管理。所有进汽阀应定期作关闭、再启动的活动试验，可以通过DEH 作阀门试验。另外，阀门管理也是 DEH 的一个重要功能，它可以进行以下控制：①机组启动或工况变化过程中采用单阀（节流调节，全周进汽），稳定工况下采用多阀顺序控制（喷嘴调节，部分进汽）。这样，前者可以减少转动与静止部分的温差，后者可以减少阀门的节流损失，改善机组的运行性能；②从手动到自动控制提供无扰动切换；③控制阀门最佳工作区，使阀门的行程和通过的流量呈线性关系。

（3）运行参数监视。包括以下参数监视：①温度监视（包括汽室金属温度、缸壁温度、轴承温度、再热蒸汽温度等）；②转子偏心度和振动监视；③轴向位移和差胀监视；④其他如 EH 油系统、发电机氢气系统、励磁系统、汽轮机真空和密封系统、疏水系统等的状态及有关参数的监视。

（4）超速保护。超速保护控制器（overspeed protection controller，OPC）的功能是当汽轮发电机组甩负荷时，将直接通过油动机上的油泄放掉，瞬时关闭高、中压调节阀（GV、Ⅳ），防止汽轮发电机组超速，为汽轮机提供动态超速保护途径。

（5）手动控制。当自动控制器故障时，DEH 置于手动方式，以维持机组运行。

三、数字电液调节控制系统的运行操作

（一）转速控制

汽轮机在机组并网前，必须将转速由零提升到额定转速附近，为机组并网创造条件。为了提高升速过程的安全性、经济性，减少设备的寿命损耗，通常采用多阀组合式升速控制方案。汽轮机在采用高压缸启动方式时，冲转前将旁路系统切除（BYPASS OFF），通过高压主汽阀与高压调节阀的顺序开启组合来控制升速过程。

在启动的开始阶段（0～2900r/min），按高压主汽阀控制（TV）按钮，此时高压调节阀全开，中压调节阀全开，由高压主汽阀调节器控制高压主汽阀的开度来调节机组的转速。当汽轮机转速达到 2900r/min 时，按高压调节阀控制按钮（GV），自动切换到高压调节阀控制回路（系统），此时高压主汽阀全开，高压主汽阀控制回路转为开环，高压调节阀控制回路转为闭环，从而通过高压调节阀去控制机组的转速。从以上可知，机组在不同的转速范围内，阀门的状态是不同的，但在每个阶段中，只有一个控制回路处在控制状态，各阶段阀门的状态如表 4-2 所示。

有些国外 300MW 机组不采用旁路系统，但我国的引进型机组仍保留有旁路系统，因此，在 DEH 调节系统中，还增加了中压调节阀的控制功能。机组在启动过程中，旁路系统是否投入，其控制方式是不同的，在操作台上有一旁路系统投/切按钮，可供运行人员选择。

表 4-2　　　　　　　冷态高压缸启动（BYPASS OFF）各阶段阀门状态

阶段 阀门	冲转前	0～2900r/min	阀切换 2900r/min	2900～3000r/min
TV	全关	控制	控制→全开	全开
GV	全关	全开	全开→控制	控制
IV	全关	全开	全开	全开

当机组处于热态中压缸启动，旁路系统投入状态时（BYPASS ON），在 0～2600r/min 区左右由中压调节阀门控制机组转速，此时高压主汽阀、高压调节阀和中压主汽阀均处于全开状态。到 2600r/min 时，由中压调节阀控制切换到高压主汽阀控制；到 2900r/min 时，再切换为高压调节阀控制，在此期间，中压调节阀保持原开度，之后就与高压缸启动，旁路系统切除（BYPASS OFF）一样。并网后，由高压调节阀和中压调节阀同时承担负荷的控制，负荷的设定值乘上旁路流量百分比后作为中压调节阀的负荷控制设定值，在负荷带到 30% 时，中压调节阀达到全开状态，这相当于最大的旁路流量。

图 4-30 为 DEH 控制系统中的转速调节原理图。由图可见，此转速调节回路可接受两种转速控制信号扰动，一是自动控制方式下的转速给定值扰动；二是手动控制方式下的手动转速阀位指令扰动。

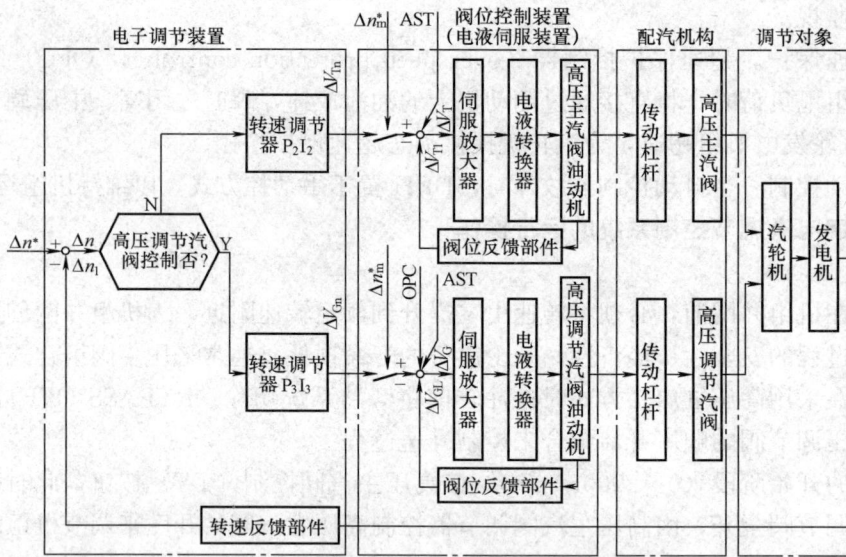

图 4 - 30　DEH 控制系统转速调节原理图

1. 转速给定值扰动下的转速调节

在自动控制方式系统的转速调节主回路与两个阀位控制子回路均为闭环控制结构。

若系统处于稳定状态，则转速给定值 Δn^* 与转速反馈值 Δn_1 相平衡，转速偏差信号 $\Delta n=0$，阀位偏差信号函 $\Delta V_T=0$，$\Delta V_G=0$。

（1）高压主汽阀的转速控制（$n<2900\mathrm{r/min}$）。汽轮机在采用高压缸启动方式时，冲转前切除了旁路系统，中压主汽阀、中压调节阀、高压调节阀均全开，由高压主汽阀冲转并控制升速至 2900r/min。

当需要升速时，调整转速给定值 Δn^*，使之增大，产生转速给定值扰动信号 $\Delta n^*>0$，进而在转速调节器 P_2I_2 上输入产生转速偏差信号 $\Delta n>0$，有了偏差，转速调节器便按特定的调节规律进行工作，输出阀位调节指令信号 $\Delta V_{Tn}>0$，阀位控制子回路受 ΔV_{Tn} 的扰动后产生阀位偏差信号 $\Delta V_T>0$，此电信号放大后，通过电液转换器转换成调节油压信号去控制油动机，使其产生位移，从而驱动高压主汽阀，使其开度增加，进汽量随之增大，实际转速相应升高。与此同时，取自油动机活塞位移的阀位反馈信号 ΔV_{T1} 在增加，转速反馈信号 Δn_1 也在增加。

在反馈作用下，当主回路、子回路的稳定条件同时得到满足时，系统便达到了新的稳定状态，新的实际转速与新的转速给定值相等。

（2）高压主汽阀/高压调节阀门的阀切换控制。当机组转速按要求升速到 2900r/min 时，转速由高压主汽阀切换到高压调节阀控制。阀切换时，高压调节阀从全开位置很快关下，当实际转速下降一定数值（30r/min）时，说明高压调节阀已产生节流作用，接管了高压主汽阀而进行转速控制。随后，在高压调节阀门控制转速为 2900r/min 左右的同时，高压主汽阀逐渐开到全开位置，阀切换过程结束。

（3）高压调节阀的转速控制（$n>2900\mathrm{r/min}$）。当转速高于 2900r/min 时，转速处于高压调节阀门控制阶段，其转速调节原理与高压主汽阀的转速调节原理基本相同。

无论是高压主汽阀控制还是高压调节阀控制，由于主回路和子回路均为闭环结构，所以具有抗内扰能力，实际转速完全受转速给定值精确控制，转速偏差小于 2r/min。

2. 手动转速阀位指令扰动下的转速调节

在手动控制方式下，系统的转速调节主回路在自动/手动切换点处断开，所以是开环控制结构。两个阀位调节子回路必须是闭环控制结构。

当需要改变转速时，通过手动，可直接发出手动转速阀位指令信号 $\Delta n_m^* \neq 0$，此信号通过相应的阀位控制装置的调节作用，使相应汽阀产生位移，引起进汽量相应变化，最终导致转速改变。

由于在手动控制方式下主回路是开环控制，所以系统没有抗内扰能力，即使阀位不变，蒸汽参数的波动也会使转速产生自发漂移。

（二）功率控制

功率调节系统是由三个串级的回路构成，如图 4-31 所示，通过对高压调节阀门的控制来控制机组的功率。这三个回路分别是：内环调节级压力（IMP）回路、中环功率（MW）调节回路和外环转速（WS）一次调频回路。负荷给定值经一次调频修正后变为功率给定值，功率校正器修正后，变为调节级压力给定值，最后经过阀门管理器转换为阀位指令信号。三个回路可以有自动或手动两种运行方式的选择，为此可以构成以下各种运行方式，如表 4-3 所示。当 CCS 未投自动时，采用阀位控制。

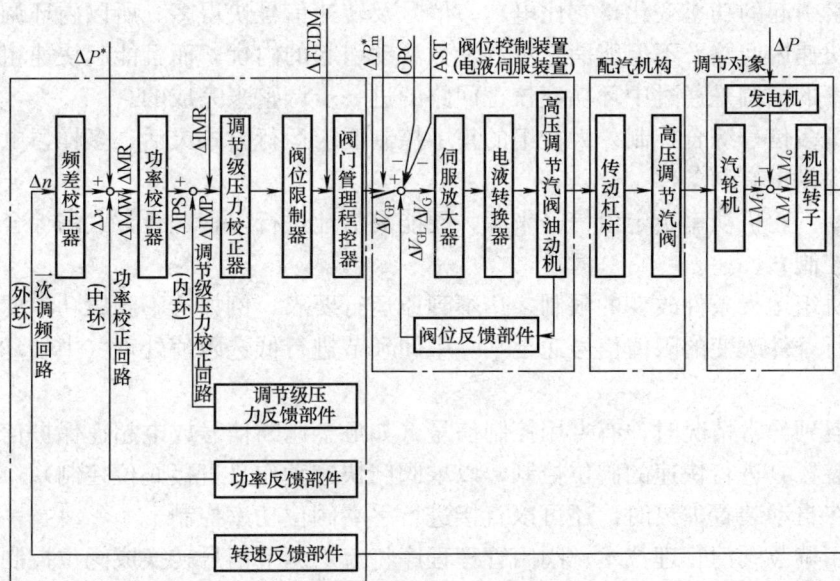

图 4-31 DEH 调节系统功率调节原理图

ΔP—外界负荷扰动信号；ΔP^*—功率给定值扰动信号；ΔP_m^*—手动功率阀位指令信号；
OPC—电超速保护控制信号；AST—危急遮断保护信号

表 4-3 回路运行方式选择

序号	方式	WS	MW	IMP	说明
1	阀位控制	OUT	OUT	OUT	阀门位置给定控制
2	定功率运行	OUT	IN	OUT	
3	功—频运行	IN	IN	IN	参与电网一次调频
4	纯转速调节	IN	OUT	OUT	

1. 功率控制方式

（1）采用多回路综合控制。从液压调节系统控制策略及系统组成来看，造成负荷适应性差的主要原因是只采用了单一主回路——转速调节主回路，在并网运行时用作一次调频回路。在功率调节过程中，由于受中间再热容积以及蒸汽参数波动等因素影响，功率的动态偏差量与静态偏差量相差很大，反映出液压调节系统功率调节的动态特性较差。

为避免采用单一主回路所带来的问题，电液调节系统通常设置 2～3 个主回路，DEH 调节系统设置了 3 个主回路（即 3 个主环），即在外环一次调频回路基础上增设了中环功率校正回路与内环调节级压力校正回路。

增设中环功率校正回路的目的是：将实际的功率动态偏差值信号与来自外环一次调频回路的功率静态偏差请求值信号相比较，根据其差值进行校正，差值越大，调节幅度也越大，速度也越快，因此，可减小动态调节过程中的动静偏差量，从而改善了功率调节的动态特性。

根据汽轮机变工况理论可知，将定压运行的凝汽式汽轮机所有非调节级取作一个级组时，调节级后汽室压力的变化与主蒸汽流量的变化成正比，而流量变化又与汽轮机功率变化成正比，因此，可用调节级汽室压力的变化来加快反映由于调节阀门开度的变化、蒸汽参数的变化等因素引起的功率变化，它比电功率信号及转速信号快得多。所以内环调节级压力校正回路是一快速内回路，不但能消除蒸汽参数波动引起的内扰，而且能起快速粗调机组功率的作用。功率的细调是通过中环功率校正回路的进一步调整来完成的。

（2）采用多信号综合控制。大机组的集中控制要求运行方式灵活、多样，电子技术的应用为其实现提供了有利条件。

通过改变汽轮机功率给定值信号来源，便能灵活地进行多种运行方式的综合控制（给定值信号综合控制）。

有时受机组运行条件改变的限制，达不到原运行要求，例如达不到原功率要求值，则将反映机组运行条件改变的限值信号送至某一中间环节进行低选限值处理（中间环节限值信号综合控制）。

当机组遇到异常情况时，有专用控制信号（如危急遮断信号或电超速保护信号）直接送至阀位控制装置，进行快速的阀位控制，以求阀门快速动作（直接阀位控制）。

此外，在自动装置失灵时，还可以直接进行手动阀位功率控制。

（3）采用调节阀门管理技术。阀门管理程序将流量调节信号转换成阀位控制信号，并根据运行需要选择阀门启闭控制方式：一是单阀控制，即采用单一信号控制，使所有高压调节阀门同步启闭，适用于节流调节；二是多阀控制，即采用多个不同信号分别控制若干个高压调节阀门，使它们按一定顺序启闭，适用于喷嘴调节。

节流调节能使汽轮机接近全周进汽，受热均匀，从而可以减小转速变动过程中和负荷变动过程中转子热应力，但会降低部分负荷下的运行经济性。一般情况下，在汽轮机升速过程、低负荷暖机过程、滑压运行过程、大幅度变负荷过程以及正常停机过程，采用节流调节。在定压运行过程中负荷稳定时，以及在高负荷（接近于 P_0）时，采用喷嘴调节。运行人员可以根据需要来选择最佳配汽方案。

单阀控制方式与多阀控制方式之间的相互切换是无扰切换。

2. 功率控制

由图 4-31 所示的系统可接受四种功率扰动信号:一是外界负荷扰动信号;二是自动控制方式下的功率给定值扰动信号;三是内部蒸汽参数扰动信号;四是手动控制方式下的手动功率阀位指令扰动信号。

(1) 外界负荷扰动下的功率调节。若系统的三个主环(即三个主回路)及相应的子环(即阀位控制子回路)均为闭环控制结构,则系统处于功频调节方式。

设系统在原稳定状态下, $n=n_0$, $P=P^*$, 当出现外界负荷扰动时,例如外界负荷增加时,发电机电磁反力矩将增大,引起 $\Delta M_e>0$,此时由于 $\Delta M_t=0$,所以 $\Delta M=\Delta M_t-\Delta M_e<0$,根据转子的运动特性,转速将下降,产生转速偏差信号 $\Delta n<0$,通过频差校正器(或称频差调节器)的调节作用,输出功率静态偏差校正量 Δx_1 ,由于此时 $P^*=0$,所以功率静态偏差请求值信号 $\Delta REF1>0$ 。

随后,中环功率校正回路受 $\Delta REF1$ 扰动后,产生功率静态偏差信号 $\Delta MR>0$,经过功率校正器 P_4I_4 的校正作用后,输出功率校正请求值信号 $\Delta REF2>0$,再经参数变换到调节级压力请求值信号 $\Delta IPS>0$,内环调节级压力校正回路 ΔIPS 扰动后,产生调节级压力偏差信号 $\Delta IMP>0$,经过调节级压力校正器 P_5I_5 的信号校正以及阀位限值处理后,生成主汽流量请求值信号 $\Delta FEDM>0$,再经过阀门管理程序处理后,变为阀位调节指令信号 $\Delta V_{GP}>0$,阀位控制子回路受 ΔV_{GP} 扰动后,产生阀位偏差信号 $\Delta V_G>0$,此信号通过电液转换器转换成调节油压信号,用以驱动油动机,进而驱动调节阀开大,主汽流量随之增加,蒸汽动力矩、功率、调节级压力相应增大,与此同时,取自油动机活塞杆位移的阀位反馈信号 ΔV_{GL} 、调节级压力反馈信号 ΔIMP 、功率反馈信号 ΔMW 与蒸汽动力矩反馈量 ΔM_t 也相应增大。

系统的稳定条件是:

$$\begin{cases} \Delta V_G = \Delta V_{GP} - \Delta V_{GL} = 0 \\ \Delta IMR = \Delta IPS - \Delta IMP = 0 \\ \Delta M = \Delta M_t - \Delta M_e = 0 \\ \Delta MR = \Delta REF1 - \Delta MW = 0 \end{cases}$$

上述四个条件同时满足时,系统便达到了新的稳定状态。

当外界负荷减小时,调节过程中各信号变化方向与上述相反。

(2) 功率给定值扰动下的功率调节。在自动控制方式下,系统的三个主环及相应的子环均为闭环控制结构。

为了分析问题的方便,首先假设电网频率不变且为额定值,因此机组转速 n 也不变,此时转速偏差信号 $\Delta n=0$ 即 $n=n_0$,外环处于软阻断状态—相当于外环是开环结构,无校正作用,即 $\Delta x_1=0$ 。由图 4-31 可知,当出现功率给定值扰动时,将引起功率给定值 P^* 变化,例如 $\Delta P^*>0$,相应地引起功率偏差信号 $\Delta MR>0$,相继经过功率校正器、调节级压力校正器、阀位限制器、阀门管理程序以及阀位控制装置的作用后,使调节阀开大,蒸汽量增大,功率增加,与此同时,阀位反馈信号、调节级压力反馈信号以及功率反馈信号随之增大,在同时达到子环、内环、中环的稳定性条件时,系统便达到新的稳定状态,此时机组实发功率与新的功率给定值相等。

在功率给定值扰动的同时出现外界负荷扰动时,则外环也参与调节,其总的调节效果可看成是由两种扰动单独作用后相叠加的结果。

当出现给定值扰动信号 $\Delta P^* < 0$ 时，调节过程中各信号变化方向相反，但稳定性条件不变。

（3）内部蒸汽参数扰动下的功率调节。液压调节系统不具备抗内扰能力，在蒸汽参数变化时，如主汽压力、主汽温度、排汽压力变化时，机组的功率就会自动漂移。在电液调节系统中，当内环、中环投入时，系统具有抗内扰能力，蒸汽参数的变化不会影响功率的稳定性。

如主汽压力在允许范围内降低时，则引起蒸汽流量减小，根据汽轮机变工况理论，当内环、中环均投入时，若出现幅度不大的蒸汽参数扰动且此时 $\Delta n = 0$，$\Delta P^* = 0$，当主汽压力在允许的范围内降低时，则将引起蒸汽流量减少。当将所有非调节级取作一个级组时，该级组前的压力—调节级压力（即调节级后汽室的压力）随着蒸汽流量的减小而减小，产生的调节级压力反馈信号 $\Delta IMP < 0$，内环调节级压力校正回路受 ΔIMP 扰动后，将产生调节级压力偏差信号 $\Delta IMR > 0$，经过调节级压力校正器的信号校正，再通过阀位限值处理以及随后的压力—流量数值转换作用，输出主汽流量（相对值）请求值信号 $\Delta FEDM > 0$，再经过阀门管理程序处理后变为阀位调节指令信号 $\Delta V_{GP} > 0$，阀位控制子回路受 ΔV_{GP} 扰动后产生阀位偏差信号 $\Delta V_G > 0$，此电信号通过电液转换器转换成调节油压信号，用以驱动油动机，进而驱动调节阀门开大。在主汽压力降低，引起蒸汽流量减小，以及整机理想焓降减小时，汽轮机功率将下降，产生滞后于调节级压力反馈信号的功率反馈信号 $\Delta MW < 0$，此信号作用于中环功率校正回路，产生功率静态偏差信号 $\Delta MR > 0$，经过功率校正器的校正作用后，输出功率校正请求值，随后通过功率—压力参数变换成调节级压力请求值信号 $\Delta IPS > 0$，此信号作用于调节级压力校正回路也产生调节级压力偏差信号 $\Delta IMR > 0$，通过随后各环节的调节作用，也会使得调节阀开大。这就是说，主汽压力下降时，通过内环、中环两个反馈信号的作用是同向叠加的，均使得调节阀开大，随着调节阀开大，蒸汽流量增加，调节级压力、汽轮机功率均相应回升，反馈信号 ΔV_{GL}、ΔIMP、ΔMW 也相应回升。

通过上述分析可知，系统的内环、中环通过改变调节阀门的开度来补偿内部蒸汽参数扰动对功率的影响，从而能维持功率不变。

（4）手动功率阀位指令扰动下的功率调节。在手动控制方式下，系统的三个主回路均在自动/手动切换点处断开，所以全是开环结构，阀位调节子回路必须是闭环控制结构。

当需要改变机组功率时，通过手动，直接发出功率阀位指令信号。由于机组处于并列运行方式，所以此时的阀位指令即为手动发出的功率给定值扰动信号。其调节过程与手动转速阀位指令扰动下的转速调节过程基本相同，不同的是调节结果改变了机组功率而不是转速。

（三）汽轮机自动控制（ATC）

汽轮机在启动或改变负荷时，由于汽轮机热惯性大，特别是转子，如果蒸汽温度变化快，则汽轮机内部温差就会较大，将产生过大的热应力，经多次升降负荷循环后，将产生热疲劳裂纹，引起机组疲劳损坏。

循环次数与应力大小关系很大，循环次数就相当于机组的寿命。例如按寿命10 000次进行设计，如果使用不当使热应力过大，实际寿命可能只有几千次，这就要求对机组进行自动控制，以保证机组寿命，ATC就是控制机组寿命的一种运行。

1. 控制手段

控制汽轮机第一级蒸汽温度变化速度，就能控制机组的热应力，这可通过控制负荷变化量和变化速率来达到。

2. 应力计算

汽轮机转子应力在机组启、停及负荷升、降时，应进行应力控制。目前应力测量尚不成熟，所以应力控制是以应力计算为基础的。

热应力的大小与直径、形状和主轴表面的温度变化率、温度的变化速度以及所用的材料都有关系，并随上述参数的变化而变化（见第三章）。

计算热应力的关键，是求出有效温差 ΔT。主轴的表面温度和体积平均温度是通过转子温度场进行估算的。转子温度场是由汽室内蒸汽温度、转子表面初始温度和蒸汽至转子的传热系数等因素决定的。转子表面初始温度可采用汽室内壁温度代替。理论和试验结果证明，蒸汽与转子的传热系数，在速度控制时，它是凝汽器压力和转速的函数，在负荷控制的最初 5min，它是时间的函数，5min 后，它是一个常数。

3. 控制回路方框图

通过 DEH 控制柜的 ATC—I/O 通道，检测机组的各点温度，计算高压和中压转子实际的应力，而后将它与许可应力进行比较，得其差值，再将它转化为转速或负荷的目标指令和变化率，通过 DEH 去控制机组升速和变负荷，在整个变化过程中，进行闭环的自动控制，使转子应力在允许的范围内。

ATC 中除了应力进行闭环控制外，对于盘车、暖机、阀切换、并网等有其他完善的逻辑控制和闭锁回路。汽轮机的偏心、胀差、振动、轴承金属温度、轴向位移、电动机冷却系统等各安全参数也自动控制。

ATC 控制任务由一个调度程序和 16 个子程序组成，图 4-32 为应力控制回路方框图。

引进型 300MW 机组，升速率从 50～500r/min 分为 10 级，每级为 50r/min，应力可以用温差 Δt 表示，当实际温差小于 72℃时，每 3min 可升一级速率，最大速率为 500r/min；当温差大于 72℃时，则每 3min 降低一级升速率，最小速率为 50r/min。温差在 70℃左右时，速率基本不变。升负荷率从 1.395～13.95MW/min，分为 10 级，每级为

图 4-32　应力控制回路方框图

1.395MW/min，升降规律与升速率一样。当温差大于 72℃时，每 3min 可增加一级升负荷率，最大升负荷率为 13.95MW/min。温差大于 72℃时，则每 3min 降低一级升负荷率，最小升负荷率为 1.395MW/min。温差在 70℃左右时，升负荷率基本不变。

（四）超速保护（OPC）

超速保护控制系统由三部分组成：快速关闭截止阀（close intercepter valve，CIV）、失负荷预测（LDA）和超速控制。DEH 的可靠性要求 OPC 系统与负荷控制系统是完全独立的。

1. 快速阀门动作

它是为机组在部分失负荷时提供稳定性的手段。在正常运行情况下，中压调节阀是不能

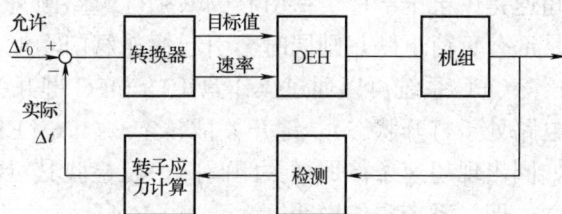

关闭的。当汽轮机的机械功和发电机的电功率产生偏差且超过某一预定值时，保护逻辑就使CIV触发器翻转，实现关中压调节阀的功能。

汽轮机机械功与发电机功率差值超过某一预定值，CIV触发器就被置位，IV阀在0.15s之内被关闭。若此时发电机的励磁电路是闭合的，表明机组只是部分甩负荷，因而IV阀在关闭一段时间（可在0.3～1.0s内调整）后，CIV触发器被复位，IV阀又重新被打开。快速关闭阀门功能只能自动执行一次。当动作一次，系统恢复正常，再热汽压力与电功率信号平衡后，"快速关闭阀门"功能才可重新被"使用"，以备出现下一次部分甩负荷时再动作。若中压调节阀门一次快关后再开启时，汽轮机机械功与发电机电功率的差值仍然超过某一数值。运行人员可以按操作盘上该功能的"使能"开关，使它再动作一次。中压调节阀暂时性的快速关闭，可减少中、低压缸的出力，迅速适应外界甩负荷的要求，从而对保证电力系统的稳定是有利的。

2. 失负荷预测—全部甩负荷

机组在运行过程中，如果出现下列条件中的任一条，就可判定机组是全部甩负荷。

（1）汽轮机功率在额定功率的30%以上，且发电机的励磁电路断开。

（2）再热压力变送器出现低限故障，且发电机励磁电路断开。

当发电机励磁电路断开时，DEH控制系统就将负荷设定值改为高于额定转速值的设定值。同时LDA触发器被置位，将高压调节阀迅速关闭。如励磁电路断开后经过5s，转速已下降到小于额定值的103%，则被重新打开（这时高压调节阀由于受转速控制系统控制，而转速仍大于额定值，故高压调节阀仍处于关闭状态）。失负荷预测功能的这些动作，可避免汽轮机因甩负荷引起超速跳闸而停机。保持空载运行，以便能很快实现同步并网。

3. 超速控制

当机组转速超过额定转速的103%时，超速控制将高压调节阀和IV阀关闭，如果这一超速是由于全部甩负荷引起的（励磁电路断开），则同时会引起失负荷预测功能动作。如果是部分负荷下跌，则同时会引起快速阀门功能动作。

OPC系统可以通过操作盘上的OPC键开关进行测试。在机组升速带负荷之前（即励磁电路处于打开状态），键开关被转定"OPCTEST"位置，就能产生一个信号，使OPC系统如同出现超速条件那样关闭阀门，以检验其可靠性。

四、系统操作说明

以某厂600MW机组DEH控制系统硬件采用西屋公司（Westing House）的OVA-TION控制系统为例，简要说明DEH控制系统的操作。

目前系统的画面主要包括一个菜单画面和16个子画面，其中第一个是DEH系统的总览画面，也是主要的操作和监视画面；其余的画面都是一些辅助画面，显示汽轮机TSI系统等测点信息，用于协助运行人员全面掌握汽轮机的信息。这其中有一个特殊的画面是系统的硬件配置画面，后面将详细对这个画面进行阐述。

1. DEH控制系统主画面

图4-33为DEH控制系统主画面。

图4-33所示画面就是DEH控制系统的主画面，画面的左边是操作区，可以实施系统运行所需要的全部操作；右边显示的是高、中压主汽阀和调节阀的开度情况棒状图；画面下方显示的是DEH控制系统的几个关键的参数数值。

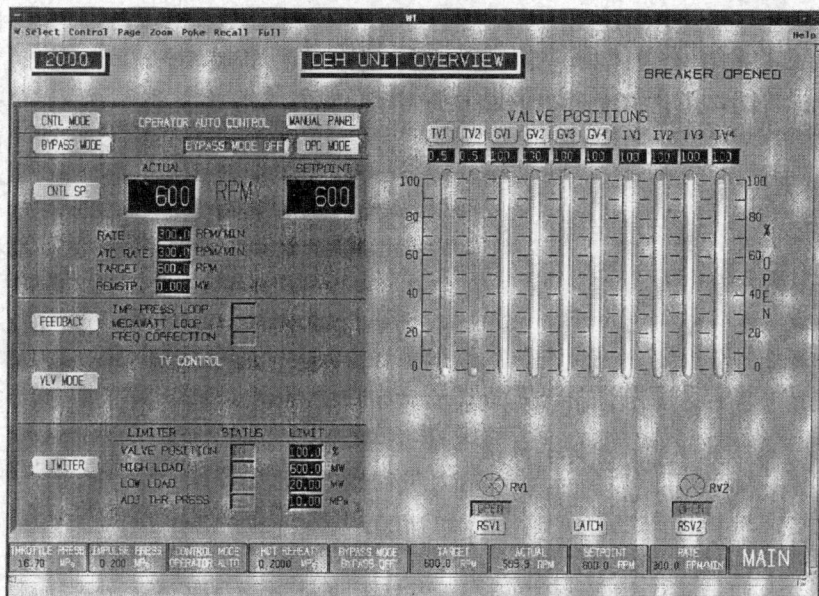

图 4 - 33　DEH 控制系统主画面

主画面右下方有一个"LATCH"按钮，这个按钮的作用是机组挂闸。

2. 运行方式选择窗口

在操作区，第一排"CNTL MODE"按钮按下后，将弹出以下窗口（见图 4 - 34）。

该窗口允许运行人员改变机组的运行控制方式。为了投入或切除一个运行方式，运行人员必须将鼠标移到所要求的按钮，点击进行确认，然后按 IN SERVICE 把该回路投入，或者按 OUT SERVICE 把此回路切除。如果全部的方式都不投入，那么系统将处于手动方式，操作完成后，按钮后方将显示目前实际的控制状态。系统提供给运行人员的基本方式是：

（1）OPER AUTO（操作人员自动）。OPER AUTO 是电厂运行人员对汽轮发电机的主要控制方式。在 OPER AUTO 中，运行人员可得到 DEH 控制器所有的功能，这些功能是：

1）在大范围速度控制区域，建立汽轮发电机组的加速度和目标转速；

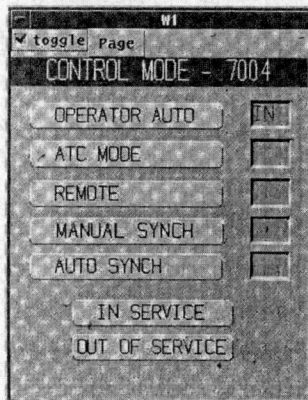

图 4 - 34　运行方式选择窗口

2）实现从再热调节阀到主汽阀/再热调节阀转换和主汽阀到调节阀的转换；

3）在机组同步并网后，建立负荷变化率和目标负荷；

4）投入或切除压力反馈回路和功率反馈回路；

5）确定在线运行的极限。

如果运行人员在子菜单上选择手动方式（即退出操作员自动方式），或者是其他种种原因，系统转到手动方式，则 OPER AUTO 被自动切除，但是若选择 ATC、遥控、自动同期等时则不退出操作员自动方式，只是更改指令来源。

（2）ATC（自动汽轮机控制）。ATC 控制方式将不用操作员操作，自动地将机组从盘车转速带到同步转速，由操作员完成并网；并网后，操作员给出目标负荷，系统自动增、减负荷。ATC 不仅可以作为一个控制器而且可作为操作指导。即使操作员不选择 ATC，所有的保护逻辑仍在运行，以提供有关的监视信息及建议。

（3）REMOTE（遥控）。REMOTE 在这一控制方式下，DEH 的 TARGET 和 SET-POINT 是遥控系统输入信号来调整，这输入信号是从高速公路上接收而来，实际就是协调方式。选择遥控方式，必须满足下述条件：

1）必须在操作员自动方式；

2）发电机必须是并网带负荷；

3）遥控信号必须有效；

4）遥控允许接点必须闭合；

5）操作人员选择进入该方式。

REMOTE 方式运行期间，不允许运行人员输入 TARGET 或 RATE。

运行人员可以选择把遥控切换到操作员自动方式。

如果控制系统已转到 TURBINE MANUAL 时，遥控方式将自动被切除。当发电机开关主断路器打开，或遥控信号无效时，控制器也回复到 OPER AUTO。

（4）AUTO SYNC（自动同步）。AUTO SYNC 是一种遥控控制方式，在这种方式中遥控自动同步器用升高和下降接点输入的方法调整设定值，使汽轮发电机机组达到同步转速，以便机组并网。为了选择遥控方式，必须满足下面条件。

1）控制系统必须是在操作员自动或 ATC 方式下；

2）汽轮机转速必须受调节阀控制；

3）发电机油开关必须打开（机组在转速控制状态）；

4）遥控自动同步器允许接点必须闭合；

5）操作人员选择进入该方式。

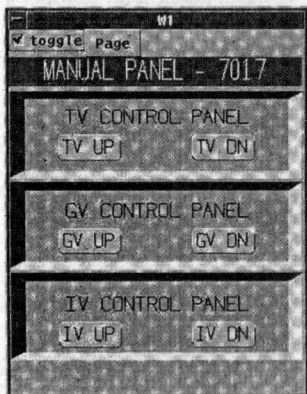

图 4-35　手动操作窗口

AUTO SYNC 方式运行人员不能改变目标值或速率值。如果控制系统被转换到手动，或遥控自动同步许可的接点打开，发电机油开关闭合，则 AUTO SYNC 方式被切除。在后述两种情况中，控制器回复到 OPER AUTO 方式。

（5）MANUAL SYNC（手动同步）。条件和自动同步一样，只是操作人员直接按 RAISE 或 LOWER 键来改变目标转速。

3. 手动操作窗口

在操作区，第一排"MANUAL PANEL"按钮按下后，将弹出以下窗口（见图 4-35）。

在系统手动情况下，通过这个画面运行人员可以直接对高压主汽阀、高压调汽阀和中压调汽阀进行操作。

4. 旁路选择操作窗口

在操作区，第二排"BYPASS MODE"按钮按下后，将弹出以下窗口（见图 4-36）。

旁路方式—操作人员可以选择不带旁路运行方式或带旁路运行方式。为了投入或切除旁路，运行人员必须将鼠标移到"BYPASS INTERFACE"按钮，点击进行确认，然后按 IN

SERVICE 把该回路投入，或者按 OUT SERVICE 把此回路切除。

（1）不带旁路运行方式。该方式即 BYPASS OFF 运行方式，这是最为常用的一种运行方式。在这种方式下，转速及负荷由主汽阀（阀切换前）或高压调节阀（阀切换后及带负荷阶段）控制；IV 在挂闸后保持全开，不参与控制，只在保护时动作。

（2）带旁路运行方式。该方式即 BYPASS ON 运行方式，这是一种在热态时可选的运行方式，这种方式下 IV 参与转速及负荷的控制，并在大约 35%～40%时全开。两种运行方式的切换必须在跳机状态下或中调门全开后才可以进行。

图 4-36　旁路选择操作窗口

在该按钮后方将显示目前系统实际的旁路选择方式。

5. OPC 试验窗口

在操作区，第二排"OPC MODE"按钮按下后，将弹出以下窗口（见图 4-37）。

该窗口用于 OPC 试验。第一个按钮"OPC TEST"投入后，所有调阀将全部关闭。第二个按钮"OPC DISABLE"用于超速试验，该按钮投入后将屏蔽 3090r/min 的保护，机组可以继续升速。

6. 设定值输入窗口

在操作区，第三排"CNTL SP"按钮按下后，将弹出以下窗口（见图 4-38）。

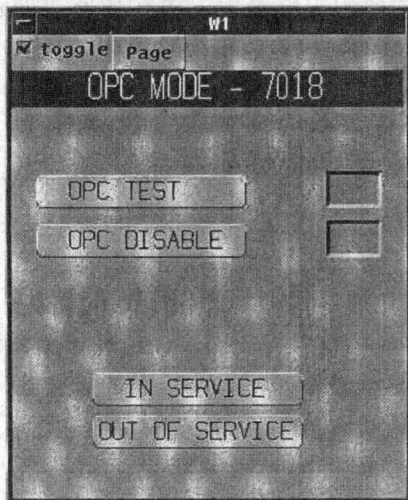

图 4-37　OPC 试验窗口

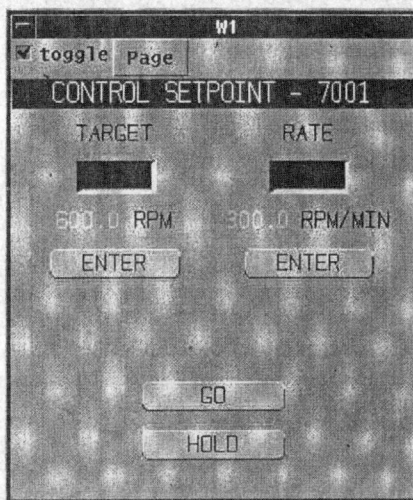

图 4-38　设定值输入窗口

运行人员输入要求的转速或负荷目标值，以及设定值变化率。在 OPR AUTO 时，任何时候运行人员都能够输入。输入目标值和速率的步骤如下：

（1）把光标置于目标值上面的输入区上；

（2）在标准键盘上用数字键输入要求的目标值；

（3）如果在目标值区输入的数字是对的，按"ENTER"按钮进行确认，一旦数值被确认，它就从输入区转到下部的目标区上；

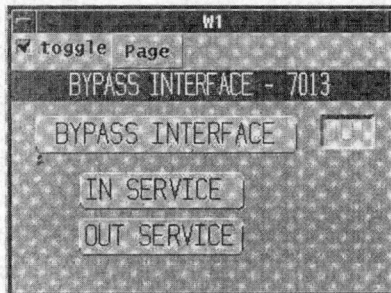

（4）如果在步骤（3）中看到的数字不满足要求，运行人员可以返回到开始输入区上，输入一个新值；

（5）如果运行人员不想改变当时的目标值，那么运行人员就可以采取关闭子窗口或调用其他图像的方法，从屏幕上移去控制设定值图像，只要不点"ENTER"，输入值就没有改变；

（6）当点了"ENTER"按钮后，如果新的目标与目前的设定值不同时，HOLD 信息告诉运行人员，系统已准备好，从目前设定值以显示的变化率到新的目标值；

（7）如果在步骤（6）中观察到的速率不是要求的变化率，则可以输入一个新值。不管机组是在运行还是在保持，在任何时候均可以输入新的变化率，一个新的变化率是在运行期间被输入，则将继续，不会中断，它是以一个新的变化率变化的；

（8）用数字键输入要求的变化率，通常在主屏幕上的 RATE 显示区只显示整数；

（9）如果输入的 RATE 为要求的值，按 ENTER 键，在输入区下侧的 RATE 区会显示进入到系统的数字；

（10）只要"ENTER"键没有按，同步骤（4）和（5）那样改变或取消输入速率，同样有效；

（11）运行人员现在可以按"GO"键启动达到目标。这图像将出现在子屏幕上，并且允许运行人员通过"GO"功能键来实现启动，或者"HOLD"功能键来实现保持；

（12）启动后，在 SETPOINT 旁边的 HOLD 信息会变成 GO，这 GO 将一直出现在设定值等于目标值，或者由运行人员或一些外部的系统建立 HOLD 为止。

运行人员应了解和应用 HOLD 功能，HOLD 主要用于汽轮发电机在加速或加载时。电厂的任何地方可能出现偶然事件，这些偶然事件，可能要求设定值停在目前的数值上，或者在某些情况下，要求减速和减载。在任何一种情况下，运行人员都应该用 HOLD 功能，使设定值立即停止。

在该区域将显示转速的实际值和设定值，一旦机组并网后，上述两个数值将显示为机组的实际负荷和目标负荷。

此外显示的 ATC RATE 是一个指导速率，用于运行人员选择升速率的参考。

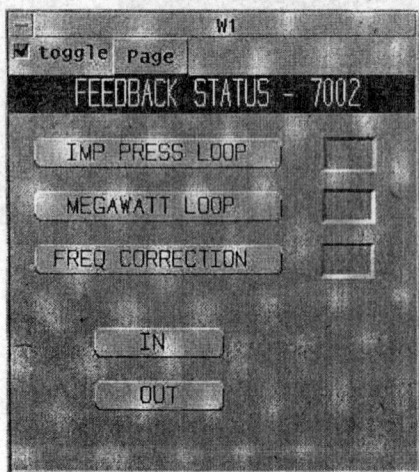

图 4-39　功率回路窗口

7. 功率回路窗口

在操作区，第四排"FEEDBACK"按钮按下后，将弹出以下窗口（见图 4-39）。

该页面允许投入或切除各个反馈回路。为了投入或切除一个回路，运行人员必须将鼠标移到所要求的按钮，点击进行确认，然后按 IN 把该回路投入，或者按 OUT 把此回路切除。

回路的投入或切除是一个无扰动切换过程，在转换的瞬间重新计算设定值，从而保持实际的值不变，来实现无扰动切换。这就是为什么当运行人员把 MW 回路投入或切除时，发现 SETPOINT（设定值）会变化的原因。如果升、降正在进行中，则回路投入或切除也同样会导致 HOLD（保持），此时，运行人员可以重新输入要求的目标值，并再次启动。

　　负荷控制中，IMP—压力调节和 MW—功率调节反馈回路切除后，实际只投一个频率反馈回路，在这种运行方式下，该回路是一个有差调节回路。因此，实际 MW 和 TARGET 有一定的偏差，进口压力偏离额定压力越多，则偏差也越大。IMP 回路是快速动作回路；MW 回路是相对缓慢动作的回路，但是一个无差回路，因此，实际 MW 和 TARGET 值是一致的。

　　8. 阀门管理窗口

　　在操作区，第五排"VLV MODE"按钮按下后，弹出的窗口见图 4 - 40。

　　该页面可以使运行人员选择机组控制阀的运行方式，运行人员可以进行单阀/顺序阀切换，也可以选择从主汽阀向调节阀门切换，阀门状态同时在该页面区显示。

　　(1) 第一个按钮"SEQUENTIAL VALVE"是顺序阀控制方式选择按钮；第二个按钮"SINGLE VALVE"是单阀控制方式选择按钮。单阀控制方式是指四个高压调汽阀全部按照同样的指令进行动作，这种方式下的优点是全周进汽，机组的振动等参数平稳。顺序阀控制方式是指四个高压调汽阀按照一定的顺序，一个完全开启后再开启另一个，这种方式下的优点是阀门可以全部打开，没有节流损失。

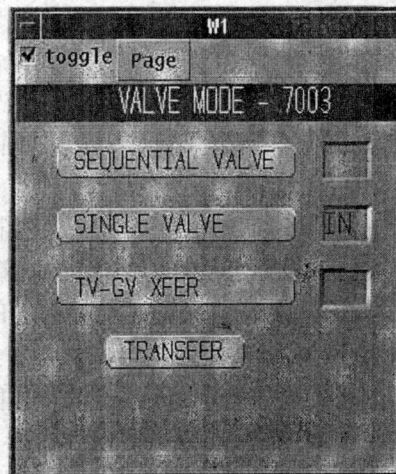

图 4 - 40　阀门管理窗口

　　(2) 主汽阀—调节阀的转换是一个单方向的转换，机组从主汽阀切换到调节阀后，运行人员就不能再切换到主汽阀控制。当机组达到推荐的转换转速时，运行人员进行了主汽阀/调节阀切换操作，切换在进行中将出现信息"TV-GV XFER IN PROGRESS"，TV/GV 进行切换时，调节阀从全开移向全关位置，调节阀将在短时间内保持关闭，直到汽轮机转速有所下降，说明调节阀已在控制转速，同时主汽阀向全开位置移动，由调节阀控制转速在设定目标值位置。

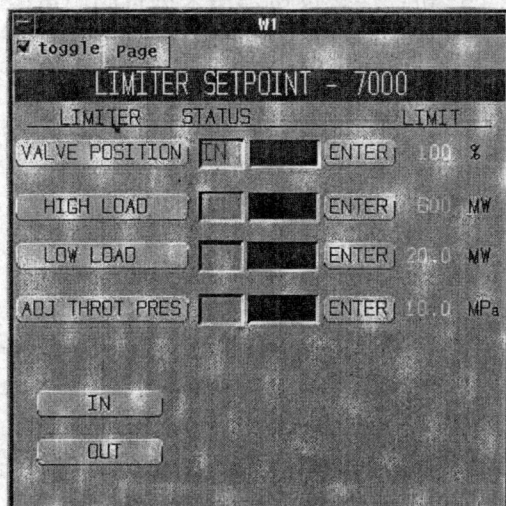

图 4 - 41　限制器窗口

　　9. 限制器窗口

　　在操作区，第六排"LIMITER"按钮按下后，弹出的窗口见图 4 - 41。

　　运行人员可以投入或切除限制器以及显示和改变限制值，限制器仅当机组不在手动方式运行时有效。此页面控制的限制器是：

　　(1) 阀门位置限制（VPL）。VPL 是调节阀阀位的限制，以满行程的百分比来表示，每次机组遮断时 VPL 被复置到零位，因此，机组挂闸后，应选 VALVE POSITION 按钮，再按 IN 键，使其从 OUT 变为 IN，则阀位就开始上升直到 100%。

　　(2) 高负荷限制（HLL）。HLL 用来限制负荷的最大设定值。在"HIGH LOAD"键右侧的输入框中输入限制值，按"ENTER"键，运行人员可以改变限制值，按"HIGH LOAD"键后，再按"IN"按钮，使 OUT 变为 IN，则高负荷限制功能变投入使用。机组在负荷控制时，才能投高负荷限制。

当负荷增加时，设定值将增加，一直到达 HLL 值（HLL 已投入），这时增加被停止，并出现限制器限制的信息，如果限制器被切除，则信息将消失。增加将不再继续，要继续增加负荷，运行人员可以按"GO"键，运行人员不能输入一个比预先确定的最大值还要高的 HLL 值（约为120%额定负荷值）。最小值是零或是做负荷限制值（低负荷限制的投入时），不满足这些条件将产生一个闪烁的 INVALID ENTRY 信息，如果当时的设定值比投入的 HLL 值大，则 INVALID ENTRY 信息也将出现。

（3）低负荷限制（LLL）。LLL 是用来限制最小设定值，LLL 的送入、选择和投入，切除同 HLL。

（4）可调整的主蒸汽压力限制（TPL）。TPL 是用来限制最低主蒸汽压力的。

1）投主蒸汽压力限制器应满足下列条件：

a. 汽轮机在负荷控制，DEH 在自动方式下运行；

b. 实际主蒸汽压力，要大于运行人员设定的限制压力；

c. 主蒸汽压力传感器没有故障；

d. 遥控主蒸汽压力限制器未投入。

2）控制方式转换（自动切到手动）将引起 TPL 退出。

3）TPL 设定后投入，任何原因使主蒸汽压力降到低于设定值时，将引起基准值降低，从而使负荷降低直到主蒸汽压力恢复到设定点以上为止，调节阀最多降到20%流量的位置。

需要注意的是，主蒸汽压力传感器的故障，将使所有蒸汽压力控制器退出，并且阻止 TPL 重新投入系统，任何限制器当时的状态（投入、退出或限制）无论何时都在本页面的 STATUS 内显示，LMT 是用来说明此时回路正在起限制作用。

10. 阀门活动试验

在高、中压主汽阀和调节阀的开度情况棒状图中，分别有"TV1"、"TV2"、"GV1"、"GV2"、"GV3"、"GV4"、"RSV1"、"RSV2"几个按钮，这些按钮是用来进行阀门试验的。在"RSV1"、"RSV2"按钮上方，有显示中压主汽阀 RV1 和 RV2 的开关状态，RV1 和 RV2 在机组挂闸后将全部打开，只有在机组掉闸后才关闭，正常运行期间保持全开。

汽轮机所有进汽阀门的活动试验只有在机组带负荷（负荷稳定），单阀控制和高压旁路阀、低压旁路阀都关闭时进行。两侧阀门不能同时试验。

（1）主汽阀试验。试验时负荷一般设在60%左右额定负荷。单击"TV1"，调出 TV1 VALVE TEST 子页面，再单击"TEST"功能键，TV1 一侧的 GV1、GV3 慢慢关下，而另一侧 GV2、GV4 慢慢增加（使负荷维持基本不变）。GV1 和 GV3 关到底后，延迟 2s，TV1 迅速关闭，马上全开，再单击 CANCEL 功能键 GV1 和 GV3 慢慢恢复到原来开度，GV2 和 GV4 也慢慢恢复到原来开度，TV2 试验和 TV1 相同。

（2）调节阀试验。单击 GV1~GV4 中任一个，调出对应的子页面，单击"TEST"功能键，对应的 GV 就关下，单击 CANCEL 功能键，阀门 GV 就打开。

（3）中压主汽阀和中压调门试验。单击中压主汽阀 RSV1 调出对应的子页面，单击"TEST"功能键，则 IV1 先关下，然后 RSV1 关下，延迟 2s 后，RSV1 再打开，再单击

"CANCEL" 功能键，IV1 打开，RSV2 和 IV2 试验方法和 RSV1 和 IV1 试验方法相同。

第四节　单元机组连锁保护

现代化大型火电机组采用 DCS 实现集中控制。全厂连锁保护系统是单元机组自动控制系统的一个重要功能。它的任务是准确及时地反映事故并加以正确处理，以防止事故的扩大。从安全性出发，单元机组连锁保护系统常采用部分硬接线，形成与正常 DCS 控制相对独立的双重保护功能。大量阀门、挡板及电动机的操作都集中在控制室，形成远方操作方式或计算机自动方式。DCS 将逻辑开关与模拟调节结合，在逻辑开关中将顺序控制与连锁及保护结合，为机组全自动的启停奠定了基础。

大型单元机组是一个有机的整体。当任何部分发生危及机组安全运行的事故时，热工保护系统必须发出各种指令送到有关控制系统和被控设备中，自动进行减负荷、投旁路系统、停机或停炉等处理，以确保机组的安全。

一般来说，大型单元机组所发生的带有全局性影响的事故，其保护方式主要有以下三类：第一类是全局性的危险事故，例如锅炉超压、炉膛灭火、送风机全部跳闸、引风机全部跳闸和汽包严重缺水等。这时应停止机组运行，切除全部燃料，称为主燃料跳闸保护（MFT）。第二类是锅炉运行正常，而机、电方面发生事故。例如电网故障、汽轮机或发电机本身发生故障等，这时热工保护系统应使锅炉维持在尽可能低的负荷下运行，可以使汽轮发电机跳闸，也可以在一定的条件限制下尽可能使汽轮机空载运行或自带厂用电运行，以便故障消除后较快地恢复运行，这种方式称为机组快速甩负荷（FCB）。第三类是锅炉主要辅机发生局部重大故障，而汽轮机和发电机正常，例如个别送风机跳闸、个别引风机跳闸等。这时锅炉必须减少燃料，机组相应地减负荷运行，这种方式称为辅机故障减负荷（RB）。

综上所述，单元机组热工保护可以根据不同危险工况采用不同运行方式，分辨跳闸和连锁信号的正确性，并立即响应正确的信号，执行相应的动作完成保护功能。为此，系统应采取以下措施：

（1）每一个跳闸功能回路都有足够的冗余度，以保证跳闸动作的正确性，减少误跳闸的可能性。对重要信号应有三个冗余信号。

（2）跳闸功能可进行在线试验。在试验过程中，保护该功能仍有效。保护装置在机组正常运行时是长期不动作的，而一旦出现异常情况却要求必须可靠的立即动作，因此对于热工保护装置应有必要的监视和试验手段，以确保热工保护装置本身动作的正确和可靠。

（3）两个相互独立的跳闸信号分送数据采集系统和硬接线报警系统，同时还需提供一个中断信号，给跳闸事件顺序记录用，以便识别跳闸原因。

（4）保护的总原则是在探测到电厂运行所不能允许的故障时，仅使处于危险状态中的设备跳闸。因此，在失去逻辑电源时，不应导致主要设备跳闸。

（5）保护动作是单方向的，消除故障后的投入是人工的，不是自动的。

（6）保护信号一般是长信号，即信号应满足保护动作完成。

（7）控制指令是最具有优先权的，它可以闭锁其他自动装置的指令。

（8）要有可靠的投切开关。

一、炉、机、电大连锁保护

单元机组的锅炉、汽轮机、发电机三大主机是一个完整的整体。每一部分都具有自己的保护系统，而任何部分的保护系统动作都将影响其他部分的安全运行。因此需要综合处理故障情况下的炉、机、电三者之间的关系，目前大型单元机组逐渐发展成具有较完整的逻辑判断和控制功能的专用装置进行处理，这就是单元机组的大连锁保护系统。

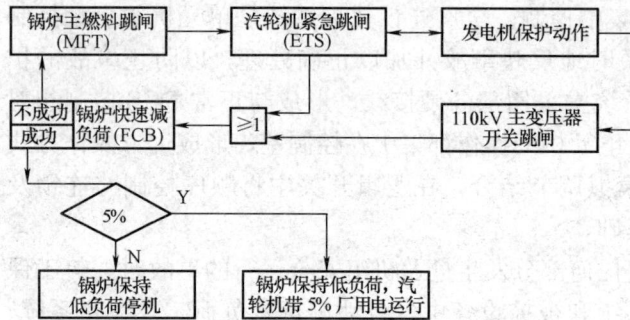

单元机组大连锁保护系统主要是指锅炉、汽轮机、发电机等主机之间以及与给水泵、送风机、引风机等主要辅机之间的连锁保护。根据电网故障或机组主要设备故障情况自动减负荷、投旁路系统、停机、停炉等事故处理。图 4-42 为炉、机、电大连锁保护逻辑框图。

锅炉主燃料跳闸(MFT) → 汽轮机紧急跳闸(ETS) → 发电机保护动作

不成功/成功 锅炉快速减负荷(FCB) → ≥1 ← 110kV 主变压器开关跳闸

5% —Y→ 锅炉保持低负荷，汽轮机带 5% 厂用电运行

N → 锅炉保持低负荷停机

图 4-42　炉、机、电大连锁保护逻辑框图

1. 炉、机、电大连锁保护系统的动作特点

（1）当锅炉故障而产生锅炉 MFT 跳闸条件时，延时连锁汽轮机跳闸、发电机跳闸，以保证锅炉的泄压和充分利用蓄热。

（2）汽轮机和发电机互为连锁，即汽轮机跳闸条件满足而紧急跳闸系统（ETS）动作时，将引起发电机跳闸；发电机跳闸条件满足而跳闸时，也会导致汽轮机紧急跳闸。不论何种情况都将产生机组快速甩负荷保护（FCB 动作）。若 FCB 成功，则锅炉保持 30% 低负荷运行；若 FCB 不成功则锅炉主燃料跳闸（MFT）而紧急停炉。

（3）当发电机—变压器组故障，或电网故障而引起主断路器跳闸时，将导致 FCB 动作。若 FCB 成功，锅炉保持 30% 低负荷运行。而发电机有两种情况：当发电机—变压器故障时，其发电机负荷只能为零；而电网故障时，则发电机可带 5% 厂用电运行。若 FCB 失败，则导致 MFT 动作，迫使紧急停炉。

炉、机、电保护系统具有自己的独立回路，且与其他系统相互隔离，以免产生误操作。但炉、机、电的大连锁应该是直接动作的，不受人为干预。

2. FCB（快速减负荷）

（1）FCB 的设置目的。FCB（fast cut back）即机组快速切回，是一种对机组的保护。当汽轮机或电气方面发生故障。汽轮机脱扣或机组带厂用电运行时，锅炉不停炉而带最低负荷运行，以便故障消除后机组可尽快恢复原出力运行，减小事故损失。根据 FCB 后机组的不同运行方式，可分为 5%FCB 或 0%FCB 两种型式。5%FCB 即机组甩负荷后带厂用电单独运行，0%FCB 即停机不停炉的运行方式。

（2）FCB 动作的主要内容。发生 FCB 时，机组全甩负荷或带厂用电运行，机炉之间的能量平衡严重破坏。处理时必须迅速采取正确而有效的措施，重新建立能量平衡，不使参数偏离过大。具体地说，主要有以下几个方面：

1）FCB 发生时，机组大幅度甩负荷，汽压急剧上升，处理时，应设法使汽压的升高减低到最小程度。

2）由于汽压急剧升高，燃料量骤减，水位瞬间严重下降，处理时，应尽量减小水位的

波动程度。

3）由于急减燃料，给炉膛造成很大的扰动，为防止锅炉灭火，应做好稳燃措施。

4）带厂用电运行时，频率变化幅度不可太大。

从上述四条处理原则出发，发生 FCB 时，主要动作包括对燃料、给水、汽轮机和主蒸汽压力的控制。

（3）FCB 的动作逻辑见图 4-43。

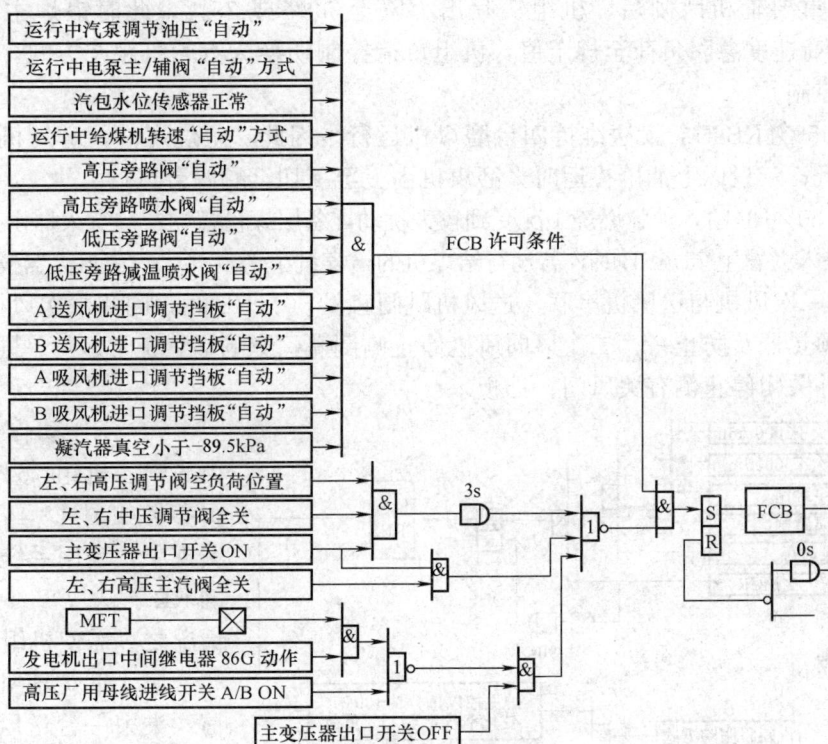

图 4-43　FCB 的动作逻辑

（4）FCB 动作后的处理如下所述。

1）FCB 触发后，按 FCB 的有关动作逻辑自动处理 1min 后，FCB 信号自动复置。此时，可根据实际需要进行适当的手动调节。

2）汽轮机甩负荷后，应注意辅汽汽源从低温再热器切至三级过热器。尤其注意是否发生安全门动作、水击等异常情况。

3）FCB 动作后，汽包水位急剧下降。在注意水位调节的同时，应密切监视炉水泵差压的变化情况，防止炉水泵发生汽蚀。

4）锅炉维持低负荷运行时，注意监视燃烧工况和汽温调节。

5）5%FCB 时，汽轮机转子表面热应力水平很高，在此工况下的运行时间一般不得超过 10min。

6）汽轮机重新启动时，应投入热应力控制，在允许的应力范围内，迅速恢复负荷。

7）5%FCB 动作时，厂用电频率应在 48.5～50.5Hz 之内变化，同时应监视各辅机的运行情况。

3. RB（快速电负荷）

RB 是指当任何主要辅助设备突然停运时，单元机组要尽可能快速降低负荷，使机组负荷降低到没有这些停运的辅助设备也能使单元机组继续运行的地步。这种自动快速地降低负荷的功能用 RB 的甩负荷的方法完成。当锅炉送风机、引风机、一次风机、给水泵等重要辅机故障跳闸时，机组快速减负荷至故障时的实际出力。电厂机组的 RB 保护有 50％RB 和 75％RB。

（1）RB 保护的主要动作内容。

1）锅炉重要辅机跳闸后，机组实际出力降至 50％ 或 75％，此时锅炉主控以每分钟100％的减负荷速度急降负荷至规定值，机组负荷控制切换为汽轮机跟踪方式，主汽压力由汽轮机调门控制。

2）发生 50％RB 时，无法维持四台磨煤机运行。因此，全烧煤时，磨煤机由上至下切至剩三台运行；三只以上油枪投运时，磨煤机由上至下切至剩两台运行。

3）发生 50％RB 时，炉膛燃烧工况受到较大扰动，备层煤粉燃烧器的点火器由上至下以 15s 的间隙依次投入（发生 75％RB 时，若运行给煤机的给煤量小于 50％，对应点火器投入助燃）。

4）由于一次风机与送风机串联，送风机跳闸触发 50％RB 时，同侧一次风机连锁跳闸，为保护空气预热器及防止一、二次风向风机停止侧倒灌，影响锅炉正常运行，同侧吸风机也连锁跳闸，并关闭停止侧有关风门、挡板。

（2）RB 动作逻辑及甩负荷逻辑。机组 75％RB 动作逻辑参考如图 4-44 所示（DCS 实现中，利用系统提供的专用的 RB 算法块）。一般发生下列情况之一需使机组甩负荷。

属于锅炉辅机故障的甩负荷：失去一台送风机，失去一台一次风机，失去一台引风机，失去一台给水泵，失去一台循环水泵。

属于汽轮机辅机故障的甩负荷：发电机静子失掉冷却水。

属于其他：发电机或汽轮

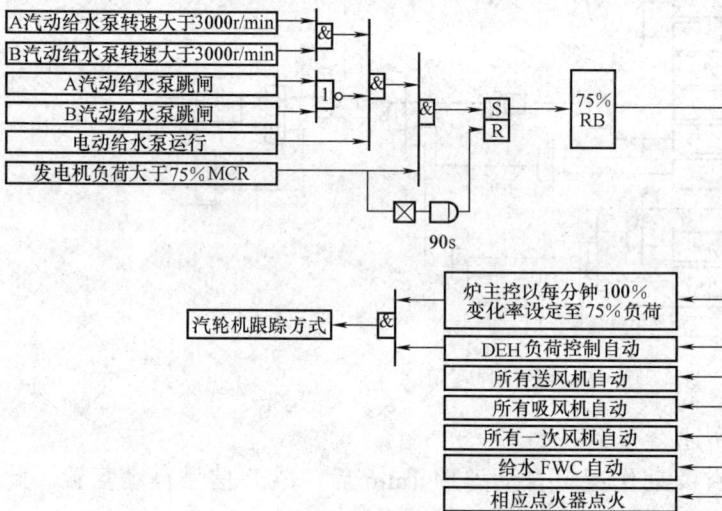

图 4-44　机组 75％RB 动作逻辑图

机的快速切断（此时汽轮机旁路系统投入）。

对于不同的辅机故障，甩负荷目标值和甩负荷速率是不同的，需分别设置。

由于出故障辅机归属于锅炉还是归属于汽轮机的不同，甩负荷还牵涉到控制方式的自动转换问题。属于锅炉辅机的故障在甩负荷的同时还要自动转换到"锅炉基本"控制方式。这是因为此时锅炉担负的负荷能力受到限制，用汽轮机调节节流压力为好。

同理，属于汽轮机辅机的故障，则在甩负荷的同时还要自动转换到"汽轮机基本"控制方式。

（3）RB 动作后的处理。①RB 动作时，确认所有自动动作正常，90s 后，RB 信号自动复置。②注意监视汽温、水位和燃烧工况，必要时手动干预。③查明 RB 动作原因，尽快恢复正常运行。

图 4-45 为某电厂的送引风机甩负荷逻辑图。

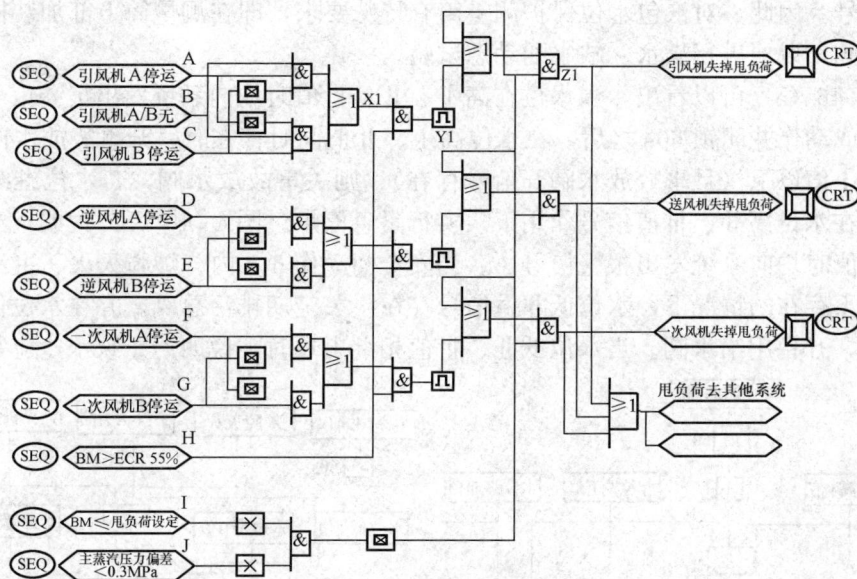

图 4-45　送引风机甩负荷逻辑图

二、锅炉保护

下面以 600MW 机组来介绍机组主要连锁保护。

（一）汽包水位保护

汽包锅炉在运行中，只有很好地维持汽包水位正常才能保证机炉安全，水位过高将减少蒸汽重力分离行程，破坏汽水分离效果，使蒸汽带水造成过热器中盐类沉积，恶化过热器工作条件，严重时还可能引起汽轮机水冲击，造成汽轮机断轴等恶性事故。水位过低时，锅炉水循环将遭破坏，水冷壁安全受到威胁。所以水位保护的功能是，在锅炉缺水时能及时保护，避免"干锅"和烧坏水冷壁管；当出现满水时能自动打开放水阀；当水位变化达到极限水位时便停炉、停机、关闭主汽阀，防止设备损坏。一般把水位偏差分为三个值，称为高Ⅰ、Ⅱ、Ⅲ值（+50、+150、+250mm）反之称为低Ⅰ、Ⅱ、Ⅲ值（-50、-150、-250mm）。高/低Ⅰ、Ⅱ值为报警值，高/低Ⅲ值是停炉值。

在锅炉汽压过高致使安全阀开启时，由于蒸汽压力急剧下降，汽包水位出现瞬时增高，这时不应送出水位高的保护信号。为此，通常在安全阀动作时要送出信号闭锁水位保护信号，一般延时 60s 左右闭锁该信号。

保护回路对水位的测量信号要求高度可靠，但只要对高低Ⅰ、Ⅱ、Ⅲ值 6 个点进行可靠监视即可。可选用电接点水位计发送水位开关信号。经现场测试，炉水电阻为 40～60kΩ，饱和汽电阻为 120～160kΩ，利用二者相差很大的特点，水位开关由电触点电路和继电器组成是比较可靠的。其薄弱环节是电接点，工作条件恶劣，易出现泄漏、断路、连水导通现象。

为提高保护信号的可靠性，在逻辑上采取两个措施，其一是对每个水位值取自 3 个不同的水位开关，构成"三取二"的逻辑系统；其二是采取步进式鉴别方法，如第Ⅲ值最重要，担心它不可靠，则可在紧急停炉回路中（如图 4-46 所示）串取Ⅱ值信号，在Ⅱ值信号中又串取Ⅰ值信号，这样组合后的信号也提高了可靠性。

　　为了试验保护系统能否正常动作，要求在汽包水位测量筒上能模拟发出水位高低Ⅰ、Ⅱ、Ⅲ值信号。因此，对汽包水位保护测量筒有特殊要求，即在测量筒上部加装排气阀，下部加装排水阀，以便进行满水、缺水的动态试验。

　　由图4-46（a）可以看出，当水位在高Ⅰ、Ⅱ、Ⅲ值时均向系统发出报警信号A。当安全门未动作或动作并闭锁60s之后，在水位高Ⅰ、Ⅱ值同时存在时，开事故放水阀。而在水位恢复到高Ⅰ值以下（且事故放水阀开信号存在），则关事故放水阀，若水位继续上升达到高Ⅲ值时，在水位高Ⅱ、Ⅲ值信号作用下，实行紧急停炉。图4-46（b）说明，当水位在低Ⅰ、Ⅱ、Ⅲ值时均向系统发出报警信号A。当安全门动作60s内、炉膛灭火、主汽压力高三个闭锁指令不存在的情况下，水位低Ⅱ值信号存在，关定期排污总阀。并在水位低Ⅰ、Ⅱ值相继出现时，开备用给水阀。当水位低Ⅱ、Ⅲ值相继出现时，说明严重缺水，应紧急停炉。

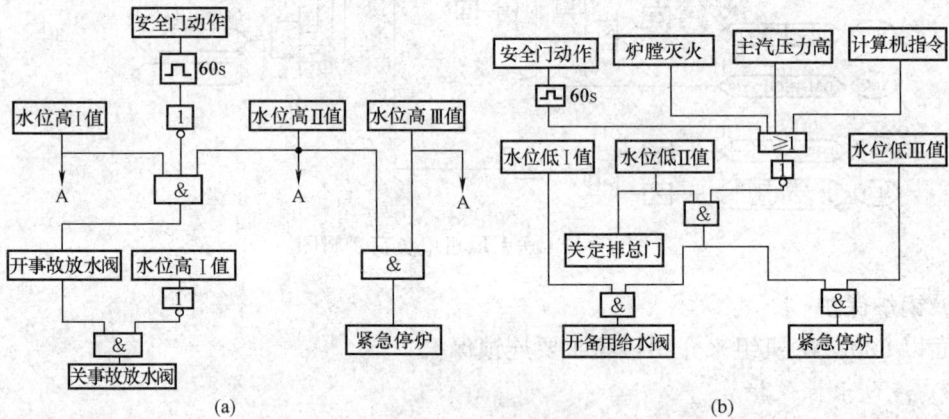

图4-46　锅炉汽包水位保护框图

（二）主汽压力高保护

　　目前国产亚临界压力600MW机组锅炉最大连续蒸发量2008t/h，过热器出口蒸汽温度538℃，蒸汽压力16.7MPa；锅炉的汽包、过热器、再热器以及蒸汽管道等承压部件在这样高的压力和温度下，有关部件的钢材强度余量已经极小，尤其是高温过热器是在接近材料蠕变的极限状态下进行工作，增加压力就可能会发生爆管事故。为了避免在燃料变化、操作失误或汽轮机甩负荷时锅炉压力超限过度，必须装设主汽压力高保护装置。在锅炉的蒸汽压力超过允许压力时，安全阀会自动开启，排放蒸汽，降低蒸汽压力，确保锅炉承压部件安全运行。在排汽时，安全阀将发出声音报警，运行人员需采取必要的措施。在安全阀排汽降压到允许压力以下时，安全门将自动关闭。

　　对于大型锅炉来说，除了在汽包上安装安全阀外，还需要分别在过热器的出口联箱和再热器上安装安全阀，防止蒸汽大量从装在汽包上的安全阀排出时，流过过热器、再热器的蒸汽流量下降，极端情况下甚至没有蒸汽流过而烧坏过热器。因为在安全阀动作时，并不意味着锅炉灭火，此时过热器、再热器将因为得不到蒸汽冷却而烧毁。为了保证设备和人身安全，锅炉监督部门对锅炉安全门作了严格规定。一般情况下再热器安全阀动作压力最低；过热器安全阀动作压力为工作压力的1.02倍；汽包控制安全阀的动作压力为工作压力的1.05倍，汽包工作安全阀的动作压力为工作压力的1.08倍。

安全阀的种类很多，如静重式安全阀、杠杆式安全阀、弹簧式安全阀、脉冲式安全阀等。不同安全阀的整定参数不同，但各种安全阀的控制电路的原理基本相同。一般以改变压力表的触点位置的方法整定安全阀的启动参数。安全阀通常划分为工作安全阀和控制（监督）安全阀，不同的安全阀采用不同的整定值。控制安全阀的动作参数整定在较低水平上，并且其灵敏度也较好。必要时控制安全阀先动作，放掉部分蒸汽，在某些情况下可以控制压力不再升高，并同时发出超压报警。当压力连续升高时，工作安全阀动作。由于工作安全阀和控制安全阀总的过流量是按锅炉最大流量设计的，安全阀同时动作时保证锅炉压力不会超限。

为了保证设备和人身安全，必须对锅炉安全阀作出严格规定，下面是安全阀动作过程中的一些专门术语：

（1）工作压力：锅炉正常工作时的蒸汽压力。

（2）开启压力：当锅炉蒸汽压力上升到安全阀安装调整的预定值时，阀芯自行开启，蒸汽明显排出，此时阀门进口处压力叫开启压力。

（3）排放压力：安全阀阀芯开启后，设备中压力继续上升，当达到设备允许超过的最高压力时阀芯全开，排出额定蒸汽量。此时，阀门进口处的压力叫排放压力。

（4）关闭压力：安全阀开启，排出部分蒸汽后，设备中压力逐渐降低，当降至设备压力的预定值时，阀芯关闭，蒸汽停止流动，此时阀门的进口压力叫关闭压力。关闭压力通常由阀门厂规定，一般为工作压力的 95%。锅炉压力保护系统与锅炉机组运行特点和热力系统的要求有关。如母管制运行锅炉与单元制锅炉不同，而无旁路与有旁路的单元制机组主汽压力保护系统也不相同，对母管制运行锅炉，汽压保护系统的动作参数分为两值，在锅炉汽压升高到高Ⅰ值时，保护系统应发出压力偏高报警信号并和高Ⅱ值信号作"与"条件，在压力继续升到高Ⅱ值时，停掉部分给粉机或打开对空排汽门使主汽压力回降。

对于单元制有旁路主汽压力高保护系统，当主汽压力高Ⅰ值时，保护系统发出报警信号；此高Ⅰ值信号与高Ⅱ值信号如果同时发生，则停掉部分给粉机，切掉部分火嘴或投旁路系统，使锅炉产生的蒸汽经旁路减温减压后回收。当出现汽轮机甩负荷时，应立即切除部分燃烧器，同时投油以稳定燃烧，但一般因炉内燃烧强度不能立即减弱，仍会产生大量蒸汽使压力继续上升，从而造成安全门动作。因此，一般在打开向空排汽门降压的同时，应投入旁路系统，经旁路减温减压后回收，以提高机组热效率。

当发生大幅度甩负荷等情况时，气压骤然升高，达到高Ⅱ值时，安全门自动打开对空排汽，防止受压设备超压损坏。

（三）锅炉辅机连锁保护

锅炉辅机连锁主要指燃烧及制粉系统各辅机之间的连锁。锅炉运行时，各辅机之间的关系十分密切。如果某一设备或环节发生故障，不但影响有关设备或环节的正常运行，还导致锅炉燃烧工况失常，甚至扩大事故，损坏设备或危及人身安全。在负压锅炉出现引风机停止后，若送风机没停，将造成炉膛正压向外喷火；煤粉锅炉送风机停止后，若给粉机、排粉机和磨煤机等设备没有及时停止，将造成输粉管堵塞和磨煤机堵煤等故障。为了保证发电厂安全生产，在锅炉燃烧及制粉系统各辅机之间应设置连锁保护，其作用如下：

（1）利用设备间的连锁（闭锁）关系，加速故障处理过程，防止出现误操作。

（2）当工作系统（或设备）如果出现故障停止运行或工作介质偏离额定参数时，及时自动投入备用系统（或设备）。

甲空预器掉闸　　　　　　　　　乙空预器掉闸

关甲侧烟挡板 ← → 关甲侧风挡板　　关乙侧烟挡板 ← → 关乙侧风挡板

甲引风机掉闸　　　　　　　　乙引风机掉闸

&

甲送电压低　　　　　　　　　乙送电压低

≥1　　　&　　&　　≥1

停部分上排给粉机　甲送风机掉闸　关甲引风导向装置　关乙引风导向装置　乙送风机掉闸　停部分上排给粉机

关甲侧送风导向装置　&　　&　　&　关乙侧送风导向装置

&

甲排粉机掉闸　　　　　　　　乙排粉机掉闸

停甲侧分组接触器　　　　　　停乙侧分组接触器

甲磨电压低　　　甲磨油压低　　乙磨油压低　　　乙磨电压低

≥1　　　　　　≥1

甲磨煤机掉闸　　　　　　　乙磨煤机掉闸

甲给煤机掉闸　　　　　　　乙给煤机掉闸

甲侧气粉混合温度高　≥1　　　≥1　乙侧气粉混合温度高

开甲侧冷风门　　　　　　开乙侧冷风门

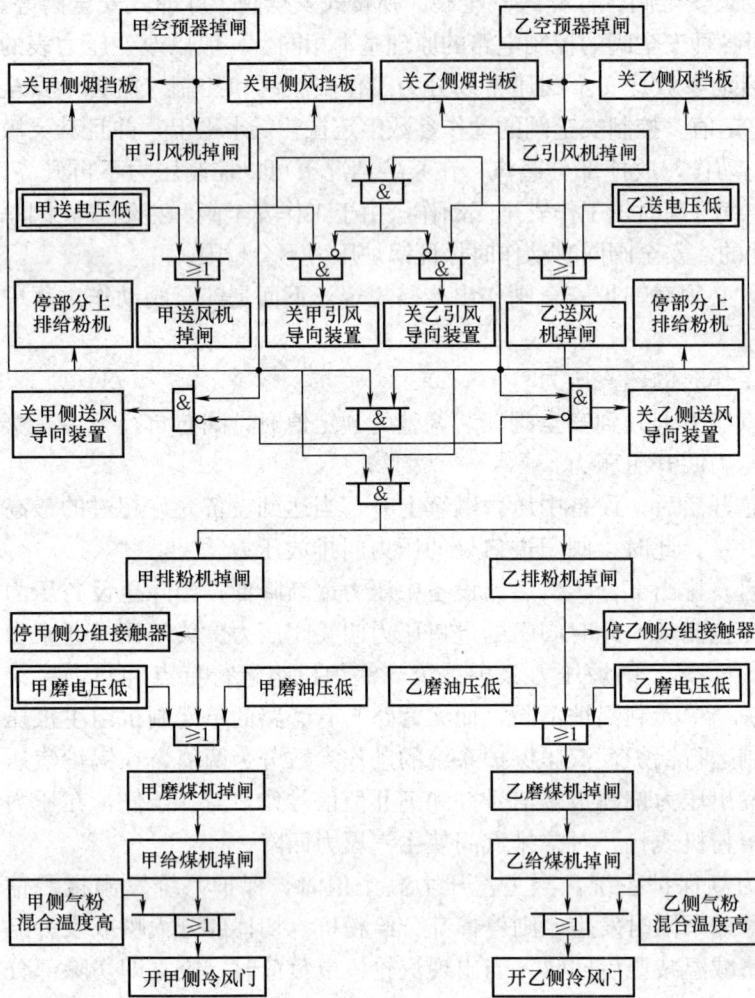

图 4-47　双风机、回转空气预热器、贮仓式双套制粉系统、排粉机送粉的锅炉连锁框图

（3）在某些设备发生故障或事故停止运行时，根据设备和机组安全运行的要求，自动减少该设备的负荷或停止相关的设备运行。

例如采用回转式空气预热器和钢球磨煤机构成的系统，它们的连锁框图如图 4-47 所示，其连锁条件如下：

（1）2 台运行中的空气预热器中的 1 台停止运行时，应自动关闭其相应的烟气入口挡板，关闭空预器一次风出口挡板和二次风出口挡板。其相应的引风机、送风机和一次风机应自动停止运行。

（2）2 台运行中的引风机（或送风机）中的 1 台停止运行时，应自动关闭其相应的入口导向装置。但是，唯一运行中的 1 台引风机（或送风机）或者 2 台运行中的引风机（或送风机）均停止运行时，不得关闭其入口导向装置。

（3）2 台或唯一运行中的 1 台引风机停止运行时，应自动停止相应送风机的运行。

（4）2 台或唯一运行中的 1 台送风机停止运行时，应自动停止给粉机和排粉机的运行。

（5）运行中的任一台排粉机停止运行时，应自动停止相应的磨煤机。

（6）运行中的任一台磨煤机停止运行时，应自动停止相应的给煤机运行。

（7）运行中的任一台给煤机停止运行时，或磨煤机的出口气粉混合物温度高至定值时，应自动打开相应的磨煤机入口冷风门。人工停止给煤机时，该冷风门不得打开。

（8）磨煤机润滑油压低至规定值时，应自动停止磨煤机。

（9）厂用母线电压低至规定值时，低电压保护动作，经 0.5s 跳磨煤机，经 10s 跳送风机。

实现连锁的基本方法是将甲设备的油开关（或起动器）的辅助常闭触点经连锁开关接到乙设备油开关（或起动器）的掉闸回路中去，则当甲设备事故掉闸而停止运行后，其油开关（或起动器）的常闭触点闭合，使乙设备油开关的掉闸回路自动接通电源，而实现乙设备自动掉闸停止运行。

三、汽轮机危急遮断和危急跳闸

（一）危急遮断系统

危急遮断系统分为两种情况。一是在机组运行中，为防止部分设备失常造成机组严重损坏，装有自动停机危急遮断系统（AST），当发生异常情况时，关闭所有进汽阀，立即停机；二是超速保护控制系统（OPC），使高压调节阀门及中压调节阀门暂时关闭，减少汽轮机进汽量及功率，但不能使汽轮机停机。因此机组相应的设有自动停机危急遮断油路（AST 油路）和超速保护控制油路（OPC 油路）。

OPC 油路仅控制高压调节阀和再热调节阀，当 OPC 电磁阀动作超速保护控制油路（OPC 油路）跌落时，单向阀被 AST 油路油压顶住，防止了 AST 油路的油泄，维持了 AST 油路的油压，使高压主汽阀和再热主汽阀全开。反之当危急遮断油路（AST）油压下跌，高压主汽阀和再热主汽阀关闭。同时两个单向阀被顶开，OPC 油路通过两个单向阀，油压也下跌，高、中压调节阀关闭，所有的进汽阀与抽气阀关闭，实现了紧急停机。超速保护控制系统是 DEH 控制器的 OPC 控制部分，通过 OPC 电磁阀来控制 OPC 油路，从而使高压调节阀门和再热调节阀门得以控制。

危急跳闸控制装置（ETS）的跳闸信号，可使 AST 电磁阀动作，从而使 AST 油路泄压，关闭各进汽阀。

在此系统中，还有机械超速和手动停机部分，当其动作时，机械超速和手动遮断总油管的脱扣油泄压，并可通过隔膜阀使自动停机危急遮断（AST）油路泄油，从而使所有进汽阀关闭，机组停机。

综上所述，自动停机危急遮断系统可分成两个层次。第一是危急跳闸控制装置（ETS）的跳闸电信号可使 AST 电磁阀动作，使 AST 油路泄油，所有进汽阀关闭，机组停机；第二是机械超速及手动停机部分，当其动作时，可通过隔膜阀，使 AST 油路泄油，所有进汽阀关闭，机组停机，起到危急保护作用。

图 4-48 为国产引进型 300MW 汽轮机危急遮断系统原理图。

汽轮机在带负荷正常运行时，高压主汽阀、中压主汽阀分别在控制油压 p_{CH}、p_{CI} 作用下处于全开位置；高压调节阀、中压调节阀分别在调节油压 p_{XH}、p_{XI} 作用下处于某一中间

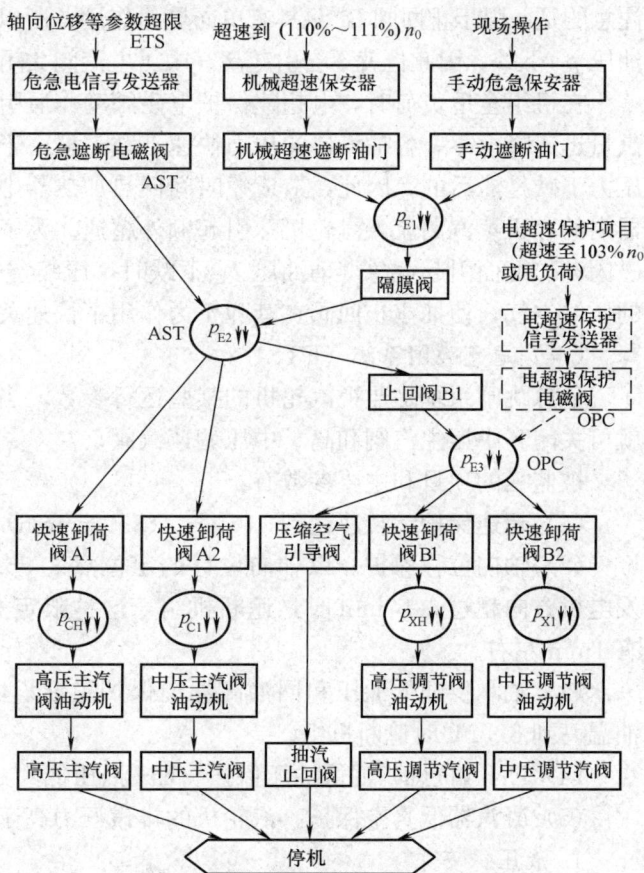

图 4-48　国产引进型 300MW 汽轮机危急遮断保护系统原理

位置。

危急事故油压 p_{E1}、危急速断油压 p_{E2}、危急继动油压 p_{E3} 可统称为危急保安油压或保安油压。

危急速断保护系统对汽轮机安全运行主要参数（转速、振动、轴向位移等）进行连续监视，当被监视的参数超过规定界限时发出紧急停机信号，使危急遮断装置动作，导致保安油压。主汽阀控制油压与调节阀调节油压相继跌落，迫使所有主汽阀、调节阀快速关闭，引起紧急停机。例如，当机组超速到 $110\%n_0$ 时，机械超速遮断装置动作，泄放危急事故油，使危急事故油压 p_{E1} 快速下跌，通过隔膜阀泄放危急遮断油，使危急遮断油压 p_{E2} 快速下跌，随后，一方面通过快速卸载阀 A1、A2 泄放控制油，使控制油压 p_{CH}、p_{CI} 快速下跌，通过高、中压油动机去快速关闭高、中压主汽阀；另一方面，通过止回阀 B1 泄放危急继动油，使 p_{E3} 快速下跌，再通过快速卸荷阀 B1、B2 泄放调节油，使 p_{XH} 与 p_{XI} 快速下跌，通过高、中压油动机去快速关闭高、中压调节阀。此外，当 p_{E3} 快速下跌时引起压缩空气引导阀动作，泄放抽汽止回阀上的压缩空气，使抽汽止回阀快速关闭。

当机组超速到 $103\%n_0$ 或全甩负荷时产生的电超速保护信号将引起电超速保护电磁阀动作，泄放危急继动油，引起 p_{E3} 下跌，继而引起高、中压调节阀关闭，延时一段时间后，电超速保护电磁阀复位，危急继动油压重新建立，高、中压调节汽间逐渐开至所需要的位置。值得注意的是，由于止回阀 B1 只具有单向导通作用，所以危急继动油压下跌时不会引起危急遮断油压 p_{E2} 下跌，因此也就不会引起高、中压主汽阀关闭。

在机组全甩负荷时，电超速保护电磁阀动作后引起高、中压调节阀暂时关闭，汽轮机进汽量迅速降至零，各抽汽口的压力快速下跌，但由于抽汽管容积的存在造成回热加热器中的压力下跌是滞后的，因此，造成短时间回热加热器中的压力高于抽汽口压力，导致回热加热器内的容积蒸汽倒流入汽轮机，引起额外超速。为了避免这种情况的发生，当电超速保护电磁阀动作继而引起危急继动油压 p_{E3} 下跌时，压缩空气引导阀相继动作，泄放抽汽止回阀上的压缩空气，使抽汽止回阀在其弹簧力作用下快速关闭。

（二）危急跳闸系统（ETS）

危急跳闸系统是监视汽轮机的某些运行参数，当这些参数超过某运行限制值时，该系统就可关闭高中压主汽阀和高、中压调速汽阀。

被监视的项目和主要参数有：

（1）超速保护。转速达到 $110\%n_0$（3300r/min）时遮断机组。

（2）轴向位移保护。以轴向位移的定位点 3.56mm 为基准，机头方向超过 2.54mm 或发电机方向超过 4.57mm 时，遮断机组，这种限定意味着极限位移离某准位置的两侧各只有 1mm 左右。

（3）轴承供油低油压和回油高油温保护。轴承供油油压低到 34.47~48.26kPa 和回油油温高到 82.2℃时遮断机组。

（4）EH（抗燃）油低油压保护。EH 油压低到 9.31MPa 时遮断机组。

（5）凝汽器低真空保护。汽轮机的排汽压力高于 20.33kPa 时遮断机组。

1. 液压保安系统

在国产大型汽轮机上，液压保安系统的保护装置主要有：超速遮断装置、磁力遮断器、手动遮断器和电超速保护装置。保护装置动作对象是关闭高、中压主汽阀和调节阀。

（1）超速遮断装置。超速遮断装置由危急遮断器和危急遮断油门两部分组成。危急遮断器采用飞锤式或飞环式作触发元件，它与汽轮机高压转子刚性连接。在机组处于额定转速时，飞锤（或飞环）的离心力小于弹簧约束力，飞锤不会逸出。如果转速超过额定转速的100%～112%时，离心力迅速增加，超过弹簧的约束力，飞锤向外逸出，撞击超速遮断器的拉钩，使其动作，遮断总油管的脱扣油全部泄掉，使高压主汽阀、调节阀及中压联合汽阀全部关闭而停机。

（2）磁力遮断器。磁力遮断器又称磁力遮断油门，俗称"电动脱扣器"。当机组发生下列任一的不正常情况，磁力遮断器动作，泄掉 AST 油，实现紧急停机（以下为 600MW 机组的整定数值）：①轴向位移至±1mm；②高压差胀达+5.7mm、−3.7mm；③低压差胀达+22mm、−3.7mm；④排汽真空低至 50kPa；⑤汽轮机超速 14%；⑥润滑油压低至 0.049MPa；⑦推力瓦温度大于 107℃；⑧支持轴承回油温度大于 82℃；⑨发电机主保护动作；⑩紧急停炉连动汽轮机跳闸；⑪防火油门动作连动汽轮机跳闸。

2. 汽轮机自动保护

为了保证汽轮机的正常启停和安全运行，除了液压保安系统外，还设置大量的热工自动保护，如轴向位移保护、胀差保护、轴承温度过高保护、低油压连锁保护，低真空保护等等。

（1）轴向位移保护。汽轮机在启停和运行过程中都存在着轴向推力，轴向推力由推力轴承承受。推力轴承由固定在主轴上的推力盘以及工作瓦块、非工作瓦块等组成。推力瓦块上浇有乌金，一般厚度为 1.5mm。当汽轮机轴向推力过大时，推力轴承过负荷，油膜破坏，推力瓦块乌金烧熔，使汽轮机转子、轴承之间的轴向间隙减小，发生摩擦，造成严重的设备损坏事故。所以一般规定，当轴向位移至±0.9mm 时，发出报警信号；当轴向位移至±1mm时，发出事故信号，实行紧急停机。规定轴向位移向推力瓦工作面，即发电机方向为"+"；轴向位移向推力瓦非工作面，即汽轮机机头方向为"−"。

（2）胀差保护。汽轮机在启动、暖机、升速、停机或运行工况剧烈变动时，都会因温度变化而引起转子与汽缸不同程度的热膨胀。由于滑销系统设置有死点，汽缸在汽轮机启动受热膨胀时，可以向高压侧和低压侧膨胀；同样转子受热膨胀受推力轴承定位的限制，只能沿轴向低压侧伸长。转子加热或冷却的速度相对较快，转子和汽缸之间明显存在着膨胀量不同，即存在相对膨胀或胀差。

当汽轮机带一定负荷运行一定时间后，转子与汽缸受热逐渐趋于稳定，热膨胀值逐渐趋于饱和，胀差相应减少，最后达到某一稳定值。在运行中，一般负荷的变化对热膨胀的影响是不大的，只有在负荷急剧变化或主蒸汽温度不稳定，引起温度大幅度变化时，才会对热膨胀产生较大的影响。

胀差保护主要是防止因机组在加热或冷却过程中，转子与汽缸膨胀程度不一致，造成叶片和隔板相碰的设备事故。当高、中、低压缸相对膨胀量超过限值（各机组均有具体规定数值），保护装置动作，实行紧急停机。

（3）轴承温度过高保护。汽轮机的轴承分主轴承（又称支持轴承）和推力轴承。主轴承是用来承受转子的重量，保持转子转动中心与汽缸中心一致，也就是保持转子与汽缸、汽封、隔板等静止部分之间一定的径向间隙。推力轴承是用来承受转子的轴向推力，固定转子在汽缸中的轴向位置，也就是保持叶片与喷嘴之间、轴封的动静部分之间以及叶轮与隔板之间一定的轴向间隙。

汽轮机转子是高速运转的，为了减少转子与轴瓦之间的摩擦，必须向轴承连续不断地供给压力、温度合乎要求的润滑油。一是为了润滑轴承；二是为了冷却轴承，带走摩擦产生的热量，避免轴承因温度过高而烧毁。当轴承温度过高时，说明轴与轴承摩擦严重，产生大量热量。为了防止因轴瓦烧熔造成的严重设备事故，一般规定当支持轴承温度高至 65℃，报警；高至 75℃，实现停机。当推力轴承温度高至 80℃，报警；高至 95℃，实现停机。

（4）低油压连锁保护。汽轮机在正常运行时，由高压油泵供调速系统，主油泵供各轴承用油。当调速油压过低时，调速系统失灵；当润滑油压过低时，油膜被破坏，导致轴颈与轴瓦直接接触（正常运行时，汽轮机转子轴颈是通过油膜与轴瓦接触的），轴承温度升高，烧坏轴瓦。因此必须设置低油压连锁保护。600MW 机组规定如下：

1）当调速油压低至 11.2MPa 时，自动联泵；

2）当润滑油压低至 0.082MPa 时，交流润滑油泵自动投入；

3）当润滑油压低至 0.076MPa 时，直流润滑油泵自动投入；

4）当润滑油压低至 0.048MPa 时，自动关闭主汽阀，实现紧急停机；

5）当润滑油压低至 0.034MPa 时，自动停用盘车装置。

（5）低真空保护。汽轮机真空下降，蒸汽在汽轮机内的焓降减少，从而使汽轮机出力下降，热经济性降低。一般真空下降 1%，汽耗约增大 1%～2%。焓降减少，还会增大级的反动度，使轴向推力增大，推力轴承的负载加大，严重时甚至使推力瓦块乌金烧毁。真空下降使排汽温度升高，造成低压缸膨胀变形，凝汽器冷却水管的内应力增大，破坏凝汽器的严密性。

国产 300MW 机组在额定参数（冷却水温不超过 33℃）时，凝汽器真空不低于 92kPa（690mmHg），当真空下降至 87kPa（650mmHg）以下，发出报警及减负荷信号，以后真空每下降 1.3kPa（10mmHg），减负荷 30MW（10%）；真空下降至 73kPa（550mmHg）时，负荷减至零；真空如果低于 63kPa（475mmHg）时，应关闭主汽阀，立即停机。

（6）高压加热器水位保护。高压加热器中给水侧压力很高，当水管因故破裂时，给水立即涌入加热器的汽侧，水位迅速升高，甚至经抽汽管道倒入汽轮机，造成汽轮机进水的严重事故。为此，高压加热器水位要进行联动保护，其保护要求如下：

高加水位升至高一值（600MW 机组为＋38mm），发出报警信号；

高加水位升至高二值（600MW 机组为＋88mm），开事故疏水；

高加水位升至高三值（600MW 机组为＋138mm），解列加热器。

四、发电机—变压器组保护

1. 发电机差动保护

TA 取自发电机中性点及发电机出口，其保护范围包括发电机出线和中性侧套管。本保护配置双套，且 TA 完全独立。发电机差动保护是防止发电机定子绕组短路事故扩大，防止烧毁发电机的保护装置。

2. 发变组差动保护

TA 取自发电机中性点、主变高压侧、厂变低压两个分支、励磁变低压分支。其保护范围包括发电机中性点套管、高厂变低压出口、主变高压出口、励磁变低压出口。

3. 主变差动保护

TA 取自发电机出口、主变高压侧、厂变低压侧、励磁变低压侧。其保护范围包括发电机出线侧套管、高厂变高压侧和 220kV（500kV）断路器侧。

4. 断路失灵保护

TA 取自变压器高压侧，保护动作于失灵出口。保护为双套配置。

5. 发电机过励磁保护

TV 取自发电机出口 TV1，保护由低定值和高定值两部分组成，采用电压与频率比值原理，低定值部分经延时发信号和减励磁，高定值部分动作于解列灭磁或程序跳闸。

6. 发电机过电压保护

TA 取自发电机出口 TV1，保护动作于启动解列灭磁。

7. 主变冷却器全停

动作于信号或延时解列灭磁。保护动作于程序减负荷或解列灭磁，防止冷却系统故障烧毁变压器。

8. 主变高压侧零序过电流保护

保护为双套配置，TA 取自主变中性点 TAN4、TAN5。主变高压侧零序过电流保护，由两段零序电流保护的瞬动过流继电器与时间继电器构成。两段零序每段带两个时限。保护动作于解列灭磁并延时跳母联开关。

9. 发电机对称（不对称）过负荷保护及速断

保护 TA 取自发电机中性点 TA3，能对过负荷引起的发电机定子绕组过负荷保护，保护由定时限和反时限两部分组成，保护定时限动作于减负荷，反时限动作于程序跳闸或解列，保护速断出口动作于全停出口。保护装置具有电流记忆功能。

10. 负序保护

负序电流保护继电器应用于保护发电机的不平衡负序电流，该继电器由定时限和反时限两部分组成，定时限部分具有灵敏的报警单元，反时限部分动作电流按照发电机承受负序电流的能力确定，保护应能反应负序电流变化时发电机转子的热积累过程。

11. 逆功率保护

保护为双套配置，TA 取自发电机中性点 TA3、TA6，TV 取自发电机出口 TV1，保护动作需主汽阀关闭条件。逆功率保护具有两个逆功率继电器，并接向不同的 TA 和 TV，以保护（跳闸）因失去蒸汽而造成电动机方式运行的发电机，这些继电器还向汽轮机的顺序跳闸提供监测功能。逆功率 1 启动解列灭磁出口，逆功率 2 启动解列出口。

12. 失磁保护

失磁保护按完全双重化配置 2 套，失磁 1 保护 TA 取自发电机中性点 TA3，TV 取自发电机出口 TV1，失磁 2 保护 TA 取自发电机出口 TA6，TV 取自发电机出口 TV2，并且失磁保护有系统电压闭锁条件。每套发电机失磁保护由阻抗元件、220kV 母线低电压元件和闭锁元件组成。阻抗元件用于检出失磁故障；母线低电压元件用于监视母线电压保障系统安全；闭锁元件用于防止保护装置在其他异常运行方式下误动。保护出口：①失磁后当母线电压未低于允许值时，经延时动作于信号并切换厂用电或减出力。②失磁后当母线电压低于允许值时，经延时动作于解列或程序跳闸。

13. 失步保护

保护 TA 取自发电机出口 TA6，TV 取自主变高压侧出口 TV7。失步保护用双阻抗元件或测量振荡中心电压及变化率等原理构成，在短路故障、系统稳定振荡、电压回路断线等情况下，保护继电器不误动作。保护有电流闭锁功能。当失步由失磁引起时，失磁保护闭锁失步保护，按失磁保护的动作判据动作。保护动作于机组解列。

14. 阻抗保护

保护 CT 取自发电机中性点 TA3，PT 取自发电机出口 TV1。阻抗保护作为发变组的后备保护。该保护由一个偏移的距离继电器和时间继电器组成，保护应具有电流记忆功能。保护延时动作于机组解列，第二段延时动作于解列灭磁出口。

15. 转子接地保护

接地保护系统应能在发电机和励磁系统正常发电情况下测量励磁回路、发电机转子回路以及其他有关连接线的绝缘电阻，装设励磁回路一点接地，一点接地保护（Ⅰ套）带时限动作于信号，一点接地保护（Ⅱ套）带时限动作于跳闸。转子一点接地发出时，应安排停机处理，以防止出现两点接地，部分线圈匝间短路，发热烧毁发电机。

16. 定子匝间保护

保护 TV 取自发电机出口 TV1、TV3。该保护由负序功率方向闭锁的电压继电器构成，当专用 TV 高压侧熔丝熔断时，保护不应误动，并应发出信号。保护动作于全停 1 出口。

17. 定子 100% 接地故障保护

保护为双重化配置，TV 取自发电机中性点 TV 及发电机出口 TV1。保护包括两个部分：①95% 定子接地保护继电器都接到发电机中性点变压器的二次绕组。②剩余 15% 的定子绕组接地保护功能余下的 15% 定子线圈，可利用发电机的中性点和机端的三次谐波电压比较来实现，并构成 100% 定子接地保护。保护动作于全停 1 出口，主断路器、励磁系统跳闸。

18. 频率保护

保护 TV 取自发电机出口 TV1，频率保护应由频率继电器和计时器组成，按照汽轮机叶片疲劳极限是否超过而分别发出警报或使汽轮发电机退出运行。每个继电器整定在不同的频率并带有不同的延时。

19. 励磁变过负荷及过流保护

过负荷保护定时限部分经延时动作于减励磁，反时限部分动作于解列灭磁。过流保护采用速断，动作于全停。

20. 6kV 限时速断

保护 TA 取自高压厂变低压侧 TA45、TA49，保护延时动作于跳开分支进线开关。

21. 6kV 过流

保护 TA 取自高压厂变低压侧 TA45、TA49，保护带低压闭锁条件，保护延时动作于跳开分支开关。

22. 瓦斯保护

用来防止变压器油箱内部故障和油位降低故障。

复 习 思 考 题

4-1　机组协调控制的原则是什么？

4-2　机组负荷控制系统是如何构成的？负荷指令处理装置和机炉主控制器各有哪些主要功能？

4-3　什么是锅炉跟随方式？有什么特点？

4-4　什么是汽轮机跟随方式？有什么特点？

4-5　机炉协调控制方式有哪几种方案？

4-6　什么是自动发电控制？

4-7　炉膛安全监控系统（FSSS）是怎样构成的？具备哪些主要功能？

4-8　炉膛吹扫应满足哪些条件？

4-9　对汽包锅炉，发生哪些条件时 MFT？

4-10　如何监视炉膛火焰？

4-11　锅炉点火方式有哪些？

4-12　汽轮机数字电液调节（DEH）系统是怎样构成的？具备哪些主要功能？

4-13　大型单元机组连锁保护有哪几类？

4-14　什么是 FCB？有哪几种形式？

4-15　什么是 RB？有哪几种形式？

4-16　汽轮机危急遮断系统分哪几种情况？

第五章　辅机运行与顺序控制

第一节　概　　述

运行人员对于生产过程的控制与干预是通过操作阀门、挡板等动作机构来实现的，只有经过正确的操作，才能维持生产过程安全、正常运行，使生产过程工艺参数保持正常的控制操作，称之为调节。在现代机组的生产过程中，除了正常运行的调节之外，还有大量平时并不需要经常操作的设备及工艺系统，如机组自启停装置、辅机启停装置、事故处理中需要操作的设备及工艺系统等，由于操作这些设备具有一定的顺序，所以也专门设置了相应的自动操作装置—顺序控制装置。在电力生产过程中，对设备或某一工艺过程按事先规定的顺序（工艺操作过程顺序）进行的操作，称为顺序控制，而实现这种顺序控制的装置称顺序控制装置。

随着机组容量的增高，操作机构的数量也会大量地增加，仍按一般的控制方式，把每一项操作都引到控制盘上，则会使控制盘上的仪表和开关数量大量增加，而且运行人员操作工作量将很大，易发生误操作，不利于机组的安全运行，从锅炉、汽轮机的运行工艺过程分析表明，在机组启停、事故处理时的各项设备的工艺操作，大多是根据条件、时间而进行的逻辑操作，属于顺序控制范畴，所以大容量机组中的各类辅机，热力系统的顺控技术就显得十分重要，顺序控制就是把相关的操作项目按工艺规定的顺序自动进行，使热力系统和辅机启停的部分操作项目由专门的顺序控制装置去执行完成，顺序控制技术在火电厂中的应用大致有两个方面。

1. 辅机的顺序控制

在火电厂中可以采用顺控的辅机有送风机、引风机、空气预热器（回转式）、磨煤机、循环水泵、电动给水泵、高压加热器等辅机的启动或停止。

大容量机组的辅机启停具有一套复杂的工艺系统和操作过程，采用顺序控制技术可以使辅机设备系统按规定顺序要求自动进行操作，从而减轻了运行人员的操作负担，运行人员只需按下"启动"或"停止"顺序控制装置的按钮开关，就可自动完成一台辅机的启动或停止过程。

2. 局部工艺操作流程的顺序控制

大型机组的启停操作过程十分复杂，单有辅机的顺控还不能满足简化整套机组启停的控制要求，还必须对某些工艺流程采用顺控技术，无论怎样复杂的操作工艺流程总可分解为彼此可以相对独立的若干个局部工艺操作流程，将这些密切相关的局部工艺操作流程应用顺序控制技术进行控制，才能大大简化运行人员的操作过程。

火电厂中可以采用顺序控制的局部工艺操作流程有：锅炉燃烧器点熄火操作、炉膛清扫、锅炉吹灰操作、除灰系统的操作、汽轮机升速和升负荷操作、汽轮机真空上升操作、汽机油系统冲洗操作、化学水处理系统操作等。

生产过程中设备的顺序控制操作是以具有逻辑运算功能的专门顺序控制装置来实现的。顺序控制装置一般分为继电器式、简易顺序控制器和微机顺序控制装置三种类型。继电器式顺序控制装置的特点是抗干扰能力强、结构简单，并且能够提供足够推动功率去指挥执行机构动作。但它的控制功能仅局限于远方操作，早期的顺控装置的逻辑元件较多采用这种形式。为避免电磁继电器体积大、数量多，使顺序控制装置结构复杂的缺点，发展了有专用固定接线的简易顺序控制器。简易顺序控制器装置既简单又可靠，但特定简易顺序控制器只完成某一特定的功能，对一个局部生产工艺过程操作往往需要若干个简易顺序控制器组合来完成。但要改变简易顺序控制器的功能，则其工作量较大。微机顺序控制装置（微处理器为中心的计算机式或可编程顺控器式）具有速度快、可靠性高、控制系统的结构简单、功能强、程序可变等优点，目前已在顺序控制装置中得到广泛的应用。

第二节　锅炉辅助系统运行

一、风烟系统的运行

锅炉风烟系统是锅炉保证燃烧运行的基本系统。以某 300MW 机组的风烟系统为例，其主要设备包括：两台三分仓回转式空气预热器、两台送风机、两台引风机和两台一次风机，以及它们各自的附属设备（电动机、润滑油泵及油系统等）和风烟道挡板等。图 5-1 所示为锅炉风烟系统简图。

二次风由两台轴流式送风机送出，经过空气预热器加热，送至炉膛两侧风箱后进入四个角风箱，通过各层二次风调节挡板和二次风喷嘴进入炉膛。二次风总风量由 CCS 通过调节送风机动叶开度以及热风循环门开度来实现。一次风由一次风机出来分成两路。一路通过空气预热器加热为一次热风，另一路不经过空气预热器为一次冷风，两路风分别经过调节挡板后混合至适当温度，进入磨煤机。磨煤机出口的煤粉由一次风输送，经过制粉系统管路，分别送到炉膛

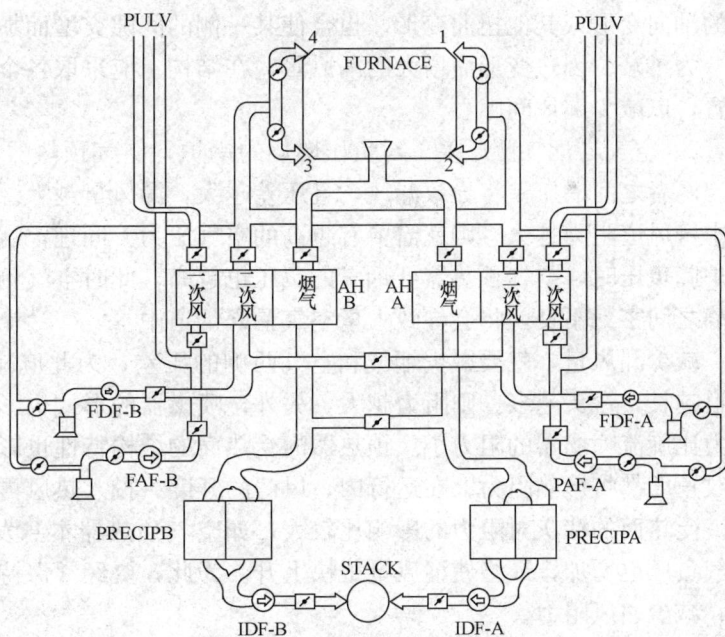

图 5-1　锅炉风烟系统

四角的该磨煤机层的四个煤粉喷嘴后，吹入炉膛。正常运行时，一次风总风量由 CCS 通过一次风机静叶开度及热风再循环门开度来实现。

两台轴流式引风机为锅炉提供抽吸烟气的动力。从炉膛出来的高温烟气经过过热器、再热器、省煤器和空气预热器释放热量后，进入静电除尘器除尘，再经引风机排入烟囱。烟气流量由 CCS 通过调节引风机动叶开度实现。

风烟系统的设备都是左右对称布置，左右风烟系统自成送、引风平衡系统。连接送风机

A、空气预热器 A 和引风机 A 的风烟通道称为 A 通道，连接送风机 B、空气预热器 B 和引风机 B 的风烟通道称为 B 通道。在通道上的所有风机进、出口和空气预热器烟、风侧进、出口以及除尘器进口均装设有截止挡板或调节挡板。为了特殊情况时可交叉运行，在送风机出口，空气预热器二次风出口均分别装设有连通风道和挡板，空气预热器烟道出口也设有 A、B 侧连通烟道和挡板。在除尘器出口未设连通烟道，因此同侧的除尘器与引风机必须同时运行。

（一）空气预热器的运行

1. 回转式空式预热器运行的主要问题

（1）漏风问题。空预器漏风使空气直接进入烟道并由引风机抽走，因而使引风机的电耗增大，增加了排烟热损失，使锅炉热效率降低。如果漏风过大，超过了送、引风机的负荷能力，还会造成燃烧风量不定，导致锅炉的机械未完全燃烧损失和化学未完全燃烧损失增加，因此漏风直接影响着锅炉的安全性和经济性。回转式空气预热器的漏风的主要原因及采取的措施如下：

1）密封间隙。回转式空气预热器的动静部件之间有一定的间隙，受热面发生热变形导致间隙加大。运行时温度上高下低。上端的膨胀量大，下端的膨胀量小，引起各部分的间隙发生变化，使上面的外环向间隙加大而下面的外环向间隙减少。此外，由于受热不均匀而产生的轴向变形或其他扭曲变形，也会使某一侧的间隙突增而加大漏风量。

为了减少因热变形而增大的漏风量，在结构上应采取各个方向的密封片或其他形式密封装置，以减少漏风间隙。

2）空气与烟气侧压差。对负压燃烧的锅炉，空气预热器的空气侧是正压，烟气侧为负压。两者之间的压差将导致漏风，且压差越大，漏风量越大。同时，若燃烧器风道以及预热器本身风道阻力越大，则就需要有越高的空气压力。同理，烟气侧阻力越大，若要保持恒定的炉膛负压时，空气预热器处烟气的负压也越高，此时空气侧和烟气侧的压差就越大。如果动静之间密封不良，将会导致大量空气漏入烟道中。

减少漏风量，就要减少烟气和空气两侧的压差，为此应减少风道、烟道的阻力。风道、烟道越长，弯头越多，则阻力越大。另外，喷燃器的形式也影响着阻力，通常直流喷燃器的阻力比旋流喷燃器的阻力小。预热器的受热面的结构特性也影响着阻力，如波形板的波形及波纹角度都将影响阻力。在运行中，风门的开度、投入热风再循环时风机的出力也会影响阻力。受热面的堵灰对阻力的影响比较大，如空气预热器本身发生堵灰时，则会使风压增大，烟气负压也增加，最终使漏风量很快上升。为此，要经常保持空气预热器风、烟传热面的清洁，减少通风阻力。

一般规定运行 8h 就要对空气预热器冷热端各吹灰 30min，然后再两端同时吹灰 30min，在锅炉熄火前也必须对空气预热器冷热端吹灰 30min。正常情况下要经常对空气预热器通风阻力进行检查和监视。在发生空气预热器严重堵塞时，要停机进行水冲洗或化学清洗，在水冲洗时，若附着物冲不干净时，可将冲洗水适当加热（60～70℃），冲洗完毕后要利用锅炉余热或启动吹风机吹干热元件，避免发生锈蚀。

3）携带漏风。当空气预热器转子旋转时，其转动部分也会将一部分空气带入烟气中，从而也增加了漏风量，这部分漏风称为携带漏风。漏风的多少是与密封过渡区所占的角度、受热面的直径、高度以及转子转速有关。但该项漏风所占的份额较小，一般不超过 1%。

总之，空气与烟气之间必然存在压差，如果动静之间密封良好，就不致造成严重漏风。因此，影响回转式空气预热器漏风的关键在于密封间隙大小和密封装置的性能。除了在设计中尽量合理地考虑密封装置的性能外，在运行中要力图减少温差，减少不必要的变形间隙，将漏风限制在最小的限度。一般回转式空气预热器的设计漏风量在10％以下，运行得好可控制在7％左右。

（2）低温腐蚀。燃料中的有硫元素和水分，燃烧后形成硫酸蒸汽和水蒸气。当烟气进入低温受热面时，烟温降低，当温度低于露点温度时，水蒸气或硫酸蒸汽就会凝结，造成金属的氧腐蚀。

低温腐蚀通常发生在空气预热器的冷风进口端，因为此处的空气及烟气温度最低。低温腐蚀将造成空气预热器受热面金属的破裂穿孔，使空气大量漏至烟气中，致使送风不足，炉内燃烧恶化，锅炉热效率降低，同时，液态硫酸还会黏结烟气中的飞灰，使其沉积在潮湿的受热面上，从而造成堵灰，使烟道阻力增大，严重影响锅炉的安全、经济运行。

为了防止空气预热器冷端金属过快的腐蚀，必须使其温度高于烟气的露点温度。水蒸气的露点温度决定于它在烟气中的分压。一般煤种在正常温度下的烟气中水蒸气的露点温度为$30\sim65℃$，而排烟温度远高于此，可见，一般水蒸气不易在低温受热面结露。但硫酸蒸气则不同，其酸露点温度可高达$140\sim160℃$。当硫酸蒸气在壁温低于酸露点温度的受热面上凝结下来时，就会对金属受热面产生腐蚀作用。冷端金属允许的最低壁温由燃料中的含硫量确定。因为烟气中三氧化硫含量越高，则酸露点温度越高。另外，当排烟的含氧量超过设计值时，烟气中的二氧化硫会更多地转化为三氧化硫，从而提高三氧化硫的分压，亦即提高了烟气的酸露点温度。在这种情况下也必须提高入口风温，以使空气预热器冷端金属温度相应提高。

减轻空气预热器低温腐蚀的方法，一是采取措施降低烟气中的三氧化硫的含量，使酸露点温度降下来；二是采取措施，提高空气预热器冷端金属温度，使之高于酸露点温度。为了达到这一目的，常采取燃料脱硫，低氧燃烧，增加抑制腐蚀的添加剂，采用耐腐蚀材料和提高空气预热器受热面壁温等措施。但前者都会带来一些附加的问题，使其在实际中的应用受到限制。只有提高空气预热器受热面的壁温才是防止低温腐蚀最有效的办法，也是实践中最常用的方法。

目前大容量机组为了提高空气预热器壁温，一般在送风机与空气预热器之间的风道上设置暖风器（亦称前置式空气预热器）或热风再循环，把冷空气温度适当提高后再进入空气预热器，以确保空气预热器冷端金属壁温在一定范围内。

2. 空气预热器的运行

（1）空气预热器的启动。空气预热器启动前应先按规定建立支持轴承和导向轴承的油循环，并对所属设备进行全面检查。检查电流是否正常，全面检查电动机、减速箱及机械部分的振动、轴承温度、运转情况、风门挡板的联动、附属设备的运行等是否正常，根据规定投入预热器的漏风控制装置，以改善空气预热器的漏风，进行试运转，以检验转动部分的润滑情况是否正常。在热态启动时应检查预热器的温度是否正常，避免再燃烧现象。

对于电气部分经检修后的启动，应先校验电动机的转向是否符合要求，以免反转造成密封件的损坏。空气预热器启动前，该预热器所属的吹灰系统、灭火系统、水冲洗系统、漏风控制系统等均应正常且阀门位置符合启动前要求，吹灰器在退足位置，吹灰器进汽门关闭严密。

空气预热器的启动应在引风机之前。启动时，烟气进出口挡板、二次风进出口挡板、一次风进出口挡板应是全开的。锅炉点火后要进行空气预热器的吹灰。

启动时，应先用手动盘车装置盘动或用电动盘车装置"点动"转子试转一周，检查驱动和转动部件有无卡涩、撞击等异常情况，然后改用电动盘车连续运转，并进一步检查有无明显的摩擦现象，检查正常后方可停用电动盘车，启动主电动机运行，空气预热器有关风门、挡板的开启，一般应与主电动机开关的合闸联动；如无联动装置时，则应在启动主电动机后，先开启风门再开启烟气侧挡板，以防转子受热膨胀卡涩。

主电动机启动正常后立即将电动盘车装置自启动连锁投运，以便在主电动机故障跳闸时，电动盘车能自动投入，避免转子因停转造成受热不均而损坏设备。

回转式空气预热器除配置一套主传动装置外，还备用一套备用驱动装置。当主传动装置故障时，除要发出信号给控制室外，备用驱动装置可以自动投入。若30s后备用驱动装置也不能投入的，应立即切除该侧的空气预热器，并将锅炉负荷降至50%。若两侧空气预热器同时故障的，应立即连锁停炉。

（2）空气预热器的运行与维护。空气预热器运行时应通过对电流的监视，及时发现异常。锅炉正常运行中，应经常对预热器进、出口的氧量、风温、烟温、风压差、烟压差进行检查和分析以便从这些参数的变化中判断空气预热器漏风及堵灰情况的变化，通过对烟温的分析还能防止在预热器部位发生可燃物再燃烧。空气预热器运行时，应定期对电动机、机械部分及附属设备和系统进行全面的巡查。

为保证空气预热器受热面的清洁，提高传热效率，运行中应定期对其进行吹灰工作。当空气预热器进出口压差增加到设计值的1.3倍时，说明空气预热器已严重积灰，应停止运行并进行水冲洗。也可在停炉期用碱水或热水对其进行冲洗。冲洗时，预热器底部的放水门应开启。冲洗结束后还应投入暖风器（或其他加热装置），通过送风机将加热后的空气送入预热器对其进行干燥，干燥期间，预热器应保持运转状态。停运时，在锅炉熄火后至少要保持空气预热器运转4h或确认排烟温度低于150℃时，方可切断电动机。停炉前和锅炉启动正常后也应对空气预热器进行吹灰，以清除受热面上的未燃尽可燃物质，防止发生再燃烧现象。当发现空气预热器发生二次燃烧现象时，应立即将锅炉负荷降至50%，关闭着火的空气预热器进出口所有挡板。打开底部排水阀，用灭火装置进行喷水，火焰扑灭后要对空气预热器进行全面冲洗和检查，以免发生变形而影响密封性。

（3）空气预热器的停用。停炉后空气预热器的正常停用操作，应在排烟温度降至80℃时方可进行。停用最后一台空气预热器前，应先检查所有的引风机、送风机、一次风机均已停用。预热器停用前，应将电动盘车装置退出自启动状态，停用漏风控制装置，并将漏风控制装置复位，然后停用预热器。预热器停用后，检查风门、挡板应联动正常，并按规定停用该预热器的上、下轴承油循环系统。

空气预热器发生故障停用时，应即检查电动盘车是否投运正常，如未能投入，应即手操启动，如仍无法使之投运时，则应采用手动盘车装置盘动转子，继续维持空气预热器转动，须将空气预热器进口烟温降至200℃以下时，方可停止盘车。

3. 空气预热器轴承油循环系统的运行

空气预热器的轴承油循环系统，是为维持空气预热器的支持轴承（下轴承）和导向轴承（上轴承）的润滑温度和黏度在需要的范围内，以保证轴承润滑良好而设置的辅助系统。该轴承油循环系统是一个闭式循环系统，通常由油箱、油泵、冷油器和若干阀门组成，如图5-2中每台空气预热器的上、下轴承。一般设置有型式相同且各自独立的轴承油循环系统。

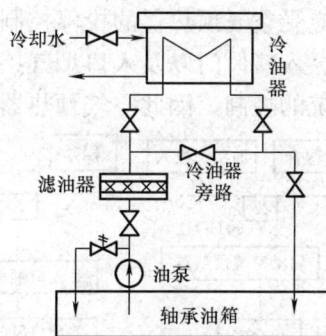

图5-2 空气预热器的轴承循环系统

空气预热器的上、下轴承位于油箱中。油箱油位正常时，轴承在油中运行，轴承的润滑条件与油的黏度有密切关系，而油的黏度主要受油温变化的影响，因此运行中保持合适的油温，是十分必要的。油温的合理控制范围，应根据现场使用的油种而定。

轴承油循环系统在投运前，应先检查油质良好、油位正常，各压力表、温度表完整并投用，系统各阀门位置按规定要求放置，投入冷却水系统，并将滤油器置工作位置，然后启动油泵。油循环建立后应检查系统有无泄漏、油箱油位的变化情况，滤油器前后的压差和油泵出口油压是否正常，当油压过高或过低时应及时联系检修进行调整。

正常运行中，应定期检查油泵出口压力、油温、油箱油位、滤油器前后压差及油系统有无漏油现象等，空气预热器正常运行期间，如发生轴承油循环系统故障时，一般允许短期内停用，但必须尽快修复。

油温的调节方法通常有以下几种：

（1）冷却水量调节。采用该方式时，冷油器进、出油阀开启，冷油器旁路阀关闭，通过调节冷油器进水阀的开度，改变冷油器的冷却水量，使油温得到改变。采用该方式调节油温时，油温变化的延迟性较大。

（2）冷油器旁路调节。采用该方式时，冷油器进水阀和冷油器进、出油阀均开启，通过调节冷油器旁路，来改变不经过冷油器的流量，从而达到改变油温的目的。采用该方式时油温变化延迟时间小且调节幅度也较大。

（3）润滑油泵间歇投停调节。因润滑油温度只需要控制在一定的范围内，可以通过润滑油泵的间歇投停来调节油温。采用这种方式，冷油器进水阀和冷油器进、出油阀均开启，冷油器旁路关闭，当润滑油温上升至一定数值时，投入润滑油泵运行，润滑油通过冷却，油温下降，下降至某一温度，停润滑油泵。这种方式简单、便于实现自动，已被普遍采用。

4. 回转式空气预热器的顺序控制

在锅炉运行和停炉过程中，当烟气温度高于环境温度时，若停止回转式空气预热器的运行，则会造成设备的损坏。因此，保证回转式空气预热器可靠运行是非常重要的。它一般由一台交流电动机和一台直流电动机共同驱动，在正常情况下，交流电动机工作。当交流电动机在运行过程中由于故障跳闸退出工作时，直流电动机自动启动，接替交流电动机工作，并发出报警信息。在锅炉运行过程中，回转式空气预热器是一种先启动和最后停止的转动机械，不允许出现预热器先跳闸的情况。

因回转式空气预热器的径向密封间隙很小（约1～1.5mm）。为使回转式空气预热器在热态运行时各部件受热均匀，并保持密封间隙，减少漏风量，除了设置径向密封间隙自动调整装置进行间隙自动调整外，在启动时空气预热器应先接通冷却介质——空气，再接通加热介质——烟气。在停用时则相反，应先切断烟气，再关闭空气。为此，空气、烟气挡板的调节应受空气预热器的投停控制。当空气预热器投入后，因锅炉启动的需要，空气预热器的出口、入口风门以及入口烟气挡板的控制就不再受空气预热器的控制，而是受炉膛点火及燃烧系统的控制，因此空气预热器的启动程控流程较为简单，如图 5 - 3 所示。

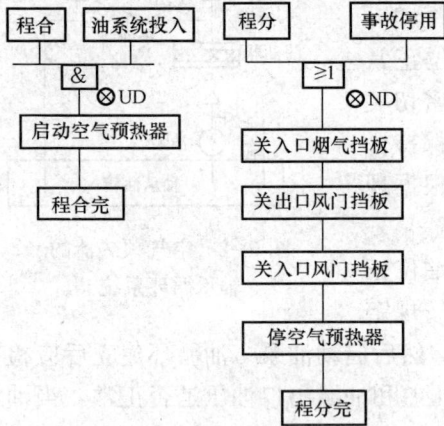

图 5 - 3　空气预热器启停程序控制流程图

启动顺序为：程合指令（按钮指令）→启动空气预热器润滑油泵→启动空气预热器电动机→开空气出入口挡板和烟气入口挡板→空气预热器启动顺序结束。

停止顺序为：程分指令→关入口烟气挡板→关出口风门挡板→关入口风门挡板→停止空气预热器传动→程分完。

（二）送、引风机的运行

在锅炉的辅助设备中，风机担负着连续输送气体的任务，风机的安全运行将直接影响到锅炉的安全、可靠、经济运行，因而风机是锅炉的主要辅机。

发电厂中常用的风机，按其工作原理的不同，主要有离心式风机和轴流式风机两种，离心式风机的气流由轴向进入叶轮；然后在叶轮的驱动下，一方面随叶轮旋转，另一方面在惯性的作用下提高能量，沿径向离开叶轮，轴流风机的气流由轴向进入叶轮，在风机叶片的升力作用下，提高能量，沿轴向呈螺旋形地离开叶轮。这两种类型风机的出入口挡板在启停中，其开关状态略有不同。

1. 风机的启动

（1）风机启动前应具备的条件。不论是离心式风机还是轴流式风机，启动前一般应具备如下条件：风机及附属设备完整，检修工作已结束，电动机和机械部分符合要求；与风机有关的各风、烟系统，设备完整、检修工作结束、检修人员已撤离现场，各风门、挡板经校验正常、位置符合要求（即能保证风机启动后有足够的通道和出路）；风机及与之有关的润滑油系统、冷却系统、液压油系统、自动及程序控制系统、保护及连锁装置以及各仪表均符合启动前的要求；风机及各附属设备的电源、气源等均已送上。

（2）风机启动应遵循的原则。风机启动前应先将与之有关的润滑油系统、冷却系统、液压油系统、保护及连锁装置、巡测装置投入运行。

1）风机正常启动时可采用近控、遥控或程控等方式启动，但进行风机试转时，一般应采用就地近控方式启动，无论近控、遥控或程控方式启动，现场均应有专人负责检查，注意启动时的升速和运转情况，以便在出现异常情况时能及时分析处理，仪表盘上也应派专人负责监视风机的电流和启动时间，并进行风机启动正常后的风量调节。

2）为保证设备的安全，风机应在最小负载下启动。为此，离心式风机启动前应先关闭该风机的进口或出口隔绝门和调节风门，待风机启动正常，电流降至空载值时立即开启进出口隔绝风门，并操作调节风门，保持炉膛负压正常和风量符合要求。这是因为离心式风机的轴功率 P 是随着风量 q_V 的增加而增大的，见图 5 - 4（a），为了减小启动时的风机轴功率，即减小启动时的风机流量，因此离心式风机应在隔绝风门和调节风门全关的情况下启动。对于轴流风机而言，轴功率 P 是随着风量 q_V 的增加而相应减少的 [见图 5 - 4（b）]，从图中可以看出动叶角度越小，风量越大时风机的轴功率将越小。据此，轴流风机应在调节风门或动叶关至最小的情况下启动。

3）一次风机或排粉机试转启动时，应确认系统内无积粉或积煤，以免大量可燃物进入锅炉，导致爆炸。

4）风机启动正常后应对风机的运行工况进行全面检查，其中包括：电动机及机械部分的振动、轴承温度、电流、风量、风压、电动机绕组和铁芯温度，转动部分有无碰壳或金属声以及各附属设备及系统的运行情况等。风机试转启动时，还应检查转向是否符合要求。

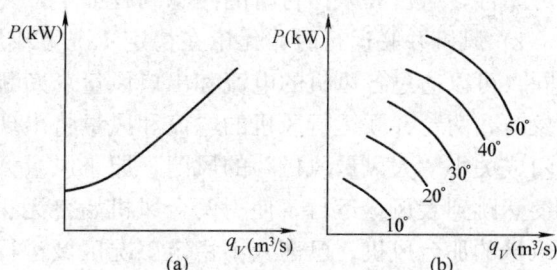

图 5 - 4　风机的功率与风量关系曲线
(a) 离心式风机的 q_V—P 曲线；(b) 带有动叶调节的
轴流式风机的 q_V—P 曲线
P—风机的轴功率；q_V—风机的流量

2. 风机的运行和调节

轴流风机采用调整动叶片安装角度的方法来改变送引风量。叶片安装角是通过电动执行器的位置来变动的。这种风机在较大的流量范围内可以保持较高的效率，然而在一定的安装角下，风机的流量越小，功耗就越大。因此原则上不应空载启动风机。在启动时应关闭动叶（安装角减小），切断风道，但出入口挡板是全开的。对于离心式风机，为了避免启动时负载过重，在风机启动之前，其出、入口挡板应是全关的。在风机启动后再开启出、入口挡板，当风机停止后要关闭这些挡板。由于风机入口挡板是接受自动调节器控制的调节挡板，在风机停止后，应将连锁强制关闭信息送入自动调节系统使挡板强制关闭。而在风机启动正常后，通常约在风机断路器合闸 30~60s 后，即可切断风机入口挡板的强制关闭信息，使挡板重新接受自动调节器的控制。

为了提高锅炉运行的灵活性和可靠性，现代大容量锅炉大多采用数台风机联合运行的方式。联合运行一般又有串联和并联两种方式，在 300MW 机组的锅炉上，风机串联运行应用较少而并联运行应用极为普遍。

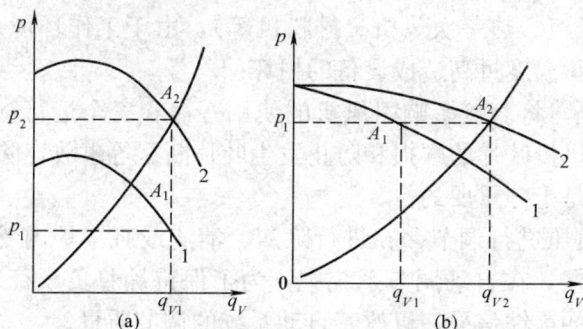

图 5 - 5　两台性能相同风机联合运行的特性曲线
(a) 串联运行方式；(b) 并联运行方式
1—单台风机的特性曲线；2—联合运行时的特性曲线
A_1—联合运行时单台风机的工作点；A_2—联合运行时系统的工作点

（1）风机的串联运行。风机串联运行时，气体依次通过两台或两台以上的风机向系统输送风量，因而可以获得较高的风压，如图 5 - 5 (a) 所示。

（2）风机的并联运行。目前 300MW 机组锅炉的主要风机如引风机、送风机、一次风机等，大多采用两台性能相同的风机并联布置的联合运行方式。风机在并联方式下运行时，出口风压相同，总流量为各风机出口流量之和，如图 5 - 5 (b) 所示。采用并联方式运行时，可以通过增、减设备运行台

数来适应较大范围流量改变的需要，既可保证每台风机运行的经济性又增加了锅炉运行的安

全可靠性，风机并联运行时的注意问题如下：

1）风机并联运行时，无论在稳定工况下或风量调节过程中均应尽量保持各风机的负荷相同（可以通过各风机的电流和出口风量来判断），以避免发生"抢风"现象。发生"抢风"现象时，两台并联运行风机的电流和风量将出现很大的偏差，此时若开大"小风量风机"的风门或关小"大风量风机"的风门，原来风量大的风机会突然跳到小风量运行，而另一台则会突然跳到大风量运行，使得两台风机始终无法并列运行。"抢风"现象是由于并联运行中小风量的那台风机，已落入不稳定工况区域运行所造成的，因而"抢风"实际上是一种故障状态，应按风机失速的有关处理方法，采取一切降低系统阻力或降低锅炉负荷的措施，尽快使风机回到稳定工况区域运行。

2）为使并联运行风机的负荷能尽量保持相同，应禁止采用单台风机投入自动，而另一台风机处于手动状态的运行方式。

3）在风机自动控制回路中应设有偏置装置，以便在并联运行的各台风机特性存在差异时，可通过改变偏置值来达到各风机出力的基本相等。

4）正常运行中，风机的电流不仅是风机负荷的标志，也是一些异常事故的预报，因此必须重点加以监视。风机的进、出口风压，不仅反应了风机的运行工况，还反应了锅炉及所属系统的漏风或受热面的积灰和结渣情况，应经常进行检查和分析。风机及其电动机的轴承温度、振动、润滑油量、润滑情况、各种形式的冷却系统、液压系统、转动部分的声音、电动机的绕组和铁芯温度等应定期进行检查，发现异常情况及时进行分析和处理。

5）并联运行的两台风机正常运行时，连通风门应保持开启位置，以便在一台风机故障跳闸转为单风机运行时，可通过连通风门仍保持锅炉运行工况正常。一般情况下，只有在一台空气预热器故障停用时，方可关闭送风机和一次风机的连通风门。

6）一次风机或排粉机的负荷，应根据制粉系统的出力即输送、干燥煤粉的需要和锅炉燃烧所需一次风量的需要进行调节，送风机则应根据锅炉总风量的需求和炉膛出口氧量的高低来调节。锅炉总风量，一般包括进入锅炉的所有一次风和二次风量，它和锅炉负荷或燃料量有关。由于燃烧工况或燃料品质的变化，往往给维持恰当的燃料与风量之比带来困难，因而送风量的调节通常还应参照炉膛出口氧量来进行。

7）对于输送高温介质的风机（如引风机、热一次风机、排粉机等），由于工作环境差，应特别注意冷却系统的工作情况，防止轴承温度过高造成设备的损坏。

8）锅炉除尘器的除尘效率及工作情况，将直接影响引风机的使用寿命和安全运行，为了尽量减少烟气中的含尘量，以减少对引风机叶片的磨损和防止发生叶片断裂等事故，除尘器的正确投停和确保除尘器的高效运行将是十分重要的。

9）正常运行时，引风机应根据炉膛负压进行调节，在进行除灰、清渣或观察炉内燃烧情况时，炉膛负压应保持比正常值更高一些，在自动调节系统中，为了保持炉膛负压稳定，一般还将送风机的调节，作为引风机调节的前馈信号，以改善自动系统的调节质量。

10）锅炉受热面发生结渣、积灰时，由于烟气通道局部堵塞，通流截面减少，将使引风机电流增大，进口负压升高，风机运行工作点向不稳定工况区域方向移动，不但影响风机运行的经济性，严重时甚至会使风机进入不稳定工况区域运行。为此，应定时对锅炉各受热面吹灰，经常保持受热面的清洁。

为了降低锅炉辅机电耗，提高机组运行的经济性，除了经常保持受热面清洁外，还应尽量减少锅炉各部分的漏风，尤其是空气预热器的漏风。预热器的漏风，不但使送风机、引风机、冷一次风机的出力同时增加，而且还将使风机的运行工作点偏离高效区，严重时甚至由于风量不足而造成机组出力的下降。

（3）风机的调节。锅炉运行中，风机的工作状况将随锅炉负荷的变化而变化，以适应不同负荷时锅炉对风量的实际要求。风机的调节，实际上就是改变风机工作点的位置，使风机输出的工作流量与锅炉实际要求风量相平衡，离心式风机和轴流式风机调节的基本方法通常有以下几种：

1）离心式风机的常用调节方式有节流调节、进口导向器调节、变速调节和复合方式调节。

节流调节是利用设置在风机进口或出口管路上的节流挡板，通过改变其开度来改变风机工作点的位置，达到调节风机风量的目的。它又分为出口节流调节和进口节流调节。节流挡板设置在风机出口管路上的调节方式，称为风机出口节流调节。在该方式下如需减少风量，则可通过关小节流挡板，增大系统阻力的方法来实现，如图 5-6 所示。当系统阻力由 0A 变成 0B 时，风机的工作点也相应从 A 点移至 B 点，从而使风机的流量由 q_{VA} 减小至 q_{VB}。采用这种方法调节时，随着风量的减少，风机出口压力（节流挡板前风压）将相应上升 Δp。这种调节方法，由于是通过改变系统阻力来实现的，因而在关小节流挡板时将使局部阻力增加，运行经济性下降；此外，对于具有驼峰状 $q_V—p$ 曲线的风机，当挡板关得过小即系统的阻力增加较多时，风机的工作点便有可能落入不稳定区域运行，如图 5-7 中的 B 点，使风机发生喘振现象。风机发生喘振时，风压及风量将发生剧烈的波动，气流发生猛烈撞击，使风机产生强烈的振动和噪声，对锅炉的燃烧工况及风机本身的安全运行都带来严重的威胁。因此，目前 300MW 机组锅炉的风机，一般不采用这种调节力式。

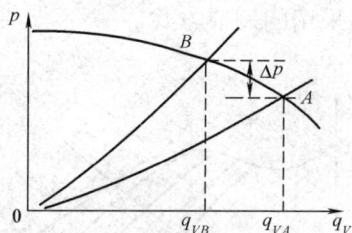

图 5-6　风机出口节流
调节示意

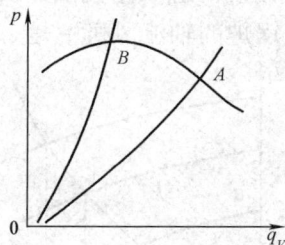

图 5-7　风机的不稳定工况

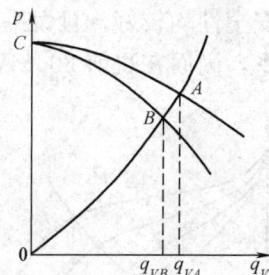

图 5-8　风机进口节流
调节示意

节流挡板设置在风机进口管路上调节方式，称为风机进口节流调节。这种调节方法是通过改变风机进口节流挡板的开度，使风机进口阻力改变，从而改变了风机进口压力和性能，使风机工作点相应移动，达到调节风量的目的，如图 5-8 所示。采用这种调节方式时，如需减少风量，则可关小节流挡板。由于风机入口阻力增大使风机进口压力下降，在风机转速不变的情况下，进口压力下降必将引起出口压力也按比例下降，造成风机的特性曲线由 CA 变为 CB。由于风机出口管路特性不变，故系统阻力特性曲线不变，当风机的特性曲线由 CA 变为 CB 时，风机的工作点便将由 A 点移至 B 点，使风机的流量由 q_{VA} 减少至 q_{VB}。采用该种方式进行减小风量的调节时，风机的风量、风压及所消耗的功率将同时下降，因而比出口节流调节方式的运行经济性要好。但节流挡板的开度与风量变化不成线性关系，调节性能较差，尤其不适宜采用自动调节，因而目前大容量的风机一般不采用这种调节方式。

进口导向器调节方式是通过改变风机入口导向器的角度，使风机叶片进口气流的切向分速度发生变化，从而使风机特性曲线得到改变，当外界系统阻力未变时，由于风机特性曲线的改变，使风机的运行工作点位置相应改变，从而达到风量调节的目的，如图 5-9 所示。尽管采用导向器会使风机效率降低，但在 70%～100% 范围内，它的经济性比节流调节要高得多，而且导向器结构简单、调节性能较好、维护方便，所以这种调节方式目前应用较广泛。

变速调节是通过改变风机叶轮的工作转速，使风机的曲线发生变化，从而达到改变风机运行的工作点和调节风量的目的，如图 5-10 所示。改变风机的转速，通常采用以下方法来实现：

①采用变频调速电动机或在异步电动机的转子回路中串联一个可变电阻，用改变电阻值的大小来改变电动的转速。

②采用液力联轴器、电磁联轴器、皮带传动或齿轮传动的方式来改变风机的转速。

③用变速小汽轮机或直流电动机驱动风机。

采用变速调节方法，由于风机没有附加阻力所产生的额外能量损失，因而是最经济的调节方法，但是采用变速调节，将增加设备的复杂性。

复合方式调节，即在一台风机同时采用两种调节方式，常见的有进口导向器调节和变速调节的组合。

2）轴流式风机的常用调节方式有动叶调节、节流调节和变速调节和进口静叶调节。

动叶调节是在风机运行中，通过改变风机叶片的角度，使风机的特性曲线发生改变，来实现改变风机运行工作点和调节风量的目的，如图 5-11 所示。这种调节方式，由于经济性和安全性均较好，且每一个叶片角度对应一条性能曲线，叶片角度的变化几乎和风量呈线性关系，因而在目前 300MW 机组锅炉的轴流风机中是一种普遍采用的调节方式。

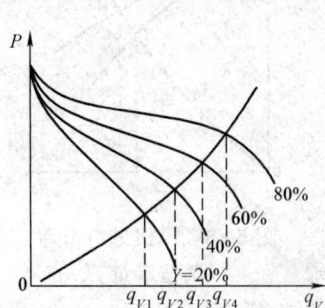

图 5-9 进口导向器调节示意　　　图 5-10 变速调节示意　　　图 5-11 动叶调节示意
　　　Y—进口导向器的开度　　　　n_1、n_2、n_3—分别为三种不同的转速

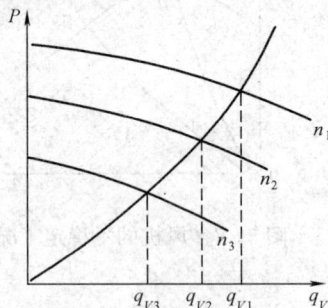

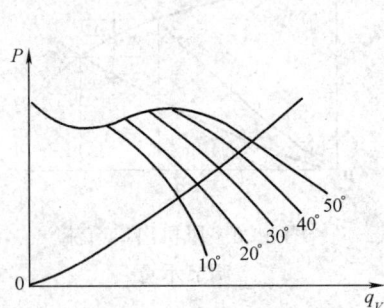

轴流式风机的节流调节原理与离心式风机的相同，也是通过改变管路阻力使风机工作点和风量得到改变的。由于轴流式风机的特性曲线均呈驼峰状，采用节流挡板调节时易使风机的工作点落入不稳定工况区域运行，因而目前电站锅炉的大容量轴流风机一般不采用这种调节方式。此外，轴流风机在高效工况区附近的效率下降较快，因此采用节流方式调节风量，是极不经济的。

轴流式风机采用变速调节和进口静叶调节时，系统阻力不变，风量随风机特性曲线的改变而改变，因此风机的工作点不易落入不稳定工况区域运行。

3. 风机的主要故障—喘振

大容量风机在运行中还应避免发生风机的喘振。喘振是流体机械及其管道中介质的周期性引入排出产生的机械振动。由于风机的 q_V—H 性能曲线存在驼峰形状，当工作点进入曲线上升段时，使工作点发生自振荡状态。此时气流有短暂的倒风现象，气压也脉动升高，而这种持续脉动式的喘振，因流量的急剧波动产生气流的撞击，使风机发生强烈振动，噪声增大，压力不断晃动。风机的容量越大，压力越高，则喘振的危害越大。为此，运行中应严格避开喘振区，以确保风机的安全可靠工作。由于风机喘振区通常发生在流量较小的区域，因此风机的程控启动应考虑这个问题。另外，风机在并联运行时，喘振区域会发生移动，工作时应确保避开此区域。

一台风机在运行中要启动另一台风机时，为了防止发生喘振，应先将运行中的风机负荷降低，即将动叶关小到一定位置，再启动另一台风机。一般甲乙侧风烟自成系统，送引风机不采用交叉运行方式。停炉时，一台风机要停止，另一台风机在运行中，则停止风机前，应先将运行中的风机动叶全部关死，再停止另一台风机的运行。启动或运行中，当喘振发生时，应发出喘振报警。若喘振时间过长，则应停机。此外，风机本身常同轴带动一台润滑油泵，供风机运行时的轴承润滑之用，同时还配有一台独立驱动的电动机辅助油泵，以保证风机启动和停止过程中的轴承润滑。风机在启动前，油系统应处在正常工作状态下，油泵备用连锁功能应可靠，信号保护系统应正常。

对于引风机通常还配有两台冷却风机，供液压系统和轴承冷却、密封用。引风机运行时，液压系统的冷却风机须经常开启，轴承冷却风机则当轴承温度高于设计值时自动投入，轴承温度降到某一低值时，自动切除。冷却风机应在引风机启动前先启动。送风机由于是在低温下运行，与引风机相比少了一台冷却风机。

4. 风机的停用

锅炉的引风机、送风机及一次风机一般均采用两台风机并联运行的方式。锅炉正常运行中，当并联运行的两台风机因故需停运一台时，应先将机组的负荷减至 50%，开启有关的连通风门并将需停用风机的负荷逐步转移至另一台风机上，待该风机的负荷已降至最低时，便可停用该风机。离心式风机停用前应先关闭进、出口隔绝风门，轴流式风机应在风机停用后再关闭进、出口隔绝风门，以使风机停用时的负载最小和防止发生因停用风机大量漏风的现象。

风机停用时应检查与之有关的各联动设备动作情况应正常，各附属设备和系统，应按有关规定进行相应的停用。

5. 风机程控

图 5 - 12 为某厂轴流式引风机启停程序控制操作流程图。

启动顺序为：程合指令→启动控制油泵、润滑油泵、冷却风机及关闭动叶→投冷却风机→投引风机→打开引风机进口门→程合结束。

停止顺序为：程分指令→停引风机电动机→关引风机动叶、引风机出口门、入口门→程分结束。

图 5 - 13 为某厂轴流式送风机的程序控制操作流程图。

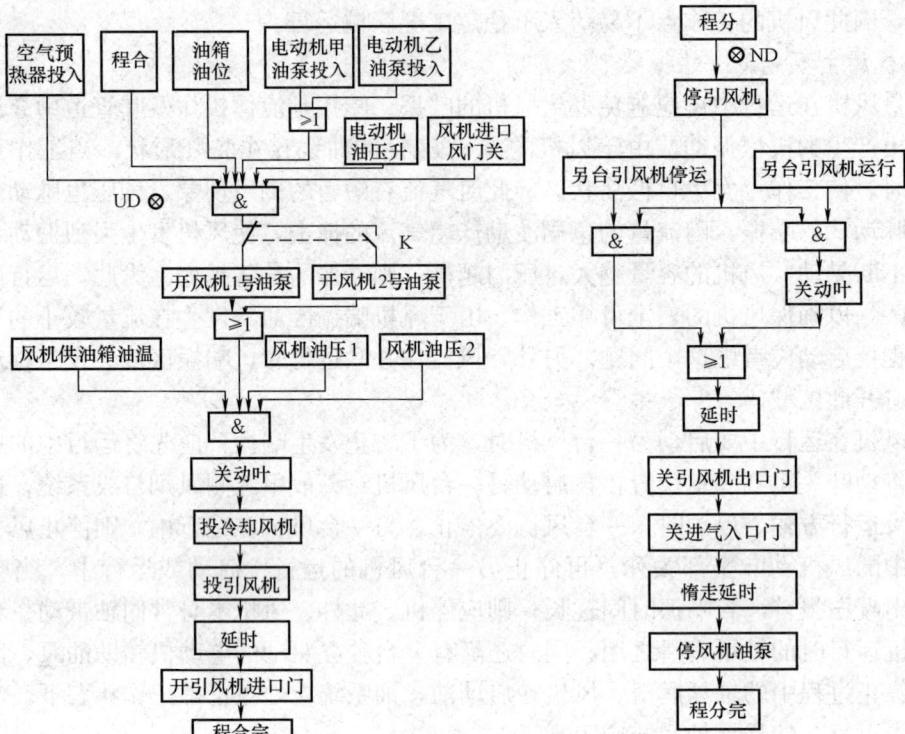

图 5-12　轴流式引风机启停程序控制流程图

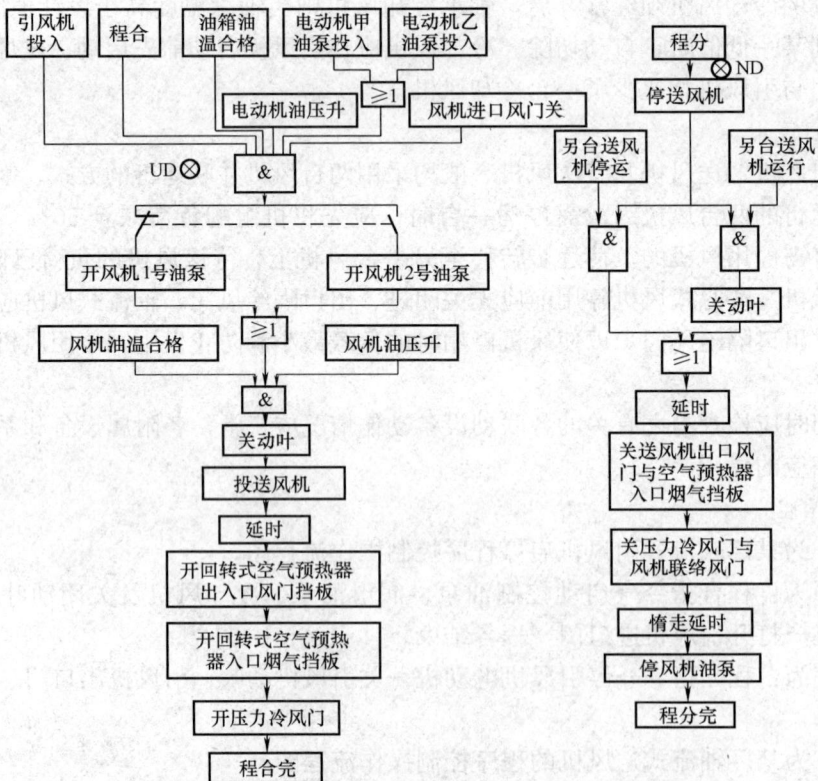

图 5-13　轴流式送风机的程序控制操作流程图

启动顺序为：程合指令→开风机油泵→关动叶→开送风机→开回转式空气预热器出、入口风门→开回转式空气预热器入口烟气挡板→开压力冷风门（供磨煤机调温）→程合完。

停止顺序为：程分指令→停送风机→关动叶→延时一关出口风门与入口烟气挡板→关压力冷风联络风门→惰走延时→停风机油泵→程分完。

流程图中 UD、ND 为程合、程分指令灯。为防止回转式空气预热器变形和维持炉膛在一定的负压，锅炉启动时，应先投回转式空气预热器，再投引风机，最后投送风机。锅炉停运时，先停送风机，后停引风机及预热器。因此，引风机的启动条件之一是回转式空气预热器投入，而送风机的启动条件之一是引风机的投入。

送风机停止后，要根据不同情况联动控制有关的挡板。当一台送风机停止而另一台送风机仍在运行时，则应切除已停运送风机侧的空气预热器（关闭空气预热器烟气侧入口挡板和空气侧出口挡板），关闭已停送风机的出口低温风联络挡板和送风机入口挡板。当两台送风机均停止时，则应投入两侧空气预热器。这时本侧空气预热器已在投入状态，不再进行任何控制。而另一侧空气预热器，由于该侧送风机停止时已被切除，此时应重新投入，并将送风机入口挡板全开，以利用自然通风将炉膛内可燃气体排走。一般在送风机停止且入口挡板全开 5min 后，即可认为炉膛内可燃气体已全部排出，这时应再将送风机入口挡板强制全关，以防止炉膛温度降低过快。

此外送、引风机的联动控制系统还包括：空气预热器的交流电动机和直流电动机、引风机的辅助油泵、引风机电动机、引风机入口挡板（调节）、引风机出口挡板、送风机电动机、送风机入口挡板（调节）、空气预热器烟气侧入口挡板、空气预热器空气侧出口挡板、送风机出口低温风联络挡板等。图 5-14～图 5-16 为常用的联动控制框图（送、引风机均为离心式）。

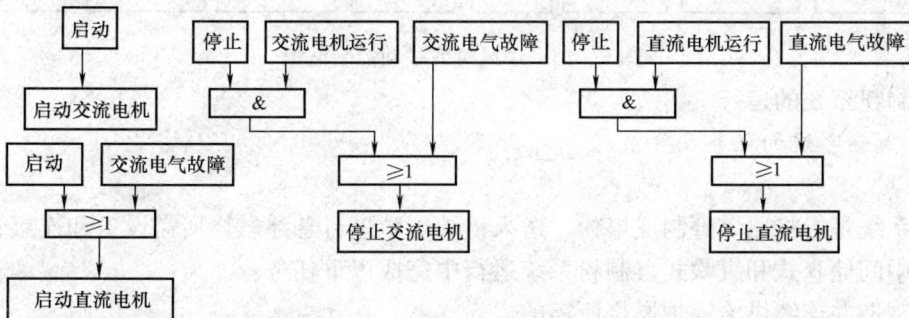

图 5-14 回转式空气预热器联动控制框图

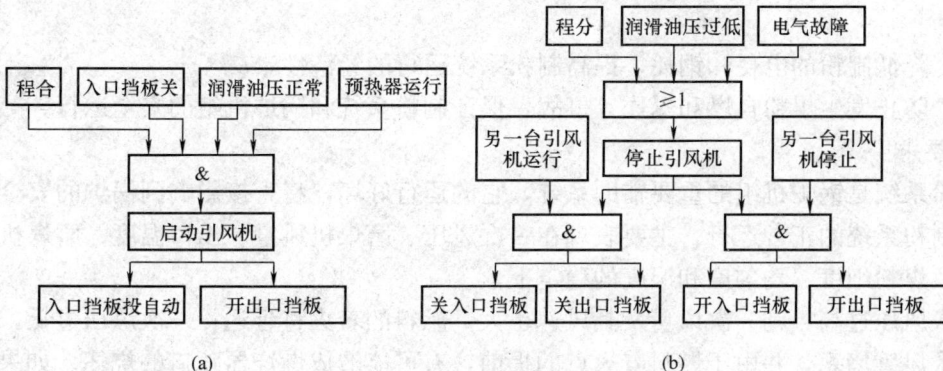

(a) (b)

图 5-15 引风机的联动控制框图

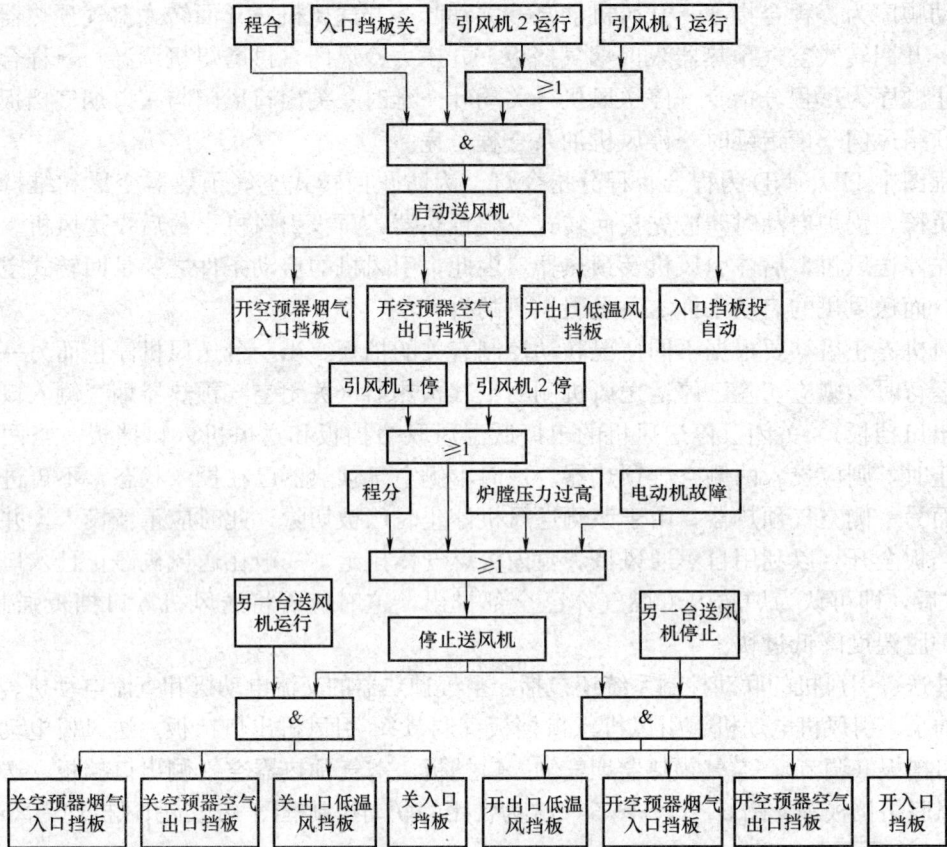

图 5 - 16　送风机的联动控制框图

二、制粉系统的运行

（一）制粉系统的任务及要求

1. 任务

制粉系统是指将原煤磨制成煤粉，送入锅炉炉膛进行悬浮燃烧所需设备和连接管道的组合，分为中间储仓式和直吹式。制粉系统运行中完成以下任务：

（1）制造并连续供给锅炉燃烧所需的煤粉。

（2）在煤质发生变化等情况下，仍能保证供给质量合格的煤粉，以满足锅炉燃烧的需要。

（3）降低制粉的电耗和钢耗，提高制粉系统运行的经济性。

（4）防止发生煤粉自燃和爆炸等事故，保证制粉系统和锅炉机组的安全运行。

2. 要求

制粉系统是锅炉机组的重要辅助系统，它的运行好坏，将直接影响到锅炉的安全性和经济性。制粉系统的正常运行，主要表现在一次风压、磨煤机风量、出口温度、磨煤机进出口压差以及煤粉细度、均匀度和湿度的稳定上。

一次风压过高，则一次风量及其风速也大，燃料的着火将延迟；一次风压过低，则容易造成一次风管堵塞，并由于燃料着火点的提前，有可能造成燃烧器喷口的烧坏。如果一次风压忽高忽低，必将造成锅炉燃烧的不稳定，严重的甚至引起锅炉的熄火。

磨煤机出口温度过高，容易发生煤粉爆炸；出口温度过低，又易引起磨煤机和一次风管堵塞，并将由此而影响到制粉系统的出力。

防止煤粉的自燃和爆炸是制粉系统运行中一个十分重要的问题。对于高挥发分的煤，特别要注意防止煤粉发生自燃和爆炸，因此必须严格控制磨煤机的出口温度，且不能使煤粉磨得过细。有时还将部分炉烟掺入制粉系统的干燥介质中去，以降低干燥介质中氧气的浓度，从而减少煤粉爆炸的可能性。

（二）直吹式制粉系统的运行与调整

1. 直吹式制粉系统的启动

直吹式制粉系统，按运行时系统内工作压力的不同，可分为正压系统和负压系统两种。正压制粉系统，按一次风机所处位置的不同，又可分为热一次风机和冷一次风机等形式。

在直吹式制粉系统中，制粉系统的出力就是进入炉膛的燃煤量，也就是说制粉量是随着锅炉负荷的变化而变化的。在这样的系统中若采用筒形球磨机，当锅炉低负荷运行时，制粉系统的经济性将会很差，因此在直吹式制粉系统中，一般都选用中速磨煤机或高速磨煤机（如风扇磨等），只有对带基本负荷的锅炉，才考虑采用配筒型球磨机的直吹式制粉系统。中速磨一般有 E 型、MBF 型、HP 型、MPS（ZGM）型等多种形式。各种磨煤机有各自不同的特点。

制粉系统的投运必须满足一定的条件，现代锅炉将这些条件做入逻辑程序控制中，须待所有条件均满足后方能启动制粉系统。

（1）启动前的检查。制粉系统启动之前，必须对所属设备和系统进行全面认真的检查，检查内容包括：给煤管道、落煤管道、煤粉管道、冷热风管道、密封风管道等设备完整，系统所属各人孔门、检查门均已关闭；给煤机本体、煤量称重装置、磨煤机本体、分离器等设备完整，齿轮箱油位正常，磨煤机盘车装置已脱开；制粉系统所属的煤闸门，风门等已校验正常，位置符合启动前要求；磨煤机所属的密封风系统、润滑油系统、液压油系统经试转正常已置启动前位置；冷却水系统已投入运行，消防蒸汽系统已处于热备用状态；磨煤机出口分离器的折向门和各密封风门的开度已按需要调整好；磨煤机落渣箱已清理干净。落渣门开启，出渣门关闭；原煤仓中储煤量充足；制粉系统所属的连锁、保护，经校验正常已置启动前状态，各仪表及报警装置已投入运行；对于碾磨件为非接触式的磨煤机（如 HP 磨等），还应检查磨辊与衬瓦的间隙应符合要求。

（2）直吹式制粉系统的启动程序。中速磨煤机的直吹式制粉系统，启动程序一般为：①启动润滑油系统；②启动密封风机，建立所需的密封风压；③开启磨煤机进、出口门，及冷、热风隔绝门，调整热风调节门开度，使磨煤机风量满足需要，对磨煤机进行暖磨（对于碾磨件为非接触式的磨煤机，暖磨操作一般在磨煤机启动后进行）；④投入该层煤粉燃烧器的引燃油枪；⑤对于碾磨件为接触式的磨煤机（如 MPS 磨等），为了防止空磨启动损坏设备，启动前应先进行适量加煤；⑥确认磨煤机润滑条件已满足、密封风与磨煤机进口风压之差符合规定要求、磨煤机风量正常、磨煤机出口温度符合启动要求、相应层的引燃油枪着火正常、不存在磨煤机跳闸或停止的条件，启动磨煤机；⑦启动给煤机（当磨煤机在停用过程中，未按正常停磨要求进行吹扫时，磨煤机启动后应先吹次扫 30s，然后再启动给煤机）；⑧调整磨煤机出力和出口温度使之符合要求；⑨将磨煤机风量、风温、煤量等投入自动运行。

2. 直吹式制粉系统的运行与调整

（1）直吹式制粉系统的运行监视。

直吹式制粉系统运行时，应经常监视磨煤机电流、火焰信号、风量、出口风压、出口温度、进出口压差和给煤量等参数，通过运行分析及时发现问题，及时进行调整，确保制粉系统的正常运行。

制粉系统运行时，应定期对各转动设备的声音、振动、轴承温度以及磨煤机润滑油系统的运行情况，如：油温、油压、油位、油质及滤油器、冷油器的工作情况等进行全面的检查；还应对系统的漏煤、漏风、漏粉及给煤机的运行情况进行检查，发现设备缺陷及异常情况应及时分析处理并联系检修进行消除。

（2）直吹式制粉系统常见异常工况运行分析。

1）给煤量减少或中断。当发生原煤仓走空、走洞、搭桥、落煤管（从原煤仓到给煤机之间的管段）或给煤管（从给煤机到磨煤机之间的管段）发生走空、堵煤、给煤机出现故障等情况时，都将造成磨煤机给煤量减少甚至中断。此时磨煤机电流及进出口风压差将下降，磨煤机风量和出口风温自动运行时热风门将自动关小，冷风门将自动开大；如手动运行时则将使磨煤机出口温度和风量均升高。对于碾磨件为接触式的磨煤机，当煤量低于允许值或给煤量中断时磨煤机还将发出金属摩擦声和出现剧烈的振动。具有断煤跳闸保护的磨煤机，发生断煤并延迟一定时间后将使磨煤机跳闸。

2）磨煤机阻塞。当磨煤机风量过小，给煤量过大或磨煤机制粉能力下降时，将使磨煤机内部煤粉变粗或输送单位质量煤粉的动能减少而导致煤粉在磨煤机内堆积造成阻塞。发生磨煤机阻塞时，磨煤机出口温度、一次风量、出口风压均将下降，进出口风压差将增大。该制粉系统所属的一层煤粉燃烧器火焰不稳，严重时层熄火保护动作，使该磨煤机跳闸。

3）煤粉管阻塞。当燃烧器喷口结焦、磨煤机风量过小或出口温度过低、磨煤机出口各煤粉管内煤粉浓度分配不均匀时，将易使某些风粉混合物流速过低的煤粉管发生阻塞。发生煤粉管阻塞时的最显著特点是磨煤机出口风压升高和阻塞煤粉管的温度及磨煤机进出口风压差明显下降。火焰检测装置测不到火或火焰的亮度差，实地观察燃烧器喷口处无煤粉喷出或仅有很少的煤粉喷出，锅炉两侧的汽温差和烟温差将增大。

（3）直吹式制粉系统的运行调整。

1）直吹式制粉系统出力调整的方式。直吹式制粉系统出力的调整是根据锅炉负荷的需要调整给煤量，并根据给煤量的变化，相应调整磨煤机冷、热风调节门的开度，使磨煤机的风量及出口温度与制粉系统的出力相适应。

2）影响直吹式制粉系统出力的因素。制粉系统出力包括磨煤出力、干燥出力和通风出力。运行中要维持制粉系统的较大出力，必须合理地进行调整，使磨煤出力、干燥出力和通风出力三者在最佳工况下互相平衡。

①磨煤出力。磨煤出力是指磨煤机本身的碾磨装置对煤的碾磨能力。对 ZGM 型磨煤机而言，碾磨能力主要取决于碾磨部件的结构尺寸（即磨煤机的规格）、工作转速、碾磨力（加载力）、煤的碾磨性能、所要求的煤粉细度以及碾磨部件的磨损程度等。

碾磨力的大小，对磨煤机的工作有很大的影响，随着碾磨力的增大，将使磨煤机的制粉能力增大，然而碾磨力过大时，将使磨辊上的辊胎及磨盘上的衬瓦磨损加剧，同时单位制粉量的电量消耗也将增大。当碾磨部件（主要是磨辊的辊胎）磨损后，如不及时进行加载，则碾磨力便将相应降低，使磨煤机出力下降。此外，碾磨部件发生磨损后，还将使碾磨部件工作面的型线产生不规则的变化，以致影响碾磨效果，使磨煤机的制粉能力下降。

②干燥出力。干燥出力是指干燥剂（热空气或热烟气）对煤的干燥能力，制粉系统的干燥出力在给煤量一定时，取决于干燥剂的温度、通流量和原煤的水分。

③通风出力。进入磨煤机的热风，除用作干燥煤粉外，还将起到输送煤粉的作用。通风出力，就是指气流对煤粉的携带能力，它与制粉通风量有直接的关系。合理的制粉通风量，不仅取决于给煤量、煤的碾磨特性和所要求的煤粉的细度，而且还与原煤的水分含量以及煤粉的干燥程度等因素有关。在其他条件不变时，制粉通风量增大，则从分离器分离出来回到磨内继续磨制的循环粗粉量将减少，因而磨煤机出力升高，带出去的煤粉相应变粗。反之，制粉通风量减小，则磨煤机出力将降低，煤粉相应变细。当制粉通风量过小时，则有可能使合格的煤粉无法全部携出磨煤机而使磨煤机出力不足及单位制粉量电耗增加，严重时甚至造成磨煤机的堵塞。

3）直吹式制粉系统煤粉细度的调节。煤粉细度和煤粉均匀性指数是衡量煤粉质量的重要指标，它主要与煤种、制粉系统的通风量、磨煤机和分离器的运行工况及结构特性等因素有关。煤粉细度的选取，对制粉系统的出力和制粉电耗均将产生直接的影响，因此运行中应根据煤种和燃烧工况的需要，合理地进行细度调节，尽量保持经济细度运行。

直吹式制粉系统煤粉细度的调节，通常是通过改变分离器内煤粉的离心力或制粉系统的通风量来实现的。

磨煤机上部的粗粉分离器，应用最广的是离心式分离器。离心式分离器一般又有固定式和旋转式两种形式。固定式离心分离器的调节，通常是通过改变安装在磨煤机上部的可调切向叶片角度（即折向挡板开度）来改变风粉气流的流动速度和旋转半径，从而达到改变煤粉的离心力和粗细粉分离效果的目的。在这种形式的分离器中，在一定调节范围内，煤粉细度将随折向挡板开度的增大而变粗。对于旋转式分离器的调节，主要是通过改变分离器的转速来实现的。当通风量一定时，转速越高，煤粉的离心力就越大，则煤粉相应越细。

改变制粉系统的通风量，对煤粉细度的影响也是非常明显的。当通风量增加时，将使煤粉变粗，通风量减小时，煤粉相应变细。但制粉系统通风量的改变也即一次风量的改变，因而在采用该方式调节煤粉细度时，还应充分考虑一次风量变化所带来的影响。

4）直吹式制粉系统的风量调节。对于直吹式制粉系统的风量调节，既要考虑对燃烧工况的影响，还要综合考虑制粉系统的出力、干燥能力、煤粉细度等多种因素的影响。如石子煤中有较多的细粉或由于原煤中水分高使磨煤机出口温度降低时，均应适当增大制粉系统风量，以增加系统的通风能力和干燥能力。

直吹式制粉系统的通风量实际上也就是磨煤机的一次风量，它的调节是通过改变磨煤机冷、热风调节门的开度来实现的。在调节磨煤机风量时，应注意冷、热风的比例应恰当，以便在满足风量调节的同时使磨煤机出口温度符合要求。一次风机自动运行时，则按一次风与出力最高的磨煤机煤量的对应函数关系，维持一次风母管压力正常。

5）制粉系统出力的调节。正常运行中，直吹式制粉系统的出力应根据锅炉负荷的需要来进行调节。直吹式制粉系统的出力，通常是通过调节给煤量和风量来实现的。当系统的磨煤出力、干燥出力或通风出力任一条件受到限制时，均应降低该制粉系统的出力，尽快恢复系统的正常运行，以确保制粉系统运行的安全性。

当燃煤的水分过高时，由于干燥剂温度受到预热器加热能力的限制无法升高，此时磨煤机的出力往往会因干燥出力不足而受到限制。有时在冷风调节门关闭，热风调节门开足的情况下磨煤机出口温度仍不能维持正常值时，只能减少给煤量，采取降低制粉系统出力的办法来满足干燥出力的要求。

当磨煤机的碾磨部件由于磨损严重，造成磨煤出力下降，则应适当增加通风量；当锅炉燃烧工况不允许增加一次风量时，则应降低制粉系统出力运行。

6）磨煤机出口温度的调节。对于磨煤机出口温度，不同类型的制粉系统和煤种有不同的允许值。磨煤机出口温度主要靠调节一次风的冷、热风比例来达到。当需要降低磨煤机出口温度时，则关小热风门、开大冷风门，在维持风量不变的情况下将磨煤机出口温度降至需要值。在自动调节系统中，可用冷风门来控制磨煤机出口温度，并通过调节热风门来维持磨煤机所需的风量；也可用热风门来控制磨煤机出口温度，冷风门来控制磨煤机的风量。

7）磨煤机润滑油系统的参数调节。磨煤机润滑油系统的运行将直接影响磨煤机的正常运行，因此磨煤机运行中应经常检查油压是否正常，如发现压力波动、升高或降低，都表明油泵或系统存在异常情况，应迅速查明原因，并排除故障。当滤油器压差大于规定值时，应及时切换至备用滤油器运行，并将其清洗后再作备用。

磨煤机运行时，润滑油的温度应控制在规定的范围内，因为润滑油温度与润滑油压之间有密切的关系，当油温升高时，通常油压将相应下降。因此，当发现润滑油温度超过规定值时，应及时采取降温措施，防止因润滑油压过低，造成磨煤机低油压保护动作而跳闸。

3. 直吹式制粉系统的停运

直吹式制粉系统的停运，除因锅炉保护、连锁动作跳闸或制粉系统故障跳闸外，一般按是否具备通风吹扫条件，可分为快速停运和正常停运两种方式。

当磨煤机进口一次风量过小或密封风与磨煤机进口一次风压差过低情况下停用制粉系统时，应采用快速停运方式，禁止对系统进行降温和通风吹扫；除上述情况外，制粉系统均应按正常方式先进行降温，并经通风吹扫后方可停用该系统。这是因为一次风量过小时，易造成煤粉管积粉或阻塞；而密封风压差过低时如对磨煤机进行通风吹扫，不但会造成磨煤机内风粉混合物从磨煤机的轴封处向外喷出并吹入给煤机内造成积粉，而且还将使煤粉进入磨辊轴承内，造成设备的损坏。

（1）直吹式制粉系统的快速停运程序。

当磨煤机进口一次风量过小或密封风压差过低时，磨煤机跳闸保护将动作，使磨煤机跳闸并联动给煤机、刮煤机跳闸。如保护不动作，应立即手动将其停用。

1）检查煤量、风量、出口温度均退出自动状态，关闭该层制粉系统燃料风门。

2）立即关闭该磨煤机的进、出口门和热风调节门、热风隔绝门。

3）开启该磨煤机的消防蒸汽灭火门向磨煤机内充入蒸汽，以防内部积粉自燃或发生爆炸等异常情况。

4）消防蒸汽灭火门开启 10min 后如磨煤机出口温度无异常变化时，即可关闭该消防蒸汽灭火门。

5）对落渣箱进行一次清理。

6）消防蒸汽灭火门关闭 1h 后可停用该磨煤机的密封风机。

7）磨煤机停用后如不再维持备用状态，当冷油器出口油温已降至规定值时，可停用该磨煤机的润滑油系统。

（2）直吹式制粉系统的正常停运程序。

1）投入该层煤粉燃烧器的引燃油枪（相邻层重油枪）。

2）逐步将给煤机的给煤量（给煤机转速）降至允许的最低值。

3）开大冷风调节门、关小热风调节门维持磨煤机风量，直至热风调节门关闭，再关闭热风隔绝门。对磨煤机进行通风冷却。

4）待磨煤机出口温度降至规定值后停用给煤机并联跳刮煤机。

5）给煤机停用后，继续维持一定的风量对磨煤机及煤粉管道进行通风吹扫 30s，然后停用磨煤机。

6）检查该磨煤机的煤量、风量、出口温度均退出自动控制，关闭该层制粉系统所属的燃料风门。

7）继续对该制粉系统进行通风吹扫和冷却，当磨煤机出口温度降至 70℃ 以下并稳定 10min 后，关闭磨煤机的进、出口门（磨煤机停止通风冷却后，如发生出口温度上升时应立即开启消防蒸汽灭火门向磨煤机充入蒸汽）。

8）根据机组负荷和燃烧情况可停用该层燃烧器的相邻层重油枪。

9）对落渣箱进行一次清理。

10）制粉系统通风结束 1h 后可停用密封风机。

11）磨煤机停用后如不再维持备用状态，当冷油器出口油温已降至规定值时可停用磨煤机的润滑油系统。

（三）中间储仓式制粉系统的运行与调整

1. 中间储仓式制粉系统的启动

（1）启动前的检查。制粉系统启动前，应按运行规程要求，对下列设备进行全面检查：给煤机及其电动机、磨煤机及其电动机、变速箱、润滑油站、排粉机及其电动机、粉仓、给煤机，以及制粉系统各风门、挡板、管道等。保证磨煤机内应有足够的钢球、磨煤机和排粉机内无着火自燃现象、管道及各部件内无积粉和自燃现象、润滑油系统正常等。

（2）冷炉点火时磨煤机的启动。按上述要求对设备进行全面检查且符合启动条件后，方可启动制粉系统，冷炉制粉时，空气预热器出口风温应达到 150℃ 以上。

首先投入磨煤机润滑油系统：启动一台润滑油泵，将备用润滑油泵置连锁位置，检查油循环正常，供油压力大于 0.2MPa，冷却水畅通。其次，全开磨煤机入口风门，关闭磨煤机入口自然冷风门，开启各一次风门。启动排粉机，待电流恢复正常后，调整排粉机入口乏气门（乏气送粉）及磨煤机入口热风门和压力冷风门，保持磨煤机入口风压在 −400～ −200Pa 范围内，保持排粉机入口风压 −7000Pa 左右，进行暖磨。当磨煤机出口温度升至 50℃ 时，启动磨煤机转动暖磨（如磨内无煤，则可启动给煤机给煤 3～5t），转动暖磨期间，应保持磨煤机出口温度不大于煤质所允许的温度，暖磨时间可视具体情况而定。

暖磨完毕，磨煤机出口温度达 60℃ 时。启动给煤机进行制粉，并根据给煤量，调整磨煤机入口热风门和压力冷风门的开度，维持磨煤机入口风压为 −400～ −200Pa，磨煤机出、入口压差 1200～2000Pa，控制磨煤机出口温度略低于煤质所允许的温度。此外，还应将煤粉仓及输粉机（或称绞笼）的吸潮管打开，保持煤粉仓内有轻微的负压，以便将粉仓内的潮气吸出。

（3）乏气送粉制粉系统的"倒风"操作。在乏气送粉的制粉系统中，不论磨煤机运行与否，当排粉机需要运行，以便向炉内输粉燃烧时，即需要进行"倒风"操作。当煤粉仓内粉位高，需停用磨煤机或磨煤机因故跳闸停运时，可通过"倒风"，切断磨煤机风源，而排粉机入口直接吸收温风，向一次风管内输粉。排粉机运行中，如需启动相连的磨煤机时，应将热风倒入磨煤机内作干燥介质，同时切除排粉机入口温风，将制粉乏气作为一次风输粉。"倒风"操作在乏气制粉的制粉系统运行中是很重要的。如果操作不当，会引起燃烧恶化，甚至造成锅炉熄火或放炮。因此，在"倒风"时，一定要谨慎操作。"倒风"操作的具体方法为：

1）启动磨煤机将排粉机风源由近路温风倒向制粉乏气的操作方法和步骤：①开启磨煤机入口总风门，关闭自然冷风门，微开入口热风门、压力冷风门；②稍开排粉机入口乏气门，同时稍关排粉机入口热风门和压力冷风门；③逐渐开大磨煤机入口热风门、压力冷风门和排粉机入口乏气门，同时逐渐关小排粉机入口热风门和压力冷风门，直至关闭，在整个操作过程中，应保持磨煤机出口温度不超过70℃，排粉机出口风压不变；④关闭排粉机入口近路风总门。

2）磨煤机停运，将排粉机风源由制粉乏气倒向近路温风的操作方法和步骤：①开启排粉机入口近路风总门；②逐渐开启排粉机入口热风门和压力冷风门，同时逐渐关闭磨煤机入口热风门、压力冷风门和排粉机入口乏气门；③调整排粉机入口热风门和压力冷风门的开度，维持排粉机出口温度不超过100℃，保持排粉机出口风压不变；④关闭磨煤机入口总风门，开启自然冷风门；⑤关闭制粉系统各吸潮阀。

2. 中间储仓式制粉系统的运行与调整

对低速筒式磨煤机中间储仓式制粉系统，运行中应注意监视和调整以下各项参数。

（1）磨煤机进、出口压差。磨煤机进、出口压差是反映磨煤机出力大小和磨煤机运行工况的一个主要指标。运行中通常根据磨煤机进出口压差的大小来控制给煤机的给煤量，以保证磨煤机内的最佳载煤量不同的磨煤机对压差有不同的要求，通过试验可确定其最佳数值。DG1000/170-Ⅰ型锅炉配套的磨煤机为DTM350/700型磨煤机，运行中控制磨煤机进出口压差的范围为1200～2000Pa，压差小说明煤量少，应加大给煤量，反之压差大，则应减小给煤量。

（2）磨煤机入口负压。磨煤机入口负压的大小，一方面反映了系统的出力情况，另一方面也可反映系统是否有漏风，磨煤机是否存在堵塞现象等。正常运行中，如总风量不变，而磨煤机入口负压出现降低，则说明磨煤机内煤量可能太多，系统某处可能有较大漏风或磨煤机有堵塞现象。因此，运行中，应严格监视磨煤机入口负压的变化，以便及时查找原因，及时进行调整。DTM350/700磨煤机运行时入口风压的控制范围为-400～-200Pa。

（3）磨煤机出口温度。磨煤机出口温度反映了磨煤机的干燥出力和煤粉含水量的大小。严格控制磨煤机出口温度，对防止制粉系统的自燃和爆炸是十分重要的。对不同形式的磨煤机，在磨制不同的煤种时，磨煤机出口温度的控制值，在法规中均有明确的规定。对于中间储仓式制粉系统，在磨制烟煤用乏气送粉时，法规规定磨煤机出口温度应不大于90℃。

（4）排粉机进口负压。磨煤机正常运行时，排粉机入口负压，标志着系统阻力的大小。有时它的变化还反映系统漏风或设备损坏等情况的发生。排粉机入口负压是不可调参数，正常运行中，应使之保持稳定。

（5）排粉机出口温度。磨煤机运行时，排粉机出口温度将随磨煤机出口温度的变化而变化，由于通常对磨煤机出口温度的控制有严格的规定，所以，运行中排粉机的出口温度一般变化不大。当磨煤机停运时，排粉机的进口及出口温度可通过调节排粉机入口热风门和压力冷风门来实现。

（6）煤粉细度。煤粉细度与分离器的运行特性、运行状态及磨煤机的通风量等因素有密切的关系。不同煤种的煤粉最佳细度要经过试验得出。最佳细度试验的目的，就是为了找出磨制该煤种时粗粉分离器折向挡板的最佳开度和最合理的制粉通风量。运行中应根据试验数据、煤质情况和锅炉燃烧工况，随时调整粗粉分离器的挡板开度和制粉通风量，使煤粉细度能满足锅炉运行的要求。

（7）排粉机出口风压。锅炉运行中维持排粉机出口风压正常，是保证送粉管道及煤粉燃烧器正常工作的必要条件。当排粉机出口风压降低时，送粉管道内风粉混合物的流速就相应降低，一方面易引起管内积粉，给一次风管堵塞或积粉自燃带来威胁；另一方面，由于煤粉气流着火提前还将引起燃烧器喷口烧红等异常情况。若排粉机出口风压过高，送粉管内风粉混合物的流速过大时，煤粉在炉内的着火将推迟，不但将使化学不完全燃烧损失 q_3 与机械不完全燃烧损失 q_4 增加，而且在燃用低挥发分的煤种时，还将直接影响锅炉燃烧的稳定性。

3. 中间储仓式制粉系统的停运

中间储仓式制粉系统停运前，首先应逐渐减少给煤量，直至减至零，然后停用给煤机。在减煤的同时应缓慢关小磨煤机入口热风门，开大磨煤机入口压力冷风门，保证排粉机出口风压不变，逐渐将磨煤机出口温度降至 60℃，对磨煤机进行降温抽粉。当粗粉分离器回粉管锁气器已不动作，磨煤机进出口压差小于 1000Pa，且系统内确无存煤时，停用磨煤机。

用乏气送粉的制粉系统，若锅炉仍需送粉时，则应进行"倒风"操作，如不需送粉时则可停用排粉机，停用排粉机前，司炉应先逐渐停用该排粉机对应的给粉机，并对一次风管进行吹扫 5～10min，一次风管吹扫结束后缓慢关闭磨煤机入口热风门和压力冷风门，然后停止排粉机的运行。制粉系统转动设备停运后，应关闭磨煤机入口总风门，开启自然冷风门。

（四）制粉系统的程控

1. 中间储仓式钢球磨煤机制粉系统的启停程序控制

筒式钢球磨煤机一般用于中间储仓式制粉系统，在运行中必须保持三项运行参数在一定的范围之内，即磨煤机入口负压（正压运行不利于磨煤机轴承的工作）、磨煤机进出口压差（控制磨煤机内的存煤量）、磨煤机出口风粉混合温度（防爆要求，挥发分越高的煤，这个温度限制就越低，通常烟煤大于 100～130℃）。通常为了保持这些参数符合规定要求，应通过自动调节系统进行调节。图 5-17 中热风来自空气预热器出口，压力冷风来自送风机出口，两者的电动调节阀均由磨煤机出口温度调节系统进行自动控制，而冷风门和热风总门为电动阀，与磨煤机一起进行程序控制。

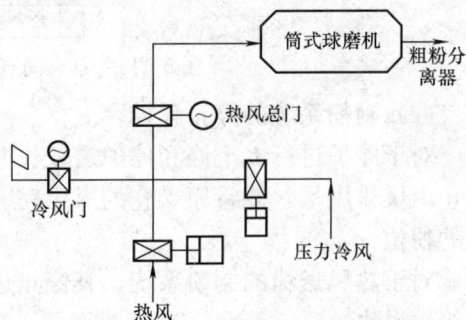

（1）制粉系统的启动程控。制粉系统的启动过程分为：启动准备、暖磨、制粉三个阶段。

1）启动准备阶段。使制粉系统具备启动的条件。

图 5-17　筒式钢球磨煤机的风门系统图

2）暖磨阶段。由于筒式钢球磨煤机壳体庞大，筒壁较厚，为了减少磨煤机筒体的热应力，在冷态启动时需要暖磨。当磨煤机出口温度达到 60～65℃时，可启动磨煤机，待磨煤机壳体温度均匀后，结束暖磨。

3）制粉阶段。启动给煤机，同时开启一次风门，调整给煤量和通风量，调节磨煤机入口热风门、压力冷风门的开度，使磨煤机入口负压、出入口差压及磨煤机出口温度维持在正常运行要求范围内。若系统通风量不足，可调节再循环风门，以增加通风量。随着给煤量的增加，逐步加大磨煤机进口的热风、冷风调节门及再循环风门，以增大系统的通风量（即增加出力）。制粉系统的启动程序控制操作流程如图 5 - 18 所示。

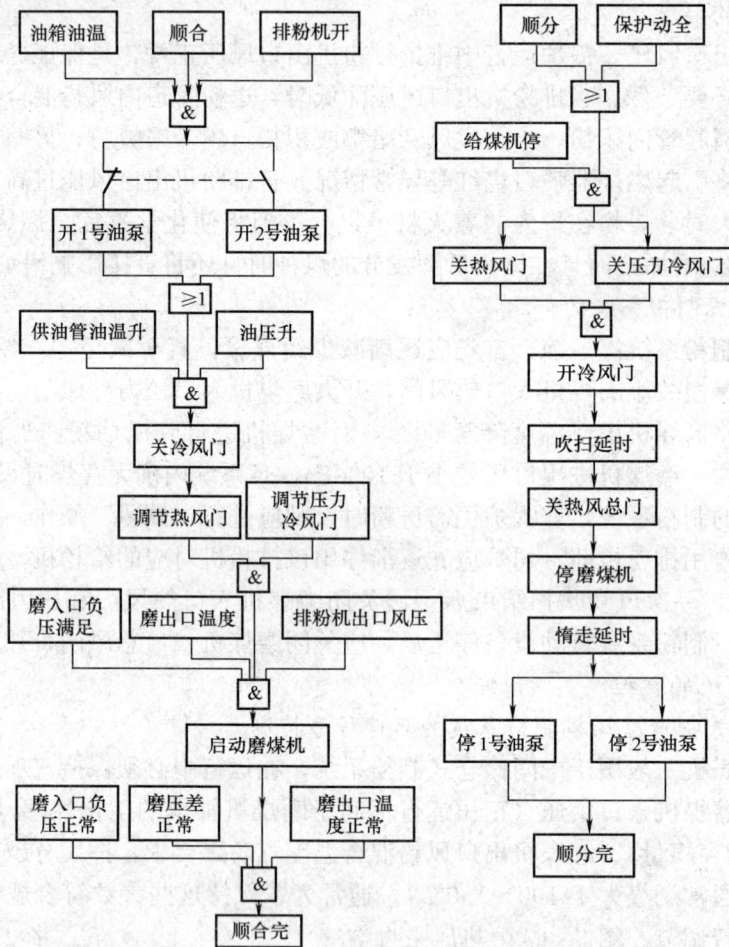

图 5 - 18　具有筒式钢球磨煤机启停程控操作流程图

（2）制粉系统的停止程控。

对于停炉进行大小修和停炉需较长时间备用的锅炉，在停止制粉系统之前，一般应将煤粉仓内煤粉用尽，并将原煤仓的煤用完。对于短期停运的锅炉，可将煤粉仓内的粉位降到规定的粉位。

对于热风送粉的制粉系统，其停止过程包括减负荷减温、停给煤机、吹扫延时、停磨煤机等项操作。

1）逐步减少磨煤机的给煤量，以降低系统的出力。由于进入磨煤机的煤量的减少，会引起磨煤机出口温度的逐步升高，因此在减少给煤量的同时要逐步关小磨煤机进口的热风调节门，适当调整再循环风门和压力冷风门，降低磨煤机进口的干燥剂温度及系统的通风量。在调节过程中，应控制磨煤机出口温度始终保持在规定范围之内。

2）给煤机停止运行后，磨煤机还应继续运行，以便把磨煤机内的存煤磨完。磨煤机内的煤粉抽尽后，还需要继续通风一定时间，进行吹扫（一般持续 1~10min）。一方面把系统中的煤粉抽尽，以防积粉自燃或爆炸；另一方面还可以降低系统的温度。当磨煤机进出口压差下降到某一值（一般为 500~1000Pa），且粗粉分离器回粉管内无回粉时（回粉管锁气器不动），则表明磨煤机及系统内存粉已基本抽尽，可以停止磨煤机。

3）磨煤机停转后，润滑油泵需继续运行 10min 左右，以保证磨煤机、减速箱等轴承的冷却。当各轴承完全冷却后，才可停运润滑油泵。如果磨煤机停运后作备用，润滑油泵应继续运行，而且对停运的磨煤机还应定时启动，进行短时间的空转，以保持各部温度均匀。

4）当排粉机入口温度低于 60℃时，可关闭抽风门，停止排粉机。之后关闭磨煤机进口总门，同时还应开启三次风喷嘴冷却风对喷嘴进行冷却。

制粉系统的停止程控操作流程如图 5-18 所示。

制粉系统在启停的过程中，磨煤机出口温度不易控制，容易因超温而发生煤粉爆炸事故。另外在停运过程中，若系统中的煤粉没有抽尽，煤粉会发生缓慢氧化，在下次启动通风时就会疏松和扬起阴燃的煤粉，引起制粉系统的爆炸。因此，制粉系统的启停操作，必须特别注意防止煤粉爆炸。启动前必须全面检查，确保系统内无积粉和无阴燃现象。启动中，当磨煤机出口温度达到一定值时，立即启动给煤机向磨煤机给煤；在停运过程中，给煤量逐渐减少，并严格控制磨煤机出口温度，防止磨煤机出口温度超过规定值。

2. 直吹式中速磨煤机制粉系统的启停程序控制

这里以配备 ZGM95 型磨煤机的直吹式制粉系统为实例，介绍中速磨直吹式制粉系统的启动程序。

(1) ZGM95 型磨煤机直吹式制粉系统的手动启动。

1）确认锅炉已符合投煤粉的条件。一次风机已投运正常，并具备磨煤机运行所需要的风量。

2）启动润滑油系统。在启动磨煤机之前，先启动润滑油系统。当磨煤机齿轮箱油温小于 25℃时，油泵低速运行并自动投入油加热器加热油温；当齿轮箱油温逐步升高至大于或等于 25℃时，油泵自动转为高速运行，同时停用油加热器。

润滑油泵高速运行后，当齿轮箱油温大于 38℃时，冷油器冷却水将自动投入。冷却水开启后当油温小于或等于 30℃时，冷油器冷却水门将自动关闭。

润滑油系统投运后全面检查润滑油系统无泄漏现象，冷油器出口压力应大于 0.13MPa，齿轮箱各窥视孔油流正常，滤油器压差应小于或等于 0.07MPa。

当下列条件均达到时，即为磨煤机润滑条件已满足：齿轮箱油温大于或等于 25℃、润滑油泵已高速运行、冷油器出口油压大于或等于 0.13MPa、推力瓦回油温度小于或等于 50℃以及磨煤机盘车装置已退出。

3）启动密封风机。

4）开启磨煤机进、出口门和冷、热风隔绝门，开大热风调节门，调节一次风量为 40~50km³/h 进行暖磨。为使碾磨部件及煤粉管道等不产生过大的温差应力，一般磨煤机出口温升速率应控制在小于或等于 3℃/min 为宜。

5）投入煤粉燃烧器的引燃油枪。通常煤粉燃烧器是由相邻层的重油枪来引燃的，因此启动磨煤机前应先投入对应层的重油枪。

6）磨煤机加煤。ZGM95 型磨煤机属 MPS 型磨煤机，不允许空磨启动。因此遇磨煤机检修后启动，应先用给煤机对其加煤 100～250kg。

7）启动磨煤机。当磨煤机润滑条件已满足，密封风与磨煤机进口风压之差大于或等于 1.96kPa、磨煤机风量大于或等于 31km³/h、磨煤机出口温度大于或等于 90℃ 且小于 135℃ 时，可启动磨煤机。

8）系统吹扫。当磨煤机及系统内有较多的剩煤或剩粉（如上次属紧急停磨，未进行停用前的剩粉吹扫）时，磨煤机启动后，一般应对磨煤机及系统进行吹扫约 30s，然后方可启动给煤机进行加煤。

9）启动给煤机。磨煤机启动正常并完成吹扫后，应即启动给煤机，并检查刮煤机联动投运正常。给煤机应在磨煤机允许的最小给煤量下启动，ZGM95 型磨煤机运行时允许的最小煤量为 40% 约 16t/h。

10）参数调整。给煤机启动正常后，根据锅炉工况的需要，调整给煤量；与此同时，及时调整冷、热风调节门的开度维持磨煤机风量和出口温度在需要值。根据实际需要，将风量、风温及给煤量投入自动。

（2）ZGM95 型磨煤机直吹式制粉系统的程控启动。

程控启动前的检查及准备工作与手动启动基本相同。磨煤机经检修后首次启动时，应先用给煤机向磨煤机内加煤 100～250kg。

制粉系统的程控启动步骤如下：

1）发出"磨煤机自动启动"的指令，此时程控系统将自动投运磨煤机的润滑油系统。

2）当程控系统确认磨煤机润滑条件已满足时立即自动投用该制粉系统的对应层重油枪。

3）程控系统在确认该制粉系统的对应层重油枪火焰检测正常、磨煤机落渣门已开启、消防蒸汽灭火门已关闭、冷热风门已释放后即按程序自动启动密封风机和打开煤仓闸门、给煤管闸门及磨煤机出口门。

4）密封风机启动 60s 后，当冷、热风道风压和密封差压均正常时程控系统即自动开启热风隔绝门和磨煤机进风隔绝门。

5）手动调整冷、热风调节门的开度或将磨煤机出口温度和风量投入自动，通过手动或自动调节，控制磨煤机出口温度和风量，使之符合暖磨要求。

6）程控系统在确认下列条件均满足后，即发出磨煤机开关合闸指令启动磨煤机：磨煤机出口温度大于或等于 90℃ 且小于 135℃，风量大于 31km³/h，密封风与磨煤机进口风压之差大于或等于 1.96kPa，相应层重油枪的火焰正常及磨煤机润滑条件满足。

7）当给煤机转速（给煤量）已设定在最小位置，且给煤管无堵煤信号时，程控系统即发出给煤机开关合闸指令启动给煤机和刮煤机。当磨煤机在上一次停用时未进行"吹扫"，则在磨煤机开关合闸后，程控系统将先执行"吹扫"程序，即延时 30s 后再自动启动给煤机和刮煤机。

8）磨煤机合闸 1min 且运行正常后程控系统将显示启动过程结束。此时，可根据锅炉运行工况需要调整给煤量、磨煤机风量和风温或将其投入自动运行。

三、锅炉吹灰系统的运行

（一）锅炉受热面积灰和结渣的原因与危害

1. 原因

锅炉运行过程中，各部分受热面常出现积灰和结渣，这是因为在炉膛中心高温区域内，粉煤灰的某些成分（如一些熔点较低的成分及一些共晶混合物）熔化成液态，另外一些难熔的成分则在火焰中心也不熔化。但是灰是由各种成分组成的，因而在高温处灰粒一般为液态或软化状态，随着烟气的流动，温度逐渐降低，当接触到受热面时如灰粒仍保持软化状态，则可能黏结在受热面上形成积灰。由于灰的导热性差使积灰的外表温度升高，又因为积灰壁面的粗糙度增大，使软化状态的灰更容易黏附，因而在积灰外面很容易又粘上一层软化的灰粒，形成第一层渣。如此发展下去，外表温度越来越高，结渣越来越厚，当渣的温度达到熔化温度时，熔渣会流到邻近的受热面上，扩大了结渣的范围。因而，结渣的过程是一个自动加剧的过程。

形成积灰和结渣的条件是燃料中的灰分、较高的炉温和较低的灰熔点。影响锅炉积灰和结渣的因素很多，除了与燃煤中的灰分含量、灰熔点及锅炉受热面的布置方式有关外，还与锅炉的负荷、火焰中心的位置（是否偏斜或偏上）、炉内空气量及燃料与空气的混合程度等因素有关，因为如果炉内空气量不足或燃料与空气混合不充分，均会使炉内生成较多的还原性气体，以致灰的熔点降低，使积灰和结渣加剧。此外，吹灰、除渣不及时也会加重结渣。因为粗糙的壁面容易结渣，而且开始时渣质较疏松，如不及时清除，由于壁温升高，结渣将加剧，而且越来越严重。这不仅会影响受热面管壁的传热效果，严重时还会形成结焦，影响受热面的寿命，甚至损坏受热面。

因此，在大型锅炉上均设有吹灰器，用来定期吹扫锅炉各部分受热面上的积灰，维持受热面的清洁，保证锅炉的安全经济运行。大型锅炉通常要配有 $50\sim100$ 余台的吹灰器，分层布置在受热面附近。

2. 危害

当水冷壁受热面上发生严重积灰或结渣时，会使并列管的吸热不均，造成管屏的热偏差增大，局部水冷壁管超温；由于炉膛出口烟温升高，还将引起过热器、再热器壁温的升高；炉内结渣不均匀时，将会造成过热器、再热器的严重热偏差；大块焦渣落下时可能砸坏管子或造成锅炉熄火。凡此种种均将危及锅炉的安全运行。

锅炉受热面发生积灰或结渣时，将使排烟温度和排烟热损失 q_2 增大，喷燃器出口结渣时会造成气流偏斜使不完全燃烧损失 q_3、q_4 增加，总之锅炉热效率将降低。此外，由于受热面的积灰或结渣，使烟气通道局部堵塞，增加了锅炉的通风阻力，使锅炉辅机电耗增加，严重时甚至由于锅炉通风不足而被迫降低锅炉出力运行。

（二）吹灰器种类、特点及其布置

吹灰器是利用吹灰介质在吹灰器喷嘴出口处所形成的高速射流，对受热面上的灰渣进行冲刷，使灰渣脱落的装置。吹灰器除下的较大焦渣落入灰斗或烟道中，较小的灰粒则随烟气被带走。

吹灰器的种类很多，按结构特性的不同，可分为简单喷嘴式、固定回转式、伸缩式（有长伸缩型吹灰器及短伸缩型吹灰器）和摆动式等。吹灰介质有过热蒸汽、饱和蒸汽、排污水、压缩空气等。

排污水吹灰又称高压疏水吹灰，是利用锅炉的排污水通过喷嘴喷出后，形成高速的射流。当水珠碰在灰渣上蒸发时吸收大量潜热，使灰渣层因剧冷而碎裂脱落。排污水吹灰一般只用于水冷壁吹灰。由于在吹灰过程中，总会有部分水滴冲击或飞溅到管壁上，使管子遭受侵蚀，并会引起管壁温度发生剧烈的变化，影响到管子的寿命和工作可靠性，故除燃用易结渣的褐煤外，一般很少采用。用饱和蒸汽吹灰，虽然在一定程度上能对积灰起到疏松作用，但由于蒸汽易凝结，湿度大，蒸汽中的水滴也会造成与排污水吹灰类似的不良后果，故在电厂锅炉中也很少采用。利用压缩空气作为吹灰介质，不会增加烟气中水蒸气的含量，也不会加剧低温受热面的腐蚀影响，效果较好。但它需要设置压力较高的气源及相应的压缩空气系统，投资较大。目前电厂锅炉多采用过热蒸汽作为吹灰介质，如利用再热器的进口或中间某段抽汽将过热蒸汽经减压至 $1\sim2$MPa 后的蒸汽作为吹灰汽源。

按照锅炉受热面的布置，燃煤锅炉一般在炉膛水冷壁的四周布置有数量较多的短伸缩式炉膛吹灰器，用以清除水冷壁受热面的灰渣；在烟道内的各受热面部位，布置有长伸缩式烟道或预热器吹灰器，用来清除折焰角、过热器、再热器、省煤器及空气预热器等部位的灰渣。

（三）吹灰器的工作过程

过热器、再热器及省煤器的吹灰器一般都采用长伸缩型吹灰器吹灰，该吹灰器通常由电动机、传动机构、吹灰枪、顶开式汽阀、前极限开关和后极限开关组成。吹灰枪的内管是固定的，外管可以在内管上由电动机带动推进和退出，电动机通过机械传动使吹灰枪同时作旋转运动，以提高吹灰效果。吹扫时将吹灰枪推进，吹扫后将其退出。吹灰前，首先应启动吹灰用的介质，然后再将吹灰枪伸入炉内边走边吹（进吹）。进吹到位后，由前极限开关控制电动机反转，吹灰枪后退（退吹）。退到位后，由极限开关控制电动机停止并关闭汽源，完成一次吹扫。吹灰方式是成对吹扫，即前后墙或两侧墙相对的两只吹灰器同时吹扫（对吹）。

吹灰器吹扫的顺序一般是按照烟气的流动方向来编排的。但对于回转式空气预热器，因其本身积灰就比较严重，在整个吹灰过程进行前若不先进行空气预热器的吹灰，则就会使自炉膛开始顺序吹扫下来的积灰大量积存于回转式空气预热器内。一方面使烟气流动阻力骤增，另一方面因积灰过分严重不易吹净。因此在整个吹灰程序中，应先吹扫回转式空气预热器，然后按烟气流程顺序吹扫各受热面，最后再次吹扫回转式空气预热器。

为了保证锅炉燃烧的稳定性，锅炉吹灰器只能一个一个地进行吹扫，每个吹灰器从推进到退出大约需几分钟，所有吹灰器运行一遍需 2h 左右。

（四）吹灰过程的操作

锅炉的吹灰操作，应在锅炉运行工况正常、引风机有足够的余量、燃烧及各参数稳定且无其他重大操作时方可进行。

吹灰前，应对所属系统进行全面检查。检查内容主要包括：与吹灰有关的调节控制系统各设备，均经事先校验正常并已置投运前状态；有关的热工仪表，信号及报警装置已投入运行；各吹灰器在退足位置，吹灰安全阀完整、良好且在回座位置，吹灰总阀、吹灰调节阀在关闭位置；吹灰管道和疏水管道等均无异常情况。

在进行锅炉吹灰操作前，应先通知有关岗位值班员，做好相应的安全措施和参数调整工作。吹灰前应先适当增大炉膛负压，吹灰过程中应注意各段汽温的变化和加强参数调整，以免吹灰过程中由于灰渣脱落，造成局部吸热量发生较大变化而导致汽温的波动。吹灰过程中应禁止观察炉内燃烧情况。除灰岗位值班员应关闭所有门、孔，停止人工除焦工作，并做好防止大块焦渣落下的预想。

在打开吹灰总门后应检查自动调压装置工作正常，并对所属系统进行充分暖管。暖管结束后，程控系统即开始进行吹灰操作。吹灰结束后程控系统应进行自动泄压，操作人员应实地检查各吹灰器在退足位置。

吹灰过程中，应保持炉膛负压及吹灰蒸汽压力符合要求，在蒸汽压力过低无蒸汽时严禁进行吹灰操作，以防烧坏吹灰器。进行手操吹灰时，每次投入吹灰器的数量应严格规定（一般同时吹灰的台数应不超过2台），以防对锅炉燃烧工况及运行参数产生较大的扰动。

吹灰周期一般应按照锅炉燃用煤种及受热面的积灰程度而定，目前各厂大多采用每班一次的方式，以便于操作与管理。

（五）吹灰器的程序控制

1. 组成

吹灰器程控装置由程控柜、动力箱及有关的热力操作盘组成。程控柜为全套装置的核心部分。在柜门上装有工作方式的选择开关、自检开关、大跳步开关以及电动阀、吹灰器手动等操作按钮和开关。此外，还有各种信号、监视灯及电动阀、吹灰器的类别、编号、工况显示，以及所有吹灰器工作方式的选择开关。选择开关可设置三种不同位置："自动"（程控）、"手动"、"跳步"。

程控系统能根据需要，利用大跳步开关来实现全程控或部分程控，同时还可依靠每只吹灰器的工作方式选择开关来选定任一台吹灰器退出程控系统。

程控柜还有过电流、低汽压、低汽温、吹灰器进吹、退吹、超时、出错等中断性质的接点，并接至热力控制盘上。在控制盘上还设置有吹灰程序启动、复归、中断和中断解除按钮、程序启动信号灯以及吹灰器蒸汽减压阀、远方操作开关和吹灰蒸汽总管的压力表等。

动力箱内有各蒸汽阀、各疏水阀的动力回路和各吹灰器的动力回路。

2. 工作过程

（1）检查。在启动吹灰程控系统后，吹灰程控系统检查有没有故障信号存在，确认没有故障信号后，系统开始其吹灰程序。

（2）疏水暖管阶段。首先开启各有关的吹灰疏水阀，开启吹灰总门，吹灰调节门控制压力在设定压力值，当某疏水管上的温度达到设定值时，该管道上的疏水阀便自动关闭，当所有疏水阀均关闭时，暖管阶段结束。

（3）吹灰阶段。系统按设定的吹灰次序顺序吹灰，所有吹灰器吹灰完成后，控制系统将自动关闭吹灰总门，开启疏水阀，至此吹灰顺序结束。

吹灰程序控制系统有三种运行方式，即程序控制方式、远方自动操作（手动遥控）方式及就地手动操作方式。吹灰器程序控制也有两种工作方式，即全程控（全程自动控制）和部分程控（分程自动控制）方式。

全程程控为所有吹灰器及其相关的电动阀全部投入程控，大跳步开关（切换开关）都不闭合，各电动阀门、吹灰器均放在"自动"位置。部分程控为只有部分吹灰器及其相关电动阀门投入程控。运行中只要合上需要退出程控的吹灰器的大跳步开关，即可跳开这些吹灰器及其电动阀门。

一般程控系统具有现场手动、模拟、集中手动、自动四种方式。现场手动表示吹灰器切至现场操作；模拟是吹灰器投用顺序设定后进行模拟运行，观察设定是否正确；集中设定是在控制盘上设定操作进行吹灰；选择自动，吹灰器能自动运行，自动吹灰方式中，还分单吹、单对吹和双对吹。上述设定完成后，在自动操作台画面上按"程序启动"即可开始吹灰次序。在吹灰过程中，按"程序停止"则吹灰终止；如因吹灰至中间过程，吹灰条件不满足，但不想终止程序，而是仅仅想暂时停止吹灰，则可按"程序暂停"，待条件满足后，按"程序恢复"继续前面的吹灰。吹灰程序结束，系统自动关闭吹灰总门，开启疏水阀系统泄压。

吹灰顺序为空气预热器的吹灰→炉膛短伸缩型吹灰器吹灰→烟道长伸缩型吹灰器吹灰→空气预热器旋转式吹灰器吹灰→结束。

3. 保护与程序中断功能

（1）汽压低程序中断。当吹灰器运行过程中出现汽压低于规定值时，程序中断并发出中断信号——程序中断信号灯及汽压低光字牌亮。与此同时，长伸缩型吹灰器立即退回，炉膛吹灰器继续工作，直到退回为止。

（2）超时程序中断。超时程序中断分进吹超时程序中断和退吹超时程序中断两种。吹灰器在进吹过程中，遇到障碍或因其他机械故障等原因不能顺利进吹时，其进吹时间将超过正常运行时间，此时发出程序中断信号——信号灯亮和音响报警，同时应立即退回长伸缩型吹灰器，停止回转式空气预热器吹灰器的旋转。

（3）过电流、过载保护。吹灰器在工作过程中，因运动件发生卡涩使电动机的工作电流超过允许值时，过电流保护动作，发出中断信号，其动作过程与上述相似。过载保护为过电流保护的后备保护。

（4）短路保护。吹灰器在工作时，一旦电动机至母线间或电动机内部出现短路故障，短路保护动作（即熔断器熔断），电源被切断，程控发出超时中断信号。此时，运行人员需立即去现场处理，调换损坏的熔断器，并将吹灰器退出。

（5）手动中断与中断解除。在吹灰程控运行中，当需要时，可利用手动中断功能人为地使程控中断。此时，通过操作"手动中断"按钮，进行的程序则立即中断，同时"中断"信号灯亮。当事故消除需程序继续进行下去时，则可按"中断解除"按钮，恢复程序控制，同时"中断"信号灯熄灭。

另外，程控系统还有蒸汽阀与炉膛吹灰器、长伸缩型吹灰器之间的条件闭锁功能。在蒸汽阀全开之前，禁止炉膛吹灰器和长伸缩式吹灰器投入。同时在吹灰器退出之前，禁止蒸汽阀关闭。这些闭锁条件是防止炉膛吹灰器及长伸缩型吹灰器的吹灰管在炉内或烟道中被烧坏。

在吹灰程控操作盘上还装有各种信号及监视灯：①电源监视灯：用作监视吹灰器程控回路电源状态；②程序中断信号灯：当保护动作，发出程序中断信号时，程序中断灯亮，而事故性质由光字牌显示；③程序进行灯：程序启动后，程序进行灯亮，程序结束即熄灭；④吹灰器进吹、退吹指示灯：显示吹灰器进吹、退吹工况；⑤温度检测灯：蒸汽阀开启后，检测的蒸汽温度达到要求时，指示灯亮。

4. 实例一

图 5-19 为吹灰蒸汽管路阀门的系统，其吹灰装置的程序控制对象包括吹灰蒸汽管道上的蒸汽阀、疏水阀以及为炉膛水冷壁、烟道受热面、回转式空气预热器设置的吹灰器。从图

5-19中可看出，吹灰蒸汽经蒸汽阀1后又分成三路，分别再通过蒸汽阀2、3、4并经各分支管引至炉膛各短伸缩型吹灰器、烟道各长伸缩型吹灰器及回转式空气预热器的旋转式吹灰器。在三条分管上各设有相应的疏水总管（各吹灰器的疏水支管汇接于该管上）及疏水阀。总蒸汽阀1的压力信号作为低汽压保护信号。当吹灰蒸汽总管内汽压低，蒸汽总阀将拒绝开启，

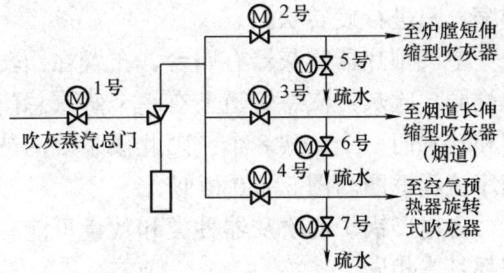

图5-19 吹灰蒸汽管路阀门的系统

相应的程控装置及所有吹灰器均不能工作。汽压过低、汽量过少，会造成吹灰器喷射速度过低，达不到预期的吹灰效果，还可能使吹灰管过热损坏。因此在每只疏水阀后的疏水管上装有疏水温度测点，作为开启疏水阀的控制信号。

系统主程序流程、炉膛吹灰子程序、长伸缩型吹灰子程序及回转式空气预热器吹灰子程序框图分别如图5-20～图5-23所示。

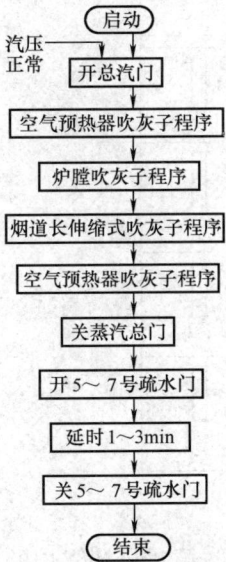

图5-20 吹灰主程序
流程框图

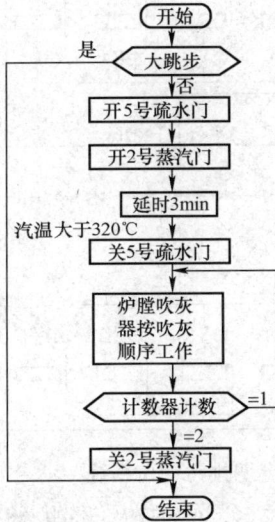

图5-21 炉膛吹灰
子程序

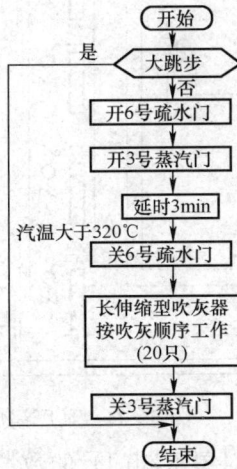

图5-22 长伸缩型
吹灰子程序

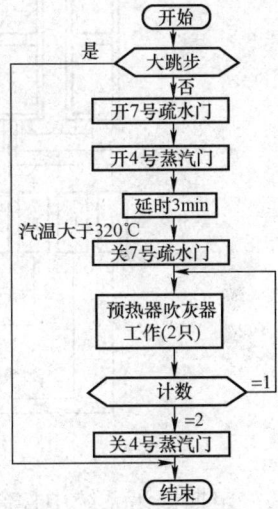

图5-23 回转式空气
预热器吹灰子程序

5. 实例二

某1000t/h锅炉共有过热器、再热器管排吹灰器48台，布置在两侧墙上，每侧24台，为长伸缩型（长吹）。吹灰枪内管固定，外管可在内管上滑动和旋转，喷嘴在外管前端。进吹时，电动机通过传动机构一方面打开顶式进汽阀，另一方面使吹灰枪外管前进并旋转，蒸汽通过内管进入外管到喷嘴喷出形成圆柱形吹灰面。进吹到位后，由前端位置开关控制电动机反转开始退吹，吹灰枪外管后退并旋转。退吹到位后，由后端位置开关控制电动机断电关闭汽阀。

炉膛吹灰器共66台，分五层布置在炉膛四周，为短伸缩型（短吹）。吹灰枪伸入炉内时不转不吹，只在后退时边转边吹，并在退吹到位时进行制动。省煤器吹灰器有24台，布置在烟道两侧，每侧12台，为固定旋转型（固吹）。吹灰枪轴线上布置有许多喷嘴，吹灰时不

伸缩，只进行旋转吹扫。

空气预热器吹灰器有四台，布置在回转式空气预热器上，是专用吹灰器（空吹），与长吹类同。吹灰蒸汽总管道上有一个蒸汽总门，在四种类型吹灰器的分支蒸汽管道上各有进汽门和疏水门一个，共8个。因此该系统的被控对象为9个电动阀门和140台吹灰器。吹灰主程序流程框图与图5-20相似。

各电厂锅炉的吹灰器种类和数量可能有所不同，但吹灰器的吹灰程序程控系统的工作原理都基本相同。

四、定期排污系统的运行

锅炉排污是提高蒸汽品质的重要方法之一。根据排污的目的不同，分为连续排污和定期排污。连续排污是连续不断地排出一部分含盐度高的锅水，通过补充新水使锅水总含盐浓度不致过高，并维持锅水有一定的碱度。定期排污是定期排出锅水中的不溶性水渣，因此应从沉淀物聚集最多的水冷壁下联箱排出，排污时间是间断的，间隔时间和排污量应根据汽水品质的要求来确定。某厂300MW机组锅炉定期排污的管道系统如图5-24所示。

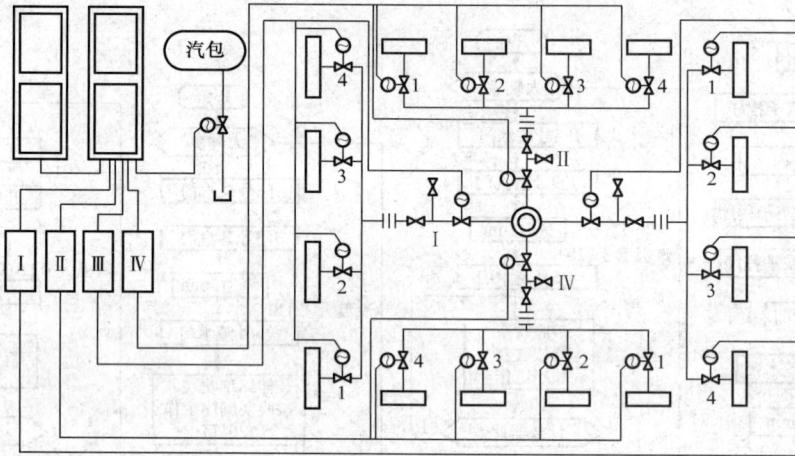

图5-24　某厂锅炉定期排污管道系统

定期排污系统中控制对象（阀门）的数量较多，它取决于锅炉的下联箱数量和锅炉的容量，通常可达20个左右。从图5-24中管道系统可以看出，全系统共有16组联箱，分别由16个小电动阀控制排污，而每4只小阀又通过1只大电动阀控制，4个小阀的排污都要通过大阀来完成。排污是每个联箱依次进行的。当联箱排污阀开启后，下联箱的水就可以通过母管和总排污阀排走。因此，在锅炉定期排污时，应将总排污阀开启。然后顺序地开启每个联箱排污阀，并经一定时间排污放水后，再关闭每个联箱排污阀。当最后一个联箱排污阀关闭后，关闭总排污阀。

控制顺序为：开启排污总阀，再开启排污阀1，经一段时间排污放水后，关1阀，然后开启2阀，直到所有阀门操作一遍之后，最后关闭排污总阀，结束排污。由于定期排污阀一般安装在炉底附近，那里环境条件较差，运行过程中通常每班需要顺序地全部操作一遍排污阀门，人工操作时间长，劳动强度大，因此适合于采用程序控制。目前使用最广泛的控制装置是由电磁继电器组成的固定接线式程序控制装置。定期排污系统工作时，必须保证汽包水位正常，因此按照定期排污的操作规律，应顺序打开各排污阀门。另外，在定期排污过程中，如果遇到汽包水位低或排污阀故障等异常情况时，必须立即停止排污并将所有排污阀关闭。锅炉定期排污的程序框图如图 5-25 所示。它是一个典型的（加延时环节的）步进式控制流程，其程序的类型基本属于按条件及时间交替进行的行程序。

此程序控制装置应有手动跳步功能，以便必要时将某些不能工作的阀门退出程序，而自动跳到下一步，使其他阀门仍可进行程序控制。当锅炉汽包水位低到规定值时，锅炉保护回路发出信号（闭锁条件满足），停止定期排污程序进行，并自动关闭所有排污阀。排污定时时间，可通过程控框内的按钮来选择。

程序控制的反指令机构可以装在主要控制台或辅助控制盘上。为监视程序运行情况，在主要控制盘台上还装设有必要的显示信号，如投影显示器或信号灯、光字牌事故中断信号则另外借助音响报警。

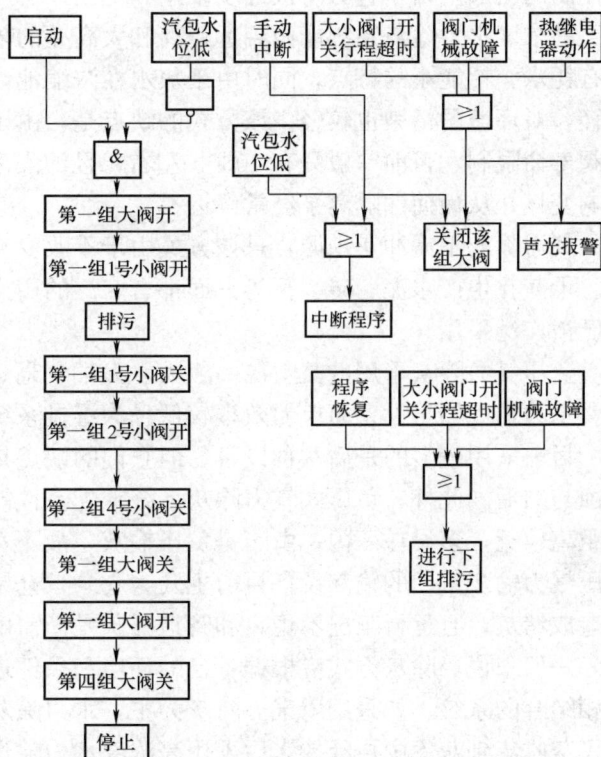

图 5-25　锅炉定期排污程序框图

五、除灰除渣设备的运行

（一）灰渣处理系统概述

据有关资料介绍，一个装机容量 1200MW（4 台 300MW）规模的电厂，每年产生的灰渣量约为 100 万 t。以往小型电站那种以简单的机械和水力除灰方式，只求能将灰渣输送出厂的指导思想已完全不能适应当前机组对灰渣处理的要求了。保证除灰除渣系统的安全运行，开展灰渣的综合利用以及使灰渣处理达到环保要求是目前大型火力发电厂灰渣处理面临的首要问题。锅炉的灰渣处理系统，应根据各设备的特点选择合适的方式。

以往国产机组基本上以水力除灰为主，近年来随着粉煤灰的利用和开发，许多进口机组、引进型机组均采用了气力除灰方式。在我国现有电厂的水力除灰系统中，尤其是南方水源较充裕的地方，多数是采用灰水比约为 1∶15 的低浓度灰浆输送系统。在我国北方由于水源普遍缺乏，目前已有部分电厂采用了灰水比为 1∶1.5～2 的以油隔离泵、水隔离泵和柱塞泵为主要设备的高浓度灰浆输送系统。有的电厂采用了将储灰场的冲灰水经沉淀分离，过滤后再用泵打入除灰用水系统重新使用（即所谓的灰水闭路循环方式），既减少了对环境的污染又可使除灰用水的消耗量大大减少。为了防止由于灰水循环使用引起的管路结垢，一般应在灰水中添加一定数量的阻垢剂。

低浓度水力除灰系统，冲灰水消耗量大且面临大量灰水的排放问题，易对环境造成污染，同时还存在输灰管结垢严重的问题。随着电厂运行经济性的不断提高和对排放标准、污染控制的更加严格，它必将被逐步改进和更新。

高浓度水力除灰系统能做到远距离和大高差的输送，为电厂灰场的选择扩大了范围，它具有耗水、耗能小的特点，同时由于灰水在浓缩池内有充分时间处理而使输灰管道结垢大大减轻，对环境的污染也较轻。该方式的缺点是，由于油隔离泵、柱塞泵等运行时间受出口单向阀寿命限制，目前一般只有 1000h 左右，且油隔离泵的油质在运行中会受灰中存在的飘珠影响变坏，从而使油隔离泵经常停运。

气力除灰不需冲灰水源，且该方式由于不改变灰的特性，为灰的综合利用提供了有利条件。干灰在生产水泥、砖、瓦等方面都有广泛的用途。目前新建的 300MW 机组中，气力除灰已被广泛采用。

负压气力除灰采用的真空源一般为水力抽气器、负压风机（罗茨风机）、水环式真空泵等。水力抽气器虽设备简单但效率较低且为湿排系统，故较少采用。

目前采用较多的是后两种设备，但它们的缺点是，罗茨风机噪声较大，水环式真空泵易腐蚀与结垢。此外，负压式气力除灰系统须配有性能较好的除尘器和分离器，集灰塔也因输灰距离较近，多设在厂内，由于是负压输灰，故不存在系统向外漏灰造成环境污染等问题。正压气力输灰采用的输灰设备目前主要为仓泵。仓泵结构简单，运转部件少，故障率低，但易造成堵灰，且运行工况不稳定和管道漏灰是尚需解决的两大问题。

一般来说，除灰方式应根据各自的环境和条件进行合理的选择，有时可采用几种除灰方式相结合的系统。如采用以气力除灰为主，水力除灰作备用的方式或利用负压式气力除灰先将飞灰收集到灰库中再经掺水后采用高浓度水力输送等。

除渣方式目前主要有采用刮渣机的连续除渣方式和采用水浸式渣斗的定期除渣方式两种，前者运行可靠性较好，以往应用较普遍；后者可采用全封闭管道，能净化环境。

（二）锅炉除渣系统

1. 除渣方式及特点

锅炉按排渣形态的不同一般可分为固态排渣炉和液态排渣炉两种。液态排渣炉的炉膛下部需保持足够高温，使熔化的炉渣通过渣井排入粒化水箱。液态排渣炉捕渣率高，飞灰大为减少，因而减轻了对受热面和风机等处的磨损，可以提高对流受热面区域的烟气速度。但因存在渣池内析铁和产生水冷壁高温腐蚀等问题而很少采用，固态排渣应用较为广泛。

炉底渣的清除，按工作方式可分为连续除渣和定期除渣两种。连续除渣系统一般采用刮渣机，当渣从炉膛中通过导渣槽落入充满水的刮渣机上部，渣因受冷却而粒化，通过连接在连续运行的平行链条上的刮板将渣运到倾斜部分使渣脱水，然后再通过水力输送至渣池或皮带输送机、卡车等送至渣场。定期除渣系统是借助于炉膛下部的水浸式渣斗，使炉渣熄火脆裂定期用喷射泵或重型离心泵将其送入渣池或脱水槽。锅炉各种除渣方式及特点比较如表 5 - 1 所示。

2. 连续除渣系统的运行

（1）刮渣机的运行与维护。刮渣机原则上应在锅炉点火前投运并在空载下启动，而后持续运行直到灰渣负荷中断，只要有灰渣就不能停运。启动时原则上应以最低速度启动，然后根据灰渣量调节刮板运行速度，调节过程中主要以刮板上的灰渣刮到斜坡时无灰渣满溢落回槽里为原则。

在刮渣机启动前应对设备进行一次认真详细的检查，由于其工作环境较为恶劣，故许多电器设备应有必要的防水装置，以免运行中发生故障。

表 5 - 1　　　　　　　　　　　　各 种 除 渣 方 式 比 较

项　目　＼　方式	水封链刮板除渣方式	水力直接除渣方式	脱水槽方式	
			渣沉淀池方式	灰沉降槽、储水槽方式
流程	炉渣→水封槽→刮渣机┐ 　┌皮带输送机或卡车 　│渣场 　└碎渣机→渣泵→渣池 　　└冲渣水	炉渣→水浸式渣斗→碎渣机→喷射泵→渣场	炉渣→水浸式渣斗→碎渣机→喷射泵→脱水槽→卡车或皮带至渣场	炉渣→水浸式渣斗→碎渣机→喷射泵→脱水槽→灰水沉降槽→ 　水→储水槽 　渣→综合利用
特点	(1) 可连续运行 (2) 耗电少 (3) 补给水量少 (4) 可适用堆渣较远的场合 (5) 可回收炉渣 (6) 炉底设备较复杂 (7) 维护困难	(1) 间歇运行 (2) 装置简单 (3) 维护方便 (4) 可使用海水 (5) 附近需有大面积渣场 (6) 大量渣水要排出	(1) 间歇运行 (2) 管道布置方便 (3) 维护简单 (4) 适用于渣渣较远处 (5) 灰处理水可循环使用 (6) 须有设置沉淀池脱水槽等地方 (7) 须进行捞渣作业 (8) 系统较复杂	(1) 间歇运行 (2) 管道布置方便 (3) 维护简单 (4) 适用于渣场较远处 (5) 能回收炉渣 (6) 须有设置各种槽类的地方 (7) 系统较复杂

刮渣机启动前的检查内容应包括：灰坑门开启成垂直位置，围成方框，下部浸入水中形成水封，刮渣机壳体完整无泄漏，链条松紧适度，刮板良好；各种传动装置的有关油位、油质均良好；运行中需要的各种冷却水系统已投运，有关的连锁装置按规定要求放置。

锅炉正常运行时应保持炉底水封正常，为了使炉渣能充分粒化，炉底补水门的开度应根据机组负荷及时调整，使溢流箱中水温控制在 55～60℃。

锅炉运行中，如刮渣机发生故障需短时间抢修，可关闭所有灰坑门出口，形成临时炉底存渣，刮渣机可通过下部滑轨拉出抢修，但时间不可过长（一般不超过 2h）。

刮渣机运行时应定期检查灰坑水封、溢流箱水温正常，并对刮渣机的链条、刮板、传动装置、电动机、齿轮箱等运行情况进行全面检查。此外，每月还应对刮渣机的刮板及链条进行一次详细检查，如发现刮板变形、损坏或链条磨损严重、节距伸长、与链轮啮合不佳及有脱链危险时应及时通知抢修处理。

（2）刮渣机常见故障及处理。正常运行时由于刮渣机是连续运行的，故运行中发生故障时，应尽快排除，不可使其长时间停运。

刮渣机在运行中如因大块焦渣落下引起卡住停转或联轴器打滑等现象时，必须及时对焦渣进行清理。刮渣机运行中发生链条或销子断裂等故障时，应及时通知检修人员前来处理。如因连锁保护动作，则应尽快查出原因，消除故障后重新启动。

为避免大块焦渣直接落入水封槽内影响除渣系统的安全运行，可在刮渣机的入口处加装固定格栅或燃尽炉排等装置。

（3）碎渣机的运行与维护。燃料燃烧后形成的灰渣大小不一，如直接排入渣沟或用渣泵输送极易造成渣沟堵塞或渣泵故障，故要使用碎渣机将大块焦渣先进行破碎，然后再进行输送。

在刮渣机、碎渣机配套使用的除渣系统中，刮渣机与碎渣机相互间的运行应设置必要的连锁保护，当碎渣机因故停运时，刮渣机应能联动停运，以免大量渣块落下堆积在碎渣机内无法排出。

碎渣机由于其工作环境恶劣，故应配有必要的保护装置，如遇到焦块卡住，电动机应能自动反转数周然后再改为正转，使焦块顺利排出。此外，电动机应装设遮棚，以免被灰水淋浇。碎渣机正常运行时应定期检查转动部分的声音、振动、轴承温度及工作情况是否正常；由于碎渣机齿轮箱的油质易被乳化，故除了检查齿轮箱油位外，更应注意其油质的好坏，以便发现异常情况及时分析处理。

碎渣机一旦因故停运，应尽快修复，如短时间无法修复时，则应采取必要的临时措施，如组织力量人工出渣等，使除渣系统的运行不中断。

3. 定期除渣系统的运行

定期除渣系统是以水浸式渣斗为主的湿式除渣装置。该系统可采用全封闭的管道输送，故能大大净化环境。水浸式渣斗作为一种定期排渣系统在电厂中运用较多，排渣间隔时间一般应根据具体设备和渣量的多少而定。

水浸式渣斗投运前，应先检查渣斗本体完整，无泄漏，排渣闸门、观察窗、溢流装置、渣斗冲洗喷嘴、冷却水供水装置、水密封槽、密封挡板等完整良好。

渣斗在排渣时，两只渣斗（通常成 W 形布置）不能同时排渣，只能一斗排完，闸门关闭后再排放另一斗。排渣时，很有可能发生渣块在排渣口引起堵塞而影响排渣，如果压力水无法冲通时，则需打开除焦门进行除渣。在打开除焦门前必须注意观察，只有在渣斗内水渣面低于除焦门下沿时方准打开除焦门进行除焦。

正常运行时，应注意保证水冷装置工作正常、溢流水正常且水温不大于 60℃。如发生高水位溢流，则应查明原因，是溢流装置被堵还是供水太快，并根据实际情况作相应处理。水封槽在运行中要定期冲洗与排污，以保证渣斗与炉底的密封性能良好。

水浸式渣斗一般配有碎渣机将粗渣粉碎，然后通过渣泵送往渣池。有的除渣系统采用水力输灰器来输送炉渣，水力输灰器结构简单，使用方便，但效率较差，目前使用不多，采用脱水槽方式虽然系统较复杂，但为渣的综合利用提供了良好条件。该方式以往国内应用较少，但近期已开始采用。除了渣的综合利用，冲渣水的循环使用即渣水闭路循环，目前已越来越引起重视了，因为它不但能减少对环境的污染，而且还可以大大节约除渣用水。

4. 炉渣的输送方式

对于采用水力除灰的锅炉，以往炉渣的输送通常采用灰渣混除的方式。所谓灰渣混除，就是通过机械或水力先将炉渣送入灰池，再与锅炉除灰系统来的灰一起输送出去的方式。为了灰渣的综合利用，目前有的厂已采用了气力除灰方式，因此灰渣必须分除。部分厂虽采用水力除灰，但也采用了灰渣分除方式。实行灰渣分除，是将炉渣单独用渣泵送入沉渣池，或用皮带输送机等机械直接输送至渣场。混除方式系统简单，也较经济，但对高浓度水力除灰系统则需配备一套磨渣装置，分除方式系统较复杂，但有利于灰渣的综合利用。

第三节 汽轮机辅助系统运行

一、凝汽设备及系统的运行

凝汽设备是凝汽式汽轮机组的一个重要组成部分,在汽轮机装置的热力循环中起着冷源作用,其工作的好坏将直接影响到整个机组的热经济性和可靠性。降低汽轮机排汽的压力和温度,就可以减小冷源损失,提高循环热效率。降低排汽参数的有效办法是将排汽引入凝汽器凝结为水。以东方汽轮机生产的 N300-16.67/537/537 汽轮机为例,若没有凝汽设备,排汽压力为大气压力,理想循环热效率等于 37.12%;而当排汽压力为 5.0kPa 时,热效率为45.55%,后者的经济性显著提高。机组的热力循环、排汽压力与机组热效率的相对变化率的关系如图 5-26 所示。若机组运行不当使排汽压力比正常值升高 1%,$\Delta\eta_t/\eta_t$ 将降低 1% 以上;若使排汽温度下降 5℃,则 $\Delta\eta_t/\eta_t$ 将升高 1% 以上。这对于大型机组是很可观的,由此

可见凝汽设备的重要性。另有资料表明,国产引进型 300MW 机组凝汽器压力升高 1kPa,就会使热耗率增加 0.9%~1.8%,功率将减少 1% 左右;凝结水过冷度提高 1℃,煤耗量增加约 0.13%;凝结水中含氧量以及含盐量的增加,则会影响蒸汽的品质。此外,循环水泵的耗电量约占

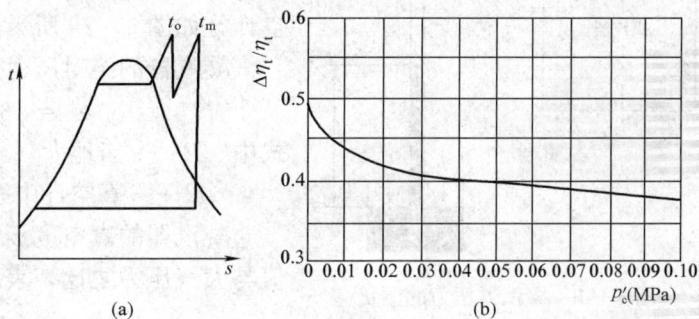

图 5-26 一次中间再热亚临界机组的热力循环与热效率
(a) 热力循环;(b) $\Delta\eta_t/\eta_t - p'_c$ 关系曲线

总发电量的 1.2%~2%,因此凝汽设备的正常运行对节省厂用电有着重要意义。

(一) 凝汽系统简介

凝汽系统一般由凝汽器、凝结水泵、抽气器、循环水泵以及它们之间的连接管道和附件

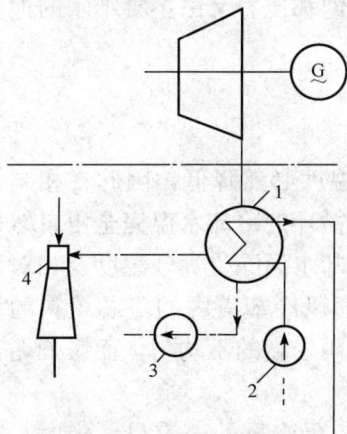

图 5-27 凝汽原则性系统示意
1—凝汽器;2—循环水泵;
3—凝结水泵;4—抽气器

组成。最简单的凝汽原则性系统示意图如图 5-27 所示。汽轮机的排汽排入凝汽器 1,其热量被循环水泵 2 不断打入凝汽器的冷却水带走,自身凝结为凝结水汇集在凝汽器的底部热井,同时由凝结水泵 3 抽出送往回热系统作为锅炉给水。凝汽器的压力很低,外界空气易漏入。为防止不凝结的空气在凝汽器中不断积累使凝汽器内的压力升高,采用抽气器 4不断将空气抽出。

在凝汽器中,不断循环的冷却水为凝汽器创造低温环境,使排汽释放汽化潜热而发生凝结。凝汽器中蒸汽凝结的空间是汽液两相共存的,汽侧压力等于蒸汽凝结温度所对应的饱和压力。蒸汽凝结温度由冷却条件决定。只要冷却水温不高,蒸汽凝结温度也不高,一般为 30℃左右,所对应的饱和压力为 4~5kPa,该压力低于大气压力,从而在凝汽器中形成高度真空。

凝汽设备的最主要的作用有两方面：一是在汽轮机排汽口建立并维持一定的真空；二是保证蒸汽凝结并回收凝结水作为锅炉给水。电厂运行中，为防止锅炉及汽轮机通流部分结垢、腐蚀，对给水品质的要求非常严格。如果给水全用化学处理水的话，则大容量机组的设备投资和运行费用将会很昂贵。所以必须将凝汽器回收的大量凝结水作为给水，但要严格保证其水质。

此外，凝汽设备还是凝结水和补给水去除氧器之前的先期除氧设备，接收机组启停和正常运行中的疏水和甩负荷过程中旁路排汽，以回收热量和减少循环工质损失。

（二）凝汽器的运行

1. 凝汽器压力的测量

在凝汽器中，排汽从凝汽器进口向抽气口流动。由于存在流动阻力，所以沿着流动方向压力逐渐降低，到抽气口降至最低值，即凝汽器汽侧各处压力不相同。进行凝汽器压力测量时，测点布置在距第一排冷却管束 300mm 处，测量常用的仪表是水银真空计，如图 5-28 所示。

凝汽器的绝对压力为

$$p_c = 133.3(B - H) \quad \text{Pa} \tag{5-1}$$

式中 B——当地大气压的汞柱高度；

H——真空计中汞柱高度，mm。

凝汽器的真空度 v 是指大气压力与凝汽器压力的差值与大气压力之比，表示为

$$v = \frac{H}{B} \times 100 \tag{5-2}$$

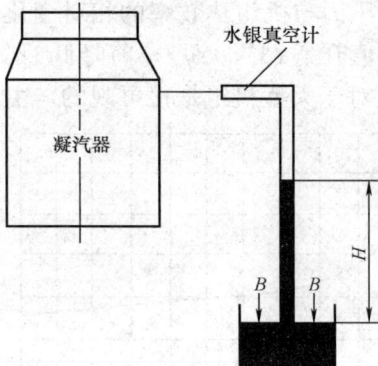

图 5-28　凝汽器压力的测量

凝汽器的真空度与压力的换算关系为

$$p_c = 133.3B(1 - v/100) \quad \text{Pa} \tag{5-3}$$

以上结果均未折算到标准温度 0℃ 下，这在工程中是允许的。

2. 影响凝汽器真空的因素

凝汽器中的压力，在理想情况下应为蒸汽的饱和压力，而饱和压力又由主凝结水的饱和蒸汽温度 t_s 决定：

$$t_s = t_{w1} + \Delta t + \delta t \tag{5-4}$$

由式（5-4）可知影响凝汽器真空的因素主要有：

（1）冷却水入口温度 t_{w1}。冷却水入口温度降低，排汽的温度必然降低，因此在相同负荷和冷却水量下，冬季凝汽器的真空比夏季高。对于采用开式循环的冷却水温完全由自然条件所决定，即随着气候、季节而变化。对于采用闭式循环的冷却水温除受大气温度及相对湿度的影响外，还取决于循环水冷却设备运行的好坏。如自然通风冷却塔内的塔芯填料的塌陷、喷嘴的堵塞、瓷碟的不正及冬季水塔的结冰等都将造成淋雨密度的不均匀，而影响循环冷却水在塔中的散热。

（2）冷却水温升 Δt。冷却水温升取决于冷却倍率。当排入凝汽器的蒸汽量一定时，若凝汽器中冷却水的温升增加，则说明冷却水量不足，从而引起冷却水出口温度升高，真空下降。冷却水量不足的原因主要是循环水泵出力不足或水阻增加，而水阻增加的主要是由铜管堵塞、循环水泵出口或凝汽器进水阀开度不足以及虹吸被破坏等原因造成的。

（3）凝汽器的端差 δt。凝汽器的端差增加，会使排汽温度升高，真空下降。端差与冷却水进口温度 t_{w1}、凝汽器每单位冷却面积的蒸汽负荷、铜管表面清洁度以及凝汽器内积累的空气量等因素有关。换句话说，对于一定的凝汽器，在相同的凝汽量和冷却水流量的条件下，端差的大小表明了凝汽器传热效率的高低，而凝汽器的传热效率主要取决于铜管表面的脏污程度和汽侧积聚的空气量的多少。凝汽器铜管表面结垢或脏污均会妨碍传热，使端差增大。而当凝汽器内积聚的空气增多时，由于空气和水蒸气混合物对铜管表面的放热系数很低，因此妨碍了传热而使传热端差增大。空气漏入凝汽器的主要原因是由于真空系统管道阀门不严或汽封供汽压力不足甚至中断所致。有时也由于抽气器或真空泵效率降低，不能将漏入凝汽器内的空气全部抽出所造成的。此外，凝汽器水位升高，淹没了部分冷却铜管，使冷却面积减少，也会影响真空。

3. 极限真空和最佳真空

汽轮机的排汽压力越低，则真空越高，汽轮机的理想焓降越大，输出功率也越大。但是真空不是越高越好，对于一台结构已定的汽轮机，蒸汽在末级的膨胀有一定的限度，若超过此限度继续降低排汽压力，蒸汽膨胀只能在末级动叶以外进行，出现了膨胀不足现象。此时当初参数和蒸汽流量不变时，汽轮机功率不再增加，这个使汽轮机做功达到最大值的排汽压力所对应的真空称为极限真空。如果冷却水进口温度不是很低时，要达到极限真空就需要消耗大量的冷却水，因此在达到极限真空前，循环水泵的耗功增加量就可能超过了汽轮机功率的增加量，若再继续增加冷却水量以提高真空，反而会使电厂出力减少。

最佳真空就是提高真空所增加的汽轮机功率与循环水泵等所消耗的厂用电之差达到最大时的真空值，这时经济上的收益最大。由于实际运行的循环水泵可能有几台，当采用定速泵时，循环水量不能连续调节，所以对每台汽轮机装置都应通过试验确定不同蒸汽流量及不同进口水温下的最佳运行真空。

4. 凝汽器凝结水过冷的监视及消除

凝汽器运行中凝结水的过冷度也是一个反映热经济性的重要指标。因为在正常运行中，要求凝结水的温度恰好应为在排汽压力下的饱和温度，但是可能由于设备或运行维护不当，使凝结水的温度低于排汽压力下的饱和温度而造成过度的冷却。凝结水过冷却意味着冷却水要额外带走热量而产生冷源损失，要将凝结水加热到原来的温度就要多消耗燃料。一般凝结水的过冷度每增加 1℃，就相当于发电厂的燃料消耗量约增加 0.1%～0.15%。同时，由于凝结水过冷却还会造成溶解氧的增加，会使给水系统管道、低压加热器等设备受到氧的腐蚀。因此减少凝结水过冷度不仅对经济性有利，同时对设备的安全运行也有好处。导致凝汽器运行中凝结水过冷的原因有正常原因和不正常原因。

正常原因有：①管子外表面蒸汽分压力低于管束之间的蒸汽分压力，使蒸汽凝结温度低于管束之间混合汽流的温度。②管子外表面的水膜（包括上排管束淋下来的凝结水）受冷却水冷却，使得水膜平均温度低于水膜外表面的蒸汽凝结温度，仅这两项使凝结水的固有过冷度达 2.8℃左右。

不正常原因有：①凝汽器冷却水管束排列不佳或管束过密。汽阻使管束内层压力降低，也使凝结温度降低。为降低过冷度，现代凝汽器常制成回热式，即管束中留有较大的蒸汽通道，使部分蒸汽有可能直接进入凝汽器下部，与被冷却的凝结水在进入热井之前有充分接触，从而消除凝结水的过冷。②凝汽器内积存空气。在凝汽器中，常因为汽轮机真空部分及凝汽器本身不严密，或抽汽器真空泵工作不正常而造成空气积聚。此时，不仅因冷却水管表面构成传热不良的空气膜降低了传热效果，使真空恶化。同时，凝汽器中的压力再成为蒸汽和空气二者分压的总和。显然蒸汽空气混合物中空气的成分越多，则蒸汽分压力的数值就越低。因此在这种混合物中，蒸汽的凝结温度是蒸汽分压力下的饱和温度，它比排汽总压力的饱和温度要低，这样就形成了过冷现象。如果凝汽器中漏入空气越多，则过冷现象越严重，即过冷度越大。因此，在运行中保证真空系统的严密性，不仅是为了维持凝汽器内的高度真空，同时也是为防止凝结水过冷的有效措施之一。③凝汽器水位过高。在运行中凝汽器水位过高会使凝汽器下面部分冷却水管淹没，这样冷却水又带走了凝结水的部分热量，使凝结水产生过冷。为防止这种现象，除运行人员要多加注意，保持凝汽器水位在正常范围内之外，现代电厂都利用凝结水泵的汽蚀特性，采用低水位运行方式，这样可以避免水位过高的现象。

5. 凝结水水质的监视

为了防止锅炉设备及凝结水管道的结垢和腐蚀，必须经常通过化学分析方法对凝结水水质进行监督。对于超高压机组，凝结水水质的标准为：硬度不大于 $1.0\mu mol/L$，溶解氧不大于 $30\mu g/L$，pH 值为 $7\sim8.5$。

凝结水是经过化学处理车间严格处理并化验合格后供给的，因此水质不良大多是由于冷却水漏入所引起的。在运行中，若发现凝结水水质不合格，但硬度又不很高，可能是由于管板胀口不严，有轻微的泄漏所致，这时若停止凝汽器运行，不易找出泄漏处。电厂的应急做法是在循环水泵吸入口水中加锯木屑，木屑进入水室里，在泄漏处受真空的吸引将"针孔"堵塞，便可维持硬度在合格范围内。

在运行中，如果铜管腐蚀或由于铜管振动而损坏，冷却水便会大量漏入凝结水中，这时必须停止凝汽器运行并查漏，将发生泄漏的铜管用木塞或紫铜棒堵死。

机组运行中，当某一台凝汽器需要停止时，应先关闭凝汽器空气阀，然后关闭循环水入口阀，最后关闭出口阀。当确认出入口阀关严后，开启入口阀及出口阀前的放水阀和出口管放空气阀。此操作顺序不能颠倒，如果先停水侧，后关空气阀，而汽轮机的汽流到该凝汽器不再凝结，将通过空气管流到抽气器（真空泵），从而使抽气设备过负荷，造成真空下降。在机组运行中，需要投入凝汽器时，必须先关闭所有的放水阀，以防止凝汽器通水后大量跑水。操作顺序与停止凝汽器相反，即先开启循环水出口阀向凝汽器充水，此时水侧积存的大量空气经出口管的放空气阀排出，见水后将该阀门关闭，然后开启循环水入口阀，最后开启凝汽器的空气阀。

6. 胶球清洗系统及运行

由于循环水在铜管内中心部位流速最大，管壁附近流速减小，在管壁附面层，则几乎不流动。因此循环水中的悬浮物泥浆及盐类等很易于在管壁上附着，又没有足够的水速将它们冲洗掉。随着附着物增加，管道中心流通面积减小，附面层也跟着向内移动。长此以往就会使铜管内产生堵塞或流动阻力增大，因此必须对管子内壁进行冲洗。

目前普遍采用胶球冲洗方法，胶球分为硬胶球和软胶球两种。硬胶球是改变循环水在管内的流动状态及流速，达到破坏上述沉积物或结垢的目的。采用直径小于铜管内径 $1\sim2mm$，密度接近于水的胶球，使胶球在水中均匀分布，顺利通过铜管。理论分析和实验都表明，球在管内运动的轨迹近似于正弦曲线。由于球与水之间的相对运动关系，从而使管内的水流速改变。而且由于硬胶球在管子中偏向一侧，此时在管壁边层区的流速最大，以此来冲洗管壁，使沉淀物冲掉或使其不能沉积于管壁上。同时胶球与管壁不断产生碰撞浮动的冲击，也起着一定的清洗作用。总之，借助于水力冲刷和胶球与管壁的撞击而除掉沉淀物。

软胶球冲洗采用海绵状橡胶球，它浸水后，密度与水相似，其球径比管子内径要稍大1~2mm，质地柔软。它随着循环水进入管子，并在水流的作用下变成椭圆形。它与管子内径有一个整圈接触面，行进中即可将管壁上的沉积污垢抹刮下来，并带出管外。当胶球流出管口时，它在自身弹力的作用下，突然恢复原状，因而清除了胶球表面的污垢。胶球随着水流流出管后，在收球网壁的阻挡及出水的冲带下进入网底。由于胶球泵进水管口接在此处，故胶球在泵的进口负压的作用下被吸入泵内。在泵内获得能量后，重新进入装球室重复以上运动。根据机组的大小、胶球管道的长短及冷却水流速的不同，胶球在系统中循环一周的时间约为10~30s，个别胶球的循环时间为40s。

胶球清洗系统（图5-29所示为凝汽器胶球自动清洗系统）主要由大小网板收球网、胶球泵、装球室及进出水管等组成。

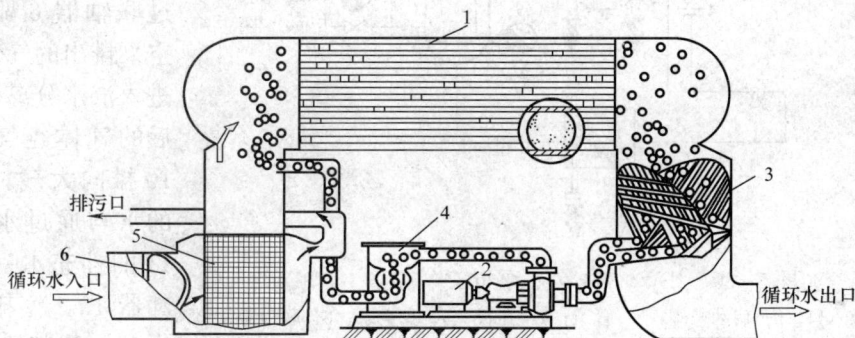

图5-29　凝汽器胶球自动清洗系统
1—凝汽器；2—胶球泵；3—收球室；4—装球室；5—二次滤网；6—蝶阀

（1）收球网。胶球收球网板设置在循环水出水管内部，实际上就是一道安装在出水管中的水梳子，能把跟着循环水一道流出的胶球分离出来回收。当投用胶球清洗前，应先将大小网板通过电动或手动操作调整到张开的收球位置。为防止大网板由于受到水流的冲击力使底部张口造成胶球挤过张口逃脱，因而在放开网板后尚需顶紧大网板的撑头。胶球清洗结束时，应先将顶网撑头手动解除，然后将大网板反转180°到反洗位置，利用水力反冲洗净积在大网板迎面上的垃圾后再将大网转到与出口管平行的位置上，以减少水阻。但是在胶球冲洗时会在碟形大网板的喉部产生涡流，胶球在该涡流区中间回旋，不易进入网底。另一问题是胶球在近网底堆积，这都会影响收球率。为此在大网底涡流区中间加装了固定的导流板，能使水分流达到消除涡流的目的。

（2）胶球泵。胶球泵是使胶球从凝汽器出水管的收球网中重新进入凝汽器，并进行循环的离心式水泵。它应具有不堵球、不磨损和不易切球的特点。

（3）装球室。当胶球清洗结束后，应先手动操作小网板使其转到反冲洗角度，并利用水流冲脱小网板正面的垃圾，再使小网板回转到与出水管平行的位置。小网紧接着装球室的出球管。装球室能向清洗系统加球或取出胶球，装球室上设有监视孔，以监视胶球的循环运转情况。当一定数量的胶球加入并连续运转清洗1h后，可将收球网三通阀扳到收球位置，胶球即被挡在装球室内。这样运行 20～30min 后，即可停胶球泵，关闭加球室进出水门，在旋脱加球室存水后即可打开装球室门，检查胶球回收量，算出收球率。

（三）抽气设备及运行

抽气设备是凝汽设备的重要组成部分，其任务是在汽轮机组启动时建立真空，在正常运行时，抽出从真空系统不严密处漏入的空气和未凝结的蒸汽，以维持凝汽器的真空。现在大型机组多采用了机械式真空泵即包括离心式真空泵和水环式真空泵等形式。这里以 2BW4 - 353 - 0 型水环式真空泵组为例说明其运行特点。

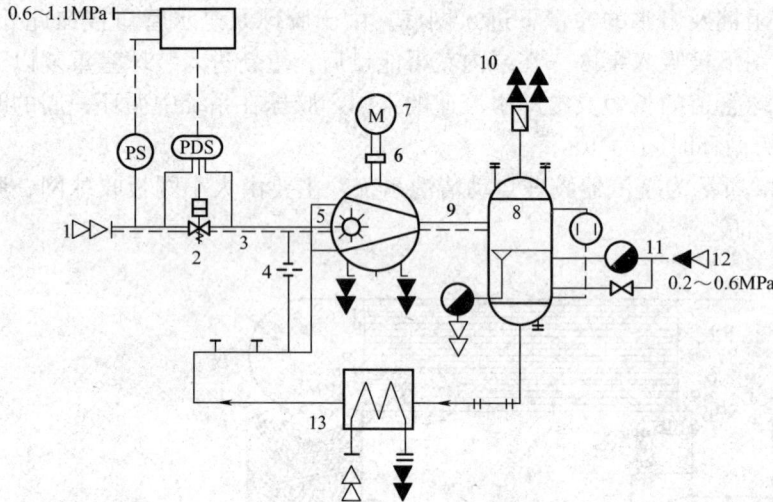

图 5 - 30　2BW4 - 353 - 0 型泵组工作流程

1—气体吸入口；2—启动蝶阀；3—管道；4—孔板；5—真空泵；6—联轴器；
7—低速电动机；8—汽水分离器；9—管道；10—气体排出口；
11—水位调节器；12—补充水入口；13—冷却器

泵组的工作流程如图 5 - 30 所示。由凝汽器抽吸来的气体经气体吸入口 1、气动蝶阀 2、管道 3，进入真空泵 5，该泵内的低速电动机 7 通过联轴器 6 驱动，由真空泵排出的气体经管道 9 进入汽水分离器 8，分离后的气体经气体排出口 10 排向大气。分离出来的水与通过水位调节器 11 的补充水一起进入冷却器 13。冷却后的工作水，一路经孔板 4 喷入真空泵进口，使即将抽入真空泵的气体中可凝结部分凝结，提高了真空泵的抽吸能力；另一路直接进入泵体，维持真空泵的水环和降低水环的温度。冷却器冷却水一般可直接取自凝汽器冷却水进水，冷却器冷却水出水接入凝汽器冷却水出水。

在泵组启动前，打开补充水入口阀向真空泵组注水，水经过汽水分离器连接管道，使热交换器及真空泵中的水位不断提高，以排掉泵组系统内的气体。当汽动蝶阀的前后压差小于 3kPa 时，气动蝶阀开启，凝汽器真空系统的气体经过气动蝶阀抽入真空泵，因此避免了因启动真空泵而引起大量空气经真空泵倒灌进入正在工作的凝汽器真空系统，确保凝汽器及系统的正常工作。

通常一台机组配备两台真空泵组，一台处于"手动操作"运行状态。另一台备用，处于"自动操作"运行状态。当真空泵的吸入压力低于预定压力时，处于"自动操作"运行状态的备用泵组自动停泵，并关闭气动蝶阀。处于"手动操作"运行状态的真空泵继续运行。当真空泵的吸入压力高于预定压力时，备用真空泵泵组立即投入，从而使真空泵组始终保持在预先设定的吸入压力范围内运行。

当真空泵电动机过载，泵事故跳闸时，应报警联动备用泵。

泵组停运时按下停机按钮使水环泵停止转动，并关闭吸入管上的气动蝶阀，关掉补充水阀及热交换器冷却水阀。停机后系统内多余的水通过自动排水阀排掉。若无自动排水阀，则应打开放风阀，由总排水管道排除多余的水。如果机组需要停放的时间较长，则应打开真空泵、汽水分离器、热交换器等部件底部的放水螺塞，放掉其中所有的水，必要时应作防锈处理。

（四）循环水泵的程序控制

循环水系统一般采用母管制系统，如图 5 - 31 所示。此系统由三台循环水泵共同向母管供水。各循环水泵前后有进出口水阀，各泵之间有联络阀连接。平时为两台泵运行，一台泵备用。由于运行泵与备用泵的组合方式不固定，联络阀的开启和关闭难以与循环水泵组合操作，因此循环水泵的联动操作只包括进、出口水阀，而进口水阀又只作为泵检修时隔绝用，所以除在启动程序中有开启进水阀外，停止程序中进水阀则不予关闭（检修停泵除外）。

由于循环水泵具有大流量低扬程的特点，因此国产 100MW 及以上机组较普遍地采用了轴流泵，轴流泵运行中有以下特点：

（1）开循环水泵前，水泵必须充水，故先开进口水阀。对于直式、斜式轴流泵，由于叶轮浸没在水中，不需充水即可启动；对于卧式轴流泵，则一般需用真空泵抽真空引水后才能启动。

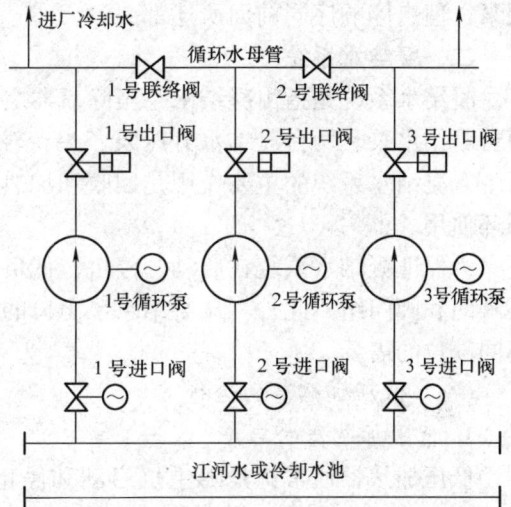

图 5 - 31　循环水泵管路系统

（2）顶轴。如果泵停用太久，轴瓦上的油膜将消失，这时需要将轴顶起（一般最大顶起高度不超过 5mm），使轴瓦进油而建立油膜。

（3）带负荷启动。轴流泵应在全开出口阀的情况下带负荷启动，以减少启动电流。对于不停泵可以进行动叶调节的轴流泵，则应将动叶片调在启动角度，使启动电流为最少。

（4）调节。采用可变动叶调节。随着机组容量的不断增大，目前国内大型火电厂中使用的循环泵又发展成为立式混流泵，它的性能介于离心式泵与轴流泵之间，具有良好的抗汽蚀性能和效率高的特点。它在运行过程中除具有上述轴流泵的特点外，所不同的是在启动前要求出口阀在关闭状态，同时在出口阀打开之前应同时满足两个条件：即延时若干秒及泵出口压力升高达到稳定值。延时的目的是防止大容量电动机在未达到额定转速时即带负荷，造成启动电流过载；泵出口压力升高是为了防止循环水母管压力对泵本身的倒流。图 5 - 32 为循环水泵程控操作流程图，此水泵采用的就是立式斜流泵。

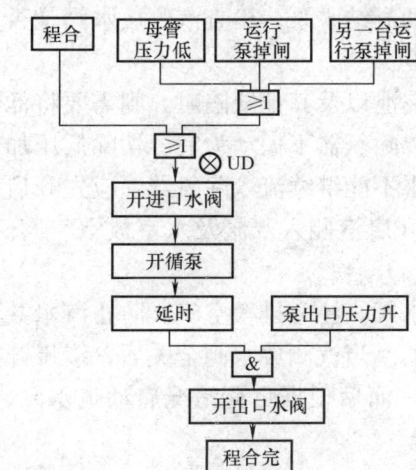

图 5 - 32　循环水泵程控操作流程图

"程合"指令的发生分两种情况：一是当汽轮机启动时，循环水泵为非备用状态的投入，在此情况下，操作员利用程序控制柜或操作台上的"程合"指令；二是循环水泵作为备用状态，如果循环水母管压力降低至某一压力时，或两台运行泵之一事故跳闸时，自动形成"程合"指令，启动备用泵。

循环水泵的停止。"程分"操作比较简单，其操作顺序是关出口水门、停循环水泵，其进口水阀不必关闭。当检修循环水泵及其系统时，可手动关闭进口水门。"程分"指令只要在控制盘上或程控柜按"停止"按钮即可。

目前大型汽轮发电机组，通常按一台主机配两台50％容量的循环水泵来设置，不设备用泵，但启停顺序同前面所述都一致。

二、凝结水系统

凝结水系统是指由凝结水泵至除氧器之间与主凝结水有关的管路和设备。系统中一般有两台凝结水泵、两台凝结水升压泵、一台轴封加热器、3～4台低压加热器、一台除氧器等设备。凝结水系统的主要作用是回收和加热凝结水，并将其升压送至除氧器，作为锅炉给水循环使用。

为保证凝结水系统在启动、停机、低负荷和设备故障时安全可靠运行，系统中设置了许多阀门和阀门组。此外，从凝结水泵出口的主凝结水管上引出了多路分支，以满足热力系统不同部位的需要。

（一）低压加热器的运行

1. 低压加热器的启停

低压加热器通常都是随主机启动和停止的。机组启动前各台低压加热器的出入口阀全开，各旁路门全关，但靠近除氧器的那台低压加热器出口阀应处于关闭状态。当凝结水泵启动后，缓慢向低压加热器通水，将水室及管道内积存的空气充分排出，各加热器的进汽阀、疏水阀、空气阀全开，汽侧放水阀全关。汽轮机启动后，回热抽汽开始进入加热器，疏水则逐级自流至下级加热器，最后排到凝汽器。机组在启动中，当凝结水水质合格后，关闭启动放水阀，开启靠近除氧器的低压加热器出口阀，将凝结水导入除氧器。随着负荷的增加，低压加热器疏水水位升高，应及时调整到正常数值。当负荷稳定后，将疏水调节投入自动调节。随着疏水量的增加，机组负荷达到30％额定负荷时，可启动低压加热器疏水泵，关闭去凝汽器的疏水调整阀。

停机时，随着负荷的减少，低压加热器进汽量相应减少，直至和主机同时停止。在停机过程中，除需调整凝汽器水位外，其他阀门一般不进行操作。停机后如要对低压加热器进行找漏时，应将汽侧放水阀全开，确认汽侧存水放净时再启动凝结水泵，检查汽侧放水阀是否流水，根据水量的大小，可以判断低压加热器管束漏泄程度。

机组运行中，如果发生低压加热器管束或水室结合面漏泄以及其他缺陷时，则需要将低压加热器停止，低压加热器疏水泵停用。减少负荷的数值以除氧器不振动为宜。切除低压加热器时，应先关闭加热器的进汽阀和空气阀。为保证凝结水不能继续流入除氧器，应先开启水侧旁路门再关闭水侧出入口阀，然后关闭疏水阀，最后开启汽侧入水阀及水室放空气阀。为防止抽汽管道内积存疏水，应将抽汽止回阀前后的疏水阀开启。

当需要在机组运行中投入低压加热器时，应先开入口水阀，注意排净空气，防止汽水共存，再开出口阀，关水侧旁路阀，使凝结水全部通过加热器。当汽侧放水阀全关后，缓慢开启加热器进汽阀，将汽压逐渐提高到当时负荷的抽汽压力，而后根据负荷情况启动疏水泵。加热器投入后，关闭抽汽管道上的疏水阀。

2. 低压加热器的运行维护

低压加热器正常运行时，主要监视其水位的变化，如果低压加热器管系漏泄或水位调整失灵时，均会造成水位升高或满水。低压加热器满水时除能引起壳体振动外，还可能使汽轮机中、低压缸进水。判断低压加热器水位是否过高，除了水位计及水位信号外，还可以从低压加热器出口温度来判断。如果负荷未变而出口水温下降，则说明某台低压加热器水位过高。另外，在正常运行中，对汽侧压力最低的低压加热器出入口水温也要注意检查，如果此低压加热器的出入口水温减小，说明汽侧抽汽量减少。这可能是由于空气排不出去引起的，应进行调整。

（二）凝结水泵及运行

凝结水泵的主要任务是将凝汽器下部热水井中的凝结水抽出，送入回热系统中去，同时还要保证在启动和低负荷运行时的射汽抽气器（如采用射水抽气器系统中无此设备）和轴封冷却器冷却用水、旁路系统减温水、回热抽汽管道上止回阀动力水等。因此，凝结水泵的运行对机组运行的安全性和经济性有着重要意义。

1. 凝结水泵运行的特点

凝结水泵是在高真空条件下，输送接近凝汽器压力下的饱和水。为了保证水泵工作可靠，一般安装在凝汽器热水井水面下 0.5～1m 处，并装有水位调节器，同时要求泵轴两端的填料具有很好的严密性。凝结水泵还须装设一根通往凝汽器的空气平衡管，用以将水泵进口侧不严密处漏入的空气、进口侧凝结水中分解出的气体以及部分蒸汽由平衡管引入凝汽器，然后由抽气器抽出。

在运行中要特别注意泵的出口压力、凝结水流量、电机电流和热水井水位的监视，注意填料的密封情况，在运行中泵的密封水不得断流，以防空气漏入。

在启动、低负荷运行时，用调整再循环门来保持热水井水位以保证凝结水泵正常工作。

2. 凝结水泵的启停

目前大机组配套的凝结水泵包括主凝结水泵和凝升泵（升压泵），主凝结水泵将凝汽器内的凝结水送入除盐设备，经过除盐后的凝结水再用凝升泵进行升压，通过低压加热器组进入除氧器。主凝泵与凝升泵串联工作，一方面避免了除盐设备承受较高的压力，另一方面由于凝结水通过除盐设备后，压力损失较大，需凝升泵提高压力后才能送入除氧器。主凝结水泵与凝升泵工作条件不同的是主凝泵抽吸高度真空下的饱和液体——凝结水，容易产生汽蚀，而凝升泵则不会发生这种问题。

通常每一汽轮机组配置两台主凝结水泵与两台凝结水升压泵，其中一台主凝结水泵和一台凝结水升压泵保证汽轮机的正常运转，另一台主凝结水泵与凝结水升压泵作为备用。

凝结水泵在启动前，凝结水系统应完好，并已达到投入状态，各放水门关闭，放气阀开启；邻近除氧器的低压加热器出口阀应关闭，出口阀前入水阀也应关闭，其他低压加热器出入口均开启，旁路阀关闭；开启轴封抽气冷却器出入口阀、关闭旁路阀；开启除氧器水位调节主、副前后截止阀；开启凝结水再循环前后截止阀；开启化学至补充水箱补水阀及自动补水前后截止阀，开始向补充水箱补水；开启补充水箱至凝汽器的补水阀，开始向凝汽器补水，并将水位投"自动"，开启凝结水泵入口阀、空气阀及密封水阀；开启凝升泵入口阀及轴承冷却水供回水阀；开启补充水箱至凝升泵入口注水阀；开启凝升泵空气阀，当见到水后将此阀关闭；检查凝结水泵电动机油位、凝汽器水位；凝结水系统至其他系统的各阀应关闭。

启动凝结水泵后，确认无异常时再缓慢开启出口阀，检查电流是否正常，声音、振动及轴承温度、出口压力均正常；各处排空气阀见到水流后可以关闭。启动凝升泵时，也是缓慢开启出口阀向凝结水系统注水，当各处排空气阀见到水流后才可关闭；检查凝升泵电流、声音、振动、轴承温度及出口压力正常，调整轴承冷却水量；开启各备用泵出口阀，投入各泵连锁开关。

当停止凝结水系统时，应先开启凝汽器至凝升泵的入口阀；断开凝结水泵及凝升泵的连锁开关；关闭凝升泵出口阀，将凝升泵停运，检查电流及压力到零，并防止泵倒转；关闭凝结水泵出口阀，将该泵停运，检查电流及压力到零，并防止泵倒转，关闭凝汽器补水阀，关闭化学至补充水箱补水阀。水泵正常运行时，要注意检查凝结水泵和凝升泵的转向正确，振动正常，进出口管无振动；凝结水泵及凝升泵出口压力表指示应正常；凝结水泵的密封水应正常；整个系统无泄漏，凝汽器热井水位应正常；各泵、各轴承温度、电机线圈温度应正常；补充水箱的水位应正常。

三、除氧器系统的运行

除氧器作为给水回热加热系统中的一个混合式加热器，其作用是除去锅炉给水中的氧气、氮气、二氧化碳等气体，以保证锅炉给水的品质合格。因此，除氧器还承接着高压加热器的疏水，化学补充水、全厂各处的疏水、排汽等均可汇总通入除氧器加以利用，以减少电厂的汽水损失。除氧水箱是为了在机组负荷波动、机组启动和意外事故（如凝结水系统事故、除氧器进水中断等）时，保证在一定时间内给水泵能不间断地向锅炉供水。

火电厂运行中，给水会不断地溶解入气体，主要是由补充水带入的空气，从系统中处于真空下工作的设备（如凝汽器及部分低压加热器）和管道附件不严密处漏入空气。溶入水中的氧对热力设备及管道会产生强烈的腐蚀作用，而二氧化碳又将加剧氧的腐蚀，在短期内就会造成管道腐蚀穿孔，引起泄漏或爆管。而所有不凝结的气体在换热设备中均会使热阻增加、传热效果恶化，从而导致机组热经济性下降。因此锅水的含氧量必须严格控制在允许的范围内，一般高压以上锅炉的给水含氧量应控制在 $7\mu g/L$ 以下。

（一）除氧器系统

除氧器系统由除氧器及与之相连的管道、附件构成。图 5-33 为某 300MW 机组滑压运行除氧器全面性热力系统图，除氧器出力为 1080t/h，给水箱储水量为 180m³。该除氧器的加热汽源取自第四段抽汽，抽汽管上无压力调节阀。除氧器滑压运行的范围为 0.147～0.865MPa。低负荷及启动汽源为辅助蒸汽联箱来蒸汽，其切换管上设有压力调节阀以维持启动和低负荷时除氧器定压运行。向辅助蒸汽联箱供汽的汽源为启动锅炉和冷再热蒸汽。除氧器水箱内设有再沸腾管，在锅炉启动上水时，利用再沸腾管将给水加热。滑压运行除氧器负荷骤升时，由于压力升高，给水温度的升高滞后于压力升高，此时投入再沸腾管在给水箱内对给水进行加热，以改善除氧效果，同时完成给水的深度除氧。再沸腾管的汽源一般为除氧器加热蒸汽。另还设置有启动循环泵，当机组启动前和机组负荷小于 15％额定负荷时，用启动循环泵将给水箱中的给水打回除氧器进行再循环。除氧器排汽在启动时排大气，启动带负荷后排至凝汽器。此外主凝结水、阀杆和轴封漏汽、高压加热器疏水和连排扩容蒸汽接至除氧器。另外启动时除氧器的水来自化学除盐水，机组停运时除氧器的放水至定期排污扩容器。如遇机组甩负荷，为防止给水泵汽蚀，在三台给水泵进口处设置了注入"冷水"（即主凝结水）的管路，以加速给水泵入口水温的下降。系统内共设有三台给水泵，两台 50％最大给水量的启动调速泵经常运行，一台 50％最大给水量的电动调速泵备用。备用泵兼锅炉启动时上水用，给水泵出口止回阀上装有给水泵再循环管，启动和低负荷时将给水再循环至给水箱。为保证除氧器和给水箱工作安全，在除氧器和给水箱上方两侧各装有一只安全阀。

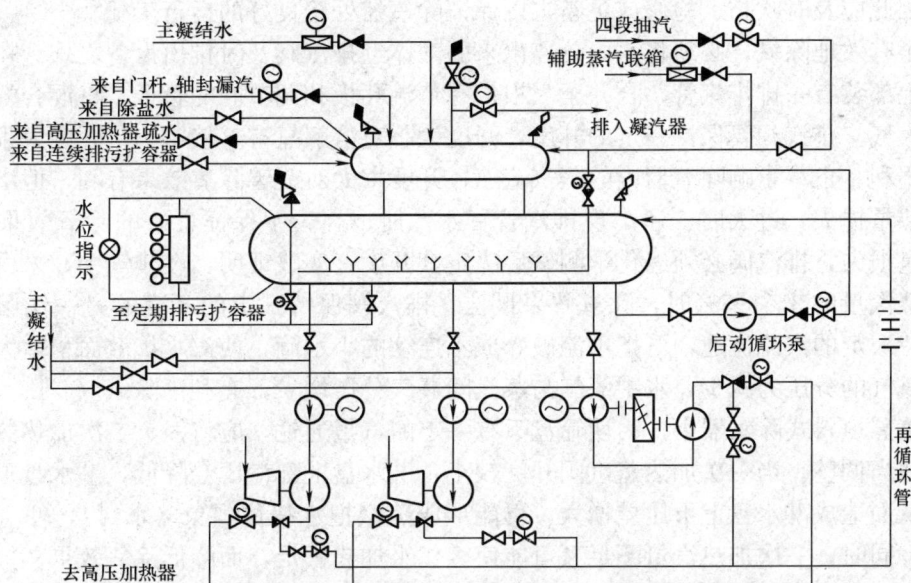

图 5-33　300MW 机组滑压运行除氧器全面性热力系统

（二）除氧器的启动与停运

单元机组的除氧器是随机启停的。机组启动时，锅炉应先上水，为此在锅炉点火前除氧器必须先投入。在对系统检查结束后，并先向除氧器补水，同时，加热汽源也应投入。补至正常水位后，补水停止，还需进行循环加热，这时除氧器的加热汽源可用启动锅炉来汽，也可用邻机抽汽。当水加热到规定温度，即可满足锅炉上水的要求。

给水泵运行时，需要开启至除氧器的再循环阀。汽轮机启动后，只有当凝结水硬度合格时，才能将凝结水导入除氧器。低负荷时注意保证除氧器内的压力应能满足轴封供汽的需要。机组负荷稳定后，投入压力和水位自动调节器。随着除氧器压力的上升，要注意根据给水中含氧量调整排气阀（排氧阀）的开度。与除氧器联络的其他系统，应随着机组启动的过程逐个地投入，如门杆漏汽、高压加热器疏水、锅炉连续排污等。

当停机时，随着机组负荷的减少、抽汽压力降低，当抽汽压力不足时，应将加热汽源切换到其他汽源处，并注意控制降压速度。机组解列时，关闭进汽阀，但因停机后锅炉需要间断上水，所以要保持好水位，直到给水泵不再启动时，除氧器的补水停止。

除氧器停运期间，应采取防腐保护措施，以防止空气或其他有害气体对除氧器及给水箱内壁侵蚀。通常规定：除氧器停运一周内，应采取蒸汽保养，停运一周以上，则应采取充氮保养，维持充氮压力在 $30\sim50\text{kPa}$ 范围内，无论是充蒸汽还是充氮，均应与除氧器泄压放水同时进行。

（三）除氧器运行中的监督

除氧器在正常运行中需要监督的主要指标有溶解氧、压力、温度、水位等。

1. 除氧器溶解氧的监督

通常给水中溶解氧应控制在 $7\mu g/L$ 以下，而除氧的结构是否良好、系统连接是否合理，直接影响着给水除氧的效果。对于喷雾填料式除氧器，如果喷嘴中心有偏差、雾化不好、淋水盘倾斜堵塞、筛盘穿孔或塌陷等等，都会造成水流不均匀，汽水传热面积减少而影响除氧效果，因此应及时吹扫、检修或更新，以保证除氧器处于良好的运行工况。

为了有效地除氧，必须将水中分离出来的气体经排汽阀及时排出设备之外。在除氧器水平方向上部装有一排排汽管，合并至一根带有节流孔板和调节阀的管子，将混合的蒸汽和气体排向大气。排汽阀要保持一定的开度，开度大小对溶解氧有直接影响，开度太小不仅对汽体排出不利，也将影响除氧器内的蒸汽流速；开度太大对改善除氧效果有利，但增大了汽水损失和热量损失，过大时，还出现排汽管冒水。所以，为了保证良好的除氧效果和减少工质、热量损失，排汽阀必须经化学测试后决定其开度。实践证明，在排气中，未凝结的蒸汽占加热蒸汽量的3%～5%时，除氧效果最佳。排汽阀保持一定的开度的另一作用是使除氧塔内保持一定的汽流流速，可把水流破碎成不连续的小水滴，使汽水扩散面积增大，同时又使塔内氧气的分压力减少，水中氧气与蒸汽间氧气分压增大，有利于除氧。

在喷雾填料式除氧器中，为使筛盘下有一定的汽量通过，应将一、二次加热蒸汽分配比例进行适当调整。当一次加热蒸汽阀开度较小，淋水盘上部汽压会降低，淋水盘下部汽压会增加，从而造成淋水盘上下压差增大，可能形成蒸汽把水托住现象（水封），使蒸汽自由通路减少。同时，一次加热汽量不足又可能使雾化水加热不足，而降低除氧效果。但如果一次加热蒸汽阀开得过大，又会影响深度除氧。因为给水经过喷雾加热后，还不能完全达到对应压力下的饱和温度，还有残余的气体没有分离出来，只有当水经过筛盘继续加热，重新组织水滴的自由表面，才能使新的氧气逸出。当一次加热汽阀不加限制时，必然会减少进入筛盘底部的汽量，造成给水中溶解氧过高。

进入除氧器的主要水源是主凝结水，如果进水量改变，除氧器内的压力将瞬间发生变化，但很快又能恢复到原来的压力，在这一暂态过程中，溶解氧也随之发生变化。如水量增加时，除氧器内的压力瞬间降低，此时水温高于饱和温度，有利于气体析出，溶解氧将减少。待进汽量增加后，压力和温度达到相应的饱和状态时，溶解氧又恢复到原来的数值。

在除氧器启动时，应投入再沸腾装置，使水始终保持在对应压力下的饱和温度。正常运行中，投入再沸腾可防止水面上出现蒸汽呆滞区。

2. 除氧器压力和温度的监督

压力和温度是除氧器正常运行中的主要控制指标之一，当除氧器内压力突然升高时，水的温度暂时低于压力升高所对应的饱和温度，溶解氧也随之升高；当除氧器内压力突降时，溶解氧先是较短时间的降低，但很快又回升上来，因为水温下降的速度落后于压力下降的速度，则水温暂时高于饱和温度，有助于溶解气体的析出。

在除氧器中，保证将水加热到除氧器压力下的饱和温度是提供气体从水中分离出来的基本条件。实践证明，即使是少量的欠饱和也会使除氧效果恶化，例如在0.6078MPa除氧器中，若加热不足（即欠饱和）0.63℃，将会使水中溶解氧达10μg/L之多。这已经超过了现行给水含氧量的规定标准，因此对定压运行的除氧器，应保证除氧器内压力稳定。压力的瞬间升高也会造成水温不饱和而增加溶氧量。进入除氧器的水温水量应满足设计工况下的热平衡要求。进水温度低（相邻加热器停用）或补充水量过大，都会使除氧器降压速度加快，给水不能加热到除氧器压力下的饱和温度，水中含氧量就会增大。

3. 除氧器水位的监督

除氧器水位的稳定是保证给水泵安全运行的重要条件。水位过低会使给水泵入口处的富裕静压减少，甚至使给水泵发生汽化。威胁锅炉上水，造成停炉等事故。水位过高，将会造成汽轮机汽封进水，抽汽管发生水击，或者促成除氧器满水，造成除氧器振动及排汽带水等。因此给水箱应能自动或手动调节到规定的正常水位。

水箱水位的变化也必然导致压力的变化，压力的突变对溶解氧的影响如前所述，此外对运行安全也有影响。当压力突然升高时，由于温度升高落后于压力升高的速度，对给水泵是有利的，可避免给水泵汽蚀。当压力突然降低时，由于温度降低要滞后一段时间，这时水箱内的存水温度高于对应压力下的饱和温度，易使给水泵产生汽蚀。因此除氧器内压力突然降低时，对给水泵的运行安全是不利的。

4. 避免除氧器发生"自生沸腾"现象

如前所述，除氧器的另一作用是汇集厂内的流水和余汽。当疏水温度高于除氧器内的饱和温度时，进入除氧器内的一部分疏水要汽化成蒸汽。它要排挤掉一部分除氧器用汽，严重时会使供汽量为零。由于自生沸腾的气泡漩涡发生在除氧塔下部，会使塔内压力升高，分离出来的气体排不出去，既降低了经济性又恶化了除氧效果。若出现自沸腾现象时，其解决办法一是提高除氧器的运行工作压力，二是改进进入除氧器的各种汽水管路。

(四) 除氧器的滑压运行

随着中间再热机组单机容量的不断增大，单元机组采用滑参数启停和滑压运行方式逐渐推广，除氧器也跟随采用了滑压运行。与除氧器的定压运行相对而言，滑压运行（也称变压运行）是指其运行压力随主机负荷变动而变化的方式，它是高参数大容量单元机组提高热经济性的措施之一。

1. 除氧器滑压运行的优点

除氧器采用滑压运行后对提高热力系统的经济性有如下优点：

(1) 避免了除氧器抽汽的节流损失。对于定压运行的除氧器来说，在任何情况下均应使除氧器内保持恒定的压力。供除氧器的抽汽压力一般需要高出除氧器工作压力 $0.2026 \sim 0.3039$MPa，抽汽管路上需装设压力调节阀。当机组在较高负荷下运行时，抽汽有节流损失，使热效率降低。当机组负荷再降低时，原抽汽压力不能维持除氧器一定工作压力时，需将抽汽切换到高一级压力的抽汽。同样导致节流损失，同时还停掉原级抽汽，热经济性降低更多。而采用滑压运行方式，不必维持除氧器压力的恒定，所以至除氧器的抽汽管路上设有压力调节阀。除氧器压力在任何工况下都接近供汽压力，低负荷时也不需汽源切换，这样既简化了系统又避免了节流损失，大大改善了回热系统的经济性。图 5 - 34 为除氧器两种运行方式的热经济性比较曲线。当机组从额定负荷开始降低时，抽汽压力随之降低，定压运行除氧器的节流损失随之逐渐减少，$\delta\eta$ 随负荷的下降而下降，如图 5 - 34 中 ab 曲线所示。当机组负荷继续下降（约 70%）到抽汽压力不能满足定压运行要求时，则需切换至高一级抽汽，这时由于停掉了原级抽汽，热经济性显著下降，$\delta\eta$ 将突然增大（曲线上

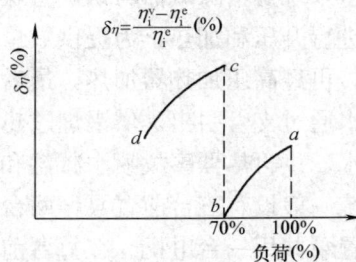

图 5 - 34 除氧器两种运行方式的热经济性比较

η_i^y—滑压运行热效率；η_i^c—定压运行热效率

c 点），一直到滑压除氧器在低负荷（约 20％）切换成定压运行，这段负荷区间滑压除氧器热经济性也一直高于定压除氧器，如图 5 - 34 中 cd 曲线所示。据有关资料介绍，国外 100～150MW 中间再热机组采用除氧器变压运行提高机组效率 0.1％～0.15％，尤其在 70％ 负荷以下运行时，可提高效率 0.3％～0.5％。

（2）可使汽轮机抽汽点得到合理分配，提高机组的热经济性。在设计汽轮机时，汽轮机回热抽汽点的确定，在考虑汽轮机结构合理的同时，应尽量使抽汽点布置得合理，因为这样可以提高汽轮机回热系统的经济性。除氧器在采用定压运行时，往往不能很好地把除氧器作为一级加热器使用，表现为凝结水在除氧器中的温升比在其他加热器中的温升低得多，即除氧器的工作压力与后面相邻一级低压加热器的抽汽压力相差不多，或者与它前面的一级高压加热器同用一级抽汽，这两种情况都使抽汽点不能合理地分配。当除氧器采用滑压运行时，上述缺点就可以避免，此时除氧器中的压力就和其他加热器一样是随着负荷变化的，则除氧器起着除氧和加热两个作用。在热力循环中作为一级回热加热器使用。

2. 除氧器滑压运行时出现的问题及解决措施

除氧器内压力与水温变化速度不同，压力变化较快，水温变化则较慢。当汽轮机在额定工况下稳定运行时，进入除氧器的水量、水温符合设计工况，除氧器的定压与滑压工作效果是一样的，都能保持给水处于沸腾状态。当机组负荷变化缓慢时，除氧器内压力与水温变化不一致的矛盾也不突出。但当机组负荷突变时，情况变得严重起来。当负荷骤增时，水温升高远远落后于压力的升高，致使除氧器内原来的饱和水瞬间变成不饱和水。原逸出的溶解氧就会重新溶回到水中，出现"返氧"现象；当机组负荷骤减时，水温的降低又滞后于压力的降低，致使除氧器内的水发生急剧的"闪蒸"现象。虽然除氧效果变佳，但进入给水泵的水温不能及时降低，而泵的入口压力则已下降，当这个压力降很大时，将在水箱、给水泵进口等处发生部分水的汽化，严重时会引起给水泵不能正常工作。

负荷突升过程中的除氧恶化问题，可以通过加装在给水箱内的再沸腾管式内置加热器来解决，目前国内机组普遍加装了再沸腾加热器。突然甩负荷时防止给水泵的汽化问题，则要在给水系统上采取措施。如适当提高除氧器的安装高度，增大除氧器水箱容积，降低除氧器的设计压力；增加低压加热器机组管路的水容积，以减缓甩负荷时除氧器内压力和温度变化的时间差；此外，在给水泵前装设前置泵，增大给水泵入口压力，使水泵入口压力始终高于水温对应的饱和压力，也是防止给水泵入口汽化的有效措施。

四、给水系统的运行

给水系统是指除氧器与锅炉省煤器之间的设备、管路及附件等。该系统的主要作用是对主给水进行升压和加热，为提供数量和质量都满足要求的给水。给水除氧后经前置泵和给水泵升压，再经高压加热器加热，最后通过给水操作台送至锅炉省煤器进口。另外，给水泵出口的给水通过支管引出，供锅炉过热器和汽轮机高压旁路作为减温水；给水泵中间抽头抽出部分给水，供再热器事故喷水减温和微量喷水减温。

系统一般设有三台前置泵，两台汽动给水泵的前置泵单独配置电动机，另一台电动给水泵与前置泵共用一台电机。在每台前置泵的吸入口均装有一个电动门和一个滤网。在启动初期，滤网可以分离出安装和检修期间可能积聚在给水箱和吸水管内的焊渣、铁屑等杂物，以保护给水泵。在给水泵入口也装有滤网，对给水泵进行保护。前置泵出口管有一根给水泵暖泵管，在给水泵启动之前对给水泵进行暖泵。给水泵平衡盘的泄漏管接至前置泵出口、给水泵入口的管道上。

两台容量为50％的汽动给水泵由两台小汽轮机变速驱动，小汽轮机的汽源为中压缸的四段抽汽，主蒸汽作为启动和低负荷时的备用汽源。每台汽动给水泵出口管上装有一个止回阀和一个普通的电动阀，从止回阀处又有一路给水泵再循环管到除氧水箱。电动给水泵主要在机组启停时用，正常运行时处于热备用状态。当汽动给水泵发生事故或汽轮机甩负荷时，电动给水泵可以立即投入。电动给水泵的出口管也设有给水泵再循环管到除氧水箱。每台给水泵的出口均设置了一套流量测量装置。

给水的流程为除氧水箱下来的水经过给水前置泵入口阀、给水前置泵、给水泵（两台汽动泵、一台电动泵）、给水泵出口止回阀、给水泵出口电动阀、高压加热器入口电动阀、高压加热器入口联程阀、3号高压加热器、2号高压加热器、1号高压加热器、高压加热器出口联程阀（或小旁路）、高压加热器出口电动门，最后到达锅炉给水操作台。

（一）高压加热器的运行

高压加热器能否正常投入运行，对电厂的经济性和负荷都有很大的影响。当高压加热器切除时，由于抽汽量的变化，改变了汽轮机各级的压降和蒸汽流量，使动叶、隔板上所受应力随之增加。另外，由于进入锅炉的给水温度降低，若锅炉仍保持原来的蒸发量，则必然要加大燃料消耗量，由此可能会造成锅炉过热器超温。因此，在高压加热器停用时，应限制机组的负荷。此外，高压加热器停运后，加大了排汽在凝汽器中的热量损失，降低了机组的循环热效率。对于一台300MW机组，高压加热器切除时，机组热耗将增加4.6％，标准煤耗率增加14g/（kW·h）左右。由此可见，提高高压加热器的投入率，对发电厂的安全、经济运行将有着重要的意义。

1. 高压加热器的启停方式

为防止高压加热器管束及胀口泄漏，延长高压加热器的寿命，在高压加热器启停过程中应限制高压加热器的温度变化率。国产300MW机组规定，启动时给水温升率不大于1.7℃/min；停止时，温降率也不大于1.7℃/min。为了控制高压加热器温度变化率在规定范围内，高压加热器应随机组滑启、滑停。这是由于给水温度和抽汽参数是随着机组负荷的增减而变化的，高压加热器的壳体、管束、管板、水室等就能均匀地被加热和冷却，相应地金属热应力也就减少了，高压加热器管束和胀口泄漏也可能会大大减少。

随机启动高压加热器时，一般在给水泵运转后，就对高压加热器注水。在注水过程中，根据邻近除氧器的高压加热器入口给水温升速度，控制注水阀开度。高压加热器注满水后，从汽侧放水阀检查高压加热器管束是否泄漏。如果不漏，即可关闭该放水阀，连续排汽阀全开。投运过程中，重点要监视高压加热器水位的变化。疏水方式为逐级自流，并用疏水调节阀保持水位，在机组负荷稳定后投入水位自动调节。高压加热器随机启动时，如果高压胀差增长较快，应适当关小一次抽汽阀，以提高高压外缸的温度。

高压加热器随机滑停时，随着负荷的减少，抽汽参数和给水温度逐渐下降，直至汽轮机停止运行时，高压加热器也随之停止。当机组负荷降低时，要特别注意汽轮机上下缸的温差，如果上下缸温差增大时，可以停止高压加热器，以保证汽轮机的安全运行。高压加热器停止后开启高压加热器汽侧放水阀。

高压加热器在启停过程中，温度变化率比较难控制，操作时要特别注意。启动时，为避免高温给水对高压加热器管束、胀口、管板等部件的热冲击，通水前要先进行预暖。利用蒸汽对金属的凝结放热，使筒体、管板和管束加热到接近于正常的给水温度，之后再进行注水充气。注水时要注意监视水侧压力，不要提得太快，以使容器和管道内空气充分排出。高压加热器注满水时，其水侧压力应等于管道内的给水压力。关闭注水阀时应注意观察高压加热器水侧压力，如果压力不下降，则高压加热器不漏，此时可以进行通水操作。高压加热器通水后，按抽汽压力由低到高的顺序，逐个开启每台高压加热器进汽阀和疏水阀，并注意监视每台高压加热器出口给水温度变化率，直至将进汽阀全开。疏水逐级自流到除氧器。

停用高压加热器时，先停汽后停水，按抽汽压力由高到低的顺序缓慢关闭每台高压加热器进汽阀。严格控制给水温降速度。水侧停止以前，要先开给水旁路阀，再关闭出入口阀。为防止汽侧超压，疏水阀最后关闭。汽侧全停后，应开启汽侧及水侧放水阀。

不论高压加热器是随机启动还是在机组运行中启动，都必须提前进行保护装置试验，通水前先投入高压加热器保护。

2. 高压加热器正常运行中的维护

（1）高压加热器正常运行时应做如下维护工作：

1）保持正常高压加热器水位，防止无水位或高水位运行。高压加热器无水位运行时，蒸汽将通道疏水管流入下一级加热器，从而减少了下一级抽汽，直接影响着机组回热系统的经济性；同时由于疏水管内的汽水共存而造成管道的振动。另外，无水位运行时，蒸汽夹带着被凝结的水珠流经加热器管束的尾部。将造成部分管束的冲蚀，特别是疏水冷却段处的管束。高压加热器水位过高时，一方面使管束的传热面积减少，给水温度下降；另一方面水位过高容易造成保护动作，而一旦保护失灵，容易发生汽轮机进水。

2）监视高压加热器出入口温度和抽汽压力。若给水温度降低，可能是疏水水位过高、汽侧连续排汽不畅、处于关闭状态下的给水旁路阀不严、入口联程阀未全开以致部分给水旁路等。此外，加热器入口水室挡板与筒壁或管板之间有间隙，也可能使给水走近路，应将挡板缝隙封死。抽汽止回阀、加热器进汽阀开度不足，处于节流状态，也使给水温度降低，此时可根据汽轮机抽汽阀与加热器汽侧压力之差的变化来分析。若汽侧压力等于或高于抽汽压力，则说明高压加热器水位过高，应及时采取措施。

3）高压加热器汽测连续排汽阀要畅通，防止空气聚集在传热面上，影响高压加热器传热效果，腐蚀高压加热器管束。

4）注意负荷与疏水调节阀开度的关系，当负荷未变而调节阀开度增加时，管束可能出现轻度泄漏，此时应将高压加热器停止，防止压力水对相邻管束的冲刷。

5）防止高压加热器在过负荷状态下运行。高压加热器在过负荷时，抽汽量增加，蒸汽流速加大，将使管束发生振动。另外将使过热蒸汽冷却段出口蒸汽过热度减少，产生的水雾将严重侵蚀管束。此时，可暂关进汽阀，使高压加热器的给水温升保持在正常值。

6）在运行时，应维持给水溶氧不超过 $7\mu g/L$。高压加热器随机启动时，要防止未除氧的水通入高压加热器。给水的 pH 值为 $8.8\sim9.2$，pH 值高，易于在碳钢管形成一层保护膜，可减少对设备的过度腐蚀，但 pH 值过高，又将加速设备腐蚀。

7）高压加热器运行中，汽侧的安全阀应保证可靠好用，并定期进行校验及动作试验。应定期进行高压加热器保护、危急疏水阀、抽汽止回阀和进汽阀的连锁试验；定期冲洗水位计，防止出现假水位。

（2）高压加热器正常运行中主要监视的指标有：

1）加热器的端差。运行中若端差值增加，可能是由于加热器受热面结垢；加热器抽空气管上的阀门开度与节流孔太小，使加热器汽空间集聚了过多的空气；疏水器或疏水阀工作不正常使疏水水位过高；加热器旁路门漏水等原因造成。

2）汽侧水位。水位应保持在规定的范围内。当水位迅速升高到进汽管口时，会使水从抽汽管流入汽轮机造成水击。凝结水位过低时，会维持不住汽侧压力，造成蒸汽由疏水管跑掉，使疏水管发生振动。因此，当高压加热器水位升高时，应联动高压加热器紧急疏水阀开启排水；若水位继续升高，则不但继续开启紧急疏水阀，而且必须做好解列高压加热器的准备；水位过低或无水位时，也应将高压加热器解列检修。

3）加热器内蒸汽压力与出口水温。在运行中，如加热器内压力比抽汽压力低得多，则加热器出口水温将随之下降，说明回热抽汽管上阀门节流损失增大，可能是由于抽汽管道上止回阀或截止阀未开足或卡涩造成的。

3. 高压加热器停止后的防腐

为了防止高压加热器管系的锈蚀，高压加热器停运后要进行防腐，停运后如不充水，应将水排干，并保证汽、水各隔绝门严密。

高压加热器管系锈蚀的主要原因是氧化，因此，防腐时主要保证管系与空气隔绝。一般有以下两种方法：

（1）高压加热器停用时间在 60h 以内，可将水侧充满给水。

（2）高压加热器停用两星期以内，其水侧充满含（50～100）$\times 10^{-6}$L/L 联胺的凝结水，汽侧充满蒸汽或氨水。高压加热器停用两星期以上，水侧、汽侧均应充氮。

4. 高压加热器事故处理

在高压加热器运行中，常出现的事故是管束泄漏而使水位升高。此时若保护拒动而又操作不当时，则可能会使高压加热器壳体爆破。因此，应严格监视高压加热器的水位。高压加热器一旦满水，除能发出水位高信号外，还将使端差增大，出口水温下降，严重时，汽侧压力出现摆动，并可能导致抽汽管道和加热器壳体振动。当发生上述现象时应立即将高压加热器切除，先切断水侧，再将各台高压加热器进汽阀同时关闭，稍开汽侧放水阀泄压，最后关闭疏水阀，此时要注意壳体内压力不应升高。如果由于水位波动造成高压加热器保护动作时，不要急于关进汽阀，待水位恢复正常后，高压加热器入口联程阀及出口止回阀将自动开启，高压加热器继续通水，调节水位并保持在正常范围内。但不允许长时间停用高压加热器水侧而不停汽侧，以防止蒸汽继续加热管束内不流动的给水，而引起水侧超压导致管束爆破。

5. 高压加热器的程序控制

图 5-35 为某台机组的高

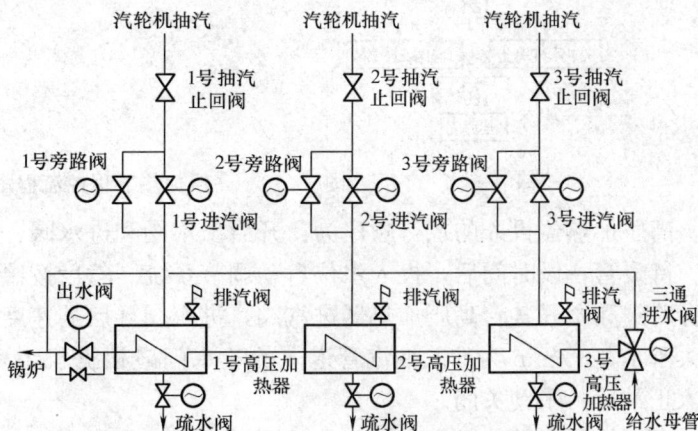

图 5-35　高压加热器管路系统图

压加热器管路系统图。高压加热器也可以当机组带到一定负荷后再投入，其汽侧一般不设运行抽空气管，为排除启动前存于汽侧和加热器连接水管内的空气，设置了启动排气阀直接排空气。加热器投入前，应检查水侧是否泄漏。此外还应确认凝结水和给水系统已运行；高压加热器各疏水阀状态正确，各放水阀关闭；高压加热器各进汽电动阀在关位并已送电；高压加热器出入口阀在关位并已送电；高压加热器保护正常好用；高压加热器出入口联程阀已在开位等。在高压加热器启动过程中，根据当时的温升及水位变化，高压加热器进口蒸汽阀不应全开，但这一点程序控制启动很难完成。因为目前程序控制都是双位式的开关量，即阀门不是全开就是全关，因此要求进口蒸汽阀实现开度调节是有困难的。另外高压加热器投运时，考虑到进汽阀即使不全开也易造成热冲击，使壳体各部分加热膨胀不均匀而产生热应力，故系统中设置了旁路电动阀（有些大型机组无此电动阀）。在启动初期，先开进汽阀的旁路阀，对管道进行暖管，同时对高压加热器进行预热。经一定时间后，再逐步开启进汽阀、关闭旁路阀，按高压加热器疏水的温升曲线对给水加热，同时应注意上述监视指标。

图 5-36 为高压加热器程控流程图。程控的对象有进出口水阀、抽汽止回阀、旁路进汽阀、进汽阀以及三台高压加热器水位调节系统的信号控制。

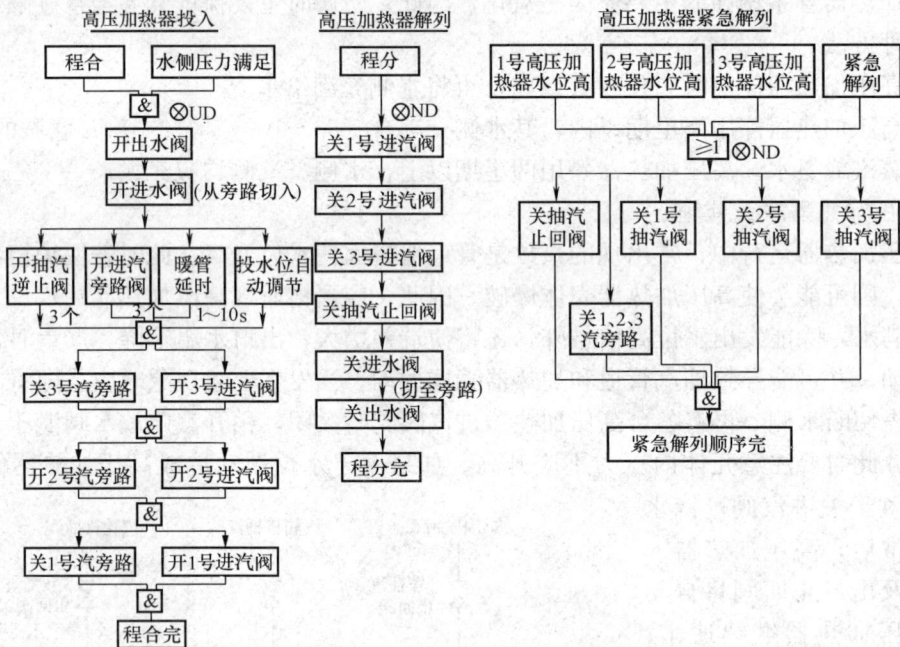

图 5-36　高压加热器程控流程图

高压加热器投入的执行顺序为：开启出水阀和进水阀、开启抽汽止回阀、开启进汽旁路阀，待暖管一段时间后，投入水位自动调节系统。然后按照压力由低向高的顺序逐渐关闭进汽旁路阀和全开各台高压加热器进汽阀，进汽阀开启的速度以各台高压加热器出口水温升率不大于 1.7℃/min 为准。抽汽管道上的疏水门应根据机组负荷逐渐电动关闭或高压加热器投入正常后，手动关闭。

高压加热器的停运程序，与启动同样原理，先停汽侧再停水侧，先停压力高的抽汽，后停压力低的抽汽。

高压加热器的紧急解列程控指令的发出有两种情况：一是只要三台高压加热器中有一台水位达到最高水位，即自动发出紧急解列指令；二是由运行人员根据高压加热器或系统发生异常情况而必须切除高压加热器时，按下"紧急解列"按钮发出指令。紧急解列高压加热器时，要求快速切断汽源，以防止高压加热器内疏水倒流入汽轮机。因此，所有被控对象（阀门）均采用"并联"控制，同时执行动作。但疏水阀的关闭应滞后于进汽阀的关闭，防止高压加热器疏水进入汽轮机内。

（二）给水泵的运行

1. 给水泵的启停

（1）暖泵。给水泵再启动前无论处于热态还是冷态都必须暖泵，如不暖泵或暖泵不充分，给水泵启动时将会因泵壳上下温差而变形。在这种情况下，就可能使泵动静部分摩擦，引起振动。

暖泵方式一般有正暖和倒暖两种。正暖就是水从给水泵入口进入泵内，经泵出口暖泵门排出。为了减小暖泵时壳体上下温差以更好暖泵，在暖泵时壳同时打开泵高压端和低压端的暖泵门，暖泵水回收至凝汽器或低位水箱。启动第一台给水泵前，暖泵投正暖；第一台给水泵启动后，备用泵投倒暖。倒暖时暖泵水在泵内的流动方向与泵正常工作时给水的流动方向相反，暖泵水一般由运行泵出水管道或中间抽头引出。

（2）给水泵启动和停止。给水泵启动前应将出水门关严并进行各项检查。给水泵暖泵后先投入辅助油泵向各轴承供油，并送密封水，给水泵联动试验合格后全开再循环门，条件具备后即可启动。给水泵启动后检查电机电流和泵出口压力，一切正常后打开泵出口门向锅炉供水。视流量情况，逐步关闭再循环门。

给水泵停运，应先试验辅助油泵，正常后全开再循环门，全关泵的出口门，停止给水泵。如果给水泵停运后备用，则应维持辅助油泵运行，并投入暖泵系统，保持泵的温度以便随时启动；若泵停运后进修检修，应在泵停转后停止辅助油泵运行，并将泵从给水系统隔离出来，开启泵的放水门，将泵内存水放尽。

2. 给水泵运行维护和调节

（1）给水泵运行维护。给水泵设计时一般都规定有一个允许的最小流量（约为额定流量的25%～30%），如果运行给水泵的流量小于最小流量，一方面会引泵内给水摩擦热不能全部带走，温度越来越高，导致给水汽化；一旦汽化，泵内水压不稳将引起泵平衡盘窜动，甚至与平衡座发生摩擦，严重时会导致烧坏或卡涩事故。另一方面泵的流量——扬程曲线在小流量范围较平，容易出现压力脉动而引起"喘振"。因此，在给水泵启停或低负荷运行时，必须开启再循环，以保证给水泵流量不小于允许的最小流量。

给水泵运行中必须保证其出口自动止回阀严密、灵活、可靠，以防止泵掉闸时因逆止门不严或不灵活造成高压水倒流或水泵倒转。如出现这种显现，倒流的高压水会使低压给水管路损坏、除氧器除氧恶化或损坏；水泵倒转会使装在泵轴上的油泵倒转而打不出油，造成给水泵轴瓦烧坏，甚至造成锅炉缺水。

当机组减负荷时，应注意除氧器内压力不能降低过快，否则会引起给水泵内汽化或泵的各部分因温度降低过快收缩不均，造成结合面漏水。

（2）给水泵调节。在分析单元机组的滑压运行时指出，采用变速给水泵是单元机组经济性得以提高的重要前提。

从流体力学中知道，给水泵的运行工作点是水泵的流量扬程曲线与水泵的装置扬程曲线在坐标图上的交点。对同一台给水泵，决定其装置扬程特性曲线的唯一变量是流量系数 K，而决定其流量扬程特性曲线的是水泵的转速 n，因此要想改变给水泵的工作点即流量，就有两种方法可选择，一是通过改变流量系数 K 而改变其装置扬程曲线，二是用改变转速 n 的方法改变给水泵的流量扬程曲线。前者可以在给水管路上装一调节流量的节流阀，用开大或关小这一调节阀门的方法，就可改变管路的流量系数 K，从而改变水泵的装置扬程曲线，达到调节流量的目的。

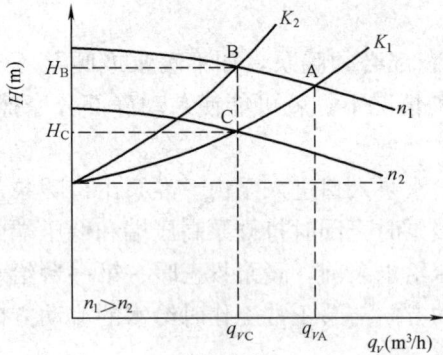

图 5 - 37　给水泵的调节性能曲线

如图 5 - 37 所示，当转速为 n_1 时，给水泵特性曲线与流量系数为 K_1 的装置扬程曲线相交于 A 点，流量为 q_{VA}，如需将给水流量减少到 q_{VC}，则可用关小调节阀的办法，把流量系数 K_1 改变到 K_2，管路特性曲线就随之发生变化，此时 K_2 装置特性曲线与转速 N_1 的给水特性曲线相交于 B 点，同理也可将 A 点改变为其他任何工作点。

节流调节是依靠节流阀处压力损失的大小来调节给水流量的，故要以节流压力的损失换取流量的变化，这正是节流调节的主要缺点。尤其对大容量机组，矛盾更加突出。例如对一般超高参数及亚临界参数的 200～400MW 再热机组而言，给水泵的功耗可达 6000～10000kW，占主机容量的 2%～3.5%，以 200MW 机组给水泵来说，给水泵耗电量约占全部厂用电的 25%，因而在低负荷运行时，给水节流损失不是个小数字。

考虑到上述情况，现代大容量单元机组都以变速给水泵取代了传统的定速给水泵。用改变泵本身的特性曲线使其特性曲线升高或降低的办法，改变给水泵的流量。如图 5 - 37 所示，假定给水阀门的开度不变，将给水泵转速由 n_1 变到 n_2，则水泵的工作点由 A 点变为 C 点，此时给水泵的流量由 q_{VA} 减少到 q_{VC}，显然采用变速调节，减少了调节流量时而附加的节流损失，这正是变速调节的优点。

目前，采用变速给水泵的方法是采用液力联轴器或汽动小汽轮机，液力联轴器是一个无级变速的联轴器，用液压来传递力矩，汽动小汽轮机用主机的蒸汽带动。

关于汽动小汽轮机的运行调节，在很多方面与主汽轮机相似。它的工作转速在大范围内可连续调节，一般调节范围在 3000～5400r/min，在这段转速内不会遇到临界转速振动问题。至于电动给水泵，则须注意在启动时将出水阀关严，待达到额定转速时再慢慢开启出水阀，以免因过电流而烧坏电动机，对汽动给水泵配置的备用电动泵，则应维持其开关处于自动位置，并使泵体处于暖泵状态，以便随时能自动启动。

3. 电动给水泵的程序控制

大机组正常运行时，锅炉给水通常由汽动给水泵提供。电动给水泵作为锅炉启动初期及低负荷时使用，或汽动给水泵故障时备用。电动泵与汽动泵之间构成了连锁，在连锁状态下，汽动泵事故或给水管压力低时，电动泵能自动联动启动。下面通过实例说明电动给水泵的程序启停过程。

图 5-38 为某厂电动给水泵管路系统图。此系统中的旁路电动阀及主出水电动阀只作开闭隔离用，不作调节。锅炉冷态启动时，给水由旁路管进入给水母管。电动给水泵冷态启动时需利用暖泵系统向内灌入由除氧器来的水。热态启动时，因给水管路内已有一定压力，则用倒暖泵系统灌水。泵体上下温差在小于 20℃时，才能启动。程序启停流程图如图 5-39 所示。

在启动过程中，当电动给水泵冷态启动时，开关 LK 断开；当电动泵热态备用时 LK 闭合 UD 亮为程合指

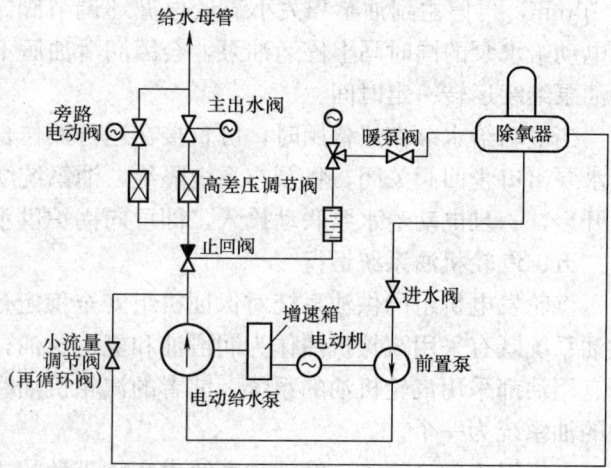

图 5-38　电动给水泵管路系统图

令产生。在正常运行时，两台汽动给水泵运行，可以满足机组负荷的要求。当给水母管压力低至某一值或汽动泵跳闸时，则需备用电动泵投入运行，故用"或"门逻辑；而当"风机运行"和"锅炉保护未动作"，则说明锅炉运行正常，可以投运电泵，故用"与"门逻辑。

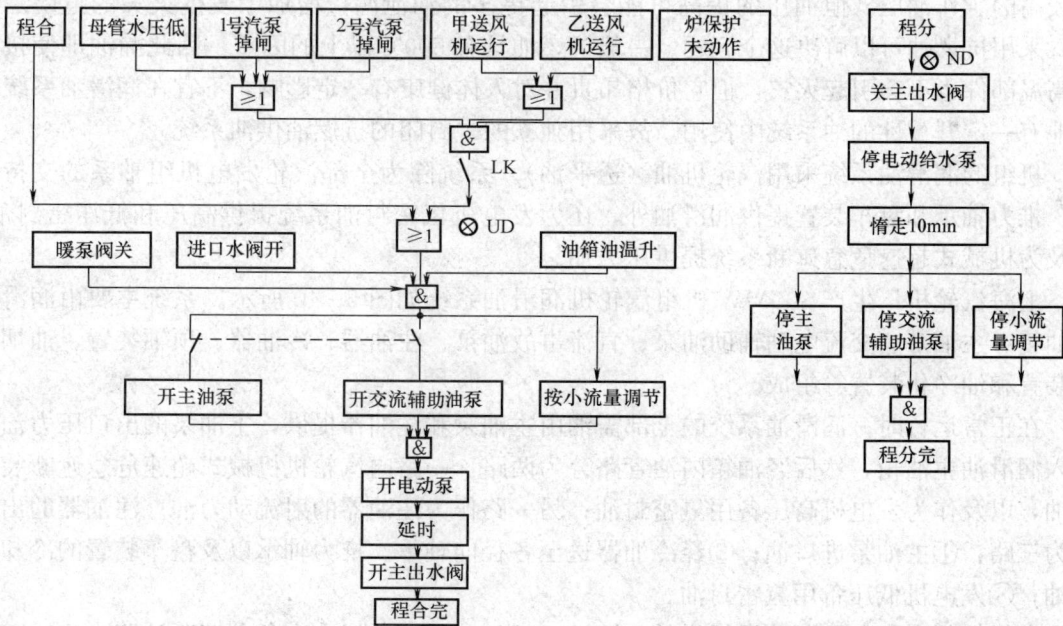

图 5-39　电动给水泵程序启停控制流程图

启动电动给水泵之前，应先启动润滑油泵，以保证电动机及其辅助设备正常运行，同时润滑油温应在规定范围内。启动电动给水泵前，为防止泵入口汽蚀和泵振动，应先开足再循环调节阀。冷态启动电动给水泵后应开启主给水电动阀，给水压力和流量由高差压调节阀自动调节或手动调节。

程分由人工发出指令，ND 指示灯亮，依次关主出水阀、停电动给水泵、保持给水泵惰

走 10min，再停主副油泵和关小流量再循环调节阀。大型电动机拖动转动机械，其惯性大，停电动给水泵的同时马上停运油泵，会因润滑油压不足而烧毁轴承和推力轴瓦，因此需要保持油泵继续运转一定时间。

当电动给水泵作热备用时，可直接在运行操作台上对电动给水泵作停止操作，同时电动给水泵出口止回阀关闭，将泵与系统隔绝，油系统继续工作，主出水阀开启，高差压调节阀也开启，一旦电动给水泵联动投入，即可向锅炉供水。

五、汽轮机油系统运行

汽轮发电机组的供油系统对保证机组安全稳定运行至关重要。300MW 汽轮发电机组的供油系统既有采用汽轮机油作为润滑油和氢密封油，采用抗燃油作为调节用油的系统，也有所有用油都采用汽轮机油的系统。前者的汽轮机油和抗燃油是两个完全独立的油系统，而后者的油系统为一个。

在机组正常运行时，润滑油系统由主轴带动的主油泵供油。其基本功能是为机组全部轴承和盘车装置提供润滑油，为发电机氢密封系统供油以及为机械式超速遮断及手动遮断提供安全油。采用抗燃油作为调节系统用油的机组除有汽轮机油系统外，同时还装备有专用的抗燃油供油系统，常称为 EH 油系统。因此，它比单一的汽轮机油系统要复杂得多，运行和维护的工作量也大得多。对于高参数大容量机组，为了改善调节响应的品质，提高调节系统的工作性能，增加它的可靠性和灵敏度，希望有较小机械惯性和摩擦影响的执行机构，就要求有较高的工作油压。但油压的提高可能会引起更多的油泄漏，增加了发生火灾的危险。显然，采用抗燃油可以解决这个问题。一般抗燃油具有 500℃ 以上的闪点，因此漏油即使接触到高温部件也不会引起火灾，但它价格昂贵并对人体健康有一定影响，不宜在润滑油系统等其他有一定开放性的油系统中使用，故采用独立的、封闭的抗燃油供油系统。

机组的润滑油系统采用汽轮机油（透平油）。系统除为全部汽轮发电机组轴系的支持轴承、推力轴承和盘车装置提供润滑油外，还为发电机氢密封油系统提供高压和低压密封油，以及为机械式超速危急遮断系统提供压力油。

上海汽轮机厂生产 300MW 机组汽轮机润滑油系统如图 5-40 所示。系统主要由润滑油主油箱、主油泵、交流电动辅助油泵、直流事故油泵、注油器、冷油器、顶轴装置、油烟分离装置和油净化装置等组成。

在正常运行时，润滑油系统的全部需油由主油泵和注油器提供，主油泵的出口压力油先进入润滑油主油箱，然后经油箱内油管路分为两路：一路向汽轮机机械式超速危急遮断装置供油，以及作为发电机高压备用氢密封油；另一路作为注油器的射流动力油。注油器的出油分为三路：①主油泵进口油；②经冷油器送至各径向轴承、推力轴承以及盘车装置的冷却润滑油；③发电机低压备用氢密封油。

向机械超速危急遮断装置提供的一路油，经过一固定节流孔在危急遮断油路中建立起压力。当危急遮断装置动作时，会在瞬间使危急遮断油路泄油失压，由于有节流孔，此时流入该油路的压力油不会影响快速泄油失压，而且流过节流孔的油量很少，也不会造成主油泵出口油压和油量的过大变化，可以维持其他用油部件的正常供油量和油压。

润滑油系统中有两台冷油器。正常运行时，一台冷油器工作，另一台备用，因此可以轮换进行清洗和维护。两台冷油器间装有三通转换阀，可以在运行中进行冷油器的切换，备用冷油器在切换前必须充满油，以防止在切换后的瞬间造成轴承断油而引起事故。如

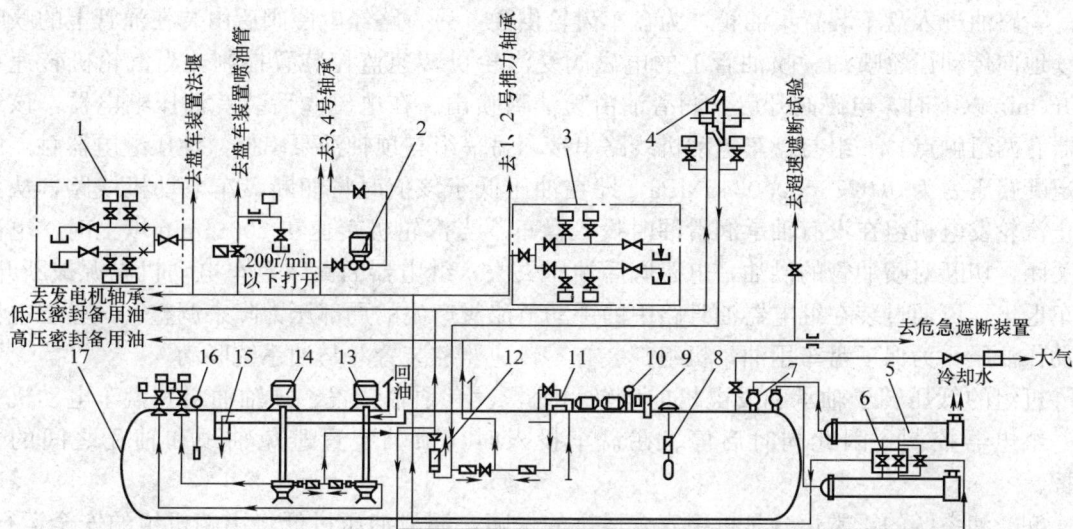

图 5-40 300MW 机组汽轮机润滑油系统

1、3—交流电动辅助油泵和直流事故油泵自启动试验装置；2—顶轴油泵（3 台）；4—主油泵；
5—冷油器；6—三通阀；7—窥视口；8—高低油位报警开关；9—除油雾装置；
10—排油烟机；11—密封油备用泵；12—注油器；13—交流电动辅助油泵；
14—直流事故油泵；15—回油滤网；16—油位计；17—油箱

需要，两台冷油器可并联使用。润滑油经过轴承和盘车装置后，温度要升高，油温的高低不但反映了轴承的工作情况，并且影响着机组的安全运行，因此必须将轴承回油温度限制在一个允许的范围内。一般要求所有轴承回油温度不高于 70℃，相应的冷油器的出口油温应在 40～45℃ 之间，为了达到这一要求，需要对冷油器的冷却水量进行调节。如果冷油器的出口油温在这个范围内，而轴承回油温度仍达到 70℃ 上，则可能有系统或轴承故障发生，必须进行检查。

机组运行对油质的要求很高，因而专门配置了一套油净化装置。当润滑油系统运行时（包括盘车装置在运行时），油净化装置同时投入工作，以不断清除油中的杂质和水分。油净化后，其中水分应少于 0.05％。润滑油系统中即使有很小的有害颗粒亦可使轴承受到破坏，从而导致代价高昂的检修。因此，润滑油系统除运行时投入净油装置以保证油质外，在机组启动前还需对整个系统进行彻底的清洗，包括机械清洗和油清洗。清洗过程应严格按制造厂制定的规程进行，并达到规定的油清洁度。有些机组的净油装置采用精密滤网，可滤除粒径 2μm 以上的杂质。

在启动和停机过程中，当主轴转速小于 2700～2800r/min 时，主油泵不能提供足够的油压和油量，故注油器也达不到正常出力，此时启动交流电动辅助油泵，以满足系统供油需要。辅助油泵有轴承润滑油泵和氢密封备用油泵，轴承润滑油泵提供低压备用氢密封油和轴承润滑油的全部油量，密封油备用泵提供高压氢密封备用油和危急遮断装置的全部需油量。供油系统中还没有直流事故备用油泵，它是由蓄电池组供电的直流油泵，在系统中作为交流电动轴承润滑油泵的备用泵，在交流电源或交流电动油泵发生故障时，它是保证汽轮发电机组轴承润滑油和氢密封油供应的最后保障。

在机组投入盘车时，盘车装置用油由电动轴承润滑油泵提供。轴承润滑油泵出油分为两路。一路油进入盘车装置集油箱，为盘车齿轮供油，另一路经电磁阀后由装在油管上的喷嘴连续地向传动齿轮喷油。喷油管上的电磁阀受汽轮机转速监控装置控制，当汽轮机转速在200r/min 以下时，电磁阀开启，润滑油由喷油嘴喷出。在电磁阀后装有油压继电器，该继电器有两组触点，一组与盘车电动机线路串接，另一组与顶轴油泵串接。油压继电器触点的整定断路压力为 0.0276～0.0345MPa，即在油压低于该值时将切断盘车电动机线路，从而防止汽轮发电机组在没有轴承润滑油时投入盘车。当汽轮机转速在 200r/min 以上时，电磁阀关闭，切断对喷油管的供油，电磁阀后油压失去，继电器断路，盘车电动机电源被断开。盘车退出。可通过装在继电器油管路中的手动节流阀产生的局部压力降来调整和试验继电器的动作油压。为保证盘车用油，机组都装有零转速监控装置并与油系统联动。

机组的低压转子轴承和发电机前后轴承处，设有顶轴装置。顶轴油泵和盘车电动机受同一继电器控制，因此同时启停。在盘车投入时，顶轴装置避免轴颈和轴瓦之间的干摩擦。

润滑油系统的正常运行是机组安全运行的保障。润滑油压过低将影响机组的安全运行，因此在油系统中设有监控轴承油压的压力继电器。对国产优化引进型 300MW 机组，当油压降到 0.0759～0.0828MPa 时，该继电器接通辅助油泵的电动机控制线路，使交流电动润滑油泵和氢密封油备用泵投入工作，以使油压保持在正常范围。在系统正常工作时，该油压继电器分别控制两组辅助油泵的常闭触点，并依靠轴承油压保持开路。当油压降到设定值时，两组触点同时闭合。当轴承油压降到 0.0690～0.0759MPa 时，另一个轴承油压继电器使直流事故油泵启动。为了避免上述 3 台辅助油泵在运行过程中产生频繁启停，导致油压在设置值附近上下波动。控制电路设计使各泵只能自启动，但在油压恢复以后不会自动停泵，必须手动停泵。手动操作开关安装在控制室，它是 1 个三位（停止、自动、启动）开关，当油压恢复后需要停泵时，必须手动操作，将开关拉向停止位置。触点释放后，开关弹回到自动位置，使油泵重新处于能自启动的备用状态。

在机组运行过程中，为了检验辅助油泵是否能在规定的低油压下自启动，润滑油系统中有两套交流润滑油泵和直流事故油泵的自启动试验装置。通过打开一个放油阀，使轴承油压继电器处产生局部压力降，可对继电器和辅助油泵的备用情况进行试验。油流先通过一个固定的节流孔，这样在正常运行中继电器感受的是轴承润滑油压，而在试验时不会使润滑油母管中的油压下降到运行所不允许的数值。因此，可以在运行过程中进行试验，而不会影响油系统的正常工作。同样，试验时油泵启动后也同样不会停止，必须在控制室操作三位开关手动停泵。

如果直流事故油泵启动后润滑油压继续降低，系统中设置的保护压力开关将使机组紧急停机，以保护机组的安全。

机组润滑油系统的油管为防护性的套管。典型套管如图 5-41 所示，最外层的大管道是通向主油箱的回油管，内部的小口径管道是压力油输送管，每隔一段距离由角钢支撑，一旦有压力油泄漏，漏油将通过回油管道流回油箱，不会喷射到汽轮机的高温管道上。从电厂防火角度来说，套装管道是较理想的油管结构。套装管道上有集污器和清洗器，因而可以很方便地对管路进行维护和清洗。

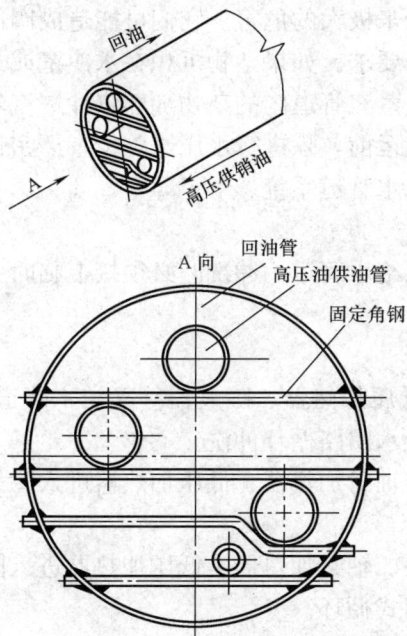

图 5-41　汽轮机润滑油套管

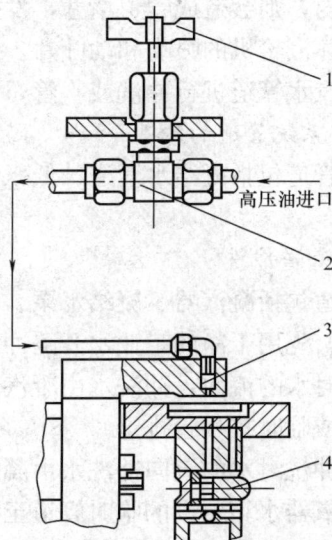

图 5-42　超速遮断机构喷油试验装置
1—试验手柄；2—试验阀；3—试验喷嘴；4—危急遮断飞锤

　　发电机轴承的进排油管道不是套装管道，回油由专门管路排入发电机氢密封油箱，将氢气从氢密封油系统中排出后再回到油箱。

　　汽轮机的机械超速遮断信号是由一路压力油传递的。该油路通过一个节流孔向危急遮断装置提供的压力油控制着隔膜阀，当这个油压失去时，隔膜阀开启，引起调节系统的 EH 油失压，从而关闭汽轮机的全部进汽阀门。在机组不解列的情况下，为了试验危急遮断飞锤能否飞出，在油路上布置超速遮断试验阀。试验时，将装于机头的试验手柄推向试验位置，并在整个试验过程中将其始终保持在该位置上，手柄通过连杆带动一个阀门，切断危急遮断油母管与超速遮断阀之间的联系，使试验时超速遮断阀的动作不会引起停机。同时，高压油可通过另一条油管路，由装于前轴承座中主轴前端中心线上的试验喷嘴（见图 5-42）向危急遮断飞锤中的油腔喷油，并在油腔中建立起油压，此油压由一个控制给喷嘴的供油量的试验阀来调整，用油压表显示。当在飞锤油腔中建立起足够的油压时，飞锤飞出，模拟超速遮断器动作。记下汽轮机在额定转速下喷油试验时的飞锤动作油压，作为原始参考油压，每次试验时对比该油压值，以判断危急遮断飞锤的工作情况是否正常。

第四节　管道及阀门的运行

　　现代大型火电厂的管道，大都采用厚壁合金钢管，它们多在高温高压下工作，承受着各种运行工况下的应力变化。正确的运行维护工作，可以延长管道使用寿命，并获得较大的经济效益。

一、汽水管道的冲洗

　　汽水管道检修、安装完毕后，在管道系统内往往存在一些杂物，如焊渣、金属屑和泥沙等。这些杂物在管内存留，将会给机组的安全经济运行带来极大的危害。它们可能造成阀门的卡涩和损坏，同时使蒸汽品质在很长时间内达不到合格要求。如果杂物沉积在水冷壁或过热器、再热器内，则会造成管道堵塞，发生爆管事故。主蒸汽管道内的杂物随蒸汽冲进汽轮机时，可能打坏汽轮机的喷嘴和动叶片。因此，在管道投运前，除进行水压试验检查严密性外，还必须对汽水管道进行冲洗或吹管，以获得洁净的汽水管道系统。

（一）炉前系统管道的冲洗

炉前系统管道包括凝结水管道、低压给水管道和高压给水管道，冲洗时必须接上临时上水和排水管道。

1. 凝结水管道冲洗

凝结水管道包括凝汽器、凝结水泵、轴封加热器、低压加热器、除氧器等凝结水管道。冲洗的方法是：先用干净的工业水开路冲洗，后采用除盐水闭路循环冲洗。

开路冲洗时水的流向：冲洗水由凝汽器经凝结水泵、轴封加热器、低压加热器进入除氧器，经放水管或临时排水管排走。

闭路循环冲洗时水的流向冲洗水由凝汽器经凝结水泵、轴封加热器、低压加热器进入除氧器，再由除氧器水箱装设的临时管道至凝汽器，构成闭式循环。

2. 高压给水管道的冲洗

高压给水管道包括除氧器、给水泵、高压加热器至锅炉省煤器入口门前的给水管道冲洗。冲洗前需在省煤器前接以临时管道，以便冲洗水的排放。

为进行高压给水管道的冲洗，应先试运给水泵，用给水泵打水冲洗管道。首先采用符合水质要求的软化水进行冲洗，然后再用除盐水进行冲洗。冲洗时以除盐水箱作为冲洗水箱，注入合格的冲洗水，将给水泵投入运行，逐渐使其达到最大流量，开始时先冲洗高压加热器旁路，然后再将高压加热器投入冲洗系统。

3. 炉前系统管道的化学清洗

要清除掉管道内壁的腐蚀产物，一般采用化学清洗方法。这种清洗方法不仅可以除掉管内壁的腐蚀产物，而且可以节省冲洗水的用量，缩短机组的启动调试时间，保证运行过程中的水汽质量。这对于防止锅炉事故，提高安全经济性具有重要的作用。

化学清洗的流程是：水冲洗→碱洗→冲洗→酸洗→冲洗→中和钝化处理。在清洗过程中，碱洗是为了除去管内的氧化铁等腐蚀产物；钝化处理是使酸洗干净的管内壁形成一层保护膜，以保护金属。

（二）蒸汽管道的吹扫

蒸汽管道的吹扫又称蒸汽管道的吹管。利用蒸汽进行吹管可以起到两种作用：一方面利用蒸汽在管内高速流动对杂物产生的冲刷力把管内的杂物冲走；另一方面利用吹管对两种不同金属热膨胀系数的差异，产生相对位移，使粘附在管壁上的焊渣、氧化铁皮脱落，随蒸汽吹走。

对大容量中间再热机组，参与吹管的包括：过热器、主蒸汽管道、低温再热器管道、再热器和高温再热器管道。吹管时分段进行，常用的有二阶段吹管和三阶段吹管，其系统如图5-43所示。

二阶段吹管系统较简单，吹管次数较少。第一阶段吹扫蒸汽流向为过热器→主蒸汽管道→临时管→低温再热器管道→临时管排大气。第二阶段吹扫蒸汽的流向为：过热器→主蒸

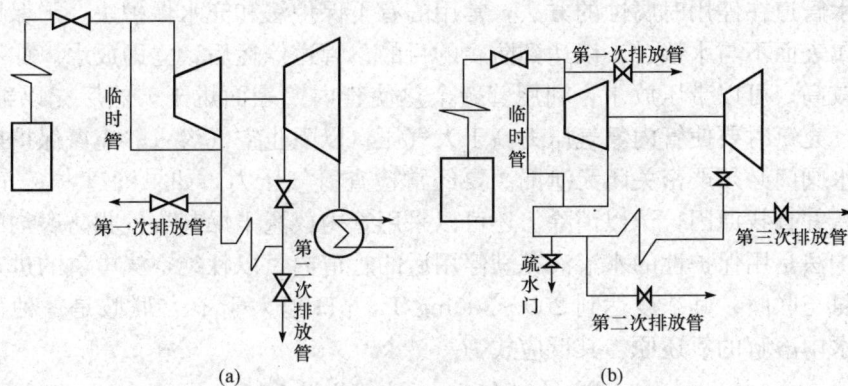

图 5-43 蒸汽管道吹扫系统
(a) 二阶段吹管系统；(b) 三阶段吹管系统

汽管道→临时管→低温再热器管道→再热器→高温再热器管道→临时管排大气。

三阶段吹管是在保证过热器、主蒸汽管道吹干净后再吹再热器，能保证出现质量，但工作量大，吹扫时间较长。第一阶段吹过热器、主蒸汽管道；第二阶段吹低温再热器管道；第三阶段吹再热器和高温再热器管道。

二、管道的运行

(一) 管道启停注意事项

蒸汽管道在开始投入时，一定要暖管和注意管道疏水排放，同时要避免温度的急剧升高。急剧的温度变化产生冲击热应力（即热冲击）。热冲击严重时，可能使金属材料产生较大变形，以致出现裂纹。

在暖管初期管内会出现蒸汽凝结，为了防止蒸汽管道内存水，必须加强管道的疏水工作。在暖管过程中，必须检查确认：管道的支吊架工作正常；管道膨胀良好；法兰、盘根等无泄漏；管道无晃动或振动；管道内没有冲击声。

水管道投入时要注意把管内的空气排净，缓慢向管道充水，要避免水锤现象。因为这种水冲击的力量很大，往往能破坏阀门和设备。

(二) 管道运行中的检查

在管道运行中要注意工质温度变化。一般要求主蒸汽管道不得超温、超压运行。尽量避免温度的频繁变化，否则会造成管道金属的热疲劳。

蒸汽温度、压力的升高，对蒸汽管道的安全运行有很大影响，特别是蒸汽温度的升高，带来的危害性更大。它加速金属材料蠕变，同时使材料的许用应力急剧下降。

运行人员应记录好蒸汽管道的年累计运行时间，启停次数和超温、超压的情况；要定期检查管道的运行状况；管道的保温完整良好，不准由脱落和裸露现象；检查管道支吊架、法兰、阀门的膨胀情况；在降雨期间还要加强对露天布置管道的检查；在寒冷地区要做好管道的防冻工作。

三、管道停用时的防腐

管道停止运行后，外界空气必然会进入管道系统。如果管内金属表面受潮而附着一层水膜，或管内还残留一部分没有排净的水或疏水，那么空气中的氧就会溶解在水中，使金属表面受到氧腐蚀。如不采取保护措施，管道停用时腐蚀的速度会远远大于运行中的腐蚀速度。

防止汽水管道在停用时腐蚀的方法，常用的有干保护法和充水保护法。干保护法的原理是使管道金属表面不与水接触，以达到防腐的目的。管道停运后，立即放水。如果汽水管道的介质温度较高，可以带压放水，利用管壁余热使管内壁表面烘干，然后充以纯度在99%以上的氮气。充氮时要使管内氮气压力高于大气压，以阻止空气渗入。充氮保护期间，要求管道上的汽水阀门必须严密关闭无泄漏。要经常检查氮气压力，如果管道内氮气压力消失，应及时充氮，并查找原因，予以消除。还可以采用管内放置干燥剂或气相防腐剂的方法。

充水保护法是用保护性的水溶液充满停用后的管道内，以杜绝空气中氧的进入。一般常加的药品为氨与联胺，其浓度达到$200 \sim 300 \mathrm{mg/L}$，pH值大于10。联胺是一种很强的还原剂，它可将水中溶解的氧还原，其反应式为

$$N_2H_2 + O_2 \longrightarrow N_2 + 2H_2O \tag{5-5}$$

对于炉前管道系统停用时的防腐工作，可与加热器同时进行。凝结水系统和给水系统管道可以充以除过氧、含有联胺并调好pH值的凝结水或除盐水。加热器汽侧可充以氮气或放入气相防腐剂和干燥剂。

四、阀门的运行和维护

正确地使用和维护阀门，不但能保证阀门的安全工作，还能延长阀门的使用寿命。

必须按照操作规程的规定和制造厂家的要求操作阀门。每次开启蒸汽阀门之前，必须按升温要求预热阀门，升温速度不得过快，避免热冲击。如果阀门有旁路门时，应预先开启旁路门。在每次开启水门时，要防止水冲击现象发生。

关断阀门，不能作为节流或调节阀使用，关闭时必须严密。如果在密封面处有缝隙，介质就会从缝隙高速流出，加速密封面的磨损。

对于高温高压管道上的阀门，要经常检查其保温状况，确认其完好无损。如果阀门本体保温脱落，要及时处理好。没有保温的阀门，在运行中将受到周围环境的冷却，阀门外表面温度比内表面低，阀门上出现热应力。当阀门关闭时，阀门外壳冷却较快，而阀杆与阀芯冷却较慢，这样阀杆和阀芯就处于受压缩状态。如果压缩应力过大，会使阀杆变形，产生永久弯曲。

为保证阀门经常处于良好的状态、能够在必要时紧急开启或迅速关闭，要定期对阀门进行开关试验。在运行中进行阀门开关试验时，一定要采取相应的措施，以免影响正常运行。

复 习 思 考 题

5-1　什么是顺序控制？

5-2　锅炉风烟系统是怎样构成的？风烟系统的启停次序是怎样的？

5-3　回转式空气预热器运行中要注意哪些问题？

5-4　如何调整风机的风量？

5-5　什么是风机的喘振现象？如何防止发生喘振？

5-6　直吹式制粉系统和中间储仓式制粉系统如何进行运行调整？

5-7　锅炉受热面积灰有什么危害？受热面的吹灰次序是怎样的？

5-8　锅炉排污有哪几种形式？排污的目的是什么？排污地点在哪里？

5-9　什么是极限真空和最佳真空？影响凝汽器真空的因素有哪些？

5-10　造成凝结水过冷的原因有哪些？

5-11　为什么要进行凝汽器冷却水管清洗？清洗系统是如何工作的？

5-12　如何进行高低压加热器的投停？高低压加热器运行中主要监视的项目有哪些？

5-13　给水泵有几种？运行过程中如何调整给水流量？

5-14　给水泵启动前为什么要暖泵？

5-15　为什么要保证给水泵最小流量运行？如何保证？

5-16　除氧器运行中需要监视哪些项目？什么是除氧器的自生沸腾现象？

5-17　除氧器采用滑压运行有什么优点？

5-18　什么是除氧器的返氧现象和闪蒸现象？

5-19　汽轮机供油系统有几种形式？作用是什么？

5-20　如何进行蒸汽管道吹扫？

第六章 单元机组事故处理

第一节 概　　述

一、单元机组事故处理的重要性

电力生产的基本方针是"安全第一"，安全生产，人人有责。电厂工作人员应严格执行中华人民共和国能源部发布的《电业安全工作规程》。众所周知，电能不能够大量储存，其产、供、销在瞬间完成。如果电厂一旦发生事故，尤其是大面积停电事故，不但对电力行业造成严重的经济损失，而且对国民经济和人民生活影响极大，甚至会造成工农业生产中断、重大设备损坏事故和人身伤亡事故。新的《电业安全工作规程》特别强调，四不伤害：我不伤害自己，我不伤害别人，我不被别人伤害，我不伤害设备。四不放过：事故原因不清楚不放过，事故责任者和应受教育者没受教育不放过，事故责任者没有受到处理不放过，没有采取防范措施不放过。随着科技的发展，电厂的自动化程度日益提高，但事故仍然时有发生，在这些事故当中有一部分是频发性事故。当前最重要的是事故前的诊断，怎样使事故造成的损失降到最小。这就需要运行人员提高素质，沉着冷静，用自己的知识水平和经验处理好一切事故。事故发生后通过对事故的现象、成因和发展过程进行细致地分析，采取正确对策，吸取教训，防止同类事故再次发生以提高设备的经济性和可靠性。

二、单元机组事故处理原则

单元机组机、炉、电协调控制，其任何环节发生事故都将影响整个机组的运行。当机组发生事故时，应按以下原则进行处理。

发生事故时，应按"保人身、保电网、保设备"的原则处理。运行人员应迅速解除对人身和设备安全的威胁；事故恶化时应确保机组安全运行，使电网不受侵害，尽快恢复电网稳定运行。

根据仪表指示和设备外部特征，正确地判断事故原因，采取措施、消除故障、缩小事故范围，防止主设备严重损坏，尽最大努力保持厂用电系统正常供电，保持未故障设备的继续运行。

处理事故要精力集中，坚守岗位，迅速限制事故的发展，消除事故根源，解除对人身和设备威胁，防止事故进一步扩大，确保非故障设备良好运行；在事故处理过程中要统筹兼顾，尽量缩小事故波及范围，在汽轮发电机故障时，尽可能维持锅炉运行，以加快启动速度。

事故处理完毕，应将事故发生的现象、时间、处理过程如实地做好记录。

当配备对机组发生的故障起安全保护作用的调节保护系统时，如调节保护系统不能正常工作，运行人员应手动操作以保证机组安全运行。

为保证单元机组运行的可靠性，杜绝灾难性事故，避免重大事故，减少一般事故，充分发挥单元机组在电力生产中的主导地位。

第二节 锅炉事故诊断与处理

锅炉常见的事故主要有：燃烧事故；水位事故；制粉系统事故；承压部件爆管及损坏；空气预热器低温腐蚀、堵灰；省煤器的磨损、泄漏；锅炉辅助设备事故等等。

一、锅炉燃烧事故

锅炉燃烧事故是发电厂常见事故，其中锅炉的灭火打炮和烟道再燃烧是火力发电厂较典型的常见燃烧事故。出现灭火事故时，如能及时发现，正确处理，则锅炉能很快恢复正常运行；如未能及时发现，没有停止供粉，或者已发现，而是增加燃料企图用爆燃的方法使炉膛恢复着火，其后果往往是扩大事故，引起炉膛或烟道爆炸，造成设备严重损坏。因此，必须尽最大努力防止这类事故发生。

（一）炉膛灭火

炉膛灭火：是指锅炉在正常运行中的突然熄火现象。

1. 炉膛灭火的现象

炉膛负压突然增大；炉膛风压表指示在最大负值，一、二次风压表指示减小；炉膛内变暗发黑；从看火孔甚至看不到火焰；蒸汽流量、汽压、汽温急剧下降；锅炉水位瞬时下降而后又上升，排烟温度下降。如因锅炉辅机（引风机、送风机、给粉机以及制粉系统电源中断等）而引起灭火，则同时还会有相应的事故信号以及这些事故发生时应有的各种现象等。

2. 炉膛灭火产生的原因及预防措施

（1）煤质太差或煤种突变。煤质太差，煤中挥发分低，水分、灰分高，都会造成着火困难，燃烧不稳，易引起灭火；同时煤粉易结焦或煤种突变，也易引起灭火。因此，在燃用低质燃料时要加强检查，密切监视燃烧工况，精心调节。煤种变更时，运行人员应及时了解情况，做好相应的燃烧调节工作，采取有效的措施防止灭火事故的发生。

（2）燃烧器故障。燃烧器运行不正常，煤粉自流或煤粉过粗，使未完全燃烧的煤粉进入烟道；油枪雾化不良，严重漏油，枪头脱落；喷燃器口烧坏，气流方向紊乱，燃烧工况恶化，容易引起灭火。

（3）炉膛温度低。当燃料中的水分、灰分高时，容易造成炉膛温度低。当锅炉低负荷运行时，送风量过大或者漏风过多，或因炉底渣门开启时间过长，漏入大量冷风，都会造成炉膛温度过低而导致灭火。因此当锅炉采用水分、灰分高的煤种时，应调整燃烧，在低负荷时，甚至可投油助燃以稳定火焰；正常运行时，送风量不宜过大要控制适当；炉膛负压也不宜调整过大，以免漏风增大。炉膛各门孔的开启时间不宜过长。

（4）燃烧调整不当。风粉比例配合不当，直流喷燃器四角气流方向紊乱，混合不好，旋流喷燃器扩展角度不合适，一次风速过高或过低等都会造成火焰不稳定而导致灭火。因此锅炉运行人员应切实做好燃烧调整工作。

（5）机械设备故障。全部引风机或送风机跳闸或停电，仓储式制粉系统事故以及直吹式制粉系统给煤机故障或停电，都会造成灭火。

（6）其他原因。此外，水冷壁管发生严重爆漏，大量汽、水喷出可能将炉膛火焰扑灭，炉膛上部巨大的结渣块掉渣，也可能将炉膛火焰扑灭。应及时打渣和预防结焦，防止大渣块形成。

3. 灭火的处理方法

发生灭火后，正确的处理方法是：应立即停止给粉机（或一次风机）、停止制粉系统，完全切断供给炉膛的燃料；将所有的自动调节切换为手动调节；关小减温水和锅炉给水，控制汽包水位在较低值，以免重新点火后水位过高超限；减小送、引风量至最低负荷值，提高炉膛负压并吹扫不少于 5min。原因查明消除后再重新投油点火，并逐渐提高负荷到正常值。

如果造成灭火的原因不能在短时间内消除，应按正常程序停炉。

如炉膛发生爆燃，则应立即停止供给燃料和热风，并关闭引、送风机入口挡板和因爆燃而震开的人孔门、看火孔，修复防爆门。然后缓慢开启引、送风机入口挡板，通风 5～10min 后，重新投油点火，逐渐恢复运行。如果爆燃严重，使有的管子弯曲或损坏，炉墙倒塌，横梁变形等，则必须停炉检修。

（二）炉膛爆燃

炉膛爆炸通常可分为内爆和外爆两类，内爆是指承压部件的爆管，外爆是指炉内燃料的爆燃。炉膛爆燃：炉膛内突然向外喷火或突然发生气体爆炸的现象。

1. 炉膛爆燃（外爆）的机理及原因分析

当炉膛或烟道内积存的燃料和空气混合形成爆炸性混合物，即在受限空间内 $1m^3$ 的空气中含有 0.05kg 以上的煤粉，并被引燃时，锅炉便会发生爆炸。

炉膛爆燃是锅炉的重大事故之一。炉膛爆炸是炉膛中积存的可燃混合物瞬间爆燃，从而使炉内压力突然升高，超过了结构设计的允许值，而造成水冷壁、刚性梁及炉顶、炉墙破坏的现象。

爆炸要具备三个条件或称三要素，缺一不可。一是有燃料和助燃空气的积存；二是燃料和空气的混合物达到了爆燃的浓度；三是有足够的点火源。锅炉正常运行时，进入炉膛的燃料和空气会在极短的时间内消耗掉，燃烧生成的烟气随即排出炉外，因而炉内不具备空气与燃料积存的条件，也就不会发生锅炉爆炸事故。但是，当局部燃烧器熄火或炉膛灭火时，如未能及时切断已熄火燃烧器的燃料，便有可能导致炉膛发生爆炸。例如：锅炉在启动过程中，后两个因素是存在的。如何避免燃料和助燃空气的积存是关键，但做到这一点是很困难的，因为从发现灭火到切断燃料这一段时间里，实际上已有一定质量的燃料进入炉膛，再加上给粉机、阀门、挡板等的动作滞后或关闭不严，以及从阀门挡板到炉膛之间还有一段管道，都可能将燃料继续送入炉膛而造成积存。此外，误操作、误判断、"爆燃法"、继续投油或投粉等，炉内必然有燃料和助燃的空气积存。所以，应当采取措施，使炉膛内不具备爆燃三要素中之一，方可杜绝炉膛爆燃。不使炉膛内有可燃物的积存；或虽有可燃物大量积存，但采用强力通风吹扫，使其与空气混合比达不到爆燃浓度；或不给予足够的点火源等，均可防止炉膛的爆炸。由于爆燃发生在瞬间，且火焰传播速度非常快，每秒达数百至数千米，火焰激波以球面波形式向周围传播，可燃物在百分之几到十分之几秒内燃尽。这就意味着燃料同时被点燃，烟气体积突然增大，这样大的烟速，阻力也非常大，因而使炉内压力来不及泄出而发生爆炸。

炉膛爆炸的起因是综合性的。它与锅炉机组及其辅机的结构设计、制造质量、安装和运行管理水平有一定的联系。但主要原因是因运行人员对设备结构、系统不熟悉造成的；其次是设计上缺乏必要的防爆措施，如熄火保护和连锁、报警、跳闸等系统不完善。归纳起来可从以下几个方面进行讨论：

（1）炉膛积存物达到一定浓度。锅炉熄火后，燃料漏入炉膛，在未进行吹扫或吹扫不彻底的情况下进行点火。燃料漏入停用炉膛，受到火花或其他火源的引燃。点火未成功，使炉膛内或烟道内积存可燃性混合物，而又未及时进行炉膛吹扫重复点火产生爆燃。炉内燃烧不正常时，仍大量增加燃料引起爆燃。点火器能量过小，部分燃烧器失去火焰或炉膛已熄火，保护装置未动作，继续投入燃料而引起爆燃。锅炉长期处于低负荷运行，在烟道内沉积了一定数量的未燃尽可燃物，当可燃物被扰动时，也可引起爆燃。

（2）设计上缺乏安全防爆的必要手段。可靠的熄火保护和可靠的连锁、报警、跳闸系统是国产机组安全防爆的必要条件，如火焰检测器之光敏元件质量就不过关。进口机组一般都装设了熄火保护装置或炉膛安全监控系统 FSSS。国产机组发生炉膛爆炸的锅炉，可以说一部分是由于不具备防爆的必要条件引起的。

（3）炉膛及刚性梁结构欠佳。国产锅炉，以前有光管轻型炉墙，现有膜式壁和膜式顶棚炉墙。今后方向应当向全膜式全焊接的气密性结构发展，以增加抗爆能力。

（4）防爆门不起防爆作用。国产锅炉普遍装设防爆门，一般将防爆门装在水平烟道两侧墙上。但是，由于爆炸发生的瞬间，在压力激波未传到炉膛上部时，炉膛已经炸坏。就是在燃烧区，由于防爆门的惰性，也不能在瞬间打开。

（5）运行人员误判断、误操作。在已发生的炉膛爆炸事故中，其中不少是因为运行人员责任心不强造成，其次是他们对设备性能结构及系统不熟，对炉膛爆炸机理不清楚造成。

（6）采用"爆燃法"点火。所谓"爆燃法"点火，就是在锅炉灭火后，不按运行规程"先切断燃料，再以大于 25% 的额定风量进行吹扫炉膛，时间至少为 5min，然后再按点火程序点火"的规定，而是立即投油，甚至投粉，利用炉膛熄火瞬间余热，进行爆燃点火。炉膛灭火后，严禁利用炉内余热强送燃料进行爆燃。

（7）制粉系统及设备存在缺陷。国产给粉机的通病是出力不足、卡涩、给粉不均匀。对于四角切圆燃烧的锅炉，常常会造成四角给粉不均匀及燃烧不稳定。再加上一、二次风的管道阻力不均，阻力越大给粉越少，使燃烧恶化，造成灭火。风扇磨直吹式制粉系统中，由于各台磨煤机磨损程度不同，出力不同，这也可能导致给粉不均匀，使锅炉缺角燃烧导致炉膛灭火甚至爆炸。

另外未按图纸技术文件安装施工也是一方面原因。

2. 防爆措施

（1）防止锅炉熄火是预防炉膛爆炸的主要措施。

（2）充分发挥炉膛安全监控系统 FSSS 的作用。确保其长期投运和动作准确可靠。

（3）采用全焊膜式（包括膜式顶棚）、全焊接的气密炉膛，并采用双面满焊，确保焊接质量。炉墙承受挤压的强度由过去的 2942Pa 左右增大到 6865Pa 左右，将承受推力的强度提高到 9807Pa 以上。

（4）机组取消防爆门。增加程序控制防爆保安系统：程序控制点火，灭火保护、连锁、报警、跳闸系统等。

（5）加强对运行人员培训，使他们熟悉设备系统和炉膛爆炸机理，熟练掌握防爆措施。增强责任心，对待事故沉着冷静，慎重处理。

（6）严禁采用"爆燃法"点火。熄火时，应立即切断燃料，然后按规程点火。点火前必须以大于 25% 的额定风量抽吸至少 5min。

（7）在炉膛负压波动较大时（如打焦、启动、燃料变更、制粉系统设备故障、低负荷运行、降负荷、停炉等情况），应精心调整燃烧，严格控制负压，及时投油助燃。

另外要求施工单位应严格按图纸、技术文件和有关规程安装施工，对水冷壁四角的焊接及刚性梁接头的安装，尤应确保质量。

（三）烟道再燃烧

烟道再燃烧是由于烟道内沉积大量可燃物经氧化升温，在一定的条件下引起复燃的现象。

1. 发生烟道再燃烧时可能出现的现象

（1）烟道内烟温和锅炉的排烟温度急剧升高。

（2）炉膛燃烧不稳定。烟道和炉膛负压波动或出现正压；严重时防爆门动作，烟道阻力增大；从烟道门、孔或引风机不严密处向外冒烟气或火星；引风机外壳烫手，轴承温度升高，烟囱冒黑烟。

（3）氧量表或二氧化碳表指示不正常。

（4）锅炉运行参数变化，一般情况下，过热汽温、再热汽温、省煤器（非沸腾式）出口水温、热风温度等全部或部分上升。

2. 发生烟道再燃烧的原因分析

（1）燃烧工况失调。正常运行时，风量调整不当，使大量未燃尽的燃料进入尾部烟道内燃烧；或制粉系统调节不当，锅炉燃烧不良，尾部烟道内积聚足够浓度的煤粉，煤粉自流、下粉不匀、风粉混合差等都会发生烟道再燃烧。

（2）低负荷运行时间过长。锅炉长期低负荷运行，炉温低、烟速低，燃烧工况差，未燃尽的煤粉多，未燃尽的燃料容易进入尾部烟道积存，达到一定浓度并且遇到点火源就会发生烟道再燃烧。

（3）锅炉启停频繁。频繁地启停锅炉，如果操作不当，炉膛燃烧恶化，容易使燃料进入尾部烟道内积存，也易发生烟道再燃烧。

（4）吹灰不及时。也易使燃料进入尾部烟道内积存，所以应及时吹灰，预防烟道再燃烧事故。

3. 发生烟道再燃烧时的处理

（1）发现烟气温度不正常升高时，应检查风、燃料的配合情况，一、二次风配比以及燃烧工况，适当增加空气量，使炉内燃烧充分。有燃料混烧时，应停用部分燃料，改为单一燃烧方式，进行受热面的吹灰处理。

（2）当烟气温度急剧上升，炉膛负压波动剧烈，采取措施无效时，可判定为烟道再燃烧，应立即停炉；停止向炉膛供给燃料，停止送、引风机，严密关闭烟气和空气挡板以及烟道周围的孔门，利用蒸汽吹灰管或专用的蒸汽消防管向烟道送入蒸汽以消除再燃烧；打开省煤器再循环阀以保护省煤器；打开过热器疏水阀以保护过热器；对再热机组应开启旁路系统并开启事故喷水以保护过热器和再热器。

（3）当确认烟道内燃烧完全扑灭后，可小心启动引风机，逐渐开启其进口挡板，抽出烟道中的烟气和蒸汽，待锅炉冷却后，应对烟道内受热面进行全面检查。

（4）如果是在引风机外壳内发现火星或火焰，应立即关闭其进口挡板并停止引风机的运行，以免风机损坏。

（四）锅炉结焦

1. 锅炉结焦时的现象

（1）若燃烧室结焦，各部烟气温度及蒸汽温度均可能升高，或烟温差不正常。

（2）除渣时，发现有大块焦渣或除渣量减少。

2. 锅炉结焦原因

（1）燃煤的灰熔点偏低；

（2）风量不足，燃烧工况不佳；

（3）燃烧室热负荷偏大，炉内温度偏高；

（4）煤粉细度偏大；

（5）燃烧器工作不正常；

（6）未按规定进行除渣或除渣不彻底，在灰渣斗内存渣过多或存渣时间过长。

3. 锅炉结焦的处理

（1）当发现锅炉结焦时，应采取以下措施：①调整火焰中心位置，适当增加过剩空气量；②及时清除焦渣，防止结成大块焦渣。

（2）如果从燃烧室不易清除部位结焦时，为维持锅炉继续运行，应适当降低锅炉蒸发量。

（3）当燃烧室内结有不易清除大块焦渣且有坠落损坏水冷壁的危险时，应及时停炉。

4. 防止结焦应采取的措施

针对炉膛结焦情况，采取了一些防止结焦的措施：①加强燃烧调整，使四角燃烧器配风均匀，各层一、二次风均匀，燃烧中心不偏斜。同时要求运行人员保持过热器后氧量（表盘指示）在 5%～7%；②更换被烧坏的喷嘴，将其壁厚加大，增强刚性，并重新校对中心切圆。做烟花示踪录像冷态试验，以指导热态运行；③打去部分卫燃带，降低炉温以减少结焦；④及时调整给粉机转速，使表盘指示转速与实验室测量的转速一致，尽量使四周各层一次风的煤粉浓度均匀，并根据一次风喷嘴出口煤粉气流着火情况进行调整，使着火起始点在出口 200～300mm 处，以拉开燃烧高温区；⑤适当提高一次风风速，使一次风速从设计值 19.4m/s 调到上层两排为 25～27m/s，下层两排为 23～25m/s。

二、锅炉受热面事故

在锅炉事故中，受热面四管（包括水冷壁、过热器、再热器、省煤器）泄漏爆管事故占各类事故总数的 40%～70%。另外有一部分是喷水减温器事故和空气预热器事故。当受热面爆管时，高温高压的汽水喷出，锅炉不能正常运行，严重时要停炉限电、造成人身伤亡事故。因而，防止受热面爆管事故，对保持机组的安全经济运行最为重要。

（一）水冷壁爆管损坏事故

1. 锅炉水冷壁爆管损坏时的现象

严重损坏时炉膛内有爆破声；炉膛燃烧不稳，炉膛内呈正压；从检查孔、门、炉墙等不严密处向外喷烟气或蒸汽；给水流量不正常地大于蒸汽流量；炉膛及各段烟温下降，汽包水位迅速下降，蒸汽压力、流量和给水压力下降；排烟温度可能降低；甚至造成锅炉灭火等。

2. 水冷壁爆管损坏的原因及预防措施

（1）锅炉点火、停炉工作不符合要求。冷炉进水时，水温或进水速度不符合规定；点火时，升压、升温或升负荷速度过快；停炉时，冷却过快，都会使炉内冷热不均，产生过大的热应力，以致水冷壁爆管损坏。故在停炉时必须严格按规程操作。

（2）管内结垢腐蚀。锅炉给水质量不符合标准，给水处理不当或监督不严，使水冷壁管内部结垢腐蚀，影响传热，使管壁温度升高、承压强度下降，以致产生鼓泡、泄漏甚至爆管。同时锅炉停炉备用时，也容易产生氧化腐蚀。因此，应加强化学监督，保证给水质量。

尽可能杜绝垢下腐蚀，一旦发现水冷壁管鼓泡，出现垢下腐蚀迹象时，要及时进行酸洗。要进行水冷壁管测厚工作，重点检查水冷壁管位于热负荷较强区域的焊口、弯头等部位的向火侧壁厚减薄情况，以便更换已腐蚀减薄的管子。此外要做好停炉期间的保养工作。

（3）管外磨损。使用高灰分燃料的锅炉，喷燃器附近的水冷壁保护得不好时，易被煤粉磨损、减薄引起爆管。故要经常检查喷燃器的工作情况，防止煤粉气流偏斜，对喷燃器周围的管子应注意保护。此外，打焦、吹灰方式不正确，也易磨损管子。大块焦渣下落时，有可能砸坏管子。注意打焦、吹灰的正确方法，防止大块焦渣砸坏管子。

（4）水循环不良。锅炉点火时，水冷壁管热膨胀受阻，造成损坏；炉膛内严重结焦，定期排污门大量漏水，锅炉长时间在低负荷运行等，都可能使正常的水循环遭到破坏，可能造成膜态沸腾，引起传热恶化，使管子金属过热而损坏。锅炉启动、停炉和负荷变化大时应严格执行规程制度，防止水循环障碍和管壁超温。检查炉内加药管的开孔情况，保证加药均匀，避免个别循环回路锅水浓度偏高。

（5）制造、安装或检修质量不良。钢材的制造、焊接质量不好，弯管不符合要求，管壁温度接近安全极限，或管壁温度长期波动，都会使金属管壁变薄，管子受热后不能自由膨胀，引起爆管事故。所以应加强金属监督工作，安装时应按图纸和技术文件施工，应按要求留出足够的膨胀间隙，并填以石棉绳或采用其他措施，以免异物落入，卡死管子。防止锅炉缺水和灭火事故及频发性事故的发生。

此外，有的电厂锅炉在大修时对水冷壁酸洗后又碱煮，没有将清除下来的铁锈清理干净而堵塞在管中，因为管壁超温而引起水冷壁爆管事故。

3. 水冷壁爆管损坏后的处理

发现水冷壁损坏后，可依以下原则处理：

（1）如果水冷壁损坏不严重，不致在短时间内扩大事故，而且在适当加强给水后，尚能维持锅炉正常水位，可暂时运行一段时间。但在这段时间内应加强监视，密切注意事故发展的情况，以便等备用炉投入或高峰负荷过去后再停炉。

（2）如果水冷壁损坏严重，炉膛燃烧很不稳定，有可能造成炉膛灭火，或对锅炉加强进水后仍无法维持正常水位，而且事故很快就会扩大，则应立即停炉。停炉后引风机应继续运行，抽出炉中的汽和水。停炉后继续加强进水，如果水位可维持，应尽力保持水位；如无法维持水位，则应停止进水，但省煤器再循环门不应开启。

（二）过热器和再热器爆管事故

过热器、再热器在锅炉的总受热面中占有很大的比例，处在烟温很高的区域，其工作条件是锅炉受热面中最为恶劣的，受热面管壁温度接近于钢材允许的极限温度。当金属的温度升高时，它的持久强度下降。所以容易形成爆管事故。

1. 过热器（或再热器）爆管时的现象

自过热器检查孔、门可看到或听到蒸汽喷出的声音，炉膛负压减小或变正压，蒸汽流量不正常地小于给水流量，烟道两侧有较大的烟温差，过热器损坏一侧烟温降低，过热汽温有异常变化等。再热器爆管的现象与过热器爆管现象相似，其差别是：自再热器检查孔、门可看到汽水喷出或听到汽水喷出的声音；再热器损坏一侧烟温降低，再热汽温有异常变化等，同时，汽轮机中压缸汽压有所下降。

2. 过热器、再热器管损坏的原因及预防措施

过热器损坏的原因及预防措施:

(1) 蒸汽品质不合格。锅炉给水质量不符合标准,给水处理不当或化学监督不严,汽水分离设备结构不良或不严密,过热器管内积盐结垢,使管子流通截面减少,流动阻力增加,蒸汽流量减少,管子不能得到充分的冷却。同时盐垢热阻大,管子的导热能力降低,不能很快地将管壁吸收的热量传递给管内的蒸汽,容易造成管子过热超温鼓泡以致破裂。运行时应保持良好的锅水和蒸汽品质,注意减温系统的正常运行,防止过热器结垢或过热。

(2) 过热器长期过热。过热器如长期超温运行,会使承压管子金属蠕变而造成损坏。管外烟侧的高温腐蚀,也会造成管子损坏。如制造有缺陷,安装、检修质量差,管材不符合要求,低负荷时减温器未解列造成水塞等等,也会造成过热器长期过热而损坏。运行时做好锅炉的燃烧调整工作,火焰中心不应偏斜;保持稳定的蒸汽温度,严禁过热蒸汽温度超过规程规定的允许值;注意吹灰,防止管外高温腐蚀;注重管子的选材和管子的制造、安装质量;低负荷时及时调整减温器;锅炉检修时,对过热器进行详细检查,发现不正常现象时,及时消除。

再热器管损坏的原因及预防措施:

(1) 管外磨损和高温腐蚀。管外烟气中飞灰的磨损和高温腐蚀是造成再热器管泄漏、爆管的主要原因。预防措施:在容易磨损的地方加装防磨瓦、加装均流板,降低烟气的流速,减缓磨损;合理吹灰,防止磨损和高温腐蚀;对不易加装防磨瓦的管子进行表面喷涂技术处理;锅炉检修时,应详细检查,发现不正常现象时,及时消除。

(2) 再热器超温。再热蒸汽对热偏差较为敏感,由于再热器中的蒸汽压力比过热器中的低,比热容小、密度小,总焓增较小,相对应的温度变化在同一运行时刻大于过热蒸汽。所以,再热蒸汽更容易引起汽温的变化。这样,再热器遇到热偏差时,汽温很容易升高,再热器的管壁金属比过热器的更容易超温。再者管内的对流换热系数比过热蒸汽小得多,再热蒸汽对管壁的冷却能力差,这也是管壁比较容易超温的原因。再热器出口钢管高温氧化速度快,容易出现严重的氧化腐蚀。为了再热器工作的安全可靠,在运行时必须注意不使热偏差过大。设计应力求简单,以减少流动阻力。注重管子的选材、管径的尺寸和管子的制造、安装质量。出口钢管应使用抗氧化能力更好的钢材。

3. 过热器和再热器爆管损坏后的处理

过热器、再热器爆管,应及时停炉,以免爆破口喷出的蒸汽吹扫邻近的管子以致事故扩大。只有在损坏很小,过热蒸汽温度尚能维持在正常范围内,不会危及其他管子时,才可适当降低锅炉出力,保持燃煤锅炉煤粉仓较低粉位,并加强检查,争取调度停炉处理,防止事故迅速扩大,待备用炉投入运行或高峰负荷过去后再停炉。

在过热器系统中,屏式过热器由于其工作条件较差,也容易发生爆管事故。近来在不少电厂高压、超高压锅炉上已发生了屏式过热器爆管事故,严重地影响了安全经济运行。

4. 过热器爆管举例

某电厂一高温过热器爆管,爆口张开不大,爆口两侧有平行于爆口的纵向表面裂纹。管径略有胀粗,爆口附近的直管段为43mm。爆口附近氧化皮明显,部分氧化皮脱落。原因是弯头附近局部由于长时间过热造成了爆管。

某电厂一屏式过热器爆管,爆口位于向火侧,爆口呈喇叭状,断面粗糙,没有明显的塑

性变形，爆口附近管段没有明显的胀粗，爆口长 92mm，宽 80mm。爆口两侧沿管子轴向开裂，管子内壁存在氧化皮，氧化皮的厚度约为 0.1mm。原因是组织严重老化；开裂管段和未开裂管段向火面和背火面的金相组织均有不同程度的球化现象，说明管子在运行期间存在过热现象，但过热温度不超过 Ac1（钢的下临界点温度），组织没有发生相变。管子超温运行，使组织老化严重，爆口处微观组织中出现大量的球状或块状的碳化物，机械性能严重降低，最终使管子发生爆破。

（三）省煤器爆管事故

1. 省煤器管损坏时的现象

严重损坏时，汽包水位迅速下降，给水流量不正常地大于蒸汽流量，从省煤器检查孔、门可看到汽、水喷出或听到汽、水喷出的声音。省煤器下部灰斗内有湿灰或冒汽，省煤器后两侧烟气温差增大，泄漏侧烟温偏低，烟道阻力增加，引风机电流增大。

2. 省煤器管损坏的原因及预防措施

（1）管子内壁的腐蚀。给水品质差，水中含氧多，会造成管内壁腐蚀，以致损伤省煤器管。为此首先保证合格的给水品质，保持给水中较高的 pH 值，以防氧腐蚀和其他腐蚀。其次要求省煤器中有合理的流速。最后保证除氧器的正常运行，使水中含氧量符合质量标准的要求。锅炉检修时，应将省煤器内的积水全部放尽，并将省煤器管子烘干，以防腐蚀；对磨损的管子应及时更换。

（2）管外飞灰磨损。在燃用高灰分燃料时，其磨损问题要特别加以注意。磨损与烟气的速度，烟气中灰粒的浓度，气流冲刷受热面的角度，管束的排列情况，灰粒的性质有关。对于省煤器易被磨损的管子采取加防磨瓦的措施。在启动时应及时开启和关闭省煤器再循环阀；低负荷运行时不允许给水中断；运行中应经常注意省煤器两侧烟温有无偏差，发现偏差时应查明原因，予以消除；如果省煤器管泄漏引起的烟温偏差，应尽快停炉处理，以免吹损其他管子。

（3）其他原因。给水流量、给水温度的变化影响壁温变化，引起热应力过大，管子的焊接质量不好也会使管子损坏等。运行中应尽可能保持给水流量和温度稳定，避免给水量的猛增猛减。严把管子的焊接质量关。

3. 省煤器管损坏时的处理

损坏时，应尽量维持汽包水位，待备用炉投入运行后再停炉，如果水位不能维持或因尾部烟道堵灰严重无法疏通而使锅炉无法运行时，应停炉。停炉后仍应维持汽包水位。只有当过热器后烟气温度低于 400℃ 时，才允许停止向锅炉上水。另外，停炉后，严禁开启汽包与省煤器间的再循环阀，以免炉水经省煤器泄漏处漏掉。

4. 省煤器爆管举例

某电厂一台锅炉的省煤器管发生爆管，一根管子泄漏处位于下管圈外圈弯头外侧沿管子纵向裂开，纵向开口长度为 5.52mm，开口宽度为 1.18mm。管子外壁有钢管生产过程中产生的折叠缺陷的痕迹，内壁可观察到沿管子纵向分布的夹杂物，泄漏处起源于夹杂物，由内表面沿壁厚方向向外表面裂开。沿破口边缘可观察到非金属夹杂物为管子原始缺陷，管子泄漏与该原始缺陷有关。另一根管子的爆口位于弯管外弧侧向火面，呈近似的椭圆形，纵向长度为 54.52mm，宽度为 48.42mm，爆口四周变形不均匀，约占爆口周长的 1/2 边缘存在较大的塑性变形，边缘锋利，管壁明显减薄，最薄处为 1.08mm。另外 1/2 爆口边缘变形不明显。管子外壁有钢管生产过程中产生的折叠缺陷的痕迹，内壁侧面存在沿管子纵向延伸的长约 300mm 的宏观裂纹，裂纹起源于内壁沿厚度方向向外表面延伸，裂纹处并没有爆破。管子内壁可观察到点状腐蚀坑。裂纹在内壁的长度远大于外壁的长度，说明裂纹起源于内壁，由内向外扩展直至开裂。说明该管子可能在某一过程中（如弯制过程等），受热温度过高，组织发生相变，使该管子性能下降，在运行过程中由于内部压应力的作用，管子发生胀粗变形最后开裂。另外管子内壁出现点状腐蚀坑，是造成管子开裂的另一原因。

（四）减温器事故

1. 表面式减温器

（1）表面式减温器损坏时的现象。过热蒸汽温度降低，各导汽管之间的温差增大。过热蒸汽含盐量升高。严重时，蒸汽管道发生水冲击等。

（2）表面式减温器损坏的原因及预防措施。减温器通水量变化过大。减温器结构上存在缺陷，U 形减温水管弯头曲率半径过小。检修质量不良，电火焊误伤水管等。注意运行调整，消除减温器制造缺陷，严把检修质量关。

（3）表面式减温器损坏时的处理。根据蒸汽温度变化情况，适当降低锅炉蒸发量，尽快解列减温器。必要时，开启过热器及蒸汽管道疏水阀。尽快启动备用锅炉或增加其他锅炉的蒸发量，及早把故障锅炉停运。

2. 喷水式减温器

（1）喷水式减温器常损坏的部位。减温器的事故多发生在水室，主要是裂纹。对于单喷头及双喷头减温器，主要是喷头及喷水管断裂。

（2）喷水式减温器常损坏的原因分析及预防措施。变更原设计条件，造成水温就等于饱和蒸汽温度，与过热蒸汽的温差较小；水室工艺结构不良，水室结构复杂，变截面过多，需焊接处也较多，零件设计厚薄不均，振动疲劳断裂；在高速蒸汽汽流冲击下易产生剧烈振动造成疲劳裂纹；焊接及机加工质量不良，以劣代优，或碳钢、珠光体钢和奥氏体钢混用；未投高压加热器等。问题是要从上述各因素入手，解决所存在的问题。遵守原设计条件并在改造工艺性上下工夫。文丘里管式减温器的工作原理正确，雾化效果好，蒸发段短，是不应否定的。在上述问题未得到很好解决时，可采用笛形管式或蜗壳式喷水减温器加以过渡。

（五）空气预热器事故

1. 空气预热器积灰、腐蚀及漏风现象

空气预热器中的积灰、腐蚀及漏风问题较普遍。空气预热器的积灰有两种：松散积灰和黏聚积灰。松散积灰是由于烟气中含有大量的飞灰，当烟气流过空气预热器的受热面时，烟气中的飞灰积在空气预热器的受热面上。黏聚积灰是由于烟气中的酸蒸汽或水蒸气在低温受热面上凝结与灰一起黏聚在金属表面上。空气预热器积灰后传热能力变差，阻力增加，漏风量增大，引风机和送风机的电耗增加。由于空气预热器冷端温度较低，当冷端的烟气温度低于烟气的露点温度时，烟气中蒸汽就会凝结，造成黏聚积灰。

2. 空气预热器积灰、腐蚀及漏风的原因分析及预防措施

由于燃料中含有少量的硫，燃烧生成 SO_2，在高温下有部分再氧化成 SO_3，进而与烟气中水蒸气结合成 H_2SO_4。而含有 H_2SO_4 蒸汽的烟气露点将会升高，当管壁温度低于露点温度时，H_2SO_4 就在管子表面凝结而腐蚀管子。腐蚀往往伴随着堵灰，构成恶性循环。当锅炉投油助燃时，H_2SO_4 对空气预热器的腐蚀加剧。其原因是油中含有一定的钒，在燃烧时，

钒与氧反应生成了 V_2O_5，V_2O_5 是 SO_2 转化成 SO_3 的催化剂。

上述分析不难发现，导致空气预热器腐蚀、堵灰的原因，第一是有腐蚀源，即燃料中含有硫，并转化为硫酸；第二是有腐蚀、堵灰的条件，即管壁温度低于烟气露点。通常，前者通过安装脱硫装置解决，而对于没有安装脱硫装置的机组则与设计、施工质量及运行水平等多种因素有关。

防止空气预热器腐蚀、堵灰的措施：从总体来看，应从设计、制造、安装及运行维修等方面全面考虑，综合治理。①必须提高空气预热器冷端的温度，使烟气温度高于烟气的露点。②锅炉启动过程中采用热风再循环，提高空气预热器入口风温。③加暖风器，提高空气预热器入口风温。④加隔板可防止上级空气预热器的下部发生腐蚀。运行经验证明，在锅炉低负荷运行时，此方法对防止空气预热器下部腐蚀、堵灰特别有效。⑤采用更高效、更先进的空气预热器。⑥采用低氧燃烧、低过量空气运行，是防止低温腐蚀和堵灰的好办法，对燃油炉尤为有效。但是，前提是必须调整好燃烧。否则将会适得其反。⑦堵住漏风。

三、锅炉水位事故

锅炉水位事故是锅炉恶性事故之一。如果处理不当，易造成炉管爆破或汽轮机叶片损坏，甚至导致锅炉爆炸和人身伤亡，应引起高度重视。锅炉水位事故有缺水、满水和汽水共腾等情况。

（一）缺水事故

缺水分为轻微缺水和严重缺水两种：当水位虽低于规定的最低水位，但在水位计上仍有读数时为轻微缺水；当水位不但低于规定的最低水位，而且水位计上无读数时为严重缺水。

1. 锅炉发生缺水事故时的现象

水位警报器发出水位低信号，各种水位计指示过低，蒸汽流量大于给水流量，过热蒸汽温度升高等。

2. 造成锅炉缺水的原因及预防措施

（1）水位计（表）不准确，无法判断汽包的真实水位。当水位计的蒸汽连通管堵塞或泄漏时，水位计指示偏高；当水位计水连通管堵塞或泄漏时，则水位表指示偏低或不动作。连通管的堵塞是由于结垢、污垢或冬季冻结所致。另外，电源中断将导致电气水位计无法正确指示等。水位计不准确，会造成运行人员的误判断，因而也是造成锅炉缺水的原因之一。所以，必须做好对水位计的监视、校对、冲洗、维护工作，发现缺陷应及时消除，经常保持各水位计动作灵敏、指示正确。

（2）自动给水控制或调整机构失灵。给水自动调节装置失灵或其他机械故障（如给水阀卡涩或阀芯脱落等）都可能造成缺水事故，运行人员对此应保持警惕，正确判断，并及时消除给水自动调节装置的缺陷。

（3）给水压力降低。给水压力降低，汽包进水减少，会造成锅炉缺水。给水泵故障、给水管破裂、给水阀故障以及并列运行炉"抢水"等，均会使给水压力降低。故应对给水压力和给水流量严加监视，注意控制给水流量与蒸汽流量相适应。

（4）受热面汽水管损坏，将消耗大量工质，容易造成锅炉缺水。如果损坏严重，水位无法保持时应立即停炉，以免扩大事故。

（5）排污不当或排污阀泄漏。锅炉排污时一次开多组，排污阀开得过多，大量放水，将造成汽包水位下降。另外，排污后排污阀未关或关闭不严密，泄漏大量锅水，将促使缺水事故的发生。因此，在排污时水位应保持略高，每次只准开一组排污阀，排污阀排污延续时间不超过 30s，排污后应关闭严密。在排污时如遇满水事故，应加强放水；当发生缺水或其他事故时，应立即停止排污。

（6）负荷骤变。当外界负荷突然增加，将引起锅炉汽压骤降导致汽包水位瞬间升高（虚假水位），这时为了恢复汽压而过分加强燃烧，则会引起蒸汽带水，恶化蒸汽品质；反之，如果外界负荷突减（或跳闸），则引起锅炉汽压骤升，汽包水位骤减。如此时减弱燃烧，将促使水位降低。若安全阀突然跳开，又会使水位突然升高。所以，当负荷骤变时，须严密监视水位，预防水位事故的发生。

（7）运行人员过失。大量锅炉水位事故是运行人员监视不严、工作疏忽、判断错误或操作不当而造成的。在负荷突变时，不注意虚假水位现象，操作不当，以致造成锅炉缺水等。如因监视不严，而失去水位，为防止误判断（是轻微还是严重缺水），对一般高压以下锅炉可采用叫水法来判断。叫水法的步骤是：开启水位计放水阀，关闭汽阀，以冲洗水管。然后再缓慢地关闭放水阀，此时如出现水位，则为轻微缺水；若没有水位出现，则为严重缺水。对高压以上的锅炉，由于汽包水体积相对较小，在很短的时间内就会将水蒸干，靠运行人员到汽包处叫水以查验缺水情况是来不及的。故高压以上锅炉不宜采用叫水法，主要还是依靠仪表来判断。同时，还应有水位保护装置，以保证安全。

若判明为轻微缺水，应增加给水量，必要时可投入备用给水管路，逐渐恢复正常水位。若判明严重缺水，则严禁向锅炉进水，应立即熄火停炉。因为严重缺水时，水位低到何种程度无法判断，水冷壁管有可能部分烧干过热，此时如强行进水，由于温差过大，会产生巨大的热应力，加上有大量水突然蒸发成蒸汽，压力突然升高，可能造成水冷壁爆管事故。

（二）满水事故

当锅炉水位高于水位表最高安全水位刻度线时叫满水事故。满水也有轻微和严重满水两种：当水位虽高于规定的最高水位但在水位计上仍有读数时为轻微满水；当水位不但高于规定的最高水位，而且水位计上已经无读数时为严重满水。

锅炉发生满水时，其现象与锅炉缺水现象相反。如水位警报器发出水位高的警报，各水位计正值满刻度，给水流量不正常地大于蒸汽流量，过热蒸汽温度降低，蒸汽含盐量增加等。如果严重满水，则蒸汽带水，过热蒸汽温度急剧下降，主蒸汽管道有水击声，法兰和汽轮机轴封处向外冒白汽。

造成锅炉满水事故的原因与锅炉缺水事故的原因相似。常见满水的原因：运行人员疏忽大意，对水位监视不严或误操作，运行人员擅离职守，放弃了对水位及其他仪表的监视；水位表故障造成假水位而运行人员未发现；水位报警器及给水自动调节器失灵而未被及时发现；给水压力过高，运行人员过失等。都可能导致锅炉满水。

一般高压以下锅炉也可以用叫水法来判断满水是轻微的还是严重的。其步骤是：开启水位计放水阀，关闭水阀，以冲洗汽管，然后再缓缓关闭放水阀。此时若有水位出现，为轻微满水；否则为严重满水。

若判明为轻微满水，应减少给水量，开启事故放水阀；如无事故放水阀，则开启水冷壁下联箱放水阀；如过热蒸汽温度下降，应将减温器解列，打开过热器疏水阀，通知汽轮机运行人员打开汽轮机侧主蒸汽管道上的疏水阀，同时应降低锅炉负荷。

若证实为严重满水，则应立即停炉，并停止锅炉给水，同时开启事故放水阀、过热器疏水阀和主蒸汽管道疏水阀。严密监视水位，若发现水位在水位计上重新出现，可陆续关闭放水阀，保持正常水位。待事故原因查明和事故消除后，方可重新点火、并网。

（三）汽水共腾

锅炉蒸发表面汽水共同升起，产生大量泡沫并上下波动翻腾现象叫汽水共腾。汽水共腾形成原因：锅水品质太差，负荷增加和压力降低过快等。汽包内发生汽水共腾时，其部分现象与锅炉满水现象相同，如过热汽温急剧下降，主蒸汽管有水冲击声，法兰及汽轮机轴封冒汽等。但有以下两个特点可供正确判断：一个是水位计的水位急剧波动，看不清水位，其他水位表的指针摆动；另一个是锅水和蒸汽含盐量明显增大。

汽水共腾产生的原因是锅水含盐量过大，在汽包水面上出现很多泡沫。当泡沫破裂时，气泡中的蒸汽逸出，同时把溅出的水滴带走。含盐量越大、负荷越高，则泡沫越多，泡沫层越厚，故蒸汽带走的水分也越多。

若判明为汽水共腾，应降低锅炉负荷，全开连续排污阀，并开启锅炉事故放水阀；若无事故放水阀，应开启水冷壁下部联箱放水阀，同时加强给水，以改善炉水品质。注意保持正常水位，将减温器解列，打开过热器疏水阀和蒸汽管道上的疏水阀，通知汽轮机运行人员打开汽轮机侧主蒸汽管道上的疏水阀，并通知化验人员化验汽水品质。经上述处理后，若汽水共腾现象已消除，而且汽水品质已合格，则可恢复正常负荷。

加强对汽水品质进行严格的化学监督，加强水处理和锅炉排污，控制炉水含盐量不超过规定标准，是防止汽水共腾的有效措施。

四、锅炉辅助设备及系统故障

（一）风机故障

锅炉的各类风机（引风机、送风机、排粉风机）的工作条件不同，发生故障的情况也不同。引风机输送的是含有飞灰而且温度较高的烟气，工作条件比较恶劣；送风机输送的是清洁空气，故障较少；排粉风机输送的是含有煤粉的空气，叶片容易磨损。这里主要介绍引风机的故障，在一定程度上，同理也适用于送风机和排粉风机。引风机在运行中发生事故必须及时抢修。抢修时必须保持周围环境清洁干净。引风机的主要故障是振动过大和轴承温度过高，严重时还会发生叶片飞出和烧坏轴承等事故。

1. 引风机故障时的现象

（1）振动或窜轴。振动的同时也可能发生异声和撞击；有时也会出现转子与外壳摩擦或风机轴与外壳轴封相碰的现象，用振动表测量振动时，数值已超过允许值的范围。

（2）轴承温度过高。轴承温度超过正常允许值，用手摸轴承盖时，会感到烫手。

（3）引风机外壳泄漏。引风机压力侧外壳漏灰或负压侧外壳漏风等。

2. 引风机故障的原因及预防措施

（1）引风机振动。检修时静平衡或找中心不准确；运行中焊在叶轮上的平衡块脱落；风机叶片因磨损、腐蚀、积灰严重，失去平衡（严重时会造成引风机叶片飞出事故）；轴瓦磨损而使轴与轴瓦间的间隙过大；叶轮变形，叶轮轴孔与轴间有间隙而松动；两侧进风时，两侧挡板调节不一致或某侧烟道堵灰，以致两侧进风相差过多；风机与烟道共振，轴承的螺母或地脚螺丝的螺母松动；轴承支架不牢固等。预防措施：应提高风机安装检修质量，做好叶轮的平衡试验；运行中注意风机的异常变化；两侧进风时，注意两侧挡板调节一致；预防烟道堵灰。

（2）引风机轴承温度过高。轴承安装、检修质量差，如轴与轴承安装不正，轴瓦间隙过小，轴与轴瓦接触不良，轴瓦有缺陷，风机轴与电动机轴不同心等；油质低劣或缺油，如润滑油质不良（变质或黏度不合要求），油位过高、过低或缺油等；冷却水不畅通或中断；风机振动过大；排烟温度过高等。预防措施：采用规定的润滑油，保证冷却水畅通；严把轴承安装、检修质量。注意润滑油油位的高低；防止排烟温度过高。

（3）引风机外壳泄漏。引风机外壳漏风、漏灰是飞灰长期磨损的结果。运行时应提高除尘器的效率，减少飞灰对风机叶轮和外壳的磨损；对易磨损的地方还可加防磨措施，如外壳内装设铸铁或铸石防磨瓦，叶片采用耐磨材料等。

3. 引风机故障的处理

引风机出现异常振动后首先应检查风机内有无摩擦和不正常的声音；风机和电动机的轴承是否发热，有无撞击，螺母是否松动等；风机两侧挡板开度是否对称，两侧负压相差是否偏大等。

当引风机发生振动、摩擦和撞击，但还没有发展到危险的程度时，则应降低引风机出力并加强监视；如果振动、摩擦和撞击加剧，则应停运引风机，设法消除故障。

如果轴承温度高于规定的控制值，应检查轴承内油量是否充足，是否清洁，冷却水是否畅通；若加油或换新油或增大冷却水后，温度仍继续升高，则应停止风机，消除故障。

当引风机发生剧烈振动、撞击或摩擦，而且轴承温度超过规定的温度，且继续升高时，应立即借助事故按钮停止风机运行。此时应该以手指按住事故按钮不放，以防监盘人员重合闸，使事故扩大。

如果锅炉设置有两台风机，其中一台运行，一台备用。当运行中一台有故障时，应立即停用故障风机，投入备用风机。如果两台风机同时运行，其中一台有故障，应尽可能增加另一台出力，停用故障风机；若不能满足负荷要求，则应降低锅炉负荷。当全部引风机停止运行，而且没有立即启动的可能则按正常程序停止锅炉运行。

如果引风机故障跳闸，而在跳闸前未见异常时，跳闸后可重合闸一次，若重合闸成功且连锁可靠，可按正常次序启动其他转动机械。

（二）制粉系统故障

1. 制粉系统自燃

制粉系统发生自燃时，检查门处发现火星；自燃管壁温度升高，甚至暗红；煤粉温度升高；制粉系统负压变正压，炉内变正压，火焰发暗；防爆门破裂；风压变化。发生自燃的原因主要是停磨时吹扫时间不够，有时积粉；磨煤机出口温度太高，尤其断煤时；粉仓严重漏风；高 V_{daf}，煤粉积存过久有外来火源。

磨煤机入口自燃时加大给煤，压住回粉锁气器减少或切断磨煤机通风，必要时用灭火器灭火。一次风管自燃时，应断绝风源，待熄灭后再清扫。爆燃后应停运，消除火源。停磨必须按规定吹扫干净，严格控制其出口温度，不许超过规定，消除外来火源，杜绝粉仓漏风，定期检查灭火消防系统及设备。

2. 断煤和堵煤

发生断煤时，磨煤机出口温度升高，进、出口压差减小，进口负压增大，磨煤机电流下降，排粉机电流先上升后下降；低速磨煤机钢球撞击声增大，中速磨煤机内的撞击声减小；断煤信号动作。发生断煤可能由于给煤机故障或原煤水分过大，以致落煤管、给煤机和磨煤机入口处堵塞；原煤中有大块煤或石头卡住给煤机；原煤仓断煤或堵塞等。

适当关小磨煤机入口热风门，开大冷风门，以控制磨煤机的出口温度；迅速消除给煤机故障或疏通落煤管；如短时间不能恢复供煤，应停止磨煤机运行；加装振动器，碎煤机筛投入运转，加木块分离器，充分发挥干煤棚作用；缩短煤斗内存煤时间。

发生堵煤时，磨煤机进、出口压差增大，入口负压减小，磨煤机出口温度急剧下降，风压晃动，磨煤机内撞击声减弱而沉闷；磨煤机向外冒粉，排粉机、磨煤机电流下降，回粉管锁气器动作频繁。发生堵煤主要是调节不当，如风量过小、煤量过多等，煤太湿，给煤机中煤自流也可能造成磨煤机堵塞。

减少给煤量或停止给煤机运行，适当加大磨煤机通风量，开大排粉机入口风门进行抽粉；加强对磨煤机大瓦温度的监视；如处理无效，应停止磨煤机运行。掌握给煤机调节特性，减少入口漏风，防止煤的自流，注意风门开度实际大小，风量不要太小，监盘时应注意表计指示所传递的信息等。

第三节　汽轮机事故诊断与处理

汽轮机常见的事故主要有：动静部分发生摩擦、叶片振动、损坏、脱落；大轴弯曲、裂纹；汽轮机进水事故；轴承事故；转子振动、超速；汽轮机真空下降；隔板强度不够；汽缸内外壁温差大、裂纹；调节系统卡涩、失灵；汽轮机辅机事故等。

一、汽轮机通流部分事故

（一）动静部分发生摩擦

动静部分发生摩擦分为径向和轴向两种情况。在径向方面发生磨损，主要是汽缸热变形和转子热弯曲的结果。当汽缸的变形程度使径向间隙消失的时候，便产生轴封与转子摩擦，同时又不可避免地使转子弯曲，从而产生恶性循环。在轴向方面，沿通流方向各级的汽缸与转子的温差并不一致，热膨胀也不同。在启动、停机和变工况运行时，转子与汽缸膨胀差超过极限数值时，使轴向间隙消失，造成动静部分摩擦。

1. 事故原因

（1）动静间隙调整不当。

（2）动静部套加热或冷却时，膨胀或收缩不均匀。

（3）受力部分机械变形超过允许值。

（4）推力轴承或主轴瓦损坏。

（5）机组强烈振动。

（6）转子套装部件松动有位移。

（7）通流部分的部件损坏或硬质杂物进入通流部分。

（8）在转子弯曲或汽缸严重变形的情况下强行盘车。

2. 事故象征

由于这些事故发生在汽缸内，无法直接观察，因而只能根据事故的原因、特征进行判断。一般有下列特征：

（1）机组振动增大，甚至强烈振动，轴封冒火。

（2）前后汽封处可能产生火花。

（3）汽缸内部有金属摩擦声音。

（4）有大轴挠度指示表计的机组，指示值将增大或超限。

（5）若是推力轴承损坏，则推力瓦温度升高，轴向位移指示值可能超过限值并发出信号。

（6）上下汽缸温差可能急速增加超过允许值；转子与汽缸的胀差指示可能超过极限值。

3. 事故处理方法

通过各种特征，如机组振动大、汽缸内有金属摩擦声或汽封处产生火花等，结合有关表计指示值变化判断是动静摩擦事故，应立即破坏真空果断地故障停机，不要采取降负荷或降转速继续暖机，以致延误了停机时间而扩大事故，加剧设备的损坏。停机时要记录转子惰走时间，静止后进行手动盘车。如果盘车不动，不要强行盘车，必须全面分析研究，采取适当措施。停机后若重新启动时，需要严密监视胀差、温差及轴向位移与轴承温度的变化，并注意倾听内部声音和监视机组的振动。如果停机过程转子惰走时间明显缩短，甚至盘车启动不起来，或者盘车装置运行时有明显的金属摩擦声，说明动静部分磨损严重，要揭缸检修。

4. 防范措施

（1）加强轴向位移和胀差的监视。机组启动和变工况时加强对机组轴向位移和胀差的监视，注意对胀差的控制和调整。在机组停机打闸以后注意胀差的变化，要充分考虑转子转速降低后的泊桑效应和由于叶片鼓风摩擦使胀差增大的情况。

（2）注意机组参数的选择和控制。①在启停过程中注意保持参数和负荷平稳，适当地控制轴封进汽温度和排汽温度。②在机组热态启动时，注意冲转参数的选择，保持蒸汽有充分的过热度和足够的高于汽缸内壁温度的温差。③严格控制蒸汽参数的变化，以防止发生水冲击，损坏推力轴瓦。④机组运行中控制监视段压力不得超过规定值，以防止隔板等通流部件过负荷、轴向推力过大以及通流部件破损等情况发生。

（3）严格监视转子挠度。应严格监视转子挠度指示，不得超限。机组检修时一定要检查大轴的弯曲情况并做好记录。

（4）严格监视上下汽缸温差和法兰内外壁温差。在机组启停过程中，应严格控制，不使其超限。

（5）严格控制机组振动。振动超限的机组不允许长期运行，要求机组在工作转速和临界转速下的振动都不应过大，大容量机组应创造条件直接监督机组的轴振动。

（6）加强对叶片安全监督。防止叶片及其连接件的断落。对新装机组最好能在安装前或大修后用水平尺检查隔板的变形情况，以防止因隔板变形引起动静摩擦。

（7）按规程规定进行盘车。停机后应按规程规定进行盘车，如因汽缸上下温差过大等因素造成动静摩擦使盘车不能正常投入或手动也不能盘动时，不可强行盘车，应待其自然冷却，摩擦消失后，方可投入盘车。

（二）汽轮机叶片损坏与脱落

1. 事故原因

造成叶片断裂或脱落的原因很多，它与设计、制造、材质、安装、检修工艺和运行维护等因素均有关系，归纳起来有以下几个方面。

（1）机械损伤。外来的机械杂质随蒸汽进入汽轮机内打伤叶片。汽缸内部固定零部件脱落，如阻汽片、导流环等，造成叶片严重损伤。因轴承或推力瓦损坏、大轴弯曲、胀差超限以及机组强烈振动，造成通流部分动、静摩擦，使叶片损坏。

（2）腐蚀和锈蚀损伤。叶片的腐蚀常发生在开始进入湿蒸汽的各级，这些级段在运行中，蒸汽干、湿交替变化，使腐蚀介质易浓缩，引起叶片腐蚀。另外长期停机备用的机组往往会因空气中的潮气或蒸汽漏入机内造成叶片严重锈蚀。

叶片受到侵蚀削弱后，不但强度减弱，而且叶片被侵蚀的缺口、孔洞还将产生应力集中现象，侵蚀严重的叶片，还会改变叶片的振动频率，从而使叶片因应力过大或共振疲劳而断裂。水蚀一般多发生在末几级湿蒸汽区的低压段长叶片上，尤其是末级叶片。水蚀是湿蒸汽中分离出来的水滴对叶片冲击造成的一种机械损伤，而末级叶片旋转线速度高，并且蒸汽湿度大，水滴多，故水冲蚀程度更严重。受水蚀严重，叶片将出现缺口、孔洞等，叶片强度降低，导致断裂损坏。

（3）水击损伤。汽轮机发生水击时，前几级叶片的应力会突然增加，并骤然受到冷却，使叶片过载，末几级叶片则冲击负荷更大。叶片遭到严重水击后会发生变形，其进汽侧扭向内弧，出汽侧扭向背弧，并在进、出汽侧产生细微裂纹，成为叶片振动断裂的根源。水击有时会使叶片拉筋断裂，改变了叶片连接形式，甚至原来成组的叶片变成单个叶片，改变了叶片振动频率，降低叶片的工作强度，致使叶片发生共振，造成断裂。

（4）叶片本身存在的缺陷。设计应力过高或结构不合理，如叶片顶部太薄，围带铆钉头应力大，常在运行中发生应力集中，铆钉头断裂，围带裂纹折断使叶片损坏。叶片振动特性不合格，运行中因共振产生很高的动应力，使叶片损坏。叶片材质不良或错用材料，如叶片材料机械性能差，金属组织有缺陷或有夹渣、裂纹；叶片经过长期运行后材料疲劳性能和振动衰减性能等降低而导致叶片损坏；加工工艺不良，例如叶片表面粗糙，留有刀痕，围带铆钉孔或拉筋孔处无倒角等等，都会导致应力集中而损坏叶片。

（5）运行维护原因。电网频率变动超出允许范围，过高、过低都可能使叶片振动频率进入共振区，产生共振而使叶片断裂。机组过负荷运行，使叶片的工作应力增大，尤其是最后几级叶片，蒸汽流量增大，各级焓降也增加，使其工作应力增加很大而严重超负荷。主蒸汽参数不符合要求，频繁而较大幅度地波动，主蒸汽压力过高，主蒸汽温度偏低或水击，以及真空过高，都会加剧叶片的超负荷或水蚀而损坏叶片。蒸汽品质不良使叶片结垢、腐蚀，叶片结垢后将使轴向推力增大，引起某些级过负荷。腐蚀则容易引起叶片应力集中或材质的机械强度降低，都能导致叶片损坏。停机后由于主蒸汽或抽汽系统不严密，使汽水漏入汽缸，时间一长，使通流部分锈蚀而损坏。

2. 事故象征

（1）汽轮机内部或凝汽器内有突然的响声。

（2）当断落的叶片落入凝汽器时，则会将凝汽器铜管打坏，使凝汽器内循环水漏入凝结水中，导致凝结水硬度和导电度突然增大，凝结水水位增高，凝结水泵电动机电流增大。

（3）机组振动通常会明显变化，有时还会产生瞬间强烈抖动，其原因是叶片断裂脱落，使转子失去平衡或摩擦撞击。但有时叶片在转子中间级断落，并未引起严重动、静摩擦，在工作转速下机组振动不一定明显增大，只有在启动、停机过程中的临界转速附近，机组振动会出现明显增大。

（4）叶片损坏较严重时，会使蒸汽通流面积改变，从而使蒸汽流量、监视段压力、调速汽阀开度等与功率的关系都会改变。

（5）如果断落叶片发生在抽汽口处，则叶片可能进入抽汽管道，造成抽汽止回阀卡涩或进入加热器，使加热器的管子受撞击断裂，导致加热器疏水水位升高。

（6）在停机惰走过程或盘车状态下，有可能听到金属摩擦声，惰走时间减少。

（7）在启动和停机过程中，通过临界转速时机组振动将会明显地变化。

3. 事故处理方法

这种事故发生在汽缸内，只能根据叶片断裂事故可能出现的象征进行综合判断。当清楚地听到缸内发生金属响声或机组出现强烈振动时，应判断为通流部分损坏或叶片断落，则应紧急故障停机，准确记下惰走时间，在惰走和盘车过程中仔细倾听缸内声音，经全面检查、分析研究，决定是否需揭缸检查。

4. 防范措施

（1）加强对频率的管理。电网应保持在额定频率和正常允许变动范围内稳定运行。根据叶片损坏事故的分析统计，电网频率偏离正常值是造成叶片断裂的主要原因，因此对频率的管理极为重要。

（2）避免机组过负荷运行。特别是防止既是低频率运行又是过负荷运行。对于机组提高出力运行，必须事先对机组进行热力计算和对主要部件进行强度核算，并确认强度允许后才可行，否则是不允许的。

（3）加强对运行参数监视。机组启停和正常运行时，必须加强对各运行参数（例如汽压、汽温、出力、真空等）的监视，运行中不允许这些参数剧烈波动。严格执行规章制度，启停必须合理，防止动静部件在运行中发生摩擦。

（4）加强汽水品质监督。防止叶片结垢、腐蚀。

（5）当振动突增时果断处理。当机组运行中振动突然增加，听到甩脱叶片的撞击声，机组内部有摩擦声以及凝汽器管子突然泄漏等情况是掉叶片的事故象征，应按规程规定，果断停止机组进行检查，切不可拖延时机，否则会对高速转动的机组造成严重损坏。

（6）停机后加强对主汽阀严密性检查。防止汽水漏入汽缸。停机时间较长的机组，包括为消除缺陷安排的工期较长的停机，应认真做好保养工作，防止通流部分锈蚀损坏。

二、汽轮机大轴弯曲和断裂事故

（一）大轴弯曲事故

1. 弯曲现象

汽轮机大轴弯曲事故，是汽轮机恶性事故中最为突出的一种。多发生在大容量汽轮机中，汽轮机大轴弯曲事故，大多数是在机组启动（特别是热态启动）过程中或滑停过程和停机后发生的。大轴弯曲通常分为热弹性弯曲和永久性（或塑性）弯曲两类。热弹性弯曲是由于转子内部温度分布不均匀，引起转子沿径向热膨胀不均或受阻而产生的弯曲。当转子内部温度均匀后，这种热弯曲会自然消失，不致成为设备事故；而永久性弯曲则不同，它是由于转子局部区域受到急剧加热（或冷却）时，该区域与邻近部位产生很大的温度偏差，使受热（或冷却）部位的热膨胀（或收缩）受到约束，而产生高的压缩（或拉伸）热应力，当其应力值超过转子材料在该温度下的屈服极限时，转子产生局部压缩（或拉伸）塑性变形。当转子温度均匀后，该部位存在拉伸（或压缩）残余应力，致使塑性变形不消失，转子表现出永久弯曲，这对电厂来说，是很严重的设备事故。

汽轮机大轴产生弯曲时，由于转子质量中心与回转中心不重合，存在偏心。引起汽轮机转子振动，且随转速升高而振动加剧。因此，低转速下的转子偏心大和高转速下的振动大是汽轮机大轴弯曲的主要表现形式。

2. 弯曲原因

汽轮机大轴弯曲的原因是多方面的。在运行中造成大轴弯曲主要表现在以下几种情况。

（1）动静部分摩擦。动静部分摩擦使局部受热，引起大轴热弯曲；弯曲又加剧摩擦，处理不当可能造成永久弯曲。汽轮机在设计制造、安装等方面存在的缺陷。如轴封、隔板汽封块径向活动间隙小、汽封块能产生弹性位移的距离太小、汽封间隙分配不合适等。运行时，动静间隙可能消失，造成摩擦损伤。当汽缸受热不均，造成上下汽缸温差过大（50℃以上），法兰内外壁温差过大（100℃以上），将使汽缸产生热变形或拱背弯曲，甚至导致轴端和隔板汽封径向间隙消失，造成转子径向表面与汽封摩擦。

（2）汽缸进水。汽缸进水后，汽缸与转子急剧冷却，造成汽缸变形，转子弯曲。机组停机后，汽缸温度仍较高，若汽水系统隔离不当，就会造成汽缸进水。如凝汽器满水倒入汽缸或减温水从主蒸汽管和再热蒸汽管道进入汽轮机，除氧器满水进入中压缸，汽缸本体疏水不畅，甚至发生倒灌，这些将造成下汽缸突然冷却，或使大轴产生径向温差而弯曲。启动过程中，如果操作不当造成汽缸进水，可能会引起大轴永久性弯曲。

（3）汽轮机在不具备启动条件下启动。机组热态启动前，大轴晃度值超过规定值，对应的偏心距也大。当转速升高时，不平衡离心力增大，将会引起机组更为显著的振动。如不及时停机，弯曲了的转子必然加剧和汽封的摩擦。机组发生异常振动，振动值大大超过规定值，又未立即停机，引起大轴弯曲。

（4）机械应力过大。转子的原材料存在过大内应力或转子自身不平衡。转子动平衡质量不高或转子质量平衡定位不完善，造成转子在升速时，产生异常振动。可能引起机组动静部分摩擦引起大轴弯曲。套装转子在装配时偏斜也会引起大轴弯曲。

（5）轴封供汽操作不当。如果汽轮机启动使用高温轴封蒸汽时，轴封蒸汽系统必须充分暖管，否则疏水将被带入轴封内，轴封体不对称冷却，使大轴产生弯曲。

3. 防范措施

（1）在设计制造、安装检修方面。在设计制造汽轮机时，要保证做到机组结构合理、通流部分膨胀通畅、动静间隙合适，主蒸汽和再热蒸汽管及汽轮机本体有完善的疏水装置。

安装检修时，应按要求调整汽封间隙，不能任意缩小动静部分的径向间隙；在联轴器找中心以后，要保证大轴晃动度值小于0.05mm；机组要有良好的保温设施，下缸下部应有挡风板。为确保机组安全运行，对机组的胀差、汽缸的膨胀、大轴晃动度、轴或轴承振动、轴向位移、汽缸壁温等设置测点与测量表计，各种仪表计工作要正常，指示正确。

（2）在运行方面。汽轮机运行人员必须严格按照运行规程操作，任何疏忽大意都会造成不堪设想的事故。汽轮机运行时，一旦确认汽轮机存在设备缺陷且可能造成大轴弯曲时，必须停机予以消除。只有设备本身处于健康的状况下才能在运行中采取防范措施。

1）热态启动条件的控制。汽轮机启动前应严格执行连续盘车大于4h的要求，大轴偏心、晃动度、上下汽缸温差、冲转蒸汽参数必须符合规程规定，否则禁止启动。热态启动一般要求主蒸汽、再热蒸汽温度高于汽缸金属温度50℃，以防止汽缸和转子受到冷冲击，避免机组产生振动。

2）振动值的控制。在机组启动升速过程中，有专人监视各轴承的振动。如果发现异常，应立即停止升速，并查明原因。在中速暖机或升速过程中发现任一轴承振动或轴承处轴振动超过限定值时，应立即打闸停机，转速到零投入连续盘车，并测量大轴晃动度。若大轴晃动度发生变化，应分析原因，并盘车 2~4h，直到大轴晃动度恢复到原始值，方可再次冲转汽轮机。严禁降速暖机或强行硬闯临界转速。

汽轮机振动保护装置必须投用。运行中发现振动超限而保护拒动时，必须手动打闸停机。

3）进汽疏水的控制。严格做好防止汽轮机进冷汽、冷水。启动过程中应严格按照运行规程及时疏水，疏水系统投入时，应注意保持凝汽器水位低于疏水扩容器标高，以防止汽轮机发生水冲击或热冲击。正常运行中，一旦主蒸汽温度瞬时下降 50℃ 以上或者主蒸汽温度下降不能维持 50℃ 以上的过热度时，必须立即打闸停机。停机后应注意隔离公用系统的热汽、热水进入汽轮机。自动主汽阀和调节汽阀应严密。

4）启、停和变工况运行控制。机组在启、停和变工况运行时，应按规定的曲线控制参数变化。严格控制汽轮机胀差及轴向位移的变化。

5）不转动时的控制。转子在不转动情况下，禁止向轴封供汽和进行暖机。

（二）大轴断裂事故

汽轮机大轴断裂事故后果极为严重，可以造成机毁人亡。造成大轴断裂的原因很复杂，国内外已发生的事故表明，大轴断裂大都发生在机组严重超速事故中，其原因除超速产生的离心力、剧烈振动的破坏外，又同轴系质量的不平衡、轴系共振、油膜失稳以及转动部件质量、轴系连接件质量不良有关。

1. 引起大轴断裂的原因及现象

（1）振动过大。振动过大，会加速汽轮机转动部件的损坏，偏心过大会导致振动。钢材在较大应力下并处于腐蚀性介质中时，有可能发生腐蚀裂纹。这种裂纹随着运行时间扩展，最后导致脆性断裂。

（2）蠕变和热疲劳。这类事故多发生在整锻转子上，整锻转子受叶轮、叶片离心力的作用，内孔存在切向拉应力，转子被加热时，内孔的热应力也是切向拉应力，二者叠加，综合应力很高。转子外表面加热时受压应力，冷却时受拉应力，综合应力小于内孔。然而转子表面承受温度变化所产生的热应力首当其冲，因此低周热疲劳易从表面开始，即转子裂纹一般出现在表面。随着裂纹的扩展，转子在横断面上沿裂纹平行方向和垂直方向的刚度有了差异，而使转子弯曲。这种情况发展到一定程度，便会在机组的振动上反映出来。

（3）轴承安装或加工不良。加工表面粗糙度高，刀痕处产生应力集中；推力轴承装配不当，影响推力瓦块或整个轴承的自动调整性能；轴承紧固不牢；使轴承失去正常承载能力。

（4）汽轮机严重超速，也会导致大轴断裂。

此外，在运行中，转子断裂的现象，随断裂的位置不同而有很大差别。汽轮机内部发生断轴，则整个汽轮机发生振动，同时带有强烈的撞击声，使汽缸、轴封、轴承遭受严重损坏。汽轮机外部轴的前端发生断轴时，前轴承强烈振动，并有强烈的撞击，使汽轮机调速系统、保安装置、主油泵等被轴折断部分所驱动而遭受损坏。

2. 防范措施

（1）严格把关。对水质的酸碱度、大轴质量、轴承安装应严格把关。

（2）探伤检查。检修时应定期对汽轮机发电机大轴、大轴内孔、发电机转子护环等部件进行探伤检查，以防止产生裂纹，导致轴系严重损坏事故。

（3）减少轴系不平衡因素。必须正确设计制造和精良安装推力轴承及各支持轴承，采取有利措施，防止油膜振荡的发生。为防止联轴器螺栓断裂事故，采用抗疲劳性能较好的钢种。同时还要定期对螺栓进行探伤检验。

（4）防止发生机组超速。以免超速后由于其他技术原因引起设备扩大损坏，造成轴系断裂。

（5）对发电机控制。发电机出现非全相运行时，应尽力缩短发电机不对称运行的时间，加强对机组振动的监视，确保汽轮发电机组和轴系不受损伤。

三、汽轮机进水事故

汽轮机进水称为水冲击，简称水击。汽轮机水击事故是一种恶性事故，如处理不及时，将损坏汽轮机本体。如果汽轮机运行中突然发生水击，将使在高温下工作的蒸汽室、汽缸、转子等金属部件骤然冷却，而产生很大的应力和热变形，导致汽缸发生拱背变形，产生裂纹，并能使汽缸法兰结合面漏汽，胀差负值增大，汽轮机动、静部分发生碰摩损伤；转子发生大轴弯曲，甚至引起机组发生强烈振动。水击发生时，因蒸汽中携带大量水分，水的重度大，流动速度比蒸汽小，在叶片进口处，水滴常以不适当的速度和角度撞击叶片背弧，对高速旋转的动叶片起制动作用，蒸汽带水越多，制动作用越明显。因水滴的流动速度较低，将形成水塞汽道现象，使叶轮前后压差增大，导致轴向推力急剧增加，如果不及时紧急停机，推力轴承将过载而被烧毁，从而使汽轮机发生剧烈的动静碰撞摩擦而损坏。特别是低压级的长叶片，水滴对其打击力相当大，严重时将把叶片打弯或打断。总之，水击将导致汽轮机严重损坏。如某 300MW 汽轮机启动过程中，汽水系统暖管时间不够，疏水不净，运行人员操作不当，使冷水汽进入汽轮机内，在机组启动过程中发生大轴弯曲事故。

1. 水击发生的原因

（1）来自锅炉和主蒸汽系统。锅炉的蒸发量过大或蒸发不均引起汽水共腾。锅炉减温器泄漏或调整不当，运行人员误操作或给水自动调节失灵造成锅炉满水。主汽管道或锅炉的过热器疏水系统不完善，可能把积水带到汽轮机内。滑参数停机时，由于控制不当，降温降得过快，使汽温低于当时汽压下的饱和温度而成为带水的湿蒸汽，都会导致蒸汽管道集结凝结水而进入汽轮机。

（2）来自再热蒸汽系统。对中间再热机组再热器减温水装置故障或误操作，可能使水进入汽轮机。再热器疏水系统设计不合理，机组启动中没有充分暖管或疏水排泄不畅；也可能使水由再热蒸汽冷段管内倒流入汽轮机高压缸。

（3）来自抽汽系统及加热器。高、低压加热器水管破裂，其保护装置失灵，抽汽止回阀不严密，水由抽汽管道返回汽轮机内。除氧器满水也可能使水进入汽轮机。在过去发生的进水事故中，抽汽系统故障占的比例最大。

（4）来自汽封系统。汽轮机启动时汽封供汽系统管道没有充分暖管和疏水排除不充分，使汽、水混合物被送入汽封。停机过程中，切换备用汽封汽源时，因备用系统积水而未充分排除就送往汽封。

（5）来自凝汽器。停机后，忽视对凝汽器水位的监督，发生凝汽器满水，倒入汽缸。

（6）来自疏水系统。汽轮机启动中没有充分暖管或疏水排泄不畅；或把不同压力的疏水接在一个联箱上。

除了上述几种原因外，由于不同机组的热力系统不同，还会有其他水源进入汽轮机的可能性。

2. 水击象征

(1) 主蒸汽温度急速下降。

(2) 主汽阀和调速汽阀的阀杆、法兰、轴封等处可能冒白汽。

(3) 机组振动逐渐增大，直到剧烈振动。

(4) 转子的轴向位移增大，推力轴承乌金温度迅速上升，机组转动声音异常。

(5) 汽缸上下温差变大，下缸温度要降低很多。

(6) 汽轮机负荷骤然下降。

3. 处理方法

汽轮机水击事故是汽轮机运行中最危险的事故之一，运行人员必须迅速、准确地判断是否发生水击，一般应以主蒸汽温度是否急剧下降作为依据（水击初始并不一定发生主汽阀和调速汽阀阀杆、法兰等处冒白汽），同时应检查汽缸上下温差变化，因为汽轮机进水时，下缸温度必然下降较大。待确认发生水击事故时，应立即破坏真空紧急故障停机。

(1) 破坏真空紧急故障停机。

(2) 开启汽轮机缸体和主蒸汽管道上的所有疏水门，进行充分排水。

(3) 检查并记录推力瓦乌金温度和轴向位移数值。

(4) 正确记录转子惰走时间及真空数值。

(5) 惰走中仔细倾听汽缸内部声音。

(6) 注意惰走过程中机组转动声音和推力轴承工作情况，如惰走时间正常，经过充分排除疏水，主蒸汽温度恢复后，可以重新启动机组；但这时要特别小心仔细倾听缸内是否有异声，并测量机组振动是否增大，如果发生异常，应立即停止启动，揭缸检查。

(7) 如果因为加热器满水，应迅速关闭加热器进水门；若是由于除氧器满水，应进行紧急放水，维持正常水位；若是由于再热器喷水，迅速关闭锅炉事故喷水；若是由于抽汽管倒流造成机内进水，应迅速手动关闭抽汽阀门，对抽汽管要充分排水。

4. 防范措施

在运行维护方面应采取如下措施：

(1) 加强监督。①加强炉水品质监督和管理，保持炉水及蒸汽品质，防止因炉水品质不良引起汽水共腾。②加强汽包水位的监视与调节，防止负荷的急剧变化时产生虚假水位。③加强主蒸汽温度和再热蒸汽温度的控制。在自动调节不稳定或燃烧不正常时，应采取必要的操作措施，如将自动切为手动控制，投油助燃防止锅炉灭火等。④注意监督汽缸金属温度变化和加热器水位，当发现有进水的危险时，要及时地查明原因，注意切断可能引起汽缸进水的水源。⑤加强除氧器水位监督。

(2) 定期检查。①定期检查、试验加热器水位保护，保证其工作性能符合设计要求；当高压加热器保护不能满足运行要求时，要禁止高压加热器投入运行；②定期检查加热器水位调节装置，保证水位调节装置和高水位报警装置工作正常；③定期检查加热器管束，一旦发现泄漏情况要及时检修处理；④定期检查除氧器水位调节装置，杜绝发生满水事故；⑤定期检查减温装置的减温水门的严密性，如发现泄漏应及时检修处理。

(3) 注意维护。①热态启动时，主蒸汽和再热蒸汽要充分暖管，保证疏水畅通。②在汽轮机滑参数启动和停机的过程中，汽温、汽压都要严格按照运行规程保持必要的过热度。③在锅炉熄火后，蒸汽参数得不到可靠的保证的情况下，一般不应向汽轮机供汽。如因特殊需要（如快速冷却缸等），应事先制定必要的监督措施。④在汽轮机低转速情况下进水，对设备的威胁要比在额定转速或带负荷运行状态大得多。因为在低转速下一旦发生动静摩擦，就容易造成大轴弯曲。另外在汽轮机带负荷情况下进水，因为蒸汽量较大，汽流可以使进入的水均匀分布，从而使因温差引起的变形小一些，一旦进水排除后，汽缸的变形也可以较快地恢复。

汽轮机进水虽然可引起严重的事故，但是只要处理得当，在运行和检修中加强注意，并在运行中严密监视胀差、偏心值、上下缸温差、振动值及轴向位移等重要参数，严格按运行规程操作，就一定能避免汽轮机进水事故的发生。

四、轴承事故

（一）汽轮发电机轴瓦乌金熔化或损坏

1. 事故原因

（1）由于发生水击或机组过负荷，引起推力瓦损坏。

（2）轴承断油。一般由以下原因引起：①运行中油系统切换时发生误操作；②启动或停机过程中润滑油泵工作失常；③汽轮机启动、升速过程中，在停止高压电动油泵时没注意监视油压，此时若向主油泵入口供油的射油器工作失常或电动油泵出口止回阀卡涩等使主油泵失压，且电动润滑油泵又没联动起来便引起断油；④油箱油位过低，空气进入射油器使润滑油压下降或油系统中进入空气；⑤油系统积存空气未能及时排除，往往会造成轴瓦瞬间断油；⑥厂用电中断事故停机中，直流油泵因故没能及时投入造成轴瓦断油；⑦油管道断裂或油系统泄漏造成油压下降而使轴瓦供油中断；⑧轴瓦在运行中移位，如轴瓦转动，造成进油孔堵塞而断油；⑨安装或检修时油系统内留有棉纱、抹布等杂物造成油系统堵塞而断油。

（3）机组强烈振动。由于机组强烈振动，会使轴瓦油膜破坏而引起轴颈与乌金研磨损坏，也可能使轴瓦在振动中发生位移，造成轴瓦工作失常或损坏。

（4）轴瓦本身缺陷。在轴瓦加工制造过程中，乌金浇铸质量不良，如浇铸乌金前瓦胎清洗不净，没有挂锡或挂锡质量不符合要求，在运行中发生轴瓦乌金脱胎或乌金龟裂等问题。

（5）润滑油中夹带有机械杂质。损伤乌金面，引起轴承损坏。

（6）油温控制不当。引起轴承油膜的形成与稳定，都会导致轴瓦乌金损坏。

2. 事故象征

（1）轴承回油温度超过 75℃ 或突然连续升高至 70℃。

（2）主轴瓦乌金温度超过 85℃，推力瓦乌金温度超过 95℃。

（3）回油温度升高且轴承内冒烟。

（4）润滑油压下降至运行规程允许值以下，油系统漏油或润滑油泵无法投入运行。

（5）机组振动增加。

3. 事故处理方法

在机组运行中发现以上象征，证明轴瓦已发生异常或损坏，应立即打闸故障停机，检查损坏情况，采取检修措施进行修复。

4. 防范措施

为杜绝断油事故，必须严格执行以下几点：

（1）低油压保护一定要可靠；

（2）直流油泵要作全容量启动运行试验一段时间，以考验泵的性能和熔丝是否合适；

（3）直流油泵在检修期间，如无特殊措施，不允许主机启动运行；

（4）注意在切换高压油泵为主油泵运行的操作过程时要缓慢，并密切注意油压变化；在切换冷油器操作时，要严格监护，防止误操作，并密切注意油压；

（5）油系统的油质和清洁度必须完全合格，以防止油系统内的设备卡涩和油泵入口滤网的堵塞。

（二）支持轴承和推力轴承故障的其他原因

汽轮机轴承分为支持轴承和推力轴承两种。支持轴承和推力轴承是保证机组安全运行的重要部件，而轴承油膜的稳定性又是保证支持轴承和推力轴承安全运行的重要条件，汽轮机运行中，轴承发生烧瓦事故的主要原因是由于转子轴向推力增大或润滑油系统存在的缺陷，致使油膜破坏而引起的。不论是支持轴承还是推力轴承，都会在运行中出现异常、事故，甚至损坏机组，其原因还有以下几个方面。

1. 检修方面的原因

由于检修方面的原因造成径向支持轴承或推力轴承工作失常，大多发现在大、小修后机组启动或试运过程中，或者启动前的试验中。主要原因有：轴承乌金面接触不良；在调整各轴承润滑油分配量时，轴承润滑油入口油孔调整失当；油管中残留异物（棉纱、破布、漆片、沙土）；调整轴瓦垫片时忘记开油孔；轴承间隙、过盈量的过大或过小；润滑油系统充油时，放进了脏油或油中含水等都会造成运行中轴承工作失常、断油、烧瓦。

2. 运行方面的原因

轴封漏汽过大造成油中有水而又没及时滤过，油中有水破坏了轴承的润滑条件。润滑油温调整不当，太高或太低，使轴承油膜形成不好，引起轴承处于半液体摩擦状态，并伴随有机组的振动，构成轴承润滑不良的恶性循环，使轴承发生故障。

运行中清扫冷油器或润滑油过滤网后，投入前没排净油系统内的空气，使汽轮机在运行中瞬间断油。

冷油器中润滑油压应大于冷却水的压力，但是在夏季运行中，为降低润滑油温开大冷却水补充水门，如控制不好有时会使水压大于油压，一旦此时冷油器铜管泄漏，会造成油中大量存水。

润滑油过滤网及主油箱上的过滤网应根据网前网后压差增大的情况及时清扫，否则压差过大时会毁坏过滤网。若碎网片进入油系统中，则会造成严重后果。

运行中主蒸汽温度骤然降低，造成汽轮机水击，使推力增大；或汽水质量不合格，汽轮机叶片严重结垢，通流面积减少，使转子的推力增大，造成推力轴承损坏。

上述诸原因是造成径向推力轴承及支持轴承工作情况变坏，引起故障的一些原因还有许多，这里就不一一列举了。

五、汽轮机超速事故

当汽轮机的转速超过危急保安器动作转速称为汽轮机超速。超速事故是汽轮机事故中最为危险的一种事故。当严重超速时，则可能使叶片甩脱、轴承损坏、大轴断裂，甚至整个机组报废。所以汽轮机在设计时，考虑了多道保护措施，以防汽轮机超速。但是在运行中这种事故仍时有发生，运行人员必须引起足够重视。

1. 事故原因

（1）调节系统有缺陷。不合格的调节系统，汽轮机一旦甩掉全负荷后，机组不能维持转速在危急保安器动作转速以下，转速飞升过高，其原因为：①调节汽阀不能正常关闭或漏汽量过大。②调节系统迟缓率过大，调节部件或传递机构卡涩。③调节系统的速度变动率过大。④调节系统动态特性不良。⑤调节系统整定不当，如同步器调整范围、配汽机构膨胀间隙不符合要求等。

（2）汽轮机超速保护系统故障。危急保安器动作过迟或不动作，将会引起超速。原因如下：①重锤或飞环导杆卡涩；②弹簧受力后产生过大的径向变形，以致与孔壁产生摩擦；③脱扣间隙大，撞击子飞出后不能使危急保安器滑阀动作；④另外危急保安器滑阀卡涩、自动主汽阀和调速汽阀卡涩、抽汽止回阀不严或拒动、蒸汽返入缸内，都能引起汽轮机超速。

（3）运行操作、调整不当。①由于油质管理不善，例如汽封漏汽大而蒸汽进入油内，引起调速和保安部套生锈卡涩。②主蒸汽品质不合格，含有盐分，机组又长期带某一固定负荷运行，将会造成自动主汽阀和调速汽阀阀杆结盐垢而卡涩。③超速试验时操作不当，转速飞升猛增。

2. 事故象征

（1）功率表指示到零。

（2）转速或频率表指示值连续上升。

（3）机组声音异常，振动逐渐增大。

（4）主油压迅速升高。

3. 事故处理方法

（1）如果危急保安器未动作，转速超过 3360r/min，应立即手打危急保安器，破坏真空故障停机。

（2）如果危急保安器动作，而自动主汽阀、调节汽阀或抽汽止回阀卡住或关闭不严时，应设法关闭以上各汽阀或者立即关闭电动主汽阀和抽汽阀。

（3）如果采取上述办法后机组转速仍然不降低，则应迅速关闭一切与汽轮机相连的汽阀，以截断汽源。

（4）必要时可以要求电气人员将发电机励磁投入。

（5）机组停下后，必须全面检修好调速与保安系统的缺陷。重新启动后，在并列前，必须做危急保安器超速试验，确认动作转速正常方可并列投入运行。

4. 防范措施

（1）作调节系统动、静态特性试验。①对新装机组或对机组的调节系统进行技术改造后，应进行调节系统动态特性试验，以保证汽轮机甩负荷后，飞升转速不超过额定值。汽轮机甩负荷后应保持空负荷运行。②汽轮机大修后或为处理调节系统缺陷更换了调节部套以后均应作汽轮机调节系统试验。调节系统的速度变动率和迟缓率应符合技术要求。

（2）作超速试验。调节保安系统定期试验是检查该系统是否处于良好状态，在异常情况下是否能正常动作，防止机组严重超速的主要手段之一。按规程规定进行试验。机组大修后、甩负荷试验前、危急保安器解体检查以后，运行 2000h 以上，都应作超速试验。对具有注油试验设备的机组，在运行 2000h 后可用注油试验代替超速试验。但在注油试验不合格时，仍应作超速试验。超速试验要严格按照规定进行，高速下不宜停留时间过长。此外，超速试验次数要力求减少。在作超速试验时，升速应平稳，注意防止转速突然升高，并应事先采取防止超速的技术措施等。

（3）检查试验汽轮机的各项附加保护。如电超速保护、微分器、磁力断路油阀等，要进行严格的检查试验，保证符合技术要求，并经常投入运行。

（4）检查主汽阀、调节阀并进行试验。①高中压主汽阀、调节阀要开关灵活，严密性合格。机组大修后、甩负荷试验前，必须进行主汽阀和调节阀严密性试验，并保证符合技术要求。②按照规定定期进行自动主汽阀、调节阀的活动试验，以及抽汽止回阀的开关试验。当汽水品质不符合要求时，要适当增加活动次数和活动行程范围。增加活动行程时，应注意主汽阀前后的压差不宜过大，防止因其压差过大而自动关闭。③运行中发现主汽阀、调节阀卡涩时，要及时消除。消除前要有防止超速的措施。主汽阀卡涩不能立即消除时，要进行停机处理。④在汽轮机运行中，注意检查调节阀开度和负荷的对应关系以及调节阀后的压力变化情况。若有异常，应检查阀座是否升起或阀芯是否下移，尤其是对提板式配汽机构的检查更应注意。

（5）加强对蒸汽品质和油质的监督。①加强对蒸汽品质的监督，防止蒸汽带盐使阀杆结垢，造成卡涩。②加强对油质的监督，定期进行油质分析化验，防止油中进水或杂物造成调节部套卡涩或腐蚀。

（6）加强机组运行和停机后的保护。①采用滑压运行的机组，调速阀门开度要留有裕度，不应开到最大开度。②机组长期停止时，应注意做好停机保护工作，防止汽水或其他腐蚀性物质进入（或残留）在汽轮机及调整节供油系统内，引起汽阀及调节部套锈蚀。③在停机时，采用先打危急保安器关闭主汽阀和调节阀，确信发电机电流倒送后，再解列发电机的方法，可以避免发电机解列后由于主汽阀和调节阀不能严密关闭造成的超速。但应注意打闸至发电机解列时间不能拖得过长，因这时机组处于无蒸汽运行状态，时间过长，会使排汽缸温度升高，胀差增大。

六、汽轮机主要辅机事故

汽轮机辅助设备包括汽轮机的各种泵、加热器等，这些辅助设备与其他主辅设备共同组成连续的生产流程，本节原则性叙述给水泵和除氧器的故障处理。

（一）给水泵故障

给水泵是保证锅炉供水的核心设备，对其发生的故障必须判断正确，处理迅速，以保证锅炉不间断供水。由于各电厂的设备和系统不同，给水泵事故处理方法也会有差别，只能原则性地介绍几种常见的故障。对具有特殊系统和设备的电厂，应根据实际情况制订出切合实际的事故处理规则。

1. 给水泵入口发生严重汽化现象

（1）汽化的象征。给水泵入口压力、出口压力急剧摆动；给水泵入口处产生剧烈的沙沙声；水泵电流亦随着压力摆动。

（2）发生汽化的原因可能是：给水泵超负荷运行，使给水泵入口管内的水流速过大、压力降低而引起汽化；除氧器内压力突然降低。给水泵入口过滤网被杂物堵塞，给水泵入口处压力降低而引起汽化；给水泵入口管路内侵入空气。

（3）处理方法。若断定给水泵入口发生严重汽化时，应进行如下处理：①启动备用泵，降低运行给水泵的流量；若无备用给水泵时，应立即联系司机、司炉适当减小机组负荷，以消除给水泵入口汽化。②分析、寻找给水泵入口产生汽化的原因，采取相应措施及时消除。③给水泵入口管内侵入空气时，应及时停止运行，设法排除泵内空气。当启动备用给水泵或降低机组负荷后水泵的入口汽化现象仍不消失时，则汽化的原因可能是给水泵入口侵入空气，这种情况一般是由给水泵入口管路系统切换，管内空气排出不合理而引起的。④若给水泵入口过滤网被堵而引起汽化，则应在给水泵容量能满足需要的情况下，停止给水泵，清扫入口过滤网。在正常情况下，给水泵入口过滤网应有计划地定期清扫。

2. 给水母管压力异常降低故障

（1）给水母管压力下降的原因。汽轮机负荷突然增高，引起锅炉用水量猛然增大；锅炉给水调节器在运行中调节失灵；给水加热器、锅炉省煤器、过热器或水冷壁管大量漏水；电力系统供电频率降低；给水管路大量泄漏。

（2）处理方法。①发现给水流量增大，给水母管压力降低时，应根据给水母管最低压力要求，启动备用给水泵；若无备用泵时，应通知司机降低机组负荷；母管制给水系统应降低全厂总负荷。②若发现由于锅炉给水管漏水造成给水母管压力降低时，除提高给水母管压力外，还应增大除氧器的补水量，防止引起除氧器水位下降过低。③若给水母管压力降低而给水流量与电流反而偏低，厂内照明发暗，则说明由于供电频率下降引起给水母管压力降低。在这种情况下采用启动给水泵的方法是不能提高给水压力的，应通知司机、司炉，要求降低主蒸汽压力运行，以保证锅炉正常供水。④由于给水母管压力降低，使给水泵联动后的操作如下：投入联动泵的电源开关，消除给水母管压力降低的灯光和音响信号；根据给水泵的流量，对联动泵的再循环门进行调整或关闭；查找给水泵被联动的原因；若由于机组负荷摆动过大或锅炉给水调节器调整不当而引起联动，则应根据机组负荷和给水母管压力选择运行方式。其具体操作应根据运行规程中的规定执行。

备有汽动给水泵的电厂，在厂用电源中断和给水压力不足而又无备用泵的情况下，应及时投入汽动给水泵。

（二）除氧器故障

除氧器在运行中发生故障，会直接影响到锅炉的供水水量和供水水质，必须及时采取正确的处理措施，保证电厂持续稳定安全运行。

1. 除氧水中溶解氧不合格

（1）原因。凝结水含氧量过高；补充水温过低；除氧水量过大，超过除氧器的设计值；除氧塔的排气阀开度过小；加热蒸汽压力不足；除氧塔内部损坏，如筛盘倾斜、筛孔堵塞、喷嘴损坏等；加热蒸汽压力调整器调整不稳；化验取样器内部泄漏，化验不准确等。

（2）处理方法。针对上述引起除氧水溶解氧量升高的原因，采用试验的手段逐个排除，最后针对确定的原因制订出解决措施。

常见的引起溶解氧量增高的原因，大多是补充水温度低，除氧水箱内给水产生过冷，除氧塔排气阀开度过小，加热压力不足等。

为了消除补充水温度低的缺点，一般电厂都利用锅炉连续排污水、除氧塔的排气对补水进行加热，使其温度达到 70～80℃ 为适宜。

2. 除氧器振动

（1）产生振动的原因。除氧器进水量过大或补水温度过低；新投入运行的除氧器，与运行除氧器并列后给水温度低于运行除氧器内给水温度 15℃ 以上；除氧器下水母管检修完后，在投入使用时往除氧器内排空气量过大、过急；除氧器水箱内水位过高，与加热蒸汽进汽管处的蒸汽直接接触而发生水击，或水倒流抽汽管流进管内而发生水击。

（2）处理方法。除氧器发生振动，有时较轻微，而有时很剧烈。若发生剧烈振动，则必须迅速采取果断措施，防止事故扩大。

若根据振动的象征判断是由于除氧水量过大引起的振动，则应将除氧水与其他除氧器均衡调整。若因补充水量过大或温度过低而引起的振动，除采取往其他除氧器内进行均衡调整外，还可将部分补充水补入凝汽器内进行加热，或采取其他加热措施；若是因为除氧水箱内水位过高引起的振动，则应立即采取对除氧水箱的排水措施；若是由于除氧器加热汽管因水击而引起除氧器振动时，则可暂时停止抽汽，待水击消除后重新启用抽汽。

对除氧器下水母管检修后的投入，一定要缓慢操作，使管内空气通过除氧器逐渐排出。绝不可求快而操作过急。

新投入运行除氧器的水温与运行中除氧器的水温差，一定不得超过规定的 15℃。由于新投除氧器并列而引起振动，应立即停止并列操作，待水温符合标准后才允许并列。

3. 除氧器水位下降过快

（1）原因。锅炉水管或给水管路泄漏；锅炉排污水量过大；补充水量不足；锅炉安全阀或除氧器溢流筒动作跑水；运行人员误操作引起跑水。

（2）处理方法。若由于锅炉内部水管爆破或安全阀动作引起除氧器水位下降过快，则应当立即停止锅炉排污和非生产用汽，增大除氧器的补水量。在采取上述措施后情况仍不好转而又威胁到锅炉的安全时，在征得有关领导同意的情况下，可设法往凝结水系统中补充工业水，以保证锅炉在事故状态下的用水。

除氧器溢流筒动作，多数是由于除氧器内加热压力升高所引起的。在恢复正常状态时，首先必须把除氧器内压力降低后才可重新灌水，然后再将除氧器内压力恢复到正常值。若除氧器水位下降发生在给水系统切换之后，则可能是由于系统切换错误造成的，必须及时对切换过的系统进行全面复查。

4. 除氧器水位上升过快

（1）原因。补充水量过大；凝汽器冷却水管破裂；工业水窜入凝汽器系统中。

（2）处理方法。发现除氧器水位异常升高时，应从补充水、供汽系统的运行状况进行分析，若补充水量已限制至最低，应联系化验人员对除氧器水质进行分析，寻找水位升高的原因。在必要的情况下，可将补充水全部停止，或采用往疏水箱排水的方法降低除氧器内水位。

5. 除氧器加热压力不稳

（1）原因。机组负荷不稳；除氧器补水量不稳；并列运行除氧器的其中一台压力自动调整器失灵或加热蒸汽阀损坏。

（2）处理方法。联系汽轮机司机和化学水处理人员，要保持机组负荷和补水量的稳定。通过观察分析，确定故障是由于压力调整器失灵引起的，应将失灵的压力调整器改为手动调整，并请热工专业的人员进行处理。

若故障是由于蒸汽调整阀失灵引起的，应请汽轮机检修人员进行处理。

第四节　电气方面的事故处理

一、发电机—变压器组主要事故及处理

1. 励磁系统故障引起发电机振荡或失步

除系统故障外，由于大型发电机的功率因数高，励磁系统故障或欠励磁运行均可能造成发电机振荡或失步。这时可降低发电机有功负荷，增加励磁。

如果由于发电机失磁造成发电机失步，对系统运行有较大影响，因此规定未经试验不准发电机无励磁运行。发电机失磁时应立即将发电机手动解列，或经一定时间，失磁保护动作，将发电机解列。对于经过试验，准许无励磁运行的机组，在发电机失磁时要立即把负荷减至 40％额定负荷左右，将自动调节励磁退出，在规定时间内恢复励磁，超过规定时间不能恢复时，则应将发电机解列。发电机减至 40％额定负荷要有两个条件，即定子电流不超过规定值，转子各部分温度不超过允许值。

2. 发电机定子接地

只要证实确系发电机定子接地，应立即解列，断开励磁。证实接地所用时间愈短愈好，最多不超过 30min。

3. 转子一点接地

发生转子一点接地故障时，应申请尽快安排停机处理。虽然一点接地构不成回路，可以继续运行，但有可能发展成两点接地故障。两点接地时部分线匝被短路，转子电流增大，发热烧毁。

4. 冷却系统故障

当水内冷发电机定子泄漏冷却水不严重时，若将水压降低其漏水消失，可监视运行，申请停机处理；若降低水压仍然漏水，则应减负荷停机，当定子、转子漏水，并伴随定子、转子绕组接地（检漏仪也发出信号）时，应立即停机。另外，水内冷发电机断水时间超过允许值，也应停机。

氢内冷发电机氢压达不到额定值时，应降低机组负荷；如不能维持最低运行氢压，应停机处理。

大型强油导向循环冷却变压器，停止冷却系统（风扇、水泵、潜油泵全停）允许运行时间，在额定负荷时一般为 20min，为保证正常运行，大型变压器强油循环冷却系统必须有两路可靠电源，互为备用，且自动连锁。

5. 发电机—变压器组内部短路

发电机—变压器组内部发生短路故障时，将伴随有冲击系统、表计摆动、机组运转噪声突变、有短路弧光、发电机—变压器组主开关、灭磁开关和厂用电分支开关掉闸、备用电源自投、汽轮机甩负荷等现象。

如果发电机—变压器组内部发生短路，继电保护拒绝动作，发电机—变压器组的主开关不能自动掉闸，灭磁开关不能自动跳开灭磁，故障将会扩大。此时必须手动断开主开关、灭磁开关及厂用电分支开关。当备用电源自投未动作时，手动强制送厂用电、锅炉和汽轮机按紧急甩负荷的各项步骤进行处理。

二、电力系统事故及处理

电力系统事故包括短路、突然甩负荷、联络线掉闸、系统稳定性破坏而产生的振荡或解网等。

1. 电力系统事故使机组频率异常

电力系统频率降低不多，一般对机组本身影响不大。但由于一些重要的辅机（如给水泵、风机等）因频率降低，转速下降而影响出力，从而限制机组的出力。系统频率下降幅度较大（46Hz 以下）时，高压以上机组调节阀因油压降低而自动关闭，致使系统出力更为短缺，引起系统频率进一步下降，形成恶性循环，导致整个系统瓦解。发生这一类事故时，应使系统中的机组尽可能增加有功负荷，弥补系统出力不足。

当电力系统瓦解或突然甩负荷，使系统频率升高，应迅速降低机组有功出力，避免系统失稳或机组超速。

2. 电力系统事故使机组电压异常

当电力系统突然甩负荷时，会使发电机电压升高，端电压升高是由两方面原因造成的，一是因为汽轮发电机组转速升高，使电压升高（电势与转速成正比少）；二是甩负荷时，定子的电枢反应磁通与漏磁通消失，使此时的端电压等于全部励磁电流产生的磁场所感应的电势。现代汽轮发电机组，一般都装设电压自动调整装置，电压升高值并不大；有些机组虽无电压调整器，但电压升高值一般也不超过额定电压的 $50\%\sim60\%$，这个数值是汽轮发电机能够承受的。

但是发电机端电压升高，将使变压器和发电机的磁通密度增加，导致铁芯损耗加大，温度升高；由于端电压升高，设备绝缘受到威胁，甚至破坏。此时要进行发电机减磁，在励磁调节器自动调节投入运行时，可实现自动强减；在手动调节励磁运行时，要迅速减励，降低无功。

一般运行尽可能保持励磁调整装置可自动投入状态，当自动调节部分因故不能投入时，应切换到备用励磁运行。主励在手动状态运行只能作为一种操作过渡状态，因在这种运行方式下没有强励。如果此时电力系统发生事故，则应手动迅速增大励磁，减少有功，防止出现失步。在事故处理过程中，为保持系统稳定，应尽可能让发电机多带无功，保持端电压在较高的水平上，必要时可降低有功出力，使发电机电流不致长期过载。

3. 系统短路

系统短路会产生较大电流，将对单元机组产生有害的巨大电动力，并引起发热。

（1）定子线圈端部受到很大的电磁力作用，这些力包括定子线圈端部与转子线圈端部相互间的作用力，定子线圈端部与铁芯之间的作用力。合力使定子线圈的端部向外弯曲，呈喇叭口状向外张开，受力最严重的地方是线棒直线段和渐开线的交界处，作用在整个端部面积上的力最大可达几十吨。除上述的力外，同一相带线圈间产生相互吸力也相当大，易引起端部切向位移。强大的作用力有可能使线棒外层绝缘破坏。

（2）转子轴承受到很大电磁力矩的作用。力矩可分为两种：一种是短路电流使定子、转子绕组产生电阻损耗的有功电流分量所造成的阻力矩，它与转子的转向相反；另一种是突然短路过渡过程中才出现的冲击交变力矩，这种力矩比前一种大。两种力矩都作用在发电机的转轴、机座和底脚螺钉上。

（3）引起定子线圈和转子线圈发热。发热量与短路电流的平方和流过时间成正比，由于短路电流衰减较快，大电流作用时间短，再加上大型发电机定子采用内冷，冷却效果较好，只要及时切除短路电流，机组发热是可承受的。但必须注意到，当系统不对称短路时（两相、单相短路或两相接地短路），将有负序电流出现，在转子上将产生双倍频感应电流，有可能使转子局部过热而造成损坏。

系统短路还会使变压器绕组受到两个方向的作用力，一个是轴向作用力，将各绕组本身上下两端压紧，其压力可达几百吨；另一个是径向作用力，即高低压绕组间的作用力，使低压绕组受向内压缩力、高压绕组受向外拉伸张力，其力也可达几百吨。可能造成线圈绷断、变形或严重位移。

为防止系统短路对单元机组的损坏，机组应设置相应的保护作为系统的后备保护，以保证系统发生故障时，能及时可靠地解列机组。如系统发生短路而保护装置均拒动时，应手动将机组与系统解列。

系统故障引起发电机解列时，发电机因甩负荷使电压迅速升高，此时需自动或手动恢复发电机电压至正常值，汽轮机与锅炉也应按甩负荷作相应的动作。此时，可使机组转入仅带厂用电的运行方式；若汽轮机调节系统失灵，则可能会使转速上升，引起危急保安器动作停机；若转速超过危急保安器动作值时，危急保安器拒动，则将引起机组严重超速，此时应手打危急保安器，破坏真空紧急停机。

当自动主汽阀卡涩时，应强行关闭，并立即关闭电动主汽阀，破坏真空紧急停机，待缺陷消除后才允许机组重新启动。危急保安器未动者，在机组重新启动前，必须做危急保安器超速试验。

发电机甩负荷时，锅炉应切除部分燃烧器，适当减少风量，必要时投入油枪以稳定燃烧，并将全部自动切为手动，保持汽压、汽温、水位，开启过热器疏水和旁路系统，做好重新带负荷运行的准备。对具有 FCB 功能的机组，发电机甩负荷时（电网故障），则可切换为带厂用电运行。电网事故消除后，应按电力调度所的命令，将单元机组重新并入电网，带负荷运行。

三、厂用电中断事故

厂用电源是指供给发电设备的动力电源、操作电源、照明电源以及热控、保护、计算机和仪表等用的交、直流电源。一般发电厂的厂用电源有交流 6kV、380V 和直流 220、48V 等电压等级。

厂用电源一般在同一电压等级中采用母线分段布置的形式。同一段母线一般又都有两路电源可向其供电。正常运行时由其中一个电源向母线供电，另一个电源合闸投入作为备用。同一种辅机的电源，一般分别接自不同的厂用电母线，所以厂用电源故障时对锅炉造成的影响，就有局部厂用电源故障失电和全部厂用电源失电两种情况。

厂用电源故障失电，一般是由于电力系统故障、发电机故障、厂用变压器故障、人员误操作或保护动作时备用电源自投不成功所造成的。此外，厂用母线故障，如发生短路、接地等异常情况也将造成厂用电源故障失电。

发生厂用电源故障失电时，失电母线上的电压指示到 0，该母线上所有设备的电源都失去，电动门指示灯熄灭，各电动机电流均到 0；有低电压保护的辅机合闸开关释放、运行指示灯熄灭、停用指示灯闪光并报警；无低电压保护的辅机（如空气预热器、吸风机等）虽也停转且电流到 0，但运行指示灯仍亮。失电母线上的各备用辅机或备用厂变，也由于电源失去而失去备用作用。当 6kV 母线失电时，母线上的低压厂用变压器将同时失电，如备用电源自投不成功时，将造成该 380V 低压厂用母线也失电。当部分 6kV 厂用电源发生故障失电时，将出现机组负荷、锅炉流量、压力、汽包水位等参数的急剧下降，锅炉燃烧不稳，严重时可能导致锅炉熄火。当厂用电源全部失去时，锅炉灭火，机组负荷到 0，热控、保护、计算机及仪表等也有可能同时失电。

发生部分 6kV 厂用母线失电时，若锅炉尚未灭火，应迅速投入助燃油枪以稳定燃烧，计算机控制系统的 RB 功能将快速减负荷至 50%，并通过自动调节维持锅炉各参数正常。若锅炉已灭火，则严禁向炉膛继续供给燃料，并即按锅炉灭火紧急停炉的规定进行处理。

当发生部分 380V 低压厂用母线失电时，应立即启动失电辅机的备用设备，复置失电辅机的开关，迅速调整锅炉各参数正常，尽量保持锅炉运行工况稳定，并联系电气迅速恢复电源。

1. 6kV 厂用电中断

由于电网故障；厂用变压器或线路故障，备用电源未投入；保护误动作或电气误操作等，均会造成厂用电中断。

当一段厂用电中断时，该段 6kV 电动机停转，电流到 0；辅机跳闸信号报警；RB 工况发生，BMS 自动进行燃烧选择切断；汽压、汽温、蒸汽流量、机组负荷剧降；锅炉燃烧不稳或灭火。当二段同时失去时，交流照明灯熄，事故照明灯亮，机组声音突变；所有运行辅机突然停转，电流到零，备用辅机不联动，辅机出口压力、流量突然下降；锅炉 MFT 动作；机组负荷下降到零；蒸汽流量、汽压、汽温、真空迅速下降；汽包、凝汽器、除氧器、加热器水位升高。

一段 6kV 电源失去，锅炉未灭火时，机组迅速降低负荷至 50% 左右；保持单侧风机运行；复位跳闸电机开关，关闭掉闸风机动叶和出口挡板，关闭空气预热器进口烟气挡板。调整风量及燃料量，维持各参数正常，并注意调整两侧烟温；注意监视和调整主蒸汽温度、再热蒸汽温度，再热蒸汽温两侧偏差不能超过规定值；要求电气尽快恢复电源，电源恢复后，逐渐重新启动掉闸的转动机械，视情况逐渐恢复机组正常运行。

二段 6kV 电源失去，锅炉 MFT 动作，否则手动紧急停炉；厂用电全部失去后，汽轮机按不破坏真空故障停机处理；立即启动汽轮机直流润滑油泵、空侧直流密封油泵和小汽轮机直流事故油泵，注意保持润滑油压、密封油压正常；将各失电辅机联动开关放在停用位置；禁止向凝汽器排汽和疏水，关闭旁路系统；就地调整高压汽源供轴封用汽。

2. 380V 电源中断

当 380V 电源中断时，380V 电动机停止转动，电流到零，声光报警；与中断电源有关的热工、电气仪表指示异常，其电动门、调节门不能操作；锅炉可能灭火。

一段 380V 电源中断而未造成灭火时，复位跳闸辅机开关；锅炉运行方式切为手动，机炉协调控制自动退出；调整运行各参数正常，尽量保持稳定；迅速查明原因，尽快恢复电源；因失电遥控不能操作的设备，进行就地操作。

二段 380V 电源中断引起锅炉灭火，按锅炉灭火处理。

3. 发电厂直流系统事故处理

发电厂的直流系统是发电厂操作、控制及保护装置、事故备用动力、通信设备、记录仪、测量表计和信号显示系统的工作电源，是厂用电系统的最重要组成部分。

　　直流系统对发电机组的安全运行有着至关重要的作用，应保证在任何情况下都能可靠地向负荷供电。随着发电机单机容量的增大，直流系统的负荷也不断增加，使直流系统变得日趋庞大、复杂，对其供电质量的要求也越来越高。

　　由于直流系统在发电厂中所处地位的重要性，无论发电厂发生何种事故，都要求其能够向用电设备可靠地供电，所以，在直流系统发生事故时，值班人员应尽快处理，及时恢复。

　　（1）220V 直流电源中断。220V 直流电源在大容量发电机组中普遍应用于控制与保护系统以及电磁阀和信号回路，一旦直流 220V 电源中断将使所有利用 220V 直流控制的设备拒动，保护系统因电源消失退出运行，电磁阀释放，电磁安全门动作，锅炉灭火。在停机过程中，如果汽轮机抽汽止回阀因失电无法关闭，将引起汽轮机进水等恶性事故的发生。

　　220V 直流系统事故处理的原则是：①若 220V 直流电源消失将引起发电机组停运。此时，由于发电机组发电机—变压器组单元保护电源消失引起保护退出运行，不能将发电机组与系统解列，运行人员应通知网控将发电机与电力系统解列。②根据事故现象及保护光字牌信号，判断故障性质，尽快隔离故障点，恢复 220V 直流系统送电。③如属直流 220V 母线段故障，在母线分段运行的情况下，尽快恢复非故障母线段的运行，尽可能恢复保护自动装置的一路供电。④对于重要的电磁阀等可采用人工手动操作的方法操作，以保证机组设备不受损坏。⑤事故处理要判断准确，分析清楚，防止事故扩大化。

　　（2）48V 直流电源中断。48V 直流电源在大型发电机组中用于炉、机、电的程序控制系统中，有部分电厂的炉、机保护也用此电源作为工作电源。因此，一旦直流系统 48V 电源中断，将要使整个发电机组的主、辅设备控制失灵，炉、机保护可能全部退出运行，为此在发生直流 48V 电源中断时，运行人员应当立即采取措施，尽快恢复 48V 电源供电。

复 习 思 考 题

6-1　单元机组事故处理应遵循什么原则？
6-2　锅炉常见的主要事故有哪些？总结各类事故发生的原因、现象和处理措施。
6-3　炉膛爆燃要具备几个条件（或要素）？
6-4　汽轮机常见的主要事故有哪些？总结各类事故发生的原因、现象和处理措施。
6-5　机组运行中电气方面的故障主要有哪些？

附录　机组运行常用缩写及术语英汉对照（按字母先后顺序）

一、常用缩写

AGC（automatic generation control）	自动发电控制
AMR（automatic message recording）	自动抄表
ASS（automatic synchronized system）	自动准同期系统
ATS（automatic transform system）	厂用电源快速切换装置
AVR（automatic voltage regulator）	自动电压调节器
A（alarm）	报警
AC（alternating current）	交流（电）
A/D（analog /digital）	模/数
A/M（automatic/manual）	自动/手动
ADS（automatic dispensation system）	自动调度系统
AH（air heater）	空气预热器
AS（axial shift）	轴向位移
ATC（automatic turbine control）	汽轮机自动控制
AUX（auxiliary）	辅助的
BCP（boiler circle pump）	锅水循环泵
BD（blow down）	排污
BF（boiler follow）	锅炉跟随
BFP（boiler feedwater pump）	锅炉给水泵
BMCR（boiler maximum continuous rating）	锅炉最大连续出力
BOP（bearing oil pump）	轴承油泵
BP（by pass）	旁路
BRG（bearing）	轴承
BTG（boiler turbine generator）	锅炉—汽轮机—发电机
BCS（burner control system）	燃烧器控制系统
BMS（burner management system）	燃烧器管理系统
CCS（coordinated control system）	协调控制系统
CIS（consumer information system）	用户信息系统
CRMS（control room management system）	控制室管理系统
CRT（cathode ray tube）	阴极射线管，显示器
CAF（cooling air fan）	冷却风机
CCCW（close circulation cooling water）	闭式循环冷却水
CDSR（condenser）	凝汽器
CRH（cold reheater）	低温再热器
CSH（covered superheater）	包覆过热器

CW（circulating water）	循环水
DA（distribution automation）	配电自动化
D/A（digtal/analog）	数/模
DAS（data acquisition system）	数据采集与处理系统
DC（direct current）	直流（电）
DCS（distributed control system）	分散控制系统
DDC（direct digital control）	直接数字控制（系统）
DEH（digital electronic hydraulic control）	数字电液（调节系统）
DMS（distribution management system）	配电管理系统
DMP（damper）	挡板、风门
DPU（distributed processing unit）	分布式处理单元
DSM（demand side management）	需求侧管理
EMS（energy management system）	能量管理系统
ETS（emergency trip system）	汽轮机紧急跳闸系统
EWS（engineering working station）	工程师工作站
ECON（economizer）	省煤器
EP（electrostatic precipitator）	电除尘器
EXTR（extraction）	抽取
FA（feeder automation）	馈线自动化
FCS（fieldbus control system）	现场总线控制系统
FSS（fuel safety system）	燃料安全系统
FSSS（furnace safeguard supervisory system）	炉膛安全监控系统
FTU（feeder terminal unit）	馈线远方终端
FSH（final superheater）	末级过热器
FW（feed water）	给水
FWP（feed water pump）	给水泵
F（fault）	故障
FCB（fast cut back）	甩负荷
FDF（forced draft fan）	送风机
FRH（final reheater）	末级再热器
GC（governor-valve control）	高压调节阀门控制
GEN（generator）	发电机
GV（governor valve）	（高压）调节阀门
GIS（gas insulated switchgear）	气体绝缘开关设备
GPS（global position system）	全球定位系统
HCS（hierarchical control system）	分级控制系统
HDR（header）	联箱，集箱
HP（high-pressure cylinder）	高压缸
HTR（heater）	加热器

IDF（induced draft fan）	引风机
INCR（increase）	提高，增加
JOP（jacking oil pump）	顶轴油泵
IV（intermediate-pressure valve）	中压调节阀门
LDC（load demand compute）	负荷指令计算机
LUB（lube oil pump）	润滑油
LCD（liquid crystal display）	液晶显示屏
LCP（local control panel）	就地控制柜
MCC（motor control center）	（电动机）马达控制中心
MCS（modulating control system）	模拟量控制系统
MEH（micro electro hydraulic control system）	给水泵汽轮机电波控制系统
MIS（management information system）	管理信息系统
MCR（maximum continuous rating）	最大连续出力
MFT（master fuel trip）	主燃料失去保护
MS（main steam）	主蒸汽
MW（million watt）	兆瓦
NCS（net control system）	网络监控系统
OIS（operator interface station）	操作员接口站
OMS（outage management system）	停电管理系统
OA（operator auto）	操作员自动
OCCW（open circulation cooling water）	开式循环冷却水
OPC（overspeed protection control）	超速保护控制系统
OFT（oil fuel trip）	燃油跳闸
PAF（primary air fan）	一次风机
PB（push button）	按钮
PCV（pressure control valve）	压力控制阀门
PREC（precipitator）	除尘器
PSH（platen superheater）	屏式过热器
PULV（pulverizer）	磨煤机
PAS（power application software）	电力应用软件
PID（proportion integration differentiation）	比例积分微分
PIO（process input output）	过程输入输出（通道）
PLC（programmable logical controller）	可编程逻辑控制器
PSS（power system stabilizator）	电力系统稳定器
RTU（remote terminal unit）	站内远方终端
RB（run back）	快速返回
REQ（request）	请求，要求
RH（reheater）	再热器
RSH（roof superheater）	顶棚过热器

RSM（rotor stress Monitor）	转子应力监测
S（set）	设定，设置
SAF（sealing air fan）	密封风机
SAH（steam air heater）	暖风器
SOP（sealing oil pump）	密封油泵
STM（steam）	蒸汽
SV（stop valve）	截止阀
SYNCH（synchronize）	同步，同期
SYS（system）	系统
SA（substation automation）	变电站自动化
SCADA（supervisory control and data acquisition）	数据采集与监控系统
SCC（supervisory computer control）	监督控制系统
SCS（sequence control system）	顺序控制系统
SIS（supervisory information system）	监控信息系统
TDC（total direct digital control）	集散控制（系统）
TSI（turbine supervisory instrumentation）	汽轮机监测仪表
TC（throttle-valve control）	高压主汽门控制
TE（turbine expansion）	汽缸膨胀
TF（turbine follow）	汽机跟随
TRG（target）	目标
TV（throttle valve）	主汽门
ULD（unit load demand）	机组负荷指令
UPS（uninterrupted power supply）	不间断供电
VLV（valve）	阀
WRH（wall reheater）	墙式过热器
WMS（work management system）	工作管理系统

二、常用术语

assistant	辅助
atomize	汽化
auto	自动
back-pass	后烟道
back-up	后备
bearing	轴承
blowdown	排污
boiler	锅炉
booster pump	前置泵
breaker	断路器
check valve	止回阀
circle	循环，周期

close circulation	闭式循环
coal	煤
code	密码，编码
coil	线圈
command	命令
condition	条件
constant pressure mode	定压模式
continuous	连续的
control	控制
control air	仪用空气
condensate water pump	凝结水泵
custom	用户
casing	汽缸
deaerator	除氧器
delivery	输送
deminreallizer	除盐装置
desalter	除盐器，淡化器
detect	检测
discharge	排放
display	显示
drain	疏水
drum	汽包
emergency	紧急情况
exchanger	交换器
enter	开始执行
exciter	励磁机
execute	执行
exhaust	排汽（气）
expansion	膨胀
extraction	抽取
failure	失败
fan	风机
feedback	反馈
feeder	给煤机
filter	过滤器，滤网
flame	火焰
flap	振动
flow	流动，流量
flue	燃料

flue master	主燃料
furnace	炉膛
gate	门，挡板
gear	齿轮
gearbox	齿轮箱，变速箱
gland	轴封
graphics	图像，画面
guide	引导
heat value	热值
hold	保持
hopper	料斗
horizontal	水平的
hotwell	热井
hydrogen	氢气
ignition	点火
indication	指示
inadequate	不稳定
industry water	工业水
inservice	服务中
in progress	程序进行中
intermittent	定期的
interrupt	中断
ion exchanger	离子交换器
inlet	进口侧
latch	挂闸，复位
leak	泄漏
limit	限制
living water	生活水
load	负荷
log	记录
lubricate	润滑
main	主要的
make up	补充，补偿
management	管理
master	主要的
mill	磨煤机
mode	状态
motor	电动机
normal	正常

nozzle	喷嘴
open circle water	开式循环
operate	操作
outlet	出口侧
overfire	过燃
overview	总图，概况
overspeed	超速
panel	屏，盘，面板
permit	许可
phrase	状态
plant	电厂
platen	屏
position	位置
power	功率，动力
precipitator	除尘器
pressure	压力
presynchronization	准同期
primary	一次风
proven	已被确认
pluse	脉冲
pulverizer	磨煤机
purge	吹扫
purity	纯度
rate	速率
rear	后部
remote	远方，遥控
reservoir	存储容器
return	返回
ring	环形的
roll	转动
run	运行
satisfactory	满足
scanner	扫描器
seal	密封
sequential	顺序的
setpoint	设定值
shallow	浅层
simulate	仿真
single	单一的

slide pressure mode	滑压状态
speed	速度
spray	喷水
stack	烟囱
stage	级
standby	备用（状态）
start-up	启动
stator	定子
status	状态，特征
steam	蒸汽
storage	存储
surge	喘振
tag name	标识，编号
test	试验
throttle	节流阀
thrust bearing	推力轴承
tilt	角度，摆角
tower	塔
trip	跳闸，停机
turbine	汽轮机
unit	单元
unsuccessful	不成功的
vacuum	真空
vacuum breaking valve	真空破坏门
vent	通风，排空气
wall	墙，管壁
warm-up	暖炉（机，管）
washing water	清洗水
waterwall	水冷壁
windbox	风箱

三、燃气轮机英汉词汇

aerodynamic action	气动力作用
aerodynamics	空气动力学
aerojet	空气喷射
aeroperformance	气动性能
air inflow	进气量
air inlet plenum chamber	进气室
air intake	进气口
air leakage	空气泄漏

air manifold	空气集管
air manometer	空气压力计
air vent	排气口，出气口
atomization	雾化
back edge	出气边（叶片的），后缘
combined gas turbine and gas turbine power plant	燃气轮机和燃气轮机联合装置
combined gas-steam turbine plant	燃气 - 蒸汽轮机联合装置
combined supercharged boiler and gas turbine cycle	增压锅炉和燃气轮机联合循环
combustible gas	可燃气
combustible mixture	可燃混合气
combustion air	燃烧空气
compressor（CPR）	压气机
gas generator	燃气发生器
gas turbine（GT）	燃气轮机
gas turbine compressor（GTC）	燃气轮机压气机
gas turbine installation	燃气轮机装置
multi-shaft gas turbine	多轴燃气轮机

参 考 文 献

[1] 章德龙. 单元机组集控运行. 北京：水利电力出版社，1993.

[2] 陈庚. 单元机组集控运行. 北京：中国电力出版社，2001.

[3] 楼波. 单元机组运行. 北京：中国电力出版社，1999.

[4] 黄新元. 电站锅炉运行与燃烧调整. 北京：中国电力出版社，2003.

[5] 岑可法. 大型电站锅炉安全及优化运行技术. 北京：中国电力出版社，2003.

[6] 刘爱忠. 300MW 火电机组培训丛书. 汽轮机设备及运行. 北京：中国电力出版社，2003.

[7] 辛洪祥. 锅炉运行及事故处理. 南京：东南大学出版社，2004.

[8] 中国华东电力集团公司科学技术委员会. 600MW 火电机组运行技术丛书：汽轮机分册. 北京：中国电力出版社，2000.

[9] 朱新华. 电厂汽轮机. 北京：中国水利电力出版社，1993.

[10] 曹祖庆. 大型汽轮机组典型事故及预防. 北京：中国电力出版社，1999.

[11] 王国清. 汽轮机设备运行技术问答. 北京：中国电力出版社，2004.

[12] 路春美. 循环流化床锅炉设备与运行. 北京：中国电力出版社，2003.

[13] 火力发电职业技能培训教材编委会. 发电厂集控运行. 北京：中国电力出版社，2004.

[14] 韩中合，田松峰，马晓芳. 火电厂汽机设备及运行. 北京：中国电力出版社，2002.

[15] 中国动力工程学会. 火力发电设备技术手册. 北京：机械工业出版社，2001.

[16] 樊泉桂，魏铁铮，王军. 火电厂锅炉设备及运行. 北京：中国电力出版社，2004.

[17] 华东六省一市电机工程（电力）学会. 锅炉设备及其系统. 北京：中国电力出版社，2003.

[18] 华东六省一市电机工程（电力）学会. 汽轮机设备及其系统. 北京：中国电力出版社，2003.

[19] 望亭发电厂. 锅炉. 北京：中国电力出版社，2003.

[20] 肖增弘，徐丰. 汽轮机数字式电液调节系统. 北京：中国电力出版社，2003.

[21] 华中电网有限公司培训中心. 火电机组集控运行. 北京：中国电力出版社，2005.

[22] 张保衡. 大容量火电机组寿命管理与调峰运行. 北京：中国电力出版社，1988.

[23] 山西省电力工业局. 发电厂集控运行. 北京：中国电力出版社，1997.

[24] 张向阳，张蕴峰. 300MW 机组运行方式的经济性分析. 东北电力学院学报，2001，21（3）：72-74.

[25] J Gostling. Damage to Power Plant Due to Cycling. OMMI，2002，1（1）：1-9.

[26] Michael Pearson，J. Michael Pearson. Issues associated with two-shiftoperation of combined cycle generating plant. Material at High Temperatures，2001，18（4）：211-214.